经以促世
建设前景

贺教育部

新文科项目

心系全体

李晓林

教育部哲学社會科學研究重大課題攻關項目

"十四五"时期国家重点出版物出版专项规划项目

决策咨询制度与中国
特色新型智库建设研究

DECISION-MAKING ADVISORY SYSTEMS
AND NEW-TYPE THINK TANKS IN CHINA

郑永年

等著

中国财经出版传媒集团

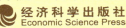

经济科学出版社
Economic Science Press

·北京·

图书在版编目（CIP）数据

决策咨询制度与中国特色新型智库建设研究/郑永年等著 . －－北京：经济科学出版社，2025.3

教育部哲学社会科学研究重大课题攻关项目 "十四五"时期国家重点出版物出版专项规划项目

ISBN 978 － 7 － 5218 － 4454 － 2

Ⅰ. ①决… Ⅱ. ①郑… Ⅲ. ①咨询机构 － 研究 － 中国 Ⅳ. ①C932. 82

中国国家版本馆 CIP 数据核字（2023）第 014040 号

责任编辑：孙丽丽 胡蔚婷
责任校对：杨 海
责任印制：范 艳

决策咨询制度与中国特色新型智库建设研究

郑永年 等著

经济科学出版社出版、发行 新华书店经销

社址：北京市海淀区阜成路甲 28 号 邮编：100142

总编部电话：010 － 88191217 发行部电话：010 － 88191522

网址：www. esp. com. cn

电子邮箱：esp@ esp. com. cn

天猫网店：经济科学出版社旗舰店

网址：http：//jjkxcbs. tmall. com

北京季蜂印刷有限公司印装

787 × 1092 16 开 24.25 印张 470000 字

2025 年 3 月第 1 版 2025 年 3 月第 1 次印刷

ISBN 978 － 7 － 5218 － 4454 － 2 定价：98.00 元

（图书出现印装问题，本社负责调换。电话：010 － 88191545）

（版权所有 侵权必究 打击盗版 举报热线：010 － 88191661

QQ：2242791300 营销中心电话：010 － 88191537

电子邮箱：dbts@ esp. com. cn）

课题组主要成员

首 席 专 家：郑永年
课题组成员：林辉煌　张　骏　邓淑宜　王　欧
　　　　　　吴　际　陈溪然　金　澄　梅冬芳
　　　　　　刘万群　李文彬　李雅婷　谭　锐
　　　　　　王祎楠　杨　沐

总　序

哲学社会科学是人们认识世界、改造世界的重要工具，是推动历史发展和社会进步的重要力量，其发展水平反映了一个民族的思维能力、精神品格、文明素质，体现了一个国家的综合国力和国际竞争力。一个国家的发展水平，既取决于自然科学发展水平，也取决于哲学社会科学发展水平。

党和国家高度重视哲学社会科学。党的十八大提出要建设哲学社会科学创新体系，推进马克思主义中国化、时代化、大众化，坚持不懈用中国特色社会主义理论体系武装全党、教育人民。2016 年 5 月 17 日，习近平总书记亲自主持召开哲学社会科学工作座谈会并发表重要讲话。讲话从坚持和发展中国特色社会主义事业全局的高度，深刻阐释了哲学社会科学的战略地位，全面分析了哲学社会科学面临的新形势，明确了加快构建中国特色哲学社会科学的新目标，对哲学社会科学工作者提出了新期待，体现了我们党对哲学社会科学发展规律的认识达到了一个新高度，是一篇新形势下繁荣发展我国哲学社会科学事业的纲领性文献，为哲学社会科学事业提供了强大精神动力，指明了前进方向。

高校是我国哲学社会科学事业的主力军。贯彻落实习近平总书记哲学社会科学座谈会重要讲话精神，加快构建中国特色哲学社会科学，高校应发挥重要作用：要坚持和巩固马克思主义的指导地位，用中国化的马克思主义指导哲学社会科学；要实施以育人育才为中心的哲学社会科学整体发展战略，构筑学生、学术、学科一体的综合发展体系；要以人为本，从人抓起，积极实施人才工程，构建种类齐全、梯队衔

1

接的高校哲学社会科学人才体系；要深化科研管理体制改革，发挥高校人才、智力和学科优势，提升学术原创能力，激发创新创造活力，建设中国特色新型高校智库；要加强组织领导、做好统筹规划、营造良好学术生态，形成统筹推进高校哲学社会科学发展新格局。

哲学社会科学研究重大课题攻关项目计划是教育部贯彻落实党中央决策部署的一项重大举措，是实施"高校哲学社会科学繁荣计划"的重要内容。重大攻关项目采取招投标的组织方式，按照"公平竞争，择优立项，严格管理，铸造精品"的要求进行，每年评审立项约40个项目。项目研究实行首席专家负责制，鼓励跨学科、跨学校、跨地区的联合研究，协同创新。重大攻关项目以解决国家现代化建设过程中重大理论和实际问题为主攻方向，以提升为党和政府咨询决策服务能力和推动哲学社会科学发展为战略目标，集合优秀研究团队和顶尖人才联合攻关。自2003年以来，项目开展取得了丰硕成果，形成了特色品牌。一大批标志性成果纷纷涌现，一大批科研名家脱颖而出，高校哲学社会科学整体实力和社会影响力快速提升。国务院副总理刘延东同志做出重要批示，指出重大攻关项目有效调动各方面的积极性，产生了一批重要成果，影响广泛，成效显著；要总结经验，再接再厉，紧密服务国家需求，更好地优化资源，突出重点，多出精品，多出人才，为经济社会发展做出新的贡献。

作为教育部社科研究项目中的拳头产品，我们始终秉持以管理创新服务学术创新的理念，坚持科学管理、民主管理、依法管理，切实增强服务意识，不断创新管理模式，健全管理制度，加强对重大攻关项目的选题遴选、评审立项、组织开题、中期检查到最终成果鉴定的全过程管理，逐渐探索并形成一套成熟有效、符合学术研究规律的管理办法，努力将重大攻关项目打造成学术精品工程。我们将项目最终成果汇编成"教育部哲学社会科学研究重大课题攻关项目成果文库"统一组织出版。经济科学出版社倾全社之力，精心组织编辑力量，努力铸造出版精品。国学大师季羡林先生为本文库题词："经时济世　继往开来——贺教育部重大攻关项目成果出版"；欧阳中石先生题写了"教育部哲学社会科学研究重大课题攻关项目"的书名，充分体现了他们对繁荣发展高校哲学社会科学的深切勉励和由衷期望。

　　伟大的时代呼唤伟大的理论，伟大的理论推动伟大的实践。高校哲学社会科学将不忘初心，继续前进。深入贯彻落实习近平总书记系列重要讲话精神，坚持道路自信、理论自信、制度自信、文化自信，立足中国、借鉴国外，挖掘历史、把握当代，关怀人类、面向未来，立时代之潮头、发思想之先声，为加快构建中国特色哲学社会科学，实现中华民族伟大复兴的中国梦做出新的更大贡献！

教育部社会科学司

前 言

华南理工大学公共政策研究院（IPP）于 2014 年获得教育部哲学社会科学研究重大课题攻关项目，课题名称为"决策咨询制度与中国特色新型智库建设研究"（项目编号：14JZD023）。根据《专家评审组对中标者研究工作的建议》，课题组对子课题进行重新定位，将原来的 8 个子课题整合为 4 个子课题，使研究团队力量更为集中。

本书课题组的首席专家、组长为郑永年教授（华南理工大学），课题组副组长为朱旭峰教授（清华大学），课题协调人为杨沐教授（华南理工大学）。实际参与课题研究和写作的人员共有 15 人，其中教授/研究员 6 人，副教授/副研究员 3 人。课题组成员的学科背景包含政治学、社会学、经济学、法学、公共管理、公共政策分析等。为整合研究力量，课题组定期举行内部研讨会，对研究中的重点难点问题展开深入讨论。

为深入了解国内外智库的发展生态，课题组多次组织调研小组赴北京、上海、南京、广州、深圳、海南、香港地区、新加坡、印度尼西亚等地开展有关智库的田野调查，对 30 多家不同类型的智库进行了深度访谈，整理出 50 余万字的第一手访谈笔记。通过深入调查，课题组对各类智库的运行机制及其面临的困境有了充分的了解，从而为智库项目的研究和报告写作奠定了扎实的基础。

为了解当前智库研究的最新理论动态，课题组多次邀请智库研究领域的著名专家来院讲座。这些专家包括清华大学公共管理学院朱旭峰教授，中国人民大学重阳金融研究院执行院长王文教授，天则经济研究所张曙光教授，中国社科院中国社会科学评价中心主任荆林波研究员，南京大学中国智库研究与评价中心副主任、首席专家李刚教授，上海市高校智库研究和管理中心执行主任沈国麟副教授，北京师范大学首都科技发展战略研究院院长关成华教授，广东省政府发展研究中心李惠武副主任，广东省政协杜重年副秘书长，等等。这些专家为课题组的研究提供了重要的智力支持，使智库项目得以迅速推进。

本书共包含18章（含导论），具体写作分工如下：

导论部分由郑永年教授（华南理工大学）完成，杨沐教授（华南理工大学）与邓淑宜博士（美国明尼苏达大学）负责其中第三小节的撰写。

第一部分为"决策咨询与智库"，由三章构成，分别是第一章"现代决策咨询的历史发展与活动主体"、第二章"国外决策咨询制度与智库"、第三章"中国决策咨询制度与智库"。这三章由王欧副教授（华南理工大学）、吴际（华南理工大学）、陈溪然博士（美国加州大学）共同完成，金澄研究员（中山大学）参与了第三章第一小节的写作。

第二部分为"智库发展的国际经验"，由四章构成，分别是第四章"现代智库的产生与发展"、第五章"美国智库发展经验分析"、第六章"欧洲智库发展经验分析"、第七章"亚洲智库发展经验分析"。这四章由张骏博士（中山大学）完成。

第三部分为"当代中国智库的发展现状与趋势"，由六章构成。第八章"中国智库的区域分布"，由杨沐教授（华南理工大学）、梅冬芳博士（华南理工大学）、张骏博士（中山大学）共同完成，张骏博士主要参与本章第一小节、第四小节的写作。第九章"中国智库的组织管理"、第十章"中国智库的资金管理"、第十一章"中国智库的人才管理"、第十二章"中国智库的研究管理"，由林辉煌研究员（华南理工大学）、刘万群博士（中山大学）共同完成，张骏博士参与了对第九～十一章有关社会智库的论述。第十三章"中国智库的政策网络"由王欧副教授（华南理工大学）、吴际（华南理工大学）共同完成。

第四部分为"新型智库的建设方案"，由四章构成。第十四章"创新新型智库的指标体系"，由邓淑宜博士（美国明尼苏达大学）、梅冬芳博士（华南理工大学）共同完成。第十五章"推动新型智库的大数据运用"，由李文彬教授（华南理工大学）、李雅婷（华南理工大学）共同完成。第十六章"完善新型智库的国际化战略"，由谭锐研究员（广东外语外贸大学）完成。第十七章"结论：内部多元主义与新型智库发展战略"，由林辉煌研究员（华南理工大学）、王祎楠博士（美国宾夕法尼亚州立大学）共同完成。

摘　要

所谓智库，是指具有独立性和非营利性、以政策研究为主业并致力于影响公共政策的机构。党的十八大以来，党和国家日益强调中国特色新型智库在国家治理中的重要作用，全国范围的"智库热"也随之浮出水面，建设新型智库对优化国内决策、提升中国国际影响力具有重大的现实意义。而智库的发展在很大程度上取决于一个国家的决策咨询制度及其政治过程属性。西方发达国家的智库发展建立在"外部多元主义"的政治过程与政策思想市场之上，本书课题组研究认为，中国的政治过程更多地体现为"内部多元主义"，即一党领导下的多元利益整合模式以及在此基础上形成的政策思想市场，中国特色新型智库的建设不能脱离这样的政治框架。为此，课题组围绕"内部多元主义"和政策思想市场理论，从"决策咨询与智库""智库发展的国际经验""当代中国智库的发展现状与趋势""新型智库的建设方案"四个部分对国内外的决策咨询制度与智库发展进行了深入研究。

从"内部多元主义"的视角来看，政府在智库建设和政策思想市场发展上的主导作用决定了政策知识的供给方和需求方之间不是简单的供需对接关系。政府的主导作用决定了需求方处于政策思想市场的中心位置。因此，以政府权力为中心，由近到远分别是官方智库、高校智库和社会智库，这些不同类型的智库因其与权力中心距离的远近而享受着不同的资源和制度空间，形成明显的圈层结构，这是嵌于中国政治体制中的政策思想市场的特征。

在第一部分"决策咨询与智库"中，课题组研究了现代决策咨询的历史发展与活动主体，分析了国内外决策咨询制度与智库发展之间的关系。政府、科学、公众与社会是以智库为核心的政策思想网络中的关键主体，对它们的互动方式与影响作用的研究有助于我们构建更为完善的决策咨询制度，以及更为高效、有序的政策思想市场。通过比较美国、法国和英国的决策咨询制度和智库的类别，我们大致上可以做出如下归纳：一个国家决策咨询制度的分权程度越高，来自社会的政策倡导型智库越发达；一个国家的官僚体系越开放，来自社会的政策研究型智库越繁荣。相对而言，中国总体上处于高度集权、官僚体制高度封闭的一端，其程度更甚于法国。因此，中国政策议题的发起和具体方案的提出均在体制内进行，这导致社会上的政策倡导型智库和政策研究型智库均不发达。对于政策倡导而言，官方智库比高校智库和社会智库更加受到决策者的信赖。

在第二部分"智库发展的国际经验"中，课题组分别选取了美国、欧洲、亚洲（中国大陆除外）的案例，研究总结了国外现代智库的产生与发展经验。课题组认为，美国的政治生态客观上极大地繁荣了其智库行业，而以"旋转门"为突出特征的人员交换机制又使得智库很容易嵌入美国的国家决策机制之中。欧洲智库在长期发展中呈现出一些特色经验，包括以专精化与多元化并举的策略适应竞争，以智库网络的方式整合资源，以泛区域智库的格局打造"欧盟智库"和以"透明度登记"制度去规范资金的分配和使用等。东亚智库在与政府的互动中大多呈现出"致力于'制度提升'而非'制度批判'"的"东亚特征"。一方面是因为这一地区的政府普遍保持着对包括智库在内的社会组织更为积极和直接的介入，但另一方面也彰显出这些智库本身对于知识与权力的关系有着不同于西方的理解。

在第三部分"当代中国智库的发展现状与趋势"中，课题组介绍了当前中国智库的区域分布，并结合经验调查重点研究了中国智库在组织、资金、人才和研究方面的管理机制以及中国智库的政策网络。从地域上看，绝大多数的中国智库分布在北京和上海两大中心，剩余部分智库也主要集中在东部沿海省会城市；从圈层上看，处于中间的高校智库占优，而处于最外围的社会智库十分弱小。我国智库的发展定位和组织管理模式在很大程度上取决于内部多元主义的决策体制之下所形成的智库"圈层结构"，管理架构主要包括科层制模式、扁平化模式和松散模式。中国智库的筹资模式则包括政府财政拨款型、项目合同型、支持者捐赠型、基金会支持型等。在人才方面，优秀的研究人员和行政团队是智库的主体；社会智库和高校智库的成立和发展得益于极具号召力的领军人物；此外，几乎所有智库都有自己庞大的外部学术网络。在研究管理方面，智库的研究课题包括竞争性课题、上级交办课题、机构自设课题、企业课题；智库的研究组织方式，主要包括学科制组织模式、围绕研究主题形成研究所或研究中心、矩阵式项目组织形式等；而对智库成果质量的审查与控制方面，依然非常薄弱。从政策网络来看，中国智库与政府间的联系在逐渐发生变化：一是中国智库逐渐以各自不同的定位与功能融入到整体性的决策体系；二是中国智库的意见日益成为政府决策的重要依据之一，智库越来越主动地参与到政策思想市场竞争中。

在第四部分"新型智库的建设方案"中，课题组重点研究了评价指标体系、大数据运用、国际化战略对于新型智库建设的重要意义，并结合内部多元主义理论构建了新型智库的建设方案。有效的智库评价实践能发挥配置智库建设资源、引导智库发展方向的重要作用。基于指标层面和评价方案层面的对比分析，课题组提出了"中国特色新型智库评价指标体系"，以期达到识别中国特色新型智库、为智库发展提供质量控制工具的目标。推动大数据技术的运用，是新型智库建设功能完备的信息采集分析系统在新时代背景下的新要求。但从总体上看，我国智库对大数据的运用还存在意识滞后、人才薄弱、数据孤岛等问题，需要进一步加强数据平台、人才队伍、共享机制的建设，开展大数据驱动的跨学科研究。完善智库的国际化战略，积极扩大中国智库的国际影响，是新时代对中国特色新型智库建设的另外一项重大要求。课题组认为，智库人员的国际化是核心，中国智库应当分研究领域、分智库类型进行不同程度的国际化。根据内部多元主义理论，官方智库、高校智库、社会智库享有的资源规模及其独立性主要由该类智库与政府权力中心之间的距离决定，而智库的资源规模和独立性形塑了三类智库各自的优势与劣势。一方面，政府应面对所有智库制定无差别的发展战略，另一方面，不同类型的智库及其建立者应根据自身优缺点制定差异化的发展战略。

Abstract

Think tanks are independent and non-profit institutions that conduct policy research and help shape policy agenda. After the 18th National Congress of the Communist Party of China (CPC), the important role of "new type of think tanks with Chinese characteristics" in national governance had received increasing attention from both the CPC and the government, triggering a "Think Tank Boom" in China. The development of "new type of Think Tanks" is highly relevant to both the optimisation of domestic policy and the enhancement of Chinese international strategy, and is shaped jointly by the policy consultation system and political processes. While the formation and development of think tanks in Western developed countries is based on "external pluralistic" political process and "policy market", the development of think tanks in China depends on an "internal pluralistic" political framework, as is demonstrated by this research. The political framework is characterised by both a multi-interest integration pattern in the one-party system, and the "policy market" based on this pattern. This report concentrates principally on policy consultation system and the development process of think tanks in both China and abroad. It is divided into four parts— "Policy Consultation and Think Tanks", "International Experience of Think Tank Development", "Status and Trends of Think Tank Development in Contemporary China" and "Approaches for Developing 'New Type of Think Tanks'".

From the perspective of "internal pluralism", the Chinese government is in the centre of the "policy market" because of the leading role it plays in the development process of the "policy market". Therefore, government-affiliated think tanks, university think tanks and social think tanks are provided with different resources and institutional spaces according to their "distance" from the government authority. This "circle-layer" structure is the primary characteristic of the Chinese "policy market".

Part 1 on "Policy-making Consultation and Think Tanks" presents first the history and main actors of modern policy consultation and second the relationship between policy consultation system and think tank development. The government, science, public and civil society are the four main actors in the "think-tank-centred" policy network. Research on interaction among these actors and their impacts would assist to promote both the policy consultation system and the effectiveness and order of the "policy market". There will also be a comparison of "policy consultation system" and typology of think tanks between the United States, France and the United Kingdom. It could be generally concluded that the more decentralised the policy consultation system is, the more developed the policy-advocacy-type of social think tanks; the more open the bureaucracy, the more developed the policy-research-type of social think tanks. China, however, is at the other end of the spectrum—its policy consultation system is highly centralised and its bureaucracy is even more closed than that of France. Thus agenda setting and policy formulation only take place "inside the Chinese political system", which hinders the development of both policy-advocacy-type and policy-research-type of think tanks. In terms of policy advocacy, government-affiliated think tanks are more trusted by policy-makers than by universities and social think tanks.

Part 2 on "International Experience of Think Tank Development" analyses the experience of think tank formulation and development in the United States, Europe and Asia. The research group asserts that the think tank industry in the United States benefits from its political dynamics. The human resource exchanging mechanism, which has the primary "revolving door" characteristic, increases think tanks' participation in policy-making. European think tanks present four distinctive experiences during their long-term development. The first is competition-adapting strategies of simultaneously promoting the professional performance and diversity of think tanks. The second is resource integration using the "think tank network". The third is establishing "European Union Think Tanks" in the perspective of pan-regional think tanks. The last is fund distribution and application regulated by "transparency registration". East Asian think tanks present an "East Asian characteristic" of "institutional enhancement" rather than "institutional criticism" when interacting with the government. This is because of the more active and direct government intervention in social organisations including think tanks and the different understanding of the West on the relationship between knowledge and power.

Part 3 on "Status and Trends of Think Tank Development in Contemporary China" introduces the regional distribution of think tanks in China, the management mechanism of organisation, funds, human resources and research in Chinese think tanks, as well as their policy network. Regionally, a vast majority of Chinese think tanks are located in two central cities of Beijing and Shanghai, while the remaining are mainly located in the capital cities of eastern China. In the "circle-layer" structure, university think tanks in the middle-layer have an advantage. The most peripheral ones, namely, the social think tanks, are the most disadvantaged. The development positioning and organisational management pattern of Chinese think tanks are determined by the "circle-layer structure" formulated under the "internal pluralistic" policy-making system. The organisational structures mainly include bureaucratic, flat and loose structures. Funds are either from governmental financial grants, project contracts, supporters' donations, or foundations. In terms of talents, excellent researchers and executive teams make up the major part of think tanks. The establishment and development of social think tanks and university think tanks benefit from highly regarded leaders. Moreover, almost every think tank has its own external academic network. Research topics include topics assigned by higher authorities, think tanks' self-set topics, and topics from business enterprises. Research management patterns include "subject-oriented organising pattern", establishing research institutes or research centres according to research topics and the matrix project organising pattern. However, the inspection and control of research output quality still need to be improved. From the perspective of policy network, the relationship between Chinese think tanks and the government is gradually changing. For one, Chinese think tanks, with their own distinctive aims and functions, have gradually integrated themselves into the overall policy-making system. For another, more and more research outputs have been adopted by the government as policy-making evidence. Chinese think tanks are taking the initiative to participate in the policy market.

Part 4 on "Approaches for Developing 'New Type of Think Tanks'" focuses on the importance of the performance evaluation indicator system, use of big data and internationalisation strategies for the development of "new type of think tanks". Finally, by referring to the "internal pluralism theory", this report will present a feasible approach for developing "new type of think tanks". Effective think tank evaluation practices play an important part in both allocating think tank development resources and indicating future directions for think tank development. Based on the comparative analysis of indicators and evaluation programmes, this report will propose an "Evaluation Indicator System for New Type of Think Tanks with Chinese Characteristics" so as to identify "new type of think tanks with Chinese characteristics" and provide a quality control tool. Promoting the use of big data technology to assist in the establishment of a fully functional information collection and analysis system in think tanks is a new requirement under new circumstances. However, there are still problems in the use of big data such as out-of-date awareness, shortage of talents and "data silos". Data platforms, talent teams and information-sharing mechanisms need to be improved. Big-data-driven inter-disciplinary research should also be initiated. Promoting the internationalisation strategies for think tanks and increasing the international impact of Chinese think tanks are also major requirements for developing "new type of think tanks with Chinese characteristics" in the new era. This report suggests that the internationalisation of think tank staff should be the primary task. Chinese think tanks should be internationalised, to varying degrees, according to their research fields or think tank types. According to "internal pluralism theory", the amount of resources that government-affiliated think tanks, university think tanks and social think tanks will be allocated, as well as their independence, are determined by their "distance" from government authority. The advantages and disadvantages of these three types of think tanks are shaped by their very possession of resources and degree of independence. The government should formulate an undifferentiated development strategy for all think tanks, while different types of think tanks and their founders should develop differentiated development strategies based on their own strengths and weaknesses.

目 录

Contents

Contents

导　论

中国特色新型智库建设：
理论和实践的思考

一、建设中国特色新型智库的必要性

所谓智库，是指具有独立性和非营利性、以政策研究为主业并致力于影响公共政策的机构。党的十八大以来，党和国家日益强调中国特色新型智库在国家治理中的重要作用，全国范围的"智库热"也随之浮出水面。不仅仅是党政军机构、高等学校、科研机构等传统研究机构，连各类媒体和企业也都纷纷组建智库，形成了一股前所未有的智库建设热潮。随着首批国家高端智库名单出炉，人们希望在这一轮的智库建设热潮中可以涌现出一批能够满足甚至引领中国时代需要的智库。然而，公允地讲，尽管智库建设者表现出了无比的热情，但对什么是中国新型智库、中国需要什么样的智库、中国新型智库的基础是什么、中国能够建设什么样的智库、中国智库需要生产怎样的政策产品等问题的认识并不够充分。如果不能进一步深化对这些基本问题的认识，那么我国智库的发展前景就会充满高度的不确定性。

党的十八届三中全会通过的《关于全面深化改革若干重大问题的决定》（以下简称《决定》）首次提出"加强中国特色新型智库建设"[①]，这对于推进中国特

---

① 中共中央：《关于全面深化改革若干重大问题的决定》，人民出版社 2013 年版。

色社会主义建设、强化社会主义民主政治制度建设、完善协商民主制度具有重大的理论和现实意义。从西方国家的经验来看,智库对于"国家建设"具有重要的促进作用。在现代科层制和国家政治"技术治理"的发展过程中,政府和社会科学界的交往不断加强,社会科学家正以前所未有的广度和深度参与国家的各项政策制定,有力地推动着政府决策体系的完善①。这就意味着在中国经济、社会、政治改革不断推进的历史背景下,对国家来说,新型智库建设能够有效地通过"让知识参与决策"来推进国家治理体系建设和治理能力现代化;对智库来说,《决定》提出的路线图为新型智库的科学发展提供了有力的政策支撑。因此,建设有中国特色的新型智库,对于中国的国家治理以及智库本身的发展来说,既是历史使命,也有现实意义。

《决定》为中国智库的建设提出了几个重要方向。改革开放以来,中国经济政策的巨大成功带动了社会的全面进步。中国智库尤其是社会智库的兴起即是改革开放的产物②。中国政府在改革开放的背景下也一直面临着多重挑战,这些挑战主要来自三个方面:一是民主化的要求(大众政治参与问题);二是社会发展的要求(民生改善问题);三是国际认同要求(国际接轨问题)③。

中国民主政治的发展,为智库参与公共决策创造了良好的政治氛围。实现公共决策的科学化、民主化是我国政治体制改革及社会主义民主政治建设的一个基本任务,也是我国社会主义市场经济发展的内在要求,因此也必然是政策科学研究的核心。处于改革关键时期的中国,必须建立起一套有效的宏观调控机制,以弥补市场缺陷,这就对公共决策提出了更高的要求④。党的十八届三中全会报告明确提出推进决策科学化、民主化,增强决策透明度和公众参与度,在制定与群众利益密切相关的法律法规和公共政策时要公开听取群众意见。当今世界,科技和经济飞速发展带来的影响已经逐渐渗透到人类生活的各个领域,全球化背景下的国际竞争日趋激烈,国内事务日益复杂,从而也对政策决策提出了更高的要求,因此决策科学化就成了新形势下公共决策的必然选择。当前,从中央到地方各级政府,都将专家咨询论证作为科学决策和民主决策中一个必不可少的环节。

自 20 世纪 70 年代末开始,经过将近 40 年的改革开放,中国已经成为世界

---

① 顾海良. 转引自共识网《人民论坛》专栏, http://www.21ccom.net/plus/view.php? aid = 102571&ALL = 1.

② Merle Goldman. The Emergence of Politically Independent Intellectuals, in M. Goldmanand R. MacFarquhar (eds) *The Paradox of China's Post - Mao Reforms* [M]. Cambridge, MA: Harvard University Press, 1999.

③ Barry Naughton. China's Economic Think Tanks: Their Changing Role in the 1990s [J]. *The China Quarterly*, 2002, Vol. 171.

④ 郭万达、杨秋荣、付实、郑宇劼:《论我国体制内半官方智库的转型》,载于《开放导报》2014年第 4 期。

第二大经济体、最大贸易体①，为世界的和平发展、全球性经济增长和大规模减贫做出了巨大的贡献。在当今中国全面建成小康社会、开始实现中华民族伟大复兴的中国梦的过程中，中国加快了建设中国特色新型智库的步伐，这对于中国更广泛地参与全球性政策思想市场上的竞争，在世界范围内上更加强有力和及时地发出中国声音、表达中国意愿、展现中国主张，无疑形成了重要助推。而且，无论从中国发展和提高软实力的战略需求，还是从中国不断提高世界地位与扩大影响作用的客观事实来看，建设中国特色的新型智库都是不可或缺的一环。

（一）建设新型智库对优化国内决策的必要性

就内部发展来说，我国全面深化改革的总目标是完善和发展中国特色社会主义制度，推进国家治理体系和治理能力现代化，而决策咨询制度则是现代治理体系中的重要一环。决策咨询制度的现代化离不开新型智库的建设，因为在任何国家，智库都是决策咨询的最为重要的主体之一。其独特的内部运行规律、复杂的外部关系、兼具学术性和实用性的科研成果，对政府、企业和社会将会产生多方面深刻的影响。智库会产生政策影响，也就是说，智库的知识生产负有重大的社会责任。

由于中国的快速崛起，所面临的问题也越来越复杂。在中国的经济经历了将近 40 年的持续快速增长以后，国内所积累的许多社会、经济、行政管理等相关问题。这些问题在大部分发达国家中都是在漫长的历史时期内逐个出现、逐个解决的，而在中国同样也面临这些问题。

中国经济的快速崛起和随之而来的国际、国内问题要求中国智库提供大量的高水准的智库产品，以使中国具有与其"硬实力"（经济的和军事的）相匹配的"软实力"。但客观地说，虽然中国有着一流数量（世界第二）的智库，但其质量良莠不齐。

党中央及时地意识到了加强中国智库建设对于提高政府执政能力大有裨益。2012 年的党的十八大报告提出要"坚持科学决策、民主决策、依法决策，健全决策机制和程序，发挥思想库作用"。随后，在 2013 年党的十八届三中全会中又提出建设"中国特色新型智库"，并将其列入"推进国家治理体系和治理能力现代化的组成部分"。在 2015 年，中国官方发布了《关于加

① The World Trade Organization. International Trade Statistics 2015, https：//www. wto. org/english/res_e/statis_e/its2015_e/its2015_e. pdf, 2015.

强中国特色新型智库建设的意见》①。习近平将智库的作用提升到"推动科学决策、民主决策,推进国家治理体系和治理能力现代化、增强国家软实力"的战略高度,并提出"把中国特色新型智库建设作为一项重大而紧迫的任务切实抓好"。

实际上,自改革开放以来,中国的决策者一直在强调政策研究的科学性。在20世纪80年代中国改革开放开始后不久,时任全国人大常委会委员长的万里就提出决策的"民主化和科学化"②,以此来推进中国的改革开放。如今中国社会亟须一流水平的新型智库提供准确信息、专业知识、正确观点和深刻思想;党和国家重大决策对智库的知识需求与日俱增,这就要求我们及时、适时提供更具前瞻性、战略性、针对性和可操作性的战略思路、政策建议等③。为此,中国要有意识地打造有中国特色的新型智库。这种智库不是一般的智库,而是高端智库;不是一般知识的应用者,而是新知识的创造者;也不是仅在国内有影响的智库,而是在国内外都有重要影响的智库。

(二) 建设新型智库对提升中国国际战略的必要性

当今世界,中国是后来居上的大国,在不到40年的短短时间里走完了西方数百年的工业化道路,这表明其在经济上"赶超"西方发达国家的尝试极其成功。但是,相对世界其他大国而言,中国在决策上面临的挑战更为严峻。

中国成长为世界性大国的时间非常短,甚至在改革开放的前半期,中国社会都没有预料到中国将会在21世纪前20年成为世界第二大经济体,并且很有可能在2020~2030年成为世界最大经济体。从时间上讲,中国没有像其他大国那样有上百年乃至数百年的时间"干中学"(learning by doing④),或者以不断试错(trial and error)的方式来学会如何以大国身份处理国内和国际事务。

特别是在外交层面,国际社会,无论是发达的西方国家还是广大的发展中国家,都希望中国能够承担越来越多的国际责任,但同时很多国家对中国的崛起也都感到不同程度的不安。面对中国,西方常陷入一种非常矛盾的境地,既想让中

---

① 中共中央办公厅、国务院办公厅:《关于加强中国特色新型智库建设的意见》,http://www.gov.cn/xinwen/2015-01/20/content_2807126.htm,2015.

② 万里:《决策科学化和民主化是政治体制改革的一个重要课题——在全国软科学研究工作座谈会上的讲话》,载于《人民日报》1986年8月15日。

③ 胡鞍钢:《建设中国特色新型智库参与全球智库竞争》,载于《中国社会科学报》2014年4月11日。

④ Kenneth J. Arrow. The Economic Implications of Learning by Doing [J]. *The Review of Economic Studies*, 1962, 29 (3).

国多承担责任，又恐惧中国会"抢夺"了他们的国际领导权。发展中国家希望学习中国成功的发展经验，但他们又不理解中国的经验。同样地，中国的快速崛起，使得中国必须同时迅速调整区域性和全球性的外交战略，而很多情况下这两者之间也存在着冲突。中国需要进一步调整其外交政策以避免被很多其他国家视为"威胁"；但同时，作为大国，中国的任何调整客观上都势必对外投射巨大的影响力，因此也会被视为是"威胁"。如何处理这些复杂的外部关系，亟需高水平的新型智库为执政者提供战略思路与操作方案。

二、内部多元主义与智库类型

中国作为一个文明古国，从整体来说，其未来政治、经济、社会等各方面制度发展的走向不可能完全复制西方国家。中国需要实行什么样的民主制度、经济制度、社会制度？为了实现这些制度的现代性，又需要什么样的智库来提供智力支持呢？这些都是我们在新型智库建设中需要解决的问题。

尽管决定智库形态和发展的因素有很多，但主要的决定因素还是一个国家的政治制度。从政治体制来说，我们可以把西方的多党制称为"外部多元主义"①，即不认可某个政党就可以脱离这个政党，组建反对党。在西方多党制下，同时存在几个政治过程，执政党有自己的政治过程，反对党也有自己的政治过程，政治就是以一个政治过程替代另一个政治过程。西方基于"一人一票制"之上的多党民主在近数十年来有很负面的发展。传统上，英国的反对派是忠诚的反对派，英国议会中的两个政党，就像中国传统的宰相、御史（监察），两个部门提的意见不一样没问题，但都必须是具有建设性的意见。而现在西方的反对党和执政党有互相否决的倾向，为了反对而反对，根本不讲任何道理，凡是你主张的，我就反对，成为了"否决政治"，所以两党什么都做不成。"否决政治"最可怕的例子是历史上的波兰：波兰曾经是欧洲最强大的国家，也是世界上最早的贵族民主制议会政治国家，但是贵族议员的权力很大，只要一两个议员反对，议案就通不过。所以，不管多么有能力的国王，在波兰都寸步难行，而波兰则因不能实行任何一种有效的改革，错过了启蒙时代开始的欧洲发展浪潮，最后被俄罗斯、普鲁

① Zheng Y. N. The Chinese Communist Party as Organizational Emperor：Culture，Reproduction and Transformation ［M］. NY & London：Routledge，2010，pp. 36－42.

士等国瓜分了。波兰的教训在 18 世纪、19 世纪，乃至 20 世纪上半期都是深深刻入当时政治家脑海的，所以政治家都在避免出现否决政治。但是，现在看来，西方对这个教训开始淡忘了。

20 世纪 90 年代初福山写了《历史的终结》一书，认为西方民主是人类历史上最好的也是最后的政治制度。但现在福山不这样认为了。西方民主下一步怎么走对西方来说非常关键，但到现在还没有明确的答案。近年来，一些欧洲美国学者（包括福山）著书立说的时候，也会把中国模式放进讨论中，但还是会从西方的视角来看中国。

那么，从中国的视角来看，中国模式怎样解读？我们认为，与西方典型的多党政体不同，中国共产党领导下的政治体制呈现出一种内部多元主义的特质，亦即，代表不同利益的政治、经济、社会群体在共产党设定的政治议程内部进行表达和竞争，进而影响党和政府的政策走向，这被认为是符合政治现代化的中国渐进民主模式[①]。一党制之下的内部多元主义，只有一个政治过程，需要把很多外部利益内部化。这样一个政治过程实际上有助于实现对多方利益的整合，高效率地开展经济建设和体制机制改革。除了利益整合，内部多元主义也能够通过权力分工实现一定程度的内部制衡。党的十九大之后，随着监察权的正式到位，中国已经形成了党内三权分工合作的制度，即决策权、执行权和监察权。这意味着，尽管国家只有一个政治过程，但这个政治过程分成前后三段，或者说把一个权力行使过程根据时间先后分成三个阶段。"内部三权"也存在着一定程度的"制衡"，但不会导致西方三权那样的制衡出现权力瘫痪现象。同时，内部三权分立也可有效防止腐败，建立清廉政府（见表 0－1）。

表 0－1　　　　　　　　　内部、外部多元主义的对比

内部多元主义	外部多元主义
一党制下的内部竞争	多党制下的外部竞争
一个政治过程，外部利益内部化	多个政治过程，外部利益多元化
强调社会利益整合	强调社会利益博弈
内部分工制衡	外部分权制衡
合法性来源于利益整合	合法性来源于选票

---

① 郑永年：《内部多元主义与中国新型智库建设》，东方出版社 2016 年版；郑永年：《中国模式：经验与挑战》，中信出版集团 2015 年版，第 111～121 页。

与西方传统的外部多元主义政治主导的智库不同，中国智库具有可以和"内部多元主义"兼容的传统与特征。改革开放以来，随着社会经济的发展，社会经济的多元利益格局已经形成。多元的社会经济利益必然会反映到政治过程中。这种多元利益格局在某种程度上与西方多元利益格局类似，所不同的是西方的多元利益通过不同政党的公开竞争来分配权力，而中国共产党则是通过党内的协调整合来平衡不同利益。智库、智囊团体在体制内部，除了在总体上服从于党的方针、政策基础，个体上并非单纯论证政策正确性，而是超越不同利益，找到在传统的理论框架中不可能出现的、能解决经济和社会所面临的实际问题的新方法。从 20 世纪 80 年代以来，各种体制内智库对中国的经济、政治、行政体制改革都提出了大量不同的政策建议。

随着经济的发展、人均收入的提高、国家的强大和进一步融入国际社会，党和政府认识到自己正面临着政治、经济、社会和国际关系各个方面前所未有的新问题，需要在一党制之下建立更大的政治空间，来寻找有效的解决方案。

这种政治空间，为内部多元主义的思想市场提供了条件。思想市场本身并没有限定于外部多元政治、内部多元政治或者任何一种特定的政治空间，它只是要求知识产品能够被最终使用者所比较、选择和检验。从这个角度讲，内部多元主义也可以成为孕育中国思想市场的温室。中国在改革开放以来的实践也证明，在中国的内部多元主义政治空间下，思想市场不仅有活力，而且已经成为了知识产品流通的重要载体。但中国所欠缺的，其实是一种能够产生出对应于中国实践的知识——特别是社会科学知识——的知识体系。当没有这样的知识体系时，作为政策思想市场参与者的智库，都只能是西方各种知识体系的跑马地、阅兵场。

对于世界主要大国来讲，原有的由政府本身全面主导的决策机制已经不足以应付国内外纷繁复杂的事务。这些大国的决策机制逐渐演化为以智库为主、向政策思想市场直接传递需求并获取知识产品的外包型决策机制。历史地看，尽管智库参与政策过程的历史可以上溯至 19 世纪末期的英国以及 20 世纪早期的美国（如卡内基基金会与布鲁金斯学会），但智库作为知识再生产的重要组织者崛起并大规模参与社会事务则是从 20 世纪后半期才开始的。本书第二章至第七章将对中外智库分别作论述，并以区域为单位来详细分析当代国际智库的特点。

智库在当代世界之所以重要，其中一个关键原因就在于其扮演了知识再生产的组织者角色，使得本来偏向形而上的理论知识可以以组织化的形态参与到现实世界，并通过这一特殊地位，将知识产品精准地按现实世界的需要投放到政策思想市场中。在这里，智库的作用可以归结为：第一，在政策思想市场中链接供需双方的需求；第二，进一步，当需求侧可以被明确化时，智库充当着知识再生产的管理者与组织者。

这两种作用植根于思想市场本身所具有的知识生产能力，利用智库这一特殊组织形式，实现政策思想市场的知识生产在时间和方向上的可调整性。这也是近代以来智库及其诸多前身（如英国皇家学会、法国科学院等）在政策思想市场上的地位越来越重要的原因。

如本书第三章所述，中国智库在新中国成立后直至改革开放早期，形成了以苏联体制为主，兼具欧美战前形态和中国传统特色的模式。自改革开放以来，社科院和高校智库在重新向西方、特别是欧美先进智库学习的过程中，又进一步融入了部分西方智库模式在"二战"后形成的新元素，成为具有多重特性、突出中国特色的智库体系。在这里，我们所涉及的智库谱系事实上是多维度的，只不过在现实中人们主要聚焦在以英美模式为代表的这一类型的知识型机构上。在政治领域，就智库提供的产品的性质而言，当代中国有三种类型的智库参与了政策过程（包括决策、执行），它们亦有其国际上的或历史上的原型。

第一类智库可以被认为是原创型思想的提供者。在政治与商业领域中，英美类型的智库主要指的就是这一类机构，这也是早前"thinktank"通常被译为"思想库"的主要原因之一。如为美国"驴""象"两党提供各种"政治论述"（political discourse）[①] 资源的布鲁金斯学会、传统基金会等，或是提出类似"金砖四国"等概念性主张的高盛、摩根研究部等。这一类型中成熟的智库，其特点是其思想与执行过程（思想的现实化）的分离。在政治市场中，虽然常有大型智库成员入仕美欧政府，或政府高官退任后加入智库，但绝少有智库会参与政府具体政策的执行。大型金融机构的研究部门与政府的执行部门之间更是存在着防火墙，如研究人员被发现越过雷池一步，轻则丢工作，重则被告上法庭。总体上说，这一类型的智库，提供的是决策前或者说关于决策的方向性思想产品。因此，他们的特色是以学术型、总体性的研究见长。在华语地区，中国社会科学院、台湾地区的中华经济研究院等机构都有很多这方面的功能。

第二类智库可被称之为执行层面的谋划者，或外部幕僚型智库。以中国各部委研究院/所为例，它们主要承担的是对于方向性方案的细节支持，包括步骤、

---

① M. H. Agar. Political Talk：Thematic Analysis of a Policy Argument. In L. Kedared ［M］. *Power through Discourse*，NJ：Ablex Publishing，1987.

执行、反馈等，它们并不参与方向性方案的决策，或只是为方向性方案提供细节性的沙盘推演。这一类型的智库，事实上脱胎于旧有的各种决策支持系统，其特点是与执行机构有非常紧密的联系——如五角大楼下设的非洲战略研究所；或者其本身就是执行机构的一部分——如中国铁道部下属中国铁道科学研究院。从整个决策过程来说，执行层智库与幕僚有所重叠。

第三类智库可被称为传播性的政策推动者。这类智库一般并不正面参与决策制定，但是会承担政策的有效性宣传、特定政策的置入性行销等功能；也有可能在决策或执行时推动某一特定的政策偏好。这类智库弱化了研究功能，但是强化了传播、宣传作用，特别是在互联网和新媒体兴起以后，其能力有了很大的发展。此类智库在定义上属于智库的边缘：在严格意义上它并不处于政策思想市场之内，也不进行知识再生产；但是在学术自律和表达受限制的场合下，它可以利用在传播上的优势，能够比一般智库更有效地投放它所偏好的、而又不一定是它所生产的思想产品。中国智库由于缺乏政策思想市场营销推广的经验，并且长期受制于强调谦虚低调的文化陶冶，在观点的表达、智库产品的营销上都有很多不足。被称为"谦谦君子"的心态，使得一些有着高质量智库产品的智库不为人知；而另一些并不生产智库产品，却擅长于使用营销技巧、扩大政策主张的影响范围和声势的媒体，用"智库"的名义推广其他知识生产者生产的产品。本书第八章、第十一章和第十二章都将会对中国智库的影响力展开详细评估。

上述三种类型的智库，可能会衍生出许多变种和中间形态。比如，社会科学院从其起源来说，更接近外部幕僚的角色；但从 20 世纪 80 年代以来，尤其是 20 世纪 90 年代末开始，社会科学院部分单位的发展方向开始向英美型大幅度倾斜。同时，社科院本身的组织结构也和国际上大部分智库不同，与其说是"一个"智库，毋宁说是许多中小型研究机构的统称或者活动平台。

按照内部多元主义的理论框架，作为决策咨询机构的智库在权力谱系中形成了独特的圈层结构，距离政治权力中心越近的智库所提供的知识具有更大的合法性，其政策影响力也更大。然而，距离权力中心越近，智库也更容易被权力俘获，从而减损其独立性。根据这一理论，我们可以将中国智库进行新的分类，即官方智库、高校智库和社会智库。在内部多元主义的权力谱系中，官方智库距离权力中心最近，社会智库距离最远，而高校智库则介于两者之间。本书将主要采用这种分类方法对中国智库展开研究。

三、政策思想市场与中国智库[①]

"思想市场"的相关表述最早见于美国最高法院的讨论和判决，与美国宪法第一修正案强调的言论自由同义[②]。新制度经济学家科斯在讨论第一修正案的经济学时，将思想市场（market for ideas）与产品市场（market for goods）做了区分和对比，并指出这两个市场没有本质上的差异[③]。科斯的类比提出以后，思想市场的涵义不再仅仅是思想自由表达的理念或活动，而更多是指作用于思想领域的市场机制，具体包括：第一，供求与交易。言论自由并不必然意味着有听众，在思想市场里，只有讲者与听者双方都能获利时，交易才会发生[④]。也就是说，思想市场不仅仅是各抒己见，更是一种通过思想的交换让观念、信息等不一致的供需双方达成一致的机制。第二，多元竞争。思想市场之所以重要，是因为只有在与无知和偏执的无尽无限的斗争中，真理才会展现其面目[⑤]。思想市场里表达和交流自由的重要意义在于形成多元的思想竞争，在各种思想的交锋碰撞中实现优胜劣汰。第三，价值信号。由于思想产品的单件性，思想市场的均衡并不表现为供需数量上的相等，而是供给能够满足需求[⑥]。而且由于思想市场上不存在某种思想的稀缺性，市场的出清是一个时间序列上的思想不断递进和演化的过程[⑦]。因此，思想的价值表现为有用性或影响力，而这些价值是指导思想生产、传播和消费的重要信号。

中国大陆近年来掀起的智库热则被认为是智库思想市场的逐渐形成[⑧]。自

---

① 此小节由杨沐、邓淑宜撰写。

② Abrams v. United States, 250 U. S. 616 (1919).

③ Coase, R. H. (1974). The Economics of the First Amendment: the Market for Goods and the Market for Ideas. *The American Economic Review*, Vol. 64, No. 2, Papers and Proceedings of the Eighty Sixth Annual Meeting of the American Economic Association (May, 1974), pp. 384 – 391., Papers and Proceedings of the Eighty Sixth Annual Meeting of the American Economic Association (May, 1974), pp. 384 – 391.

④ ［美］米尔顿·弗里德曼：《弗里德曼文萃（上册）》，胡雪峰、武玉宁译，首都经济贸易大学出版社 2001 年版。

⑤ ［英］罗纳德·哈里·科斯、王宁：《变革中国：市场经济的中国之路》，徐尧、李哲民译，中信出版社 2013 年版。

⑥ 张旭昆：《思想市场：用经济学方法研究经济学的演化》，载于《社会科学》1993 年第 7 期，第 72 ~ 75 页。

⑦ 杨沐、金澄：《智库、思想市场与独立性》，载于《公共政策季刊》2015 年第 2 期，第 9 ~ 16 页。

⑧ 王莉丽：《中国智库思想市场的培育与规制》，载于《中国人民大学学报》2014 年第 2 期，第 83 ~ 88 页。

2013 年习近平总书记提出中国特色新型智库建设目标以来，各种类型的智库如雨后春笋般涌现。从多元和竞争的意义上来说，近年来的智库热确实有助于思想市场的培育，然而必须指出的是，中国的市场是一种府内市场（market in state），市场要服从政府原则①；政治体制则呈现出一种内部多元主义的特征，不同利益首先被"内部化"，被融入既有体系之中，进而在体系内部与不同利益群体进行竞争与协作②。随着智库建设热潮的推进，一个政策思想市场正在逐渐形成。政策思想市场是指政策思想生产、传播、消费等活动的总和以及作用于这些活动的市场机制。

（一）供给方主体地位的确立

根据思想市场理论，供给方和需求方同时存在且供需双方均能获利是交易发生的前提。在政策思想市场里，需求方为公共政策制定者，主要是各级政府；供给方为从事政策研究并生产政策知识的个人和组织。在中国古代，知识分子以"谋士""智囊""帝王师"等身份为君王或朝廷官员提供智力支持，但是，这些知识分子对起用自己的君王或官员具有极强的依附性，其政策知识的生产和供给没有独立性可言。而在当代，随着市场经济和全球化的发展，社会治理日益复杂，政府越来越依赖外部政策知识来进行公共决策。政府的需求主要由学者个人或政府智囊机构来满足，但是这些供给的质量是远远不能满足需求的。学者个人通过承担政府课题或者担任政府顾问的形式兼职为政府供给政策知识，以理论研究见长的学者由于缺乏对一线政策执行的了解，他们生产出来的政策知识常常被认为"不接地气"；而政府研究室等智囊机构由于自身就隶属于政府，制度空间有限，难以生产独立客观的政策知识，其作用往往局限于论证既定政府政策。可见，在智库兴起之前，政策思想的供给方主体地位是不明显的。

智库建设则从个人和机构两个层面确立了供给方在思想市场里的主体地位，从而形成了明确的需求方和供给方。中共中央办公厅、国务院办公厅联合印发的《关于加强中国特色新型智库建设的意见》提出了新型智库的八项标准，涵盖了资金、人员、平台和组织架构上的要求。通过智库建设，从事政策研究的学者得以专职化，生产政策知识的机构得以实体化，这两者相辅相成，使资金、智力、信息等政策思想的生产资源得以有效组织起来，进行专业的政策思想产品生产和

---

① 郑永年：《重建中国社会》，东方出版社 2015 年版。
② 郑永年、陈超：《新时期的中国共产党：挑战与机遇》，载于《武汉大学学报（哲学社会科学版）》2013 年第 3 期，第 10 ~ 18，127 页。

传播，从而确立供给方在政策思想市场的主体地位。

供需双方主体地位的确立是政策思想市场形成的基础，这一过程是由作为需求方的政府主导的。近年来的智库建设热潮发端于 2013 年习近平总书记首次提出的建设中国特色新型智库的目标，随后各级政府部门纷纷出台相关文件启动智库建设。根据万方法规数据库，名称或全文中提及"智库建设"的政策法规共有 64 条，集中于 2010 年后颁布，并于 2015 年数量大幅攀升。而且，以 2013 年习近平总书记有关智库建设的批示为分水岭，批示之前"智库建设"主要出现于地方法规，批示之后提及"智库建设"的中央法规大幅增加并远远超过地方法规的数量，中央政府成为了智库建设的主要推动者。在近年来的智库建设热潮中，不同类型的智库如雨后春笋般出现，虽然目前尚没有权威的统计数据，但从全国范围的个案调研来看，新智库成立或已有科研机构的智库改制活动与推动智库建设的政府文件数量成正比。

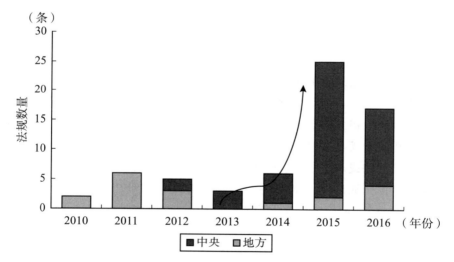

图 0－1　提及"智库建设"的政策法规数量（2010～2016 年）

资料来源：万方法规数据库（截至 2016 年 10 月 7 日）。

政府作为需求方的主导作用在两个案例中可以得到很好的体现，它们分别是上海市教委主导成立的上海高校智库和中宣部主导成立的国家高端智库。早在 2011 年，上海市教委便提出"战略智库"的概念，通过建设知识服务平台提升上海市高校的咨政能力。2013 年习近平总书记提出建设中国特色新型智库建设的目标之后，上海市教委随即在知识服务平台的基础上启动高校智库建设，设立智库建设专项资金，并得到了高校的热烈反响，共有 26 所高校申报了 179 个智库项目，经过筛选，首批共成立了 18 个高校智库。由于缺乏智库建设经验，入选智库在项目初期纷纷要求上海市教委提供更为详细的指导，于是上海市教委和复旦大学共同成立了上海高校智库研究与管理中心，制定了详细的智库建设考核指标，并为高校智库搭建了成果递送渠道和交流传播平台。大部分上海高校智库在访谈中表示，智库建设的前两年几乎围绕教委的考核指标逐项进行建设，可见，上海市教委不仅牵头启动了上海的高校智库建设，在建设过程中也起着主导作用。国家高端智库的案例与上海高校智库相似，由中宣部牵头启动国家高端智库建设，设立高端智库建设专项经费，并搭建内参报告的递送渠道。不同的是，国家高端智库在更高的层面上给予与智库建设相适应的经费、人事和科研管理制度，使入选的试点单位拥有更多的制度空间，能更有效地进行政策知识的生产和传播。

总之，在"智库热"之前，政策思想的供给方主体地位不明显，政策知识的生产不成体系。在作为需求方的政府的主导下，政策思想的供给方通过智库建设得以确立起在政策思想市场上的主体地位，从而将政策知识的生产资源有效地组织起来，制度化地进行政策思想产品的生产。因此，近年来的智库建设热潮明确了政策知识供需双方的主体地位，这是政策思想市场形成的前提条件。

（二）政策思想市场的圈层结构

政府在智库建设和政策思想市场发展上的主导作用决定了政策知识的供给方和需求方之间不是简单的供需对接关系。政府的主导作用决定了需求方处于政策思想市场的中心位置；资源和有效使用资源的制度空间是智库发展的两个关键因素，而政府权力对这两个因素均有重大影响，因此，以政府权力为中心，由近到远分别是官方智库、高校智库和社会智库，这些不同的机构因其与权力中心距离的远近而享受着不同的资源和制度空间，形成明显的圈层结构，这是嵌于中国政治体制中的政策思想市场的特征。

从不同类型的智库占比的变化可以清晰看到这种圈层结构的形成，从原来的官方智库独步天下到官方智库、高校智库、社会智库共同发展，不同举办者合办的智库也越来越多。根据《中国智库名录 2015》和上海社科院智库评价备选池收录的智库，剔除重复智库和成立时间不可查询的智库，共有 1 250 家智库，这些智库最早可追溯至 1917 年，最晚则成立于 2015 年，从历史的智库累计数量可以看到，智库数量在 20 世纪八九十年代稳步增长，踏入 21 世纪后则实现了翻倍增长，其中的主要贡献来自高校智库和社会智库的崛起。从智库类型的组成来看，20 世纪 80 年代以前，智库的类型以官方智库为主，其他类型的智库所占比例极小。高校智库和社会智库随着 80 年代的改革大潮开始发展，经过 90 年代的稳步增长，在21世纪的头十年，高校智库和社会智库所占比例已超过官方智库所占比例，智库类型开始呈现较为均衡的布局。而且，从21世纪开始，不同类型的举办者合办的智库也越来越多，成为了智库群体中的新生力量。随着"外围"智库的增多，政策思想市场的供给方开始呈现多元化的特征（见图0－2）。

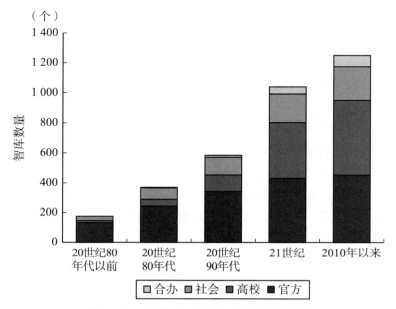

图0－2　按举办者分类智库累计数量

资料来源：《中国智库名录2015》、上海社科院智库评价备选池，IPP整理。

　　而且，这些不同类型的智库并不是政策思想市场里的铁板一块，而是以政府权力为中心呈现圈层结构分布，在圈层结构中所处的位置不同给其带来了不同的资源和制度空间，具体来说，与权力中心有着不同政治距离的智库在信息可及性、生产独立性和知识被信任度上有着不同的优势和劣势。

　　首先，不同类型的智库拥有不同的生产资源。资金、人才和信息是智库进行政策知识生产的主要资源，轰轰烈烈的"智库热"调动起了社会各界的智库建设热情，不同智库在资金和人才方面并不存在巨大的差异，不同类型的智库大多表示智库建设的资源是充足的，唯独信息在不同类型的智库之间差别极大，而信息恰恰是最关键的政策知识生产资源。官方智库与权力中心紧密联系，有些甚至就是权力中心的一部分，能够及时掌握政府的政策需求信息，利用政府丰富的数据资源也相对容易，其信息可及性最高；高校智库与权力中心的距离稍远，通过政府委托课题能一定程度地掌握政策需求信息和政府数据，其信息可及性居中；社会智库与权力中心的距离最远，除非与政府官员有私人联系，社会智库很难掌握政策需求信息和政府数据,其信息可及性最低。

其次,在政策知识生产环节,不同智库因其与权力中心的距离远近而享有不同程度的生产独立性。以往封闭的决策模式对官方智库的惯性影响最大,就算是已经进行智库改制的官方智库(如社科院系统)都表示,为政府部门论证既定政策的情况经常发生,政策知识生产的自主性受到很大限制。另一方面,体制内的财政、人事、科研管理制度是在规范传统的科研机构的过程中逐步建立的,而智库的定位和运作都与传统科研机构有很大不同,主要依靠财政资源的智库都表示,智库建设的资源是充足的,但受制于现行财政、人事和科研管理制度,想要把充足的资源用于政策知识的生产和智库的建设上来十分困难。这种情况在高校智库中也存在,但受制约程度较官方智库低,高校学者以其学术积淀能为自身争取到一定程度的研究自主性,高校也拥有一定的制度空间为校内智库机构提供财政、人事和科研制度上的便利。而社会智库则得益于与权力中心的距离,在机构运行和研究过程方面都享有最高程度的生产独立性。

最后,在政策知识生产出来之后的传播和使用过程中,离权力中心越近,权力中心对知识生产者的政治信任就越高,其知识合法性程度也越高,其政策思想产品被吸纳进权力系统并对政府决策产生影响的概率越大;高校智库与权力中心的距离稍远,权力中心对高校智库的政治信任较官方智库略低,但凭借高校系统雄厚的学术积淀,高校智库生产的政策知识更强调的是科学性和战略性;社会智库与权力中心的距离最遥远,权力中心对社会智库的政治信任最低,而且社会智库也缺乏类似于高校智库的科研实力,但社会智库与社会的距离较为接近,能更加充分地掌握社会公众的利益诉求,其生产的政策知识主要强调实践性和"接地气",从而形成自己的竞争优势。

总之,近年来的"智库热"确立了政策思想市场里供需双方的主体地位,但是供需双方并不是简单的供需对接关系。政府的主导作用决定了需求方位于政策思想市场的中心位置,而权力对知识的统辖则决定了不同类型的智库以政府权力为中心呈现圈层结构的分布,圈层结构中处于不同位置的政策思想供给者享有不同的资源和制度空间,因此也根据自身的竞争优势生产不同的政策思想产品,使政策思想市场多元化。

(三)政策思想市场的竞争机制

多元的思想产品通过充分的展示和交流,在互动中进行对比和竞争,是思想市场最重要的机制。《国家高端智库管理办法》强调,对于重大战略问题,由多家高端智库分别完成,提供多种政策选项。可见,通过多元的政策思想产品供给来培育政策思想市场的竞争机制也是智库建设的目标之一。

近年的"智库热"除了带来了智库建设的高潮，也带来了智库活动和智库研究的热潮。根据光明日报整理的智库年度大事件（2014年和2015年）和智库月度大事件（2016年6～9月），智库发展的大事件可以分为四类，分别是新智库成立、智库成果发布、政府有关智库建设的文件或讲话、智库会议或智库交流。从各类大事件的占比可以看到，无论是以年度统计还是以月度统计，智库会议或智库交流在智库大事件中占最大比例。从图0－3也可以看到智库建设的脉络：2014年"智库热"刚兴起，有关智库建设的政府文件或讲话还占智库大事件的约20%，到了2015年智库建设的活动逐渐转移到智库会议或智库交流，到2016年政府文件或讲话所代表的自上而下的智库建设动员已经鲜少出现，智库大事件更集中于智库机构的成立、智库成果的发布和智库行业的交流。在形形色色的智库交流活动中，多元的政策思想产品得到展示的机会，并通过与同行产品的交流和对比实现彼此间的竞争。

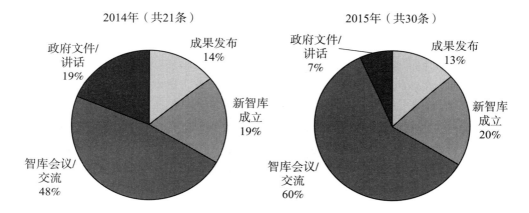

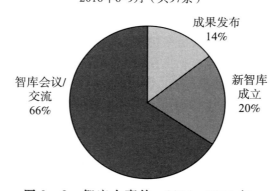

图0－3　智库大事件，2014～2016年

资料来源：《光明日报》（截至2016年9月），IPP整理。

多元竞争的重要意义在于实现优胜劣汰，除了搭建多元政策思想产品的展示和交流平台，更为重要的是畅通供需双方之间的交换渠道，使政策思想产品在生产和传播之后得以进入消费的环节。近年来智库建设的一项重要配套就是建立稳定的供需对接渠道，既强调由下往上的递送渠道，也强调由上往下的反馈机制。在传统的决策模式里，政策思想的需求方主要依靠私人联系和内参系统吸纳外部政策知识，供需双方的交流渠道具有偶然性和封闭性，渠道的开放主要取决于作为需求方的政府部门的意愿。政府主导的智库建设项目往往配套稳定的、制度化的政策研究成果报送和反馈渠道，使供需双方的交流机制化。比如中宣部牵头的国家高端智库由全国社会科学规划办公室配套主办《国家高端智库报告》内刊，入选高端智库试点单位按规定定期上递一定量的政策报告，择优收录进刊；再如教育部推动高校智库建设的一个重要举措就是设立《教育部简报（大学智库专刊）》，高校系统的政策研究专家和机构可经由高校的社科研究管理部门上递政策咨询报告，优质的政策咨询报告将收录进刊并由教育部报送相关部门。政策思想产品传播和消费渠道制度化和经常化之后，配套的奖励措施也得以制度化，不少高校将入选这种智库专刊的政策研究成果纳入奖励和职称评定标准。至此，通过智库建设，政策思想产品的生产、传播、消费和"变现"均得以实现制度化。

然而，这种制度化了的渠道依然具有排他性，非国家高端智库试点单位不能进入《国家高端智库报告》渠道，非高等教育系统的个人和机构也很难利用《教育部简报（大学智库专刊）》的渠道。对于远离权力中心的社会智库来说，通过政府主导开放的这些渠道直接对政府决策产生影响十分困难。但是，处于圈层结构最外围的社会智库也有其相对优势，他们对社会公众的利益诉求变化十分敏感，且具有较为宽松的制度环境进行政策知识的生产、整合、传播，加之新媒体技术的发展，通过媒体渠道影响社会公众，创设公共议程，从而间接地对政府决策施加影响就成为了社会智库的重要传播策略。许多主流媒体（如光明日报、凤凰网、FT 中文网）纷纷设立智库专栏或者专版，有些媒体还把智库建设作为发展战略，打造平台型智库，利用自身的资源优势和运作能力为政策思想市场的供需双方搭建新型的交流渠道。

除了传统媒体，外围智库还充分利用新媒体技术打造自身的社会影响力。在南京大学 CTTI 数据库收录且有数据显示的 484 家智库当中，共有 40 家智库表示开通了官方微博、109 家智库表示开通了微信公众号、8 家智库表示开通了官方博客、8 家智库表示研发了智库的 APP。而在这些利用新媒体技术的智库当中，外围的高校智库和社会智库占了绝大多数（如图 0 - 4 所示）。在开通微博的智库当中，官方智库只占了 15%；而在开通微信公众号的智库当中，官方智库只占了 22%。这从侧面表明了处于圈层结构中不同位置的智库享有不同的渠道资源，因此也采取不同的交流传播策略来参与政策思想市场的竞争当中。

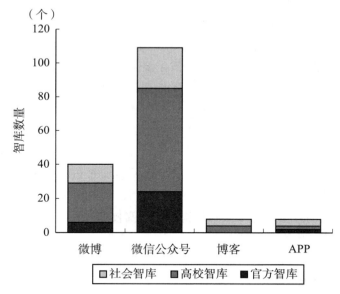

图 0 - 4　利用新媒体技术的智库数量及智库类型分布

资料来源：CTTI 数据库。

也就是说，在智库建设的热潮中，多元的政策思想产品之间形成了频繁的交流和竞争，而在竞争中脱颖而出的产品也通过常规化、多样化的供需对接渠道得到消费。多元竞争机制的建立是政策思想市场真正形成的标志。

（四）政策思想市场的价值信号

多元竞争是为了实现优胜劣汰，孰优孰劣则由政策思想产品的价值决定，这些价值信号判定了政策思想市场的竞争结果，并指导着政策思想产品的生产、传播和消费活动。

在以往封闭的决策模式中，作为需求方的政府掌握着资金、信息等政策思想的生产资源，并通过一系列的财政、人事和科研制度管理着政策思想产品的生产过程，政策思想产品的传播和交换渠道也单方面地取决于政府决策的开放程度，因此政府部门的主观判定也就构成了政策思想产品的唯一评判标准。在内参—批示系统里，政府部门决策者的批示和采纳是进行政策知识生产、传播活动的目标，构成了政策思想产品的价值信号，然而这种信号在政策思想市场里是不明确的。公共决策是个反复叠加、错综复杂的过程，一件政策思想产品得到批示或者采纳有可能是因为它具有科学性，也有可能因为它迎合了决策者的政策偏好，更有可能因为它最有效地平衡了官僚系统里的部门利益。以批示或者采纳传达出来的价值信号具有模糊性，不能有效地指导政策思想市场的生产活动，甚至把部分政策思想生产资源转移到猜测和迎合决策者的主观意图之上。

智库建设的最终目的不是"智库热"本身，而是大浪淘沙后最终建成 50～100 家高端智库，形成稳定有序的政策思想市场，市场机制的有序运行则离不开有效的价值信号，能够灵敏地反映供需关系的变化，引导政策知识生产资源的有效配置。近年来的智库建设热潮从三个层面上明确了政策思想市场的价值信号。首先，正式启动智库建设的中央政府文件明确了政策思想供给方的定位和功能，《关于加强中国特色新型智库建设的意见》提出中国特色新型智库应该发挥咨政建言、理论创新、舆论引导、社会服务、公共外交等功能。其次，智库建设的热潮带动起了智库研究的热潮，其中的一个重点研究内容就是智库评价，包括零点集团、上海社科院、中国社会科学评价中心都先后着手进行智库评价指标设计，这些指标主要集中在政策影响力、学术影响力、社会影响力、国际影响力四个方面，把宏观上的功能定位细化到了具体的衡量指标。最后，在实际操作层面也从单一的批示和采纳发展到多元的、明确的价值信号体系，打破了政府部门在政策思想产品价值判定中的绝对主导地位。《教育部简报（大学智库专刊）》引入专家评审制度，邀请来自高校或智库机构的专家对上报稿件进行评审，并把评审意见反馈到供给方，由此传达清晰的价值信号。上海高校智库建设主打"咨政、启民、育才"，相应地，其智库建设考核指标除了传统的批示和采纳，还包括媒体发表、人才培养等详细指标。而在自媒体时代，政策思想供给方借助新媒体技术与社会公众进行即时沟通，其政策思想产品在媒体上的阅读量、转发量等数据也构成了清晰明确的社会评价信号。

通过近些年的智库建设热潮，政策思想市场的价值信号从单一的政府部门主观评价发展为多元的价值信号体系，这些价值信号能更加清晰地传递政策思想市场里的需求及其变化，指导政策思想生产资源的配置以满足政策需求，从而达到政策思想市场的均衡。而且，多元的价值信号体系也与政策思想市场的圈层结构相适应，处于不同位置的智库机构可利用自身资源和制度上的相对优势集中占领局部政策思想市场，最终形成布局合理的智库群体，也形成运行有序的政策思想市场。

必须指出的是，中国的智库建设和政策思想市场均处于起步阶段，虽然智库建设的许多措施都有助于政策思想市场的培育和发展，但落实起来依然存在偏差。在现阶段，政府主导作用的渗透在政策知识生产系统里依然明显，社会智库的力量还很弱小，不同圈层之间、供需双方之间的交流交换渠道依然有待进一步的开放。随着智库建设和政策思想市场的发展，主导这一进程的政府如何逐步抽离，划清政策思想市场供给方和需求方的界限，如何弥合不同圈层之间的信息差距，使不同的供给者平等地参与政策思想市场，如何发挥多元价值信号的作用，引导政策知识生产资源的合理配置，实现差异化发展，这些都是智库建设下一步需要考虑的问题，也是新生的政策思想市场得以发展并稳定运行需要解决的问题。

四、中国特色新型智库的知识内涵和发展方向

（一）在"知"和"行"之间：新型智库的角色

对中国的智库来说，生产原创性的知识是根本。不过，原创性的思想必须具有现实性，能够解释、理解中国现象，诊断中国问题，并找到有效的解决问题的方法。这就要求新型智库做到"知行合一"。

中国传统哲人王阳明在其哲学思考和官僚工作经验中提出了"知行合一"。"知行合一"是一个理想状态，在实际生活中，"知"和"行"之间存在着一个巨大的鸿沟。在任何社会，对任何一个组织（包括政府）和个人来说，要做到"知行合一"都不是一件很容易的事情。一方面，有很多事情，只有停留在"知"的层面，或许永远不会有"行"的机会。另一方面，也有很多"行"，也就是"实践"，并没有能够提升到"知"的层面。"知行合一"既然是一个理想状态，那么就要去追求。智库的角色就是要在"知"和"行"之间搭建一座双向桥梁，即一方面要追求如何把"知"转化成"行"；另一方面，也要把"行"提升为"知"。

正因为是处于"知"与"行"之间，政策研究者就必须同时了解"知"和"行"，但这两者本身又不完全一样。首先，政策研究者和"知"者不同。从事"知"的社会群体有很多，但最显著的就是哲学家。政策研究者和哲学家必须有足够的区别。哲学家可以探讨一切事物，无论是现实存在的还是虚空想象出来的事物。因此哲学家或者属于哲学思考的人们往往具有浓厚的理性主义色彩。从现实来看，人类社会从开始到现在所实现的理想并不多。人们头脑里面所产生的理想大多只是成为历史的记忆。

而政策研究者必须懂得社会科学知识是如何产生的。如果不懂，那就很难分

辨哪些理想是乌托邦，哪些是可以实现的——哪怕是将来才可以实现的。马克思曾经说，哲学家有两项任务，一项是解释世界，另一项是改造世界①。这是两项关系密切的工作。没有认识世界，就很难改造世界。改造世界的前提就是认识世界。马克思时代的"哲学家"很大程度上就相当于我们今天的社会科学研究者。不过，如果把智库研究者视为马克思主义意义上的哲学家的话，那么这里哲学家的任务主要还是解释世界，改造世界的任务更多的是让政治家来做。当然，这并不排除哲学家转变成为政治家的情况。马克思本人就参加了很多政治活动，成为了政治家。不管怎样，在哲学和政治之间还是有很大的距离的，如果没有意识到理想和现实之间的鸿沟，那么政治就会出现很多问题。很显然，政策研究者必须具备的品质就是分辨事物发展的客观规律，就是要沟通理念和现实，即探索理念或者政策思想的实际可行性。

其次，政策研究者也必须和政府官员有所区别。这里，政策研究者要寻找自身的定位，而且这个定位必然和官员的很不同。政府官员的主要任务是决策和执行。而政策研究者所应当做的其一，是告诉政府官员在什么情况下能够做什么事情，在什么情况下不能做什么，就是说，给出不同的政策途径选择。当然，也要告诉政府做一个特定政策选择会导致的特定后果。其二，要把一个特定的政策放在宏观环境之中。基层政府官员一般只注重微观，看不到一个政策的大局，或者说，他们会侧重政策的技术面。这就要求政策研究者把一个特定的政策放在比较宏观的背景下加以分析。宏观面的分析有利于决策的科学性和政策的执行。其三，政策研究者必须超越具体的利益。政策制定者和执行者都是具有利益的组织或者个人，无论是政策的制定和执行都受制于利益。政策研究者此时就具有一定优势，因为他们可以做到相对的利益独立，即独立于某一具体的利益，而把一个特定的政策放置于社会的整体利益之中进行评估。正是从这个角度，人们总是强调智库独立的重要性。其四，政策研究者还必须注意到一个特定政策的伦理性和道德性。任何政策，不管其多么科学，都可能牵涉到伦理和道德。政策很可能是对利益的重新分配，一些人可能获益，一些人可能受损。如果忽视政策的道德性，政策的执行就会造成很多问题。即使道德问题不可避免，但如果事先对此问题有足够的注意，那么至少可以控制道德问题所产生的消极影响。

政策研究者应当具有哲学家和政治家两方面的知识，但这个角色并不好担当。就中国来说，政策科学仍然处于发展之中，现状并不令人满意。很多政策分析者都是学院派人物，很多政策分析工具很难被政策制定者所使用。政府官员感

---

① 卡尔·马克思：《关于费尔巴哈的提纲》，引自中共中央马克思恩格斯列宁斯大林著作编译局编：《马克思恩格斯选集》（第一卷），人民出版社1995年版。

觉到政策分析者的产品不好用，政策研究者感觉到被政府官员冷落。这是需要政策研究者进行反思的。具体就一个国家的政策研究来说，政策研究者至少必须做好四个方面的工作：

第一是理论指导。任何政策研究必须具有理论指导意义，但政策研究本身不是理论研究。没有多少决策者和政策执行者会对理论感兴趣。但如果没有理论，政策研究很难有说服力。需要有理论，但又不是理论文章，这就要求政策研究者吃透理论，消化理论，把理论隐含在政策分析之中。

第二是具备国际视野。政策研究要具备国际视野，这一点在全球化的今天尤其显得重要。至少可以从两方面来看。首先，国与国之间的互相依赖和影响。一国内部的发展深受外部环境的影响，同时一国内部的发展也会产生外部的影响。尤其像中国这样的大国，无论国内发生什么，都会产生巨大的外部影响。其次，借鉴外国经验。人们注意到，自近代以来，各国的制度越来越具有趋同倾向。各国制度的发展一方面要符合本国的文化、经济、社会等条件，另一方面也呈现出一些共同的特征。各国制度的产生和发展都是普遍性和特殊性的结合。因此，做政策研究不能闭门造车。

第三是国家实践和地方背景。无论是理论还是国际视野，政策研究最后要落实到每一个国家的具体环境中。如果不能把政策落实到国家的具体实践和地方背景中，那么政策会缺乏可行性。而政策的可行性就来自对一个具体国家和地方的理解。

第四是政策研究者也必须把"行"上升为"知"，即把一些政策实践提升为概念和理论。中国实际上有很多好的政策实践，但都没有被概念化和理论化。结果，中国的很多实践不被外界所理解，而其实内部的理解也很肤浅。大家所做的大都是用西方的概念和理论来评论中国的实践。

把"行"上升为"知"还关系到话语权的问题。首先，应当确立自己的政策价值评判体系，而不是总借用人家的。借用人家的也不是不可以，但是人家的东西很难解释。其次，是要深刻认识自己，从理论上认识自己。再次，更为重要的是经验分享，没有话语权，人家就很难认识你，更遑论让人家来解释你。最后，要进入世界"政策市场"。如同其他很多事物一样，世界上也存在着一个"政策市场"，就是各国最优政策实践和政策思想的"交易"。而"知"就是这种"交易"的形式。中国改革开放有那么多的政策实践和思想，其中也不乏很成功的，但为什么在国际"政策市场"上没有中国产品？主要的原因在于人们没有把"行"（即政策实践）上升为"知"。①

_____

① 郑永年：《在"知"和"行"之间：智库的角色》，载于《联合早报》2011年8月23日。

（二）推进新型智库的内部机制建设

要实现上述知识创造的目的，我们必须把重点放在智库制度的建设上。正如前面已经提及的，在西方国家，经过近百年的发展，已经形成了一批著名的智库。这些智库在协助本国政府决策方面，作出了巨大贡献。中国的智库起步晚，但也有自身的特色。如前面所述，中国拥有庞大的党政军智库和社会科学院等官方智库，近年来也涌现出了一些优秀的高校智库和社会智库。

快速的经济社会发展为中国智库的发展创造了极好的机会。作为智库发展比较晚的国家，我们应该汲取欧美智库的发展经验，逐步理顺智库与政府部门的正确关系。同时，要加强智库的专业化建设，完善智库的管理机制；要努力构建智库市场化运行体制，积极应对市场变化[①]。中国的智库尤其是官方智库和高校智库对政府某些决策的参与程度和深度以及产生的影响力可能要超过美国智库[②]。因此，中国智库在借鉴美国模式的同时，必须建立有中国特色的智库模式，适应中国的政治体制、经济发展程度和社会、历史环境。官方智库在资金来源、运行机制和管理模式上应大幅改革。社会智库主要应承担沟通政府和民众的桥梁功能。

作为政策研究平台，智库汇聚、整合了以个体化存在的思想和智慧资源，需要一整套集人才管理、资金管理、研究管理与成果管理于一体的内部机制。当今的智库建设应当学习、分析国内外优秀智库的内部机制，考察影响智库内部机制的因素，探索适合中国国情的新型智库内部机制[③]。中国智库应对美国、日本等发达国家的优秀智库分别从人才管理机制、资金管理机制、研究管理机制和科研成果管理机制进行分析。同时，也应考察影响这些智库内部机制的制度、经济、文化和社会等多方面的因素。此外，对于我国现有优秀智库的内部机制，应当探讨它们是如何适应中国本土并取得成功的。在借鉴西方发达国家智库内部机制的基础上，综合我国智库的一些优良传统，探讨并构建符合我国基本国情的新型智库的内部机制，是我国构建具有中国特色的新型智库必不可少的一环。本书第十四章将会根据智库的各种特征，给出比较完整的中国特色新型智库的指标体系；基于这一指标体系以及现有的理论与经验研究，本书第十六章将提出中国建设新型智库的路线图。

---

① 许共城：《欧美智库比较及对中国智库发展的启示》，载于《经济社会体制比较》2010 年第 2 期。
② 赵志耘、杨朝峰：《中美思想库比较研究》，载于《中国软科学》2011 年第 7 期。
③ 安淑新：《加强我国智库内部管理的对策建议研究》，载于《经济研究参考》2012 年第 58 期。

这次新型智库建设几乎涵盖了中国知识领域的所有系统，包括社会科学院、高等学校、党校、军事学校和民间研究机构等。如果我们能够借智库建设这个契机对这些系统进行重构，哪怕只是有限的重构，就有可能改变我们缺失知识体系的情况。也就是说，我们需要一系列的改革。

第一，知识创造领域的政治和行政分开。

对知识体系的创造来说，政治和行政应当承担不同的责任。对现行政治应当有一个新的定义。政治泛化是知识体系建设的阻力，因为政治强调的是管理，而知识创造强调的是专业。政治一方面要从知识体系领域逐渐淡出，另一方面要为知识体系的创造者造就有利的环境来进行知识创新。因为知识体系是人创造的，行政不可避免。高教、研究所、智库等知识生产组织不可避免地要有行政管理。淡化政治，强化行政有利于知识体系的生产。应当指出的是，在知识创造领域淡化政治不是说知识创造没有政治性；淡化政治是为了强化知识创造的专业性和职业性，通过专业精神而创造的知识可以给政治予以更为坚强的支持。

第二，重新设计基金分配制度。

在知识生产领域即教育和科研领域，基金制度急需改革。在很大程度上，目前基金制度的核心不是知识创新，而是控制和管理。举例来说，如果85%的收入是基本工资，而15%的收入来自研究经费或者其他的资源，那么知识创造者就可以不用为生活所担忧，可以凭借自己的兴趣来作思考、研究，这样才会有创新。但目前的局面是，研究者不到一半的收入来自基本工资，而大部分要来自申请研究经费等。为了生存，教育者和研究者不得不花大量的精力来向掌握资金者（往往是政府部门或者政府代理人）申请资金。实际上，即使申请到了资金，他们也要为生活着想，想着如何把资金的一部分转化成为自己个人的消费。而掌管资金的权威和机构并不是为了研究和创新，而是为了控制。这样，官僚机构所掌握的钱越多，可申请的项目也就越多，对教育和研究者的吸引力也就越强。这不是研究创新机制，而仅仅是控制机制。

（三）加强智库的独立性、创新性建设，加快智库人才培养

智库首先是一个不受外界干扰的独立机构。在欧美国家，独立性是优秀智库得以安身立命的关键，可以确保智库专家能够"闭关修炼"，不受各种政治和社会力量的打扰。所谓独立性，既包括在法理上不从属于任何政府体系及其分支，有独立运用的经费、人员以及独立行为的能力，也包括在政治上能够对政府、政党、大众传媒、利益集团和其他社会力量具有免疫力，不受其干涉。特别是在财

政上，智库应该是独立的，其财政来源应是多元的，既有政府合同，也有企业和社会捐助，这些从法律上都属于免税资金。智库利用这些经费独立从事知识、思想和观念的生产，不以营利为目的。这里要厘清有关独立的两个问题。第一，欧美国家也有很多智库从属于党派或者特定的利益集团，其资金也来源于党派和利益集团，但这并不是说，智库的"独立"就不可能。只要体制设置合理，智库在接受了党派和利益集团的经济支持之后，仍然能够由智库研究人员独立地完成一项研究，而不是简单地"接受"或者"论证"党派或者利益集团的政策意图。第二，智库独立性与智库思想偏好并不矛盾，作为"思想掮客"，智库在政治价值观和意识形态上可左可右，可自由也可保守，也就是说，智库很难真正做到"价值中立"。但只要是独立思想的结果，就不会严重影响智库的独立性。

在宏观层面上，智库的独立性体现为两点。首先，是古典意义上的、起源于对政策思想市场独立性追求的智库独立性。这种独立性要求智库与决策者偏好的分离，从而使得政策思想市场起到甄别智库产品的作用。从本源来看，思想市场的生命力也植根于这一独立性要求；一旦失去这种独立性，思想市场也就失去了其大部分创造新知识的能力。其次，从演进型进步观的角度看，智库独立性是基于诱导性进步理论的。这一种独立性要求的是决策者不仅仅在思想市场上不会基于其偏好去干涉智库，而且要主动地保护与思想市场相关的各种制度环境。

在微观层面上，基于智库实践的专业主义独立性要求，则是保证了智库在思想市场与制度环境的独立性之后，对于智库的内部个体性研究的独立性提出的要求，即不仅仅要求智库保持与外部环境（舆论、权威、民意与各种"热点"）独立，也要求智库内部成员之间乃至于成员本身的研究个案之间保持独立。毋庸置疑，这对于大部分中国智库而言，还是一个未曾达到的要求。这一独立性要求并不只是智库的内部自律，也是智库所在的科学共同体的发展水平的体现。前面说过，智库对政策思想市场和政策决策之间的纽带作用，正是由于现代智库的发展是基于思想市场，思想市场对于研究、传播独立性的要求也随之传递到了智库。我们也看到，相比一般意义上的思想市场的独立性，现代智库的独立性事实上是一种多层次的独立性。

智库建设能否健康发展，其独立性和创新性能否得到切实保障，与智库所拥有的人才资源密切相关。缺乏专业人才是智库难以发挥其作用的主要原因。因此，在新型智库建设过程中，人才培养是首先需要研究的重点领域。如何招募和培育专业人才使其能够潜心开展智库工作，在我国智库建设中是一大难点。

（四）健全制度保障体系，加强新型智库与各界的外部关系

智库的发展不仅靠自身努力，还需要外部法律空间和内部制度支撑。从其性质和社会属性来看，西方国家的大多数智库具有明确的独立法律地位，在言论、出版、结社等方面均受到宪法和法律的保护。在美国和加拿大等国家，智库被法律明确赋予了免税待遇，许多智库从政府、利益集团、商业企业获取资助，并且从其对它们的指令性研究和咨询中获得收益。在完善的法律体系约束下，西方智库按照法律精神运行，具有较高的公信度。同时，在西方国家，即便是规模较小的智库，也特别强调制度驱动，比如在人员选拔与管理、财务管理、项目管理、出版物管理、营销推广等方面都具有明确的制度规范，行政人员和研究人员彼此分工明确、业务区分细致，所有人都不只是一个人在战斗，而是作为一个整体在运作，这就是智库制度的力量[①]。

到目前为止，中国智库普遍缺乏独立的法律地位，大多隶属于党、政、军机构，或者从属于某一行政主管单位，难以进行独立的研究。更重要的是，由于起步较晚，缺乏经验，智库运作更多采取项目化管理，过于依赖某一知名专家和项目负责人，在项目运作中更多靠项目负责人的人格力量而非制度性力量，普遍地存在"人存政举，人亡政息"的问题。因此，提升中国智库的影响力，还需要转变"个人驱动"下的项目运作模式，走向"制度驱动"的机制化运作，这是打造百年智库和千年智库的根本所在[②]。

正如前文所述，智库实践的一大难点在于"知""行"合一，把"行"上升为"知"，再用"知"来辅助进一步的"行"。这个难点不仅仅是智力上的，而且是制度上的。当整个国家的智库能够用制度的力量来网罗人才时，进一步让人才发生知识上的集聚效应，然后用这种集聚化的知识来做到知行合一，这才是中国新型智库建设的终极目标。

五、小　结

前文通过对国际与中国智库历史的简要梳理，说明中国现代智库的发展是一

[①]　赵可金：《中外智库外交的五维比较》，载于《公共外交季刊》2014 年第 1 期。
[②]　赵可金：《美国智库运作机制及其对中国智库的借鉴》，载于《当代世界》2014 年第 5 期。

种多元化、具有多种起源和传统的过程。中国智库这种植根于中国本土、服务于中国需要的特质，也构成了新时代建设有中国特色新型智库的理论与实践基础。

我们认为在中国特色新型智库建设中应当做到以下几点：（1）从全局上保证智库在政府决策中的基础性定位，从而推动我国公共决策的科学化、民主化；（2）以中国的实践经验为基础建设中国自身的知识体系，也就是把中国的实践经验概念化和理论化；（3）智库要实现"知行合一"的目标，在"知"和"行"之间互联互通；（4）加强新型智库内部机制建设进度，把智库的内部管理作为智库现代化、前沿化的重大学术与实践课题来解决；（5）健全智库相关的法律法规，理顺智库与外界、特别是各级政府之间的关系，把智库作为政府、立法、媒体之后的第四部门的地位落实到实践中去；（6）探索具有中国特色的智库人才培养机制，同时加强智库的独立性、创新性建设，使得智库可以为中国改革与民族复兴更好地提供政策产品。

在当前我国建设新型智库的热潮中，追求中国特色与智库发展是大多数智库的共同目标，这两者的结合也是中国改革开放以来智库发展的最大特色。正是有鉴于以往的经验与教训，智库制度的多样性、与决策部门的紧密合作可以与智库建设较好地融合在一起，故而当代中国智库应当走的是一条兼容并包、渐进发展的制度建设之路，在建设新型智库制度的过程中提高智库产品的研究质量，助力中国的改革进程。

第一部分

决策咨询与智库

第一章

现代决策咨询的历史发展与活动主体

本章内容主要包括以下三个方面：首先，分析科学决策的构成与要素；其次，对现当代的主要"科学决策咨询机构"①进行梳理，重点讨论"智库"②的发展，并对特定的科学决策模式及其特征进行梳理；最后，参考国际上的研究成果，对决策的科学化与民主化所面临的困难和机遇做简要的分析。

在中国，现代智库建设起步伊始，因此本章的讨论更多聚焦于西方经验。本章认为尽管中国和西方具有不同的政治体系，但智库同样包含了多元的活动主体，同样由政府、科学研究机构、社会科学研究机构、大学、社会公众等组成，构成了"政策思想市场"中的互动与竞争。这些主体参与政策思想市场和决策过程中所追求的价值也很类似，即决策的科学性和民主性，所不同的是在不同的政治体系里，这些主体参与决策的方式和程度有所差异。再者，智库首先在西方产生和发展，尽管中国未必重复西方过往的道路，但总结西方的经验对今天中国的智库建设仍然具有借鉴意义。

一、现代决策咨询的历史发展

智库的出现是人类决策咨询制度在现代发展的重要标志，现代形式的智库与

---

① 或是涉及科学决策过程的一般决策咨询机构，在本书不作严格限制。
② 或思想库、公共政策研究机构等，在本书不作严格限制。

现代公共政策都诞生于"二战"前后，对应着人类特定的发展阶段、发展需求和发展趋势。一方面，人类实践活动不断发展，在世界范围内适应和改变环境的能力日益增强，其活动的效果日益复杂，影响也越来越深远。例如现代战争模式对一个地区、国家和民族的影响，化工污染对环境的大规模持续影响，某些经济指标波动对社会的整体影响等，这都使得人类更加需要对自身活动及其影响具有确定和严谨的预测，并具备行之有效的应对策略。另一方面，科学技术的发展促进了社会研究的科学化，尤其表现在政治学、社会学、公共政策学等领域。社会研究的科学化使得人类把握自身政策过程成为必要，也成为可能。20世纪二三十年代，美国政治学界行为主义兴起，使得政治学摆脱了传统对于规范性文化、价值的研究，转而仿效自然科学的方法，重视现实行为、政治过程的科学研究。到了20世纪50年代，随着社会发展中各种问题的凸显，人们意识到社会政策还没有与政府活动、政治科学有效联系起来，政策本身应该被纳入完整的政治公共活动中来进行观察和评估。对科学决策的需要，促成了"政策科学运动"（policy sciences movement）的发生，在此过程中，政策思想市场出现并不断完善，现代智库也纷纷建立。

公共政策中所展现的政治与科学之间的联系十分复杂。一方面，近现代科学技术对人们生活的各个方面产生了深刻的影响，表现在人的观念、行为方式以及由此带来的社会经验层面。实际上，科学技术逐渐成为了公共政策的基础和重要支撑手段。另一方面，政治与科学结合的结果并不总是确定的，它们相互需要，相互影响，产生了区别于原来工具性的相互结合所产生的深远影响。例如，萨拜因·马森和彼得·魏因加就认为，"美国学者主要关心在科学建议的作用日益增强的情况下民主机构的命运，欧洲大陆的学者关注的则是科学对烦琐的民主机制所产生的理性影响"。[①] 很多学者看来，在这样的背景下，政治和科学之间的结合将更为密切。随着世界逐渐被联结为一个整体，科学知识在公共政策中的角色和地位与日俱增，但同时也面临着沦为政治工具的风险。在西方国家的经验里，利用多元主体的参与和制衡、自由思想市场的竞争，形成了进一步对科学与政治关系的塑造与管控，也即从知识合法化向参与合法化的转移（EU - Commission，2000）。

与此对应的另一大趋势是，科学和政治之间的第三方，尤其是社会公众参与决策。人类社会发展历程中的大部分时段里，公众并未被视作主要的决策成员，但随着在一些诸如核安全危机、全球减排等协议签署等重要历史节点上主动或被

---

① 萨拜因·马森、彼得·魏因加：《专业知识的民主化：探求科学咨询的新模式》，上海交通大学出版社2010年版。

动地参与，公众的角色逐渐由意见群体、特定议题的决策工具等次要地位转变为公共政策不可或缺的一环。公众对公共政策的参与，真正扩大了科学决策的主体范围，缓解了长期以来公共政策缺乏公众支持和信任、缺乏可靠的公众意见与数据信息等缺陷。而在当代，公众参与已成为最为核心的研究议题之一，尤其是决策本身可能受到公众意见的影响从而失去必要的科学性与合理性。但无论如何，参与深度、协商广度、问责力度以及透明化程度等都已被视为是决策必不可少的因素，① 进一步说，这还将涉及对科学、政治和公众的能力整合，也就是本书所始终关注的对决策的多元体系与思想市场的研究，这些同时也是构建科学化与民主化决策必须实现的方面。

萨拜因·马森和彼德·魏因加指出，科学侧重于认知（knowing），提出质疑；而政治和政策倾向于决策（deciding）。一般情况下，人们普遍的做法也是倾向于从逻辑上观察科学，从制度、机构、流程等环节对政治进行考量。对于厘清二者之间的影响边界，他们二位概括了五个要点：第一，应致力于构建二者共生共存的平台，承认双方各自立场的合理性与不可调和之处；第二，关注科学知识进入决策环节的过程与命运；第三，专家也会追求自身的合法利益，这与其科学上的兴趣和利益并不总是相矛盾的；第四，"知识的性质和影响随它所介入的政治决策的性质而不同"；第五，科学与政治二者之间的边界短时间内并不会改变。② 因此实际上，二者在实践中不断融合。如前所述，政府通过构建各类专家组织完善本身的政策制定，而科学家也借助不同的平台提供政策建议或是扮演特定角色。

现代政治/政策和科学之间的合作争论主要起源于 20 世纪 60 年代核能源与环境保护方面的事宜。但在美国"哥伦比亚"航天飞机失事后，"代表"科学的专家们受到了质疑。这类灾难或者事件迅速上升为国内外热议话题，政府与专家在政策中的角色与作用成了舆论与公众批评的焦点。在这类问题中所引出的关注点是，专家是否还是最初意义上的专家；专家们的"集体决策"是否是最优的、值得信赖的，以及是否可以成为实际政策的合理性来源；在专家决策失误时，谁来为相应的结果负责；政府在这类决策失败中又应该承担什么样的责任。这些问题关乎政治/政策与科学之间的伦理或价值判断，政府本身的价值立场始终经受着社会的质疑和争论；与此同时，相关专家也纷纷登上银幕，成为公众的谈资，其对社会的影响力和影响面不断扩大。

---

① Giandomenico Majone. Temporal Consistency and Policy Credibility：Why Democracies Need Non – Majoritarian Institutions ［M］. 1996；Chap. 13.

② 萨拜因·马森、彼得·魏因加：《专业知识的民主化：探求科学咨询的新模式》，上海交通大学出版社 2010 年版。

从这些方面来看，科学是否政治化取决于参与人群的选择，同时这些选择也很可能是政治的。科学可以政治化意味着科学原本不是政治的。这里，希拉·贾萨诺夫提到了科学与政治之间的几点区别：在制度维度上，实验仍然是科学的重心，科学无需承担政治领域中的那种责任；在时间维度上，科学强调"慢"，而政治决策中的时间压力则常常与这一要求背道而驰；最后，在现实维度上，尤其是在国际的交流比较中，现代国家常常强调政治的侧重点。[1] 在长期侧重政治的实践中，科学的角色和能力似乎被忽视了，但正是科学家与政治人物共同构建着制度化和非制度化的决策结构。

在本书所关注的内容中，智库承载了上述争议点，成为政府—专家—社会多元互构的关键场域。同上述问题类似，即便是在最广义定义的情形中，对智库与其他主体关系的热议从未消减，类似"智库""思想库""公共政策研究机构"等主体所扮演的具体角色是什么；他们更倾向于（或被界定为）政府一方的顾问，科学研究的专家，抑或社会公众的代言人？在更深层次，这些争议的背后所暗示的是一种理念上的政治追求与实际的政治运作之间的分野，以及存在于研究文化与政策文化之间的差异，其核心即本书所思索的建立在特定政治文化与政治背景上的多元决策体系和政策思想市场。由此，关于决策咨询机构的论点可以总结为两方面的内容，其一是其是否具备足够的（应有的）独立性和客观性，更确切地说，是否能在财务上保持独立自主以支持其研究和运作；其二是这类机构是否（应）具备意识形态自主性，也即它们能够与政府和党派走得多近。同时，在智库逐渐深入社会之后，这些主体间的问题更为复杂，因此不论它们是何种意义上的"可靠""学术严谨"或"知识权威存储器"，[2] 从其概念界定、发展历史、彼此间关系与定位等角度而言，对现代决策咨询机构的认真再审视都是相当重要的。

二、现代决策咨询中的活动主体

（一）政府：核心但不再唯一

在强调决策执行的 20 世纪初，政府/政治曾经长期在公共决策中占据着绝对甚至是唯一的地位，尤其是在大范围的经济危机打破了市场神话之后，政府开始

---

① 希拉·贾萨诺夫：《自然的设计：欧美的民主与科学》，上海交通大学出版社 2011 年版。
② Medvetz, "Think Tanks", 2.

广泛进入社会生活、制定各式各样的公共政策，将不同层面的社会、经济、文化事务囊括到政府决策与行政职能中。在美国，这种趋势在广为人知的罗斯福"新政"过程中逐渐走向成熟。这一时期，所有的决策都由政府或核心的小型决策团体（甚至是个人）做出，其范围则涵盖社会生活的方方面面。这种特定结构尽管在特定历史时期里可能是有效的，但却无法长期持续。

第二次世界大战结束后，有几种趋势推动着过去的形势发生变化：现代核问题、环境问题等重大议题推动各领域的专家参与到公开性的辩论和政策制定中；新公共管理运动在主要资本主义国家间广泛扩展（很快也扩展至全球）；另外，政府在政治竞争（主要是与公共政策制定及执行相关的选举活动）中逐步认识到了公众对于专家固有的信任。这样，科学家们开始作为相对重要的一员参与到传统的公共决策中，科学在技术手段和社会权威两方面为政治决策带来了补充，多元化的主体结构逐步建立。

而在今天，专家参与决策的途径已经相当广泛。政府也在日趋成熟的政策思想市场中向多领域的专家寻求咨询建议或项目合作，其原因一是专家对专业知识与手段的认识和利用，使其能够更为合理、正当、高效的决策活动；二是政策必须得到社会的接受与认可所带来的巨大压力。

现在，科学—政治/政策的二元结构也被学者雷纳特·迈恩兹批评为过时，迈恩兹更强调的是协商制度对于公众的意义[①]。在许多国家，介于政治、咨询和科学间的部门已经出现并发挥效用，政府通过授权（常常带有大量时间与内容上的限制）与监管，带动或吸纳更加特征鲜明、边界模糊的多元主体，促使"政策咨询成为政治体系在利益表达和阐述体系（政党、组织利益、协会、社会运动、知晓政治的公众）与核心机构（尤其是国会和其行政分支）之间领域的常规元素"（弗兰克·努尔迈耶）。在很大程度上，这类不同单元间的互补是一种对网络治理结构的回应，多元化的分析与行动结构越来越成为主流的选择，本书所尝试构建的"内部多元主义"决策结构也可以说是这一趋势的延续。

（二）科学、专家与智库边界

随着 18 世纪开始的科学革命，社会对于科学价值的认识逐渐提升，美国哲学家杜威将科学当作实现人类目的的一种工具，但是这种手段本身也是有意义的，同时科学技术的工具性力量能够提升人类行为的广度和深度。

[①] Mayntz, Renate, 1994：Politikberatung und politische Entscheidungsstrukturen：Zu den Voraussetzungen des Politikberatungsmodells.

"不管是在理论上还是实践上，不管是在政治领域还是在科学领域，对权威的授权和委托，都是科学政策（science policy）可论证的核心所在"①。的确，现代核问题、环境等问题推动各领域的专家参与到思想市场的公开性辩论和政策制定中，而政府无疑也认识到公众对于专家固有的信任。人们对"专家"的这种固有期望具体来说是：拥有分析性的专业技能，而且这一技能必须是建立在实践和经验的基础之上的。已有研究中，对这类科学/科学家的分析主要借助了委托代理理论（principal-agent theory），即以科学家为核心的专家们因在各自领域中所取得的"显著的"成就，而自然或人为地成为了政策思想市场上的发言人。然而，这一形式却是有问题的，因为专家的合法性、逆选择（adverse selection）、道德风险（moral hazard）和隐藏行为（hidden behavior）等问题带来了很大的潜在风险。另一方面的困难是，科学在与政治的互动中可能遭到了"绑架"。在社会关系之下，科学、技术都绕不开这些既定的社会领域，这些问题与权力、冲突和集体行为常常发生各式各样的纠缠，也因此很容易被政治化；而在制度化的环境里，科学同样需要依赖政治权力以获取合法性，另外与政治的"合作"也为科学带来了实际上的收益。因此，政治与科学的合作是双向的需要和选择，但它需要得到更精准的界定与规范。

伴随着 20 世纪后期以来的公众参与革命，对科学以及科学与政治之间联系的质疑也在增加。沙平和谢弗（Shapin and Schaffer）谈到，现代科学的事实"既是一种认识论范畴，也是一个社会范畴"。②他们通过考察，将现代科学定义为一种公共知识形式，从而使公共性也被纳入科学的含义之中。这种存在于科学和社会之间的纽带，要求科学不仅为政治服务，也需要主动地融入社会公众；科学来源于社会，只是日常生活解决问题的一种精炼形式，因此也理应回到社会之中。至此，很多学者对科学形成了相应的观点，即如富勒所提出的，人们需要通过一系列制度性措施"把科学构建成民主的政体"，并借此在科学与社会之间均衡权力和促进协商，最终产生更具创新性和更符合社会需求的科学。也就是说，科学需要制度化地参与到政策思想市场的竞争之中。

而在人们熟知的政府—科学—公众三项主体之外，另一类需要引起人们高度关注的主体即是大学，尤其是研究型大学。③参照大学教育研究的根本定位，我

---

① David H. Guston. Principal-agent Theory and the Structure of Science Policy，1996.

② Shapin and Schaffer. Leviathan and the Air – Pump，25. Ezrahi. Descent of Icarus，chap. 3.

③ 除了大学之外，私人企业、媒体、公共组织等其他方面的活动主体也同样在现代决策咨询活动中起到不容忽视的主体、中介功能，并通过各式各样的方式（试图）触动政策议程、引导决策进程或是参与决策，但这些单位通常更多的是为决策主体提供信息、资金或时间等方面的资源要素，因此很难说可以作为现代科学决策的主体而进行论述；同时，这些单位所具备的特点、参与的形式与优劣之分析均已得到了相当广泛的分析，相应的文献业已相当丰富，因此，本书对这一环节的内容不再进行赘述。

们将大学也纳入"科学"的主体之中进行考量。大学的出现在历史中相对较早，而研究型大学的概念则在 20 世纪才由美国首先提出，卡内基教学促进基金会（Carnegie Foundation For the Advancement of Teaching）编著的《高等教育机构分类》中将其归纳为两大标准，即重点关注科学研究的大学与研究生教育的大学。在今天，高校（尤其是研究型大学）已经在发达国家和地区中成为了重要的科学决策咨询主体，例如美国斯坦福大学胡佛战争、革命与和平研究所（Hoover Institution on War, Revolution and Peace）在国际政治、历史领域所发挥的长期性作用，乔治城大学战略和国际问题研究中心（The Center for Strategic and International Studies）对经济、能源和科技等议题的指导性、前沿性研究，芝加哥大学全国民意研究中心（National Opinion Research Center）在舆论调查与引导、选举等方面提供的咨询建议等。可以说，在这些发达国家的科学决策咨询体系中，高校（尤其是研究型大学及其下设研究中心）已经在相当广泛的领域中成为了不可或缺的重要主体。

尽管如此，对现代大学参与科学决策的质疑与批评之声仍然不少。在大学出现后的大部分历史时期里，它们都被视作"独立自主、客观公正、毫无私心"的科学理想的归属，被看作"纯科学"和"基础科学"的中心。这种"纯粹"的地位究竟在何时何地悄然转变尚不可考，但从我们的研究来看，随着第二次世界大战的结束，生物技术的开发竞赛逐渐在主要国家间展开，此后，出于资金、技术材料和需求方面的考量，商业化与经济上的因素逐渐渗透到大学的教学与研究中。与此同时，主要国家也力求在大学和生物技术之间打造一座新的桥梁，因而无论在主观或客观上，大学（传统大学或研究型大学）的一般角色都发生了转变。科学或大学与市场之间的关系已然不那么纯粹。到今天，这一趋势已经相当明显，大学的大量研究项目或研究经费都来源于私人组织，合同制的合作形式得到了广泛普及，其结果是很多大学的研究项目不得不将赞助组织的个体需求纳入研究目的与过程的考量之中。有一些政府也通过政府资助以保持大学研究的独立性，然而在控制政府规模、缩减政府开支等质疑声中，这类措施也受到了很大的限制。

在市场化进程全面渗透到社会各领域的同时，美国同样开始关注岌岌可危的基础科学研究领域，设立了国家科学基金会，以对关键的基础研究领域提供资助，这样做的原因一是维持大学在主要研究领域的独立地位，二是因为市场对这类长期性的、基础性的、获益不明显的研究领域并不"感兴趣"，最后则是通过项目评审和同行评议以保证国家资金的运作效率。但是，社会上对于大学自身定位的不信任一旦形成就很难消解，因此社会对于大学研究的要求是愈加严格的监管和评审，以此确保远离政治和商业的纯科学仍然能够得到应有的发展，尽管创造这种远离政治的地带本身就是相当政治性的举动。欧洲的情况也颇为相似，大学的纯粹性受到了很大质疑；不同之处在于，在欧洲，人们从科学与社会的关系再造来进行协调。西尔维奥·方托维奇（Silvio Funtowicz）和杰罗姆·拉维茨（Jerome Ravetz）提出了新的科学分类法，包括：

（1）一般科学研究的常规科学（依据托马斯·库恩）。

（2）为了把可用的知识应用到特点明显的问题上的咨询科学。

（3）"后常规科学"，包括那些非常不确定、有争议的利于健康、安全和环境而产生的知识。

在"新模式"① 下，不同的科学类型被按照不同的方式进行处理，但对诚信和科学质量的要求仍然是社会对于科学的核心关注点。

此外，在这些地区，大学与其他社会单元的关系也随之发生了改变。美国1980 年的《拜杜法案》（the Bayh – Dole Act）决定研究专利权可以归私人所有，该法令被解读为"与政府签订合同的一部分研究人员的一项商品化责任"。自此，私人资本和产业迅速进入大学研究，显然大学也在主动迎合它们的要求和利益。在英国，大学科学研究成果向生产力的转化要远远落后于美国，广泛的民众参与、尚不清晰的资本控制以及若有若无的政府政策引导使得英国的形势相对而言更为混乱。在德国，形势要稍稳定一些，社会与政府间的意见分歧在各个时代都并不显著，20 世纪末，国家已经开始着手推动大学与产业的结合以振兴德国经济，协调和合作的方法仍然是相关政策的核心。

此外，大学仍然是社会中极为重要的科学决策咨询主体之一，它与专门的研究所起到的作用非常类似，也在很多方面与其他类型的组织和机构边界并不那么清晰，并同样构成了政策思想市场自由竞争的重要主体。从欧美主要国家的经验来看，大学（尤其是研究型大学）往往通过两种方式参与决策体系，一种方式是相关领域的大学学者直接受政府或政府下设研究机构的聘用，成为政府决策的核心智囊团成员；另一种方式则是常见的与政府展开项目合作。而学者们同样也对高校（尤其是研究型大学）的独特价值与优势做出了分析，陆国平等人即将其总

---

① 在迈克尔·吉本斯等（Michael Gibbons et al.）人看来，这种新模式有以下几个方面的显著特点：

（1）知识因为应用而被越来越多地创造出来（也就是说，所有科学在某种程度上都是应用科学）。

（2）科学日益变得跨学科；也就是说，科学从各学科领域吸取实证和理论因素，并综合在一起。

（3）创造知识的地点比以往更加广泛，不仅在大学和产业中，各研究中心、顾问服务公司和智囊团都产生知识。

（4）大众比以往更清楚科学技术如何影响他们的利益和价值观，而科学参与者则比以往更加意识到其研究工作的社会意义和人们对于他们工作的认可（也就是说，他们变得更加善于反思）。（引自 Michael Gibbons et al. *The New Production of Knowledge*：*The Dynamics of Science and Research in Contemporary Societies* [M]. London：Sage，1994：8. ）

结为高层人才资源密集、专业领先与综合性强、资源与信息丰富便捷、学术研究氛围优秀等四大特点。① 在我国高校智库的建设过程中，这些也是值得关注的工作方向与目标。

（三）公众与社会

当今这个时代，公众对以科学知识为基础的决策表达了相当清晰的不满，旧的模式遭到了前所未有的批判，新的"科学—政治—公众"联合场域在 20 世纪末得到了许多学者的推崇。② 尽管公众以及其他主体总体上更多地参与公共决策，然而仍有质疑认为，当前主要国家的公众参与仅仅还停留在"公众理解科学"的层面。政府、大学或其他机构正在带动公众了解相应的决策流程和知识信息，而不是真正让公众通过民主的手段来认识事物本质并参与决策，也就是说，无论是多元主义或是思想市场的架构里，公众都仍处于相对被动的地位。

在美国，从联邦党人开始，关于代议制政府的设计就已经包含了对公众参与意义的关注。联邦党人强调了代表的"能力"概念，权利平民主义和能力精英主义的观点可以共存，而将公众的意志转换为明智的立法，就需要有能力的代表。他们相信公众有能力通过投票选择出具备适当品行能力的代表，但除此之外的政治活动则应受到限制，亦即由专家作为一般民众参与的代表，这种习惯也在长时间中得到了延续。公众通过组成团队（政府和私人团体）和代表来维护他们的公共利益和私人利益，并对代表行为进行监督，直到代表、政府的授权和权威受到了质疑，并最终引发了广泛的公众参与革命。

在政治/政策与科学的二元结构逐渐显露其弊端之后，公众参与随着在实践与学术知识上的改革而进入人们的视野，同时带动了多元体系的形成，似乎可以成为一个对原有决策咨询体系的良性补充。重视公众参与包括很多原因：专家知识、技术决策已经引起了巨大的争议；公众的不满在增加；公众参与在事实上所起到的效果仍然受到很大的限制。这些原因部分是认知上的，部分则是事实，尤其是对公众信任、公众参与经验和态度与能力上的怀疑。一些学者认为，通过有意设计和主动引导，高效率的公众参与能够实现。而另一些研究也显示，公众的

---

① 陆国平、江莹、李松：《研究型大学与思想库》，载于《高等教育研究》2001 年第 6 期。

② Krevert P. Funktionswandel der Wissenschaftlichen Politikberatung in der Bundesrepublik Deutschland：Entwicklungslinien，Probleme und Perspektivenim Kooperationsfeld von Politik，Wissenschaft und Öffentlichkeit. Hamburg and Münster：LIT Verlag，1993.

参与和支持能更大程度地促进政策的有效性①；再者，公众能够超越狭隘的利益，接受一种具有社会包容性的风险管理②。尽管这类观点显得过于乐观，但公众参与毫无疑问在当代已然成为最为显著的潮流和特征之一，这一潮流顺应了智能移动设备与社交通信软件的迅速兴起与革新。

公众参与的具体角色与模式能够通过两个案例说明，即德国的公民顾问团和英国转基因政策中的公众参与。在德国，"倾向于精英的主流技术评估的频繁的政治偏见和倾向于技术而非社会和道德问题的认识论偏见，意在将合适的公民们引入专家咨询程序中"③。德国采取的做法是，针对某一特定的政策主题，经过特定程序筛选出10～20名外行公众，引导他们参与3～4周的议题讨论并达成一致，最后让公众顾问团与专家顾问团进行协作，达到最终的意见综合与政策建议并递交给政府。而在英国，形式要更为复杂。英国的公众"显然"对涉及政府决策的议题更为"感兴趣"，这在很大程度上与英国的传统政治文化氛围紧密相关，从地方到更大区域的公众讨论已经形成规范，政府也通过法定公平的程度予以协调安排，就转基因问题引发的激烈争论和公众参与非常显著，最终政府不得不同意在国家层面设立正式的公众参与机制。

在这两个案例中，公众参与都通过国家层面的固定制度进行，在实践中都形成了与专家、政府咨询机构相得益彰的良好互动协调网络，推动了公共决策的有序实现。然而，与此同时，这类活动也带有相当多的缺陷和问题，诸如公众代表的代表性问题、公众参与的实际执行问题、公众会不会产生更高的参与诉求（很可能会）等等。这些困惑也体现了对多元主体和政策思想市场的质疑，如何将这类公众参与加以完善，而非任其工具化和政治化，真正使其在科学与政治/政策之间起到我们所期望和设想的作用，仍然有待经验和认知上的探索。

希瑟·道格拉斯曾提出三种与公众参与实践相关的设计："科学商店""公民参与规划工作—在当地集中讨论""共识会议"等。这三类设计与在德国与英国的实践行动在很多方面都不谋而合，或者说，尽管公众参与面临话语、语境上的权衡与协调，但在很多方面都要遵循共同的原则或要点。总之，"对公民能够建设性地针对以科学为基础的政策决策进行争论的环境氛围的需要比以往任何时

---

① 转引自 van de Peppel 引用 Bressers 与 Rosenbaum，Innovation，Learning，and Environmental Policy：Overcoming "A Plague of Uncertainties"，2000.

② Halfacre et al. Regulating Contested Local Hazards：Is Constructive Dialogue Possible Among Participants in Community Risk Management，2000.

③ 参见 Saretzki. Technisierung der Natur – Transformation der Politik？Perspektiven der politikwissenschaftlichen AnalysezumVerhältnis von Biotechnologie und Politik，1997：281；Joss and Bellucci，Participatory technology assessment：European perspectives，2002：6.

候都更大。我们需要一个能够澄清与这些决策相关的价值观的对话论坛。正如富特雷尔所指出的，'通过对多种关注的表达，我们才能理解具有共同利益的多元化社会，这是良好的社会决策的中心所在'。"①

（四）智库：现实中的科学决策咨询机构

在对科学决策咨询相关活动主体进行简要论述后，我们需要关注它们在现实社会生活中的真实载体，亦即各类型的科学决策咨询机构（或不同意义上的智库、思想库等），这些机构在不同的国家、地区、历史中具备各自不同的表现形式与运作模式，并因此与所在地区的决策体系相衔接，构成了我们所称的决策咨询制度。尽管许多学者都对不同类型的决策咨询机构进行了区分和探讨，但我们需要提出的是，特定类型的决策咨询机构往往存在于早期历史之中，例如早期的布鲁金斯学会或兰德公司，实际上纯粹的某一特定类型的决策咨询机构少之又少。如今已很少有某个机构是完全依赖于政府投资或是完全投身于纯学术研究的范畴，学者们对这种趋势变化尚未达成统一的观点，但可以得出的是，科学决策咨询机构的演化与特征表现是与所处的时代特征、所在地区的政治文化环境背景相关的，双方在相互联系、互动中彼此型塑着，并造成了我们今天所看到的局面。通过对主要类型的科学决策咨询机构及其背后的理念文化、政治文化背景的探讨，我们能知晓这类机构所依赖的诸多要素，并对构建新时代背景中的科学决策咨询机构有所启发。

与前述政府或公众等主体不同，智库（现代意义上的）出现的时间更晚，在涉及其在整个社会多元体系中的定位、与其他主体的关系、自身的要素与特征或参与政策思想市场竞争的模式等具体层面上的问题都较之前者更为不确定，相应的研究探讨中的矛盾也更为突出。

尽管在已有的大量研究中，智库的角色在不同程度和层面上都得到了一定描述，但这些话语在很大程度上是含混的或是彼此冲突的。戴安·斯通（Diane Stone）将智库作为一般的参与政策和科学研究的组织形式之一进行研究，无论这些机构是否依赖于政府或企业。而保罗·迪克森（Paul Dickson）与哈罗德·奥尔兰斯（Harold Orlans）只定义了广义上的组织现象，但并未更详细地深入描述独立的公共政策研究机构。另一种研究试图更为细致地界定独立的公共政策研究机构②。然而，现有的问题更在于，这类对智库的界定如果过于宽泛，就必须

---

① Futrell R. Framing Processes, Cognitive Liberation, and NIMBY Protest in the U. S. Chemical – Weapons Disposal Conflict [J]. *Sociological Inquiry*, 2003, 73 (3): 359 – 386.

② Diane Stone. Capturing the Political Imagination: Think Tanks and the Policy Process, 1996.

将智库之外的其他研究机构、私人机构、社会组织等囊括其中；如果取较为狭义上的定义，则大量在当今出现的被认为是"智库"的公共政策研究机构就会被排除在外，因而也很难说是适宜的。① 如何准确界定智库这一主体在多元体系中的独特定位与价值，如何看待它在参与并型塑政策思想市场中的作用，仍需要得到进一步探索。

作为相当特殊的一种公共政策研究机构，在近一个世纪的兴起与发展中，智库从不断变动中的社会多元空间中找到了其位置和所能发挥的价值，并通过不断的理念开发与提升、产品产出与推广等塑造着自身的形象与社会影响力。但是，尽管十多年来，全球新兴智库迅速出现在各个国家和地区的不同领域内，它们所具备的价值和影响力却是全然不平等的。美国智库仍然是这个全球市场中唯一的超级竞争者。根据阿贝尔森（Abelson）的说法，"正是美国智库直接或间接参与决策的能力，以及决策者向其寻求政策建议的意愿，促使一些学者得到这样的结论，即美国智库在塑造公共政策上具备最为显著的影响"②。将智库、政府、企业、大学、媒体、公众等等主体置于同样的社会空间中，如梅德维茨（Medvetz）所做的那样，我们是在将问题还原到其产生的社会结构、文化背景之中，通过彼此间在政策思想市场中的社会定位、互动关系，试图从经验和学理两个层面上更为精确地发掘这种结构背后的深意，以及其在不断变动的世界中的可能演变方向。

三、现代决策咨询机构发展面临的挑战

在经历了 20 世纪与 21 世纪初期的发展后，决策咨询机构在当代显现出了更强劲的发展趋势。从《2014 年全球智库报告》③ 开始，它们在全球主要国家和地区间所体现出的影响力正在不断提升。无论是在发达国家还是发展中国家，决策者都需要与他们政策相关的可靠、可获、可用的重要信息，而其中这些决策咨询机构无疑成为了最为重要的信息提供方。此外，全球化带来的影响也在深刻塑造着决策咨询机构的形态与功能，特别是独立决策咨询机构作为研究—政策桥梁的作用以及提升决策质量及效率的能力得到了大大加强。在数十年的发展过后，现

---

① James S. Diane Stone. Capturing the Political Imagination：Think Tanks and the Political Process ［J］. *Public Administration*，1998，76（2）：408 – 410. P. 10.

② Abelson D. E. Do Think Tanks Matter？：Assessing the Impact of Public Policy Institutes ［J］. *Canadian Public Policy-analyse De Politiques*，2002，30（1）.

③ James G. McGann. *Global Go To Think Tanks Index Report* ［R］. Think Tanks and Civil Societies Program，University of Pennsylvania，2014.

有的决策咨询机构正体现出种种不一样的新特征，这些重要的特征包括：

1. 全球化

2. 国际行动主体的增长

3. 民主化

4. 对独立信息与分析的需求

5. 大数据与超级计算机

6. 政策问题复杂性增长

7. 信息时代与技术变革的速度

8. 针对政府决策的公开辩论的增多

9. 全球"激进黑客"、无政府主义者与民粹主义者

10. 全球结构调整

11. 经济危机与政策瘫痪

12. 政策海啸

13. 政策极化的增多

14. 短视主义

我们能够看到，决策咨询机构的发展在吸收了当代经济、技术、社会变革所带来的诸多新优势的同时，与其他社会主体的联系也更加紧密，并因而更容易受到外在环境的扰动，变得更加"不稳定"。在如今以及未来可预见的范围内，"新型"决策咨询机构仍然需要面对诸多重要的挑战，其中的一项主要困难即在于如何产出及时有效的政策研究，以及如何有效地推动决策者、公众与其他社会主体在关键问题上的协同合作。新技术、新思维带来的影响正远远超出某一组织或某一国家的边界，类似英国旧有的单纯的政党型决策咨询机构很难再在现如今的政治文化环境中占有一席之地，而很多重要的决策咨询机构也正有效地应对着我们所描述的苦难与挑战，很好地承担起了联结学术研究机构、政策社群与决策者、公众等多元主体的重担。这些问题与决策咨询机构自身的生死存亡息息相关，同样也与现代及未来的人类决策密不可分。《2014年世界智库报告》总结出了影响未来智库发展的若干关键要素，其中包括：四大威胁（更多的问题、更多的主体、更多的竞争、更多的冲突），四大挑战（竞争力挑战、资源挑战、技术挑战、政策挑战），四个应对点（任务、市场、人力、资金）。具体来说，它们包括：

1. 筹资模式的巨大转变

2. 专业化的提升

3. 竞争的增多

4. 影响力与独立性

5. 产出 vs 投入

6. 幽灵似的 NGO 智库

7. 混合组织

8. 互联网、新媒体、社交网络与云端技术带来的影响

9. 行动 vs 观念

10. 对外部联系与营销战略更显著的强调

11. 持续的全球化

12. 领导与管理张力

13. 权力的去中心化

14. 智库与新闻机构边界的模糊

15. 全球僵局

16. 伴随危机的疲软

从 21 世纪头十多年的经验来看，决策咨询机构正经历着一种变革，这种改变使得一些学者认为，这类机构向政策思想市场的主动靠拢会危害到其本身的存在，并且会导致客观研究的衰落；这在另一些学者眼里，则是对新形势的某些程度上的妥协和认同。① 但从另一个角度上说，对决策咨询机构的绝对独立性和科学性的强调可能引发类似于关于"绝对理性"的争论。斯通（Stone）觉察到了这种内在冲突，于是提出智库在研究资金、研究人员的价值取向与研究成果应用等三方面很难实现纯粹的科学、独立与自由，这种困难即便是当代最为纯粹的研究型大学也很难规避。② 当今的现实是存在一个多主体、强竞争的"政策思想市场"③，产出、影响力的争夺对智库这类机构的生存至关重要。正如在梅德维茨（Medvetz）的社会空间架构所展示的，智库不可避免地在实践中受到不同领域、意识形态、文化和规则的影响，不可避免地会发现政策和研究之间的巨大差异。尤其在大学也开始加入同一市场的竞争之后，资金、人才和专业知识的争夺更加严重，更为独立、客观、学术化的机构面临的困难也在不断升级，这更加加剧了智库的选择困境。

尽管如此，斯通（Stone）还是认为当代的智库已经在很大范围内恪守着学

---

① Abelson D. E. The Clinton Presidency：First Appraisals Colin Campbell and Bert A. Rockman, eds. Chatham, N. J.：Chatham House, 1996, pp. viii, 408 ［J］. *Canadian Journal of Political Science*, 1996, 29（2）.

② Stone D. Think Tanks, Global Lesson – Drawing and Networking Social Policy Ideas ［J］. *Global Social Policy*, 2001, 1（3）：338 – 360；Stone D. RAPID Knowledge："Bridging Research and Policy" at the Overseas Development Institute ［J］. *Public Administration and Development*, 2009, 29（4）：303 – 315.

③ 杨沐、邓淑宜：《"智库热"与政策思想市场》，载于《智库理论与实践》2016 年第 5 期，第 1 ~ 9 页。

术中立的原则，至少在美国，多元意识形态下的竞争与合作仍然能促成整体性均衡的局面。当然，持消极观点的学者同样很多，查尔斯·威廉·梅恩斯（Charles William Maynes）批评智库的意见不再代表所有人，而是成为政治或行政竞争的一种手段。① 阿贝尔森（Abelson）认为智库逐渐和利益集团的运作方式趋同，在意见上的竞争和生产过度的市场化都是这类怀旧情绪的集中体现。② 除了智库本身的变化外，政府、企业、媒体和大众都日渐重视智库的价值，相应地也带来了权力的介入和舆论的渲染，这也都使得智库不再那样纯粹，因而智库并不"思考"（智），而只是"证明和辩护"，③ 这甚至又使得美国党派竞争的政治体系形势更加固化。④ 大学的角色则是更加积极主动地参与政策思想市场的广泛竞争中，甚至主动参与构建"高校智库"这类混合型智库新模式，这让思想市场中的主体特征更为多元而模糊。可以预测的是，无论是社会空间中的何种主体，面对世界的不断变革，它们本身的定义、定位以及与彼此的互动关系都要发生变化，这种变革和创新不一定能获得传统上文化和观念的认同，"在某种程度上是令人不安的"⑤，但却似乎是不可避免的。对于客观、纯粹的知识的需求，以及对由此所带来的对民主与科学的决策的认识，终究是整个社会场域和政治系统的核心要素之一。

四、小　结

在当代，恪守"研究，写作，然后成果就会被发掘出来"的教条经验的时期已然一去不返，今天的智库需要更加精细、关注收益，也愈加像一台政策产出机器。既然智库的作用已经在理论和经验中愈加得到了证实，在上述困境和挑战中如何应对未来可能的变革理应得到更多的关注和思考。根据全球智库报告近年来记录的情况，在美国与欧洲之外，大量的新型智库涌现于世界的其他角落，其范

---

① Maynes，Charles William．"Principled" Hegemony［J］．*World Policy Journal*，Vol. XIV，No. 3，Fall 1997．

② Abelson D. E. *A Capitol Idea*：*Think Tanks and U. S. Foreign Policy*［M］．Kingston and Montreal：McGill-Queen's University Press，2006．

③ Jonathan Rowe，http：//jonrowe. blogspot. com．

④ 见 Snyder B. Policy Passages：Career Options for Policy Wonks（review）［J］．*Journal of College Student Development*，2004，45（2）：257 – 259．

⑤ Abelson D. E. Do Think Tanks Matter？：Assessing the Impact of Public Policy Institutes［J］．*Canadian Public Policy-analyse De Politiques*，2002，30（1）．

围覆盖了全球 182 个国家和地区，其中的不少智库已然在构建其独立价值的过程中取得了耀眼的成绩，这些都能为智库行业未来的发展带来更多信心。无论如何，政府、科学、公众与社会仍将是以智库为核心的政策思想网络中的关键主体，对其各自的关注、对它们互动方式与影响作用的研究，以及对其边界的思考都有助于我们构建更为完善的决策咨询制度，以及更为高效、有序的政策思想市场，甚至是智库所依赖的社会环境及其本身。以此来看，甚至要求智库保持高度独立性这种概念从源头来说都是传统的盎格鲁—美利坚式偏好，"很难在其他地区实现"；[①] 相反，出现在世界其他地区的智库的某些特点很可能更需要得到平等的关注和思考。

从这些方面出发，未来的不确定性与风险可能能够在理想的政策制定环境与智库运作体系中得到有效预测与约束，这一理想不容易实现，它需要多方面的尝试与努力，需要以政府、公众、科学为核心的诸多主体的积极参与和做出改变。有必要将智库置于其依存的社会文化背景和政治体系结构下分析，抛开传统上的盎格鲁—美利坚式视角和方法依赖，重新界定这类机构并审视其与其他主体的关系。智库的竞争和演变在传统上是组织结构、运作方式的体现，但沿着不同学者的研究路径，我们讨论了将理念、意见作为这类研究的核心的创新之处，即关注在不同的多元结构下的政策思想市场的主体和运作模式，以及可能由此带来的不同结论。通过这些方式，我们期望能够真正促成人类决策的理性与多元参与，也即实现决策的科学化与民主化。

[①] Stone D., Denham A. and Garnett M. (eds) Think Tanks Across Nations: A Comparative Approach [M]. Manchester, Manchester University Press, 1998.

第二章

国外决策咨询制度与智库

一、决策咨询制度与智库

决策的养料是理念与信息。信息技术进步和价值多元化使得现代国家在决策时信息更加充足，但也面临不同理念之间更加激烈的竞争，因此，咨询者和咨询机构在国家政策决策过程中的多元化程度比以往大大增加了。从国家—社会二元的视角来看，在决策过程中，政府内部的咨询机构与来自社会的咨询机构往往在价值上形成竞争。那么，是什么决定了政府与社会咨询机构的力量对比呢？

坎贝尔（John L. Campbell）和彼得森（Ove K. Pederson）通过比较西方各国政治经济体制后发现，各国不同的生产体制（production regimes）和决策体制（policy-making regimes）影响了该国知识体制（knowledge regimes）的形态。[①] 在坎贝尔和彼得森那里，知识体制是一个内涵丰富的概念，囊括了不同类型的知识生产主体，从临时的、运动式的团体到长期的、组织化的机构。生产体制可以分为自由市场经济（liberal market economy）和协调型市场经济（coordinated market economy）。决策体制则分为分权开放国家体系（decentralized and open state）和

---

① John L. Campbell and Ove K. Pederson, "Knowledge Regimes and Comparative Political Economy," [J]. Working Paper no. 48, 2008, International Center for Business and Politics, Copenhagen Business School, pp. 5 – 7.

集权封闭国家体系（centralized and closed state）。

不过，"知识体制"更多的是一个描述性概念。坎贝尔和彼得森没有对这一概念作出明确定义，也没有对这一概念作出更细致的分类。进而，他们也没有回答不同类型的生产体制和知识体制，以及不同类型的决策体制和知识体制之间的对应关系是怎样的问题。

本章试图通过研究决策体制和智库之间的关系来增进我们对决策体制和知识体制之间对应关系的认识。现代智库作为 20 世纪 50 年代美国社会研究科学化的产物，逐渐成为了知识体制里的一种重要类型。[①] 本书所讨论的智库，指的是由多学科专家构成的以政策研究为主业并致力于影响政府决策、具有独立性和非营利性的稳定机构。按照创办者来分类，智库可以分为官方智库、高校智库和社会智库。按照政策层次来分类，智库可以分为政策倡导型智库和政策研究型智库。政策倡导型智库力图影响政策的大方向，即回答政府应该"做什么"和政策"做不做"的问题。与政策倡导型智库不同的是，政策研究型智库不讨论政府大的政策方向是否正确，只对既定政策的具体方案提出建议，即回答一个政策该"怎么做"的问题。这使得政策研究型智库的工作中包含了更多的学术性研究。

在进入具体案例以前，我们不妨先简单分析一下决策体制和智库的关系。现代智库的兴起有三个前提：多元利益表达的制度化、现代国家的形成与政治学的科学化。所谓多元利益表达的制度化，即一个国家的决策咨询制度从传统的专制制度向宪政的、共和、或民主制度转变。这个过程的一个可辨识的起点是英国 1688 年"光荣革命"和《权利法案》的颁布。这两个事件的一个重要产物是代议制。代议制的出现使得不同的利益群体获得了制度化的政治表达渠道。缺乏多元利益的表达机制，政策咨询者的工作将仅限于政策的技术性问题。这就必然限制智库的发展空间。

按照芬纳的定义，现代国家有六大特征：第一，以民族为组织的基础；第二，以人民主权原则作为政权合法性的来源；第三，世俗原则；第四，国家是作为社会的工具而存在的；第五，具有健全的财税系统；第六，尊重公民权利。概括起来实际上是四点：民族性、民主制、财税能力和理性官僚（军队）。民族性与智库的兴起关联不大，在此从略。民主制归入多元利益表达部分，此处不再赘言。我们对现代国家的讨论将主要集中在国家的财税能力和理性官僚（军队）的发展历程上。现代国家建设的进程稍晚于多元利益表达的制度化过程，以 18 世纪末的工业革命为标志。现代国家建设产生了高效且有力的国家机器，这导致了

---

① 刘宁：《智库的历史演进、基本特征及走向》，载于《重庆社会科学》2002 年第 3 期，第 104 ~ 105 页。

两个变化：一方面，随着国家对社会控制的强化和深入，原先的地方性政治议题更多地转型为全国性议题。另一方面，以国家为单位的互动增加，国际政治体系逐渐成形。这两个变化使得国家成为了最重要的政治决策单位。缺少全国性的政治决策机制，政治的议题将仅限于地方性事务，而这将削弱智库的政治影响力。

相比于政治制度的变迁，政治学的科学化是晚近的一个现象。这个过程开始于 20 世纪 50 年代的美国，以政治学的"行为主义革命"为标志。行为主义革命将自然科学的方法引入政治研究，把传统政治学理论中的实然性问题与应然性问题分离开来，并专注于研究实然性问题。行为主义者的主张很快被社会学等学科的批判性接受，社会科学逐渐成形。这项方法论上的变革使得政治科学家能够更加精确地分析和解释政治活动，也提高了政治科学家对政治趋势预测的准确程度。因此，政治学科学化也促进了政治科学的二级学科，如行政学和公共政策分析等注重实践的学科的发展。不采用科学的研究方法，研究者将难以针对政策展开精细的研究，而这将减弱政策建议的可行性。

那么，一个国家的决策咨询体制如何影响该国智库的类型？本章试图通过比较美国、法国、英国的决策咨询体制和智库类型，归纳出决策咨询体制与智库类型之间的关系。

二、美国的决策咨询制度与智库

分权是美国决策体系的一大特点。美国的分权主要体现在三权分立制度上。这一制度造成了决策主体的分散。在决策程序中，国会、政府和最高法院各自占据否决点，形成相互制衡的局面。由于国会议员的选举和总统选举相互独立，国会多数党与总统可能分别来自不同政党，这样就加强了立法部门与行政部门的相互制约。即便某一政党能够同时取得国会多数席位并赢得总统选举，也难以确保国会与政府之间的协作。因为，美国的政党十分松散，不像法国和英国的政党对议员和政府首脑有很强的约束力。这是由于参选者主要通过私人渠道筹集竞选资金，[1] 且国会议员更多地代表他所在选区的利益，而非政党的利益。这使得美国的政党难以控制党员的行为。美国智库因而对政党的依附性较弱，而更多地依靠与总统建立私人的联系，或者通过参加国会的咨询程序来影响政策。

与法国和英国相比，美国政府更加开放。由于受政党"分赃制（或称'分

---

① Campbell，Pederson. Knowledge Regimes and Comparative Political Economy，P. 8.

肥制')"的影响，美国在官僚任用方面有十分政治化倾向的一面。除了被选举的政府官员外，其他具有秘密性、专门性、技术性或临时性的官员，均不由考试任命。此类人员在公务员人数中所占比例较大，约有15%。[①] 其任免进退主要为政治势力所左右，受政党政治的支配。美国官僚体系这种开放性的特点使得社会力量更加容易接近决策圈。美国智库所特有的"旋转门"机制正是得益于这种开放的官僚体系。

美国政府设立了不少政策研究机构，总统则有经济顾问委员会（Council of Economic Advisors），委员会成员大多来自社会研究机构。另外，美国国会的各委员会也设有研究人员，这些研究人员主要来自社会而非政府。[②] 智库专家除了直接出任政府官员外，也可以通过进入顾问委员会或国会各类委员会来影响政策制定。

美国分权和开放的决策体系使得社会力量得以对政策制定过程施加较大影响力。尽管美国政府各部门设有大量的政策研究机构，但这些研究机构的职责集中在提供数据分析和技术性建议，且影响力通常不超出所属部门。相比之下，来自社会的政策倡导型智库和政策研究型智库有多种渠道影响决策。由于美国的政党较弱，智库往往直接与国家机构接触，而无需经由政党接近决策圈。政策倡导型智库可以经由"旋转门"机制或加入总统的顾问委员会来直接或间接地参与政策制定，也可以向国会提交研究报告或影响国会议员以设置政策议程。政策研究型智库则可以向政府提交具体的政策建议，或者参加国会的听证会。另外，民意对于美国政府政策的影响比法国和英国更为直接有效，因此，智库通过传媒传播观点影响民众也成为间接影响决策的一条路径。由是，政府与智库更多呈现出独立的关系，智库作为外部的活动主体，自主地参与决策咨询或政策思想市场竞争。

这里，我们以美国教育政策为案例，分析美国决策咨询制度与智库的关系。

2002年，布什政府的教育改革提案在国会获得通过，形成著名的《不让一个孩子掉队》法案（No Child Left Behind Act，NCLB）。这一法案的核心目标是："缩小不同学生群体之间学业成绩的鸿沟，确保所有美国儿童公平、平等地享有高质量的教育，并达到州的学业成绩标准和学业评价的要求。"[③] NCLB法案的具体改革方案包括四个方面，即加强对学校和教育系统的问责，扩大州政府权力，使用"实验证明有效的"教育方法，以及给予家长更多的就学选择。[④] NCLB法案是影响范围最广，以及联邦政府参与程度最深的一部教育法案。

---

① 周民锋：《西方国家政治制度比较》，华东理工大学出版社2001年版。

② Campbell，Pederson. Knowledge Regimes and Comparative Political Economy，P. 8.

③④ 田凌晖、陈粤秀：《NCLB与美国教育政策研究机构发展——以范德堡大学国家择校研究中心为例》，载于《复旦教育论坛》2009年第2期，第85页。

教育政策中心（center on education policy，CEP）是一家专门从事教育政策研究的智库。该智库成立于 1995 年，95% 以上的经费来自盖茨夫妇基金、福特基金、斯宾塞基金等基金会的资助。① 教育政策中心虽然不过 5 名正式研究人员和 6 名顾问，② 但大多数成员均有美国国会或联邦政府的任职经历，如中心主席约翰·詹宁斯（John F. Jennings）曾长期在众议院教育与劳工委员会工作，历任委员会办公室主任、法律总顾问等职务，其他多名成员也曾任职教育与劳工委员会或美国教育部。③ 依靠其成员与国会和政府部门的联系，教育政策中心能够在教育政策领域发挥极大的影响力。

在成立初期，教育政策中心致力于研究美国公立教育现状并组织家长与教师讨论教育政策。NCLB 法案颁布后，教育政策中心将研究重心完全放在了 NCLB 法案的实施效果以及改善上。④

从 2002~2007 年，教育政策中心每年对法案的实施情况进行评估。通过收集联邦、州、学区和学校各层面的数据，教育政策中心的评估内容集中在三个方面。第一，各州对 NCLB 法案的执行情况；第二，NCLB 法案所引发的意料外后果；第三，地方政府及社会对 NCLB 法案的看法。⑤ 教育政策中心将这些评估结果汇集成年度报告。⑥ 这些年度报告并非定向往联邦政府或国会递送，而是向全社会公开。除了向社会公开的年度报告之外，教育政策中心也向布什总统和教育部提交政策简报和写信。通过一系列的工作，教育政策中心形成了其对社会和政府两方面的影响力。教育政策中心的做法使其一方面在 NCLB 法案研究领域积累了良好的社会声誉，另一方面也使政府注意到了该智库的工作。这为教育政策中心日后参与法案改革的辩论奠定了基础。

自 2006 年起，教育政策中心开始组织各类社会组织就其系列报告进行了多次讨论，讨论的内容围绕如何改进 NCLB 法案的部分条款进行。讨论的结果经整理后形成政策建议提交到国会和政府。⑦ 此外，教育政策中心在 2007 年曾三次参加国会听证会，对参议院劳工、健康和人力资源、教育拨款小组委员会，众议院

① 穆晓莉：《美国思想库教育决策咨询模式及对我国的启示》，华东师范大学硕士学位论文，2009 年，第 13 页。

② 穆晓莉：《美国思想库教育决策咨询模式及对我国的启示》，华东师范大学硕士学位论文，2009 年，第 10 页。

③ 谷贤林：《智库如何影响教育政策的制定——以美国"教育政策中心"为例》，载于《比较教育研究》2013 年第 4 期，第 41 页。

④⑤ 谷贤林：《智库如何影响教育政策的制定——以美国"教育政策中心"为例》，载于《比较教育研究》2013 年第 4 期，第 39 页。

⑥ 武云斐：《NCLB 政策研究年度报告分析——以美国教育政策研究中心年度报告为例》，载于《全球教育展望》2009 年第 12 期，第 55~56 页。

⑦ 邢欢：《美国教育智库研究》，北京师范大学硕士学位论文，2012 年，第 49 页。

教育与劳工委员会的幼儿、初等和中等教育小组委员会，以及众议院教育与劳工委员会等三大委员会介绍该智库关于 NCLB 法案的研究成果以及下一步的政策建议。到 2008 年，教育政策中心在 NCLB 法案评价方面已经形成了较高的声望，因而得以在国会参众两院举办重新思考 NCLB 法案的公共论坛。这些活动最终促成了对 NCLB 法案的改革。[①]

三、法国的决策咨询制度与智库

如果说美国分权、开放的决策体制是一个极端，那么法国集权、封闭的决策体制就是另一个极端。法兰西第五共和国的特点是强总统、弱议会和弱政党。这一特点来源于 1958 年宪法。法国 1958 年宪法带有强烈的戴高乐色彩，其主要内容包括反对议会擅权、防止政党左右政局、增强行政机构以及强化国家元首地位。[②] 1958 年宪法"力求限制议会的作用和加强行政权的作用"，具有以总统强权治乱世的特性。[③]

1958 年宪法造成的另一个结果是使政党对总统的约束力大大减弱。一方面，法国总统兼有总统制和议会制行政首脑的优势，既能够主持内阁会议，又有权解散国民议会。另一方面，法国总统的权力又极少受国民议会约束，国民议会通过不信任案罢免的是总理而不是总统。这实际上是把总统置于各党派和议会与政府之上。这种"半总统制半议会制"大大削弱了议会对行政部门的影响力。[④]

法国 1958 年宪法实际上塑造了一个强大的行政机关。法国的决策咨询体系实际上是围绕行政机关运作的。由于议会和政党力量较弱，社会力量难以通过这些机构影响决策。而社会智库如果不和政府部门建立联系，就很难参与决策过程中去。

另外，法国的官僚体系历史悠久，形成了职业化的、封闭的文官传统。法国社会对国家的想象有别于美英社会，前者强调"公共性"和"统一性"，后者强

---

① 穆晓莉：《美国思想库教育决策咨询模式及对我国的启示》，华东师范大学硕士学位论文，2009 年，第 21～22 页。

② 许明龙：《试析法国 1958 年宪法与第五共和国政体》，载于《世界历史》1987 年第 6 期，第 13～14 页。

③ 郭华榕：《法国政治制度史》，人民出版社 2015 年版。

④ 周淑真：《宪政体制与政党政治的关系分析》，载于《中国人民大学学报》2010 年第 5 期，第 116～117 页。

调"民主性"和"多元性"。① 这种区别来自两种不同的传统。在法国,"公共利益"源自 18 世纪人民意志论传统,即"公共利益的整体概念不能被化约为个体利益的总和,"② 而英美对"公共利益"的理解是功利主义的,即公共利益是个人利益的总和。基于这种想象,在法国,国家被视为仲裁者,保持政治上不偏不倚,并代表公共利益。③国家因而保持了较强的自主性,在决策过程中不易受社会力量左右。

法国政府各部门设有大量的政策研究机构。相比于政府下设的数量庞大的研究机构,议会的研究机构则显得相当弱小。④ 政府研究单位的研究内容都与所属政府部门的专业发展任务紧密相关。法国社会也有一定数量的社会智库,但这些智库对决策的影响力比政府研究机构要弱得多。与美国和英国智库不同的是,法国社会智库的资金主要来自法国政府。⑤ 这说明,尽管法国的非官方智库重视独立性,但此处的独立性不同于美英智库所理解的独立性。在法国,独立性更多地在于独立于不同的社会利益,代表公共利益的国家资助比社会资助更具有正当性。可以说,法国呈现出与英美两国相较更"弱"的"外部多元主义"结构特征。

同样道理,法国的政策倡导型智库力量也较弱。政策大方向调整的动力通常来自政治家,而不是智库。但是,法国的专家也并不是纯粹的技术型人员。智库专家尽管很少成为改革的发起者,但仍然可以在政治家的邀请下辩论政策的调整方向,即不只讨论"怎么做"的问题,也可以讨论"做不做"的问题。

法国较为集权、封闭的决策咨询体系在很大程度上排除了社会对决策的影响。在"国家代表公共利益"的语境下,社会的各种利益组织被排除出了决策环节。国家几乎垄断了决策以及决策所需的专业知识生产。各个决策领域所需的专业意见几乎全部来自国家的专家团体。这种模式在 20 世纪 90 年代以前尤为显著。20 世纪 70 年代石油危机促使法国考虑利用核电。时任法国首相梅斯梅尔(Pierre Messmer)提出了一个庞大的核电发展计划:到 1985 年要建造 80 座核电站,到 2000 年要建造 170 座核电站,最终达到法国电力全部由核电提供的目

---

①③ 谭融:《西方国家官僚制的比较研究》,载于《经济社会体制比较》2014 年第 5 期,第 98 页。

② 皮埃尔-伯努瓦·若利:《超越法国式"专家治国机制"? 公共决策中利用科学专家知识方式的转型》,载于《政策制定中的科学咨询:国际比较》,[德] 尤斯图斯·伦次、彼得·魏因加特编,王海芸、叶连云、武霏霏、缪航、张黎译,上海交通大学出版社 2009 年版,第 140 页。

④ 洛朗·热弗鲁瓦、奥迪勒·皮里乌、贝内迪克特·齐默尔曼:《政策制定中的科学专家知识:以法国工作政策为例》,载于《政策制定中的科学咨询:国际比较》,[德] 尤斯图斯·伦次、彼得·魏因加特编,王海芸、叶连云、武霏霏、缪航、张黎译,上海交通大学出版社 2009 年版,第 96~98 页。

⑤ 褚鸣:《美欧智库比较研究》,中国社会科学出版社 2013 年版。

标。① 梅斯梅尔计划既没有经过公开的专家辩论，也没有通过议会辩论，而是直接由政府决策并付诸实施。有趣的是，法国公众迅速接受了梅斯梅尔计划。

进入 20 世纪 90 年代后，经济全球化和"新公共管理"运动使英美的国家—社会关系思想对法国产生了较大的影响。② 这一思潮对法国传统的决策模式形成了挑战。人们开始怀疑，国家的专家委员会是否如他们所宣称的那样代表公共利益。法国原子能委员会和法国电力公司有千丝万缕的联系；负责农药问题咨询的有毒物质委员会更可疑，该委员会里有农药企业和农民组织的代表，却没有环保组织和消费者团体的代表。③ 在决策过程不透明的情况下，法国公众有理由怀疑这些专家委员会所提供的专业性意见是出于行业的经济利益而非公共利益。

另外，应用新技术所带来的风险逐渐受到公众的重视，但国家评估和应对这类风险的能力却不断地受到质疑。在技术风险的问题上，法国人对政府的信任度相当低。一份 2008 年的调查报告显示，"只有 15% 的法国人认为它们被告知了有关转基因生物所具危险的真相（在农药问题上这一比例是 16%，核废料问题上是 14%，移动电话天线问题上是 14%），而 56% 的人认为，它们没有被告知真相（其他问题上这一比例分别是 58%、63% 和 56%）。大约 20% 的受访者表示他们相信法国政府采取了保护公众的措施。"④

法国社会的这些变化促使政府改变其决策咨询模式。政府引入了公开辩论，专家委员会变得多元化。1998 年，法国政府就转基因生物的问题组织了第一次共识会议。同时，生物分子工程委员会也吸纳了不同立场的专家。⑤ 但这些改革是局部的且有限的，并未从根本上改变法国国家主导的决策咨询制度。

四、英国的决策咨询制度与智库

与美国的分权和法国的集权不同，英国处在两者之间。英国的政体是君主立宪制。君主立宪制下，国王统而不治，议会是国家权力的中心。英国议会分为上

---

① 光明网：《法国人用电 75% 来自核电》，http：//news. gmw. cn/newspaper/2015 – 03/18/content_ 105230994. htm，2015 – 03 – 18.
② 若利：《超越法国式"专家治国机制"》，转引自伦次等：《政策制定中的科学咨询：国际比较》，上海交通大学出版社 2015 年版，第 144 页。
③ 若利：《超越法国式"专家治国机制"》，转引自伦次等：《政策制定中的科学咨询：国际比较》，上海交通大学出版社 2015 年版，第 143 页。
④ 若利：《超越法国式"专家治国机制"》，转引自伦次等：《政策制定中的科学咨询：国际比较》，上海交通大学出版社 2015 年版，第 145 页。
⑤ 若利：《超越法国式"专家治国机制"》，转引自伦次等：《政策制定中的科学咨询：国际比较》，上海交通大学出版社 2015 年版，第 148 页。

下两院。上议院议员不经选举，全部由贵族组成；下议院议员则全部由选举产生。英国政府是议会的执行部门。首相是英国政府首脑，同时也是英国下议院多数党领袖。内阁由首相任命，分领政府各部门大臣之职。根据惯例，内阁成员主要也来自下议院多数党，只有少数内阁成员来自上议院。

由于首相和内阁成员均来自下议院多数党，议会对首相和内阁具有较强的控制力。张立荣指出，首相和内阁提出的预算和其他法律草案，须经议会审议通过才能生效。执政党议会党团在议案审议活动中是关键性力量，这就迫使首相和内阁事前要征询本党议会党团的意见，按照执政党的利益和意见行事。① 因此，英国的智库更多地需要通过政党来发挥影响力。

自 1689 年"光荣革命"确立"议会主权"以来，英国议会一直维持对政府较强的约束力。但进入 19 世纪以后，政府的权力逐渐扩张。这一变化和英国的工业化进程以及战争有关。工业化造成了社会对于市场的高度依赖，并形成了庞大的无产阶级。市场的波动对无产阶级造成的影响是巨大的，因此产生了大量的社会问题。这就要求一个强有力的政府，通过提供社会政策以减少市场对社会的不利影响。另外，英国在两次世界大战中都是主要参战国，战争使政府在资源汲取和分配方面获得了极大的权力，因而强化了英国政府的作用。②

一方面，随着政府权力的增长，英国政府的行政权力趋于集中，逐渐有"首相制取代内阁制、首相制演变为总统制"之说。另一方面，下议院对政府的控制力也有所减弱，这主要体现在内阁负责制的弱化。③ 然而，这些变化并不足以说明英国议会和政府之间的关系产生了质的变化。相比于美国的总统制和法国的半总统制，英国下议院多数党依然保持着对首相和内阁较强的约束力。

英国官僚体系的建设早于民主化进程，因此形成了一个较为封闭的官僚体系。周民锋指出，英国文官的贵族化色彩浓厚，公务员品位等级对出身和教育背景有严格要求。高级官僚往往出自名门望族，且有很大比重毕业于牛津、剑桥和其他几所综合性大学。④ 各部门大臣来自政党，这似乎说明政党在政策决策过程中发挥主要作用。然而事实是，各部门内的高级文官（senior civil service）在决策中起了更大的作用。⑤ 高级文官是英国官僚体系上层的职位，居于这一职位的

---

① 张立荣：《中外行政制度比较》，商务印书馆 2013 年版。

② 蒋亚琼：《从"议会主权"到"行政主权"试析英国议会制度的演变》，南京师范大学硕士学位论文，2009 年，第 18～21 页。

③ 蒋亚琼：《从"议会主权"到"行政主权"试析英国议会制度的演变》，南京师范大学硕士学位论文，2009 年，第 27～28 页。

④ 周民锋：《西方国家政治制度比较》，华东理工大学出版社 2001 年版。

⑤ 车雷：《英国政府决策与执行体制研究——行政组织法的视角》，中国政法大学硕士学位论文，2011 年，第 28～29 页。

官员通常在部门内有数十年的工作经验，积累了丰富的经验和技能。大臣受选举和议会的影响，更替较为频繁，难以熟悉部门业务，必须依赖高级文官给出的建议。因此，高级文官是政策制定过程中至关重要的角色。除了高级文官，英国政府还设立了一些官方研究机构来进行具体的政策研究并提供政策建议。这些研究机构由文官组成，但保留一定程度的独立性。[①]

但是，对高级文官和官方研究机构的依赖并不意味着社会力量无法渗透进英国的官僚体系。英国政府各部门设置了特别顾问（special adviser）。这一职务的人选通常由首相或内阁大臣决定，并由官僚体系以外的人员担任。智库的政策研究者因而得以接近英国的决策圈并施以影响。特别顾问的职位自设置以来大幅增长。在梅杰政府时期仅有 46 个特别顾问，到了布莱尔政府时期超过了 75 人，大约有 26 人在首相和副首相办公厅中工作。2002 年时这一数字增加到了 81 人。[②]

相比于美国和法国，英国决策体制具有中等集权、中等封闭的特点。英国决策体制的这种特点塑造了该国的智库类型。由于能够通过特别顾问的职位影响决策，英国的非官方智库能够获得较大的影响力。这使得非官方智库与官方智库势均力敌。另外，由于政党在英国的政治过程中发挥了极大的作用，社会智库要影响决策必须通过政党。这使得社会智库要么依附于政党，要么与政党形成合作关系。这样，英国智库获得了独立的地位和较为正式的影响决策渠道，并能够在较成熟的政策思想市场中影响社会，实现了其特有的价值。

1997 年工党上台，结束了长达 18 年的保守党执政岁月。工党首相布莱尔提倡"第三条道路"，推出布莱尔"新政"（New Deals）。当时工党政治家们的担忧在于，英国文官系统经历了长期的保守党执政，在政策上可能形成了对保守党政策的惯性甚至偏好，以至于会影响工党内阁大臣的决策。[③] 因此，工党希望通过在文官系统内引入外部专家以制衡这种偏好。公民机构（Demos）、公共政策研究会（institute of public policy research，IPPR）、伦敦政治经济学院的经济绩效中心（centre for economic performance，CEP）和社会排斥分析中心（centre for the analysis of social exclusion，CASE）等四家社会智库得以参与了新政的决策过程中。

公民机构和公共政策研究会属于政策倡导型智库。这类智库十分重视和决策体系中的关键组织和个人建立联系。在英国，关键的组织和个人主要指的是下议

---

① Simon James. *The Idea Brokers*：*The Impact of Think Tanks on British Government*［J］．*Public Administration* 71（1993）：491 – 506.

② 车雷：《英国政府决策与执行体制研究——行政组织法的视角》，中国政法大学硕士学位论文，2011年，第 29 页。

③ Hartwig Pautz. "New Labour in Government：Think – Tanks and Social Policy Reform，1997 – 2001"［J］．*British Politics*，2011，6（2）：197.

院多数党和政府内阁。

公民机构对新政的贡献是改变了政府的执行结构。公民机构认为，当时出现的社会排斥问题（social exclusion）来自政府部门间缺少协作。公民机构的总裁周若刚（Geoff Mulgan）与布莱尔私交甚笃。他在布莱尔入主唐宁街 10 号后迅速被任命为首相政策小组（Policy Unit）的特别顾问。1997 年底，布莱尔设立了跨部门运行的社会排斥小组（Social Exclusion Unit）。周若刚被认为在这一机构调整过程中发挥了重要的作用。[①]

相比之下，公共政策研究会在新政的出台过程中的影响就小得多。20 世纪 90 年代初，公共政策研究会与工党关系比较紧密。但随着智库内的两名重要人物的相继离开，到 1997 年布莱尔上台时，公共政策研究会与政府和工党成员的联系大幅减弱。另外，时任公共政策研究会总裁的杰拉尔德·霍萨姆（Gerald Holtham）认为智库应该与政党保持距离。这一立场导致公共政策研究会进一步被工党排除出决策圈。霍萨姆的立场最终导致了意料外的结果。一部分公共政策研究会的研究员选择从智库辞职，转而以个人身份应聘政府特别顾问的职务。公共政策研究会则成为了布莱尔新政的评论者甚至批评者。

公民机构和公共政策研究会在布莱尔执政时期的不同遭遇，揭示出英国政府的相对封闭性和政党作为社会意见整合的重要角色。在英国，如果希望对政策决策有所影响，来自社会的政策倡导型智库必须与下议院多数党建立紧密的合作关系。

伦敦政治经济学院的经济绩效中心和社会排斥分析中心属于政策研究型智库。经济绩效中心参与了新政中的社会福利政策设计。该中心主任理查德·莱亚德（Richard Layard）是一名左派经济学家，欣赏北欧式的社会保障政策。莱亚德与工党的联系非常紧密，在推动 20 世纪 80 年代工党转型的过程中扮演了重要角色。工党执政后，莱亚德也成为布莱尔政府的特别顾问。受莱亚德影响，经济绩效中心向政府提交了一份带有社会民主主义色彩的改革方案。但这一方案因为受到了来自英国政府和工党两方面的反对最终未能付诸实践。[②] 社会排斥分析中心则产生于工党上台以后。"社会排斥"的概念早在 90 年代初就已受到文官们的关注。工党上台后，"社会排斥"问题被正式纳入议程，社会排斥分析中心应运而生。社会排斥分析中心是受英国国家经济和社会研究委员会资助的自主研究机构，可以被视为是半官方的科研机构。社会排斥分析中心迅速被整合进布莱尔的社会排斥小组中。不仅仅是中心的研究课题紧跟小组的政策议程，中心的研究人

---

① Pautz，"New Labour in Government," P. 198.

② Pautz，"New Labour in Government," pp. 199 – 200.

员也频繁到社会排斥小组、财政部和社会保障部等政府机构交流。[1] 社会排斥分析中心为社会排斥相关政策的制定提供了重要的学术上和技术上的支持。

从经济绩效中心和社会排斥分析中心的案例可以发现，英国的政策研究型智库要影响政策制定过程，必须通过政党或政府接近决策圈。在这一点上，政策研究型智库和政策倡导型智库的区别在于，后者更多地通过政党影响政策制定。两类智库的这点差异不难理解。在英国，政党在政策方向上有较多的话语权，文官体系则更多负责具体政策的制定。因此，政策倡导型智库必须通过政党才能发挥影响力，政策研究型智库则既可以通过政党也可以通过政府参与政策制定。

五、小　结

通过比较美国、法国和英国等三国的决策咨询制度和智库的类别，我们大致上可以做出如下归纳：一个国家决策咨询制度的分权程度越高，来自社会的政策倡导型智库越发达；一个国家的官僚体系越开放，来自社会的政策研究型智库越繁荣。

美国决策咨询制度的分权属性为政策倡导型智库的发展提供了大量空间，这些智库可以通过与总统或国会议员的联系影响决策。

法国决策咨询制度的特点就是法国政府的相对高度集权。尽管法国总理权力的扩大对总统构成了制约，也间接加强了议会对总统的限制，[2] 但梅斯梅尔计划的案例暗示，法国的行政部门相对于立法部门仍相当强势。如前所述，在法国，政治家掌控着议程的设置，社会力量即便参与辩论，也是以政府邀请或允许为前提的。法国决策权向政府集中导致了政策倡导型智库缺乏影响力。

英国的决策咨询制度属于中等集权，介于美国和法国之间。英国首相和内阁对议会负责，这一制度尽管受到冲击但仍然有效。下议院多数党对首相和内阁的控制仍然十分有效。在英国，政党更多地影响着政策的决策，英国的政策倡导型智库得以通过政党影响决策。这一模式在布莱尔新政的案例中得以体现。得益于和布莱尔的紧密关系，公民机构得以参与社会排斥政策决策；而公共政策研究会刻意维持与工党之间的距离，结局是它在新政决策过程中出局，并发生了分裂。

美国行政体系的开放性使得教育政策中心得以在美国 NCLB 法案改革的过程

---

① Ibid. , pp. 198 – 199.
② 法国总理对议会负责。法国总理权力的扩张可以被理解为议会权力的间接扩大。相应地，总统的权力就会有所缩减。

中发挥重要作用。美国政府的高级别官员流动性较大。这体现在官僚与社会的双向流动频繁，即所谓"旋转门"机制。教育政策研究中心的人员配置就很好地体现了这一机制。"旋转门"机制使得美国的行政官员缺少法国官僚和英国文官那样的相对社会独立性。在决定政策的具体实施方案时更容易受到社会的政策研究型智库的影响。这也令美国政府内部的政策研究机构处于弱势。

法国的官僚体系较为封闭。除政府首脑和内阁之外，官僚都是从体制内晋升而来。官僚体系的封闭性使得法国政府在设计实施方案时更多地依赖政府内部的研究机构。因此，法国官方研究机构对政策实施的影响力十分强大。相应地，来自社会的政策研究型智库难以渗透进政府部门，难以获得影响力。从法国食品安全监管的案例来看，即便法国外部专家参与政策实施方案的决策，其影响力也十分有限。政策实施方案的决策过程仍然被政府部门及相关专家委员会牢牢掌握。

英国中等封闭的文官体系使得来自社会的政策研究机构有机会参与政策具体方案的制定过程。政府各部门的特别顾问一职正是文官体系向社会敞开的一扇窗口。

虽然三个国家的案例呈现出较大的区别，但是与下一章将论述到的中国案例相比，则具有内在的共同性，即这些国家的智库在很大程度上形塑于多元的党派竞争和利益集团竞争；智库要影响决策进程，需要借助相应的党派或利益集团的支持，反过来，党派或利益集团要推动某项政策，往往也会借助相应的智库提供决策咨询。从本质上讲，这样一种决策咨询结构是由多党制和民主政体决定的，不同的智库可以在不同的政治过程中找到自己的位置。我们将这种互动关系称为"外部多元主义"。当然，不同类型的多党制和民主政体国家，其"外部多元主义"的特点也不尽相同，从而也影响了智库的发展模式。

第三章

中国决策咨询制度与智库

当前中国新型智库建设方兴未艾。如前文所述，现代智库的概念和运作模式源于西方，但是知识服务于政治的决策咨询现象在中国古已有之。智库现象从根本上说是政治与知识的一种互动模式，或者说是知识如何服务和影响政治的问题。从这个意义上说，尽管现代意义上的智库起源于西方，但是中国有着自身特有的政治与知识相结合的历史方式，这种方式与西方智库的发展模式和外部多元主义决策咨询体系有着极大的不同，一定意义上仍然影响着今天中国的决策咨询和智库建设。

一、历史变迁*

（一）传统中国政治与知识的结合

就传统中国来说，政治与知识是紧密结合在一起的；从社会基础上看，官员、地主和知识分子三者是一个相互转化、相互支持的统一群体；从思想价值上看，儒家思想强调的是"得君行道""辅君治民""经世致用"，这类思想引导着

---

* 本节主要由金澄博士完成。

知识分子去关心政治、参与政治、服务君主。首先，中国在很早就确立了科举考试制度，中国的传统知识分子通过科举考试等形式成为官员，直接参与政治。其次，在汉、宋、明等朝代还出现过知识分子通过讲学、著书、议论等形式影响社会舆论、传播政治理念的现象。最后，在科举考试和书院讲议之外，传统的幕僚机构也是知识分子参与政治的重要途径。后两者接近于在政府之外影响决策的现代智库模式。由于讲学清议等形式并不是持续出现在每个时代，以及它往往与当权者发生冲突而不具有稳定性，这里暂不介绍。这里将简要讨论作为中国传统决策咨询制度的幕宾制度。

在中国帝制传统中，存在着两对重要关系——即君相关系和官吏关系，它们都促成了幕僚的产生。就君权和相权的关系而言，相权代表官僚的利益，而君权则代表政治利益，这两者之间互相依存，但也经常发生矛盾。有些时候，皇帝（例如明太祖）废除了相权；有些时候皇帝把宰相放在一边，而转而设置"私臣"。而很多"私臣"就具有幕僚的意味。就官吏关系来说，早期（如唐代）幕职不仅待遇崇高，而且容易被提升，进入高阶官职，所以士人偏好辟署。而到了晚期（明、清），"官"和"吏"基本上是完全分隔开的。吏只承担事务性工作，官员在行政决策中需要的智力支持主要来自官员私人聘请的幕友（幕宾）。在明清的大部分时期，"幕"的成员都维持着民间身份，只是作为官员本人的雇员而存在，官员上任则组阁入幕，卸任则各自另寻东家，其中，最有名的幕友群体莫过于以地域划分的"绍兴师爷"。清代晚期，由于封疆之臣权力大涨，又打通了从幕僚直接进入官制的道路。中国近代史上晚清和民国早期不少名重一时的文武政治人物，都起步于入幕。

总结来看，幕僚制度虽然具备现代决策咨询的一些功能特点，但它仍然是高度内嵌于官僚体系的。这后面反映的还是中国传统政治与知识结合的特征。儒家传统使得中国政治与知识的关系呈现出一种高度结合、相互支撑的模式，一方面是官僚与知识分子享有共同的社会基础，另一方面是儒家传统强调知识对社会政治的实用性和知识分子对国家治理的责任。这些一方面鼓励中国的知识分子参与政治、影响政治，另一方面也导致知识研究往往缺乏西方意义上的"独立性"，甚至受到来自朝廷的直接干预。

（二）近代中国的决策咨询机构

20 世纪上半期，中国在面临国家重建、外敌入侵时学习西方体制建立了一些智库。重要的智库包括成立于 1931 年的"全国经济委员会"，以及成立于 1932 年的"国防设计委员会"——后者于 1935 年更名，即是著名的"资源委员会"。这一时期的智库,其创始人大多是具有留学背景的新一代知识分子,如国防设计委员会,开创之初即延揽了丁文江、翁文灏、胡适、傅斯年等大批当时的顶尖学者。也不难理解,这个时期的智库从组织形式到实际运行都受到欧美的影响,国防设计委员会最初主要致力于技术研究与经济调查,但随着欧陆国家经济管制思潮和国家主义的兴起,资源委员会也进入实体的产业经济,并主导了包括钢铁、电力、燃料等重工业部门。

(三) 改革开放以前的决策咨询机构

1949 年新中国成立后,按照苏联体制建立了一套智库体系。苏联的主要智库体系起源于 1724 年成立的国家科学院,即彼得堡科学院,苏联成立后改名为苏联科学院。彼得堡科学院是集科学、人文、社科研究与教学为一体的大型学术机构,在帝俄时期亦产生了巴甫洛夫等许多世界级科学家。苏共二十大之后,苏共领导层意识到苏联当时的决策体制存在巨大问题,为了帮助苏共进行国内经济和政治决策以及提供国际事务资讯,就以苏联科学院等机构为基础成立了一系列智库机构。中华人民共和国自成立伊始,在外交上对苏联实行"一边倒"的政策,各方面的体制设计深受苏联建制的影响,研究机构也一样。新中国成立以后,政府在北京组建了以苏联体制为范本的中国科学院,其中的中国科学院哲学社会科学学部于 1977 年改组为中国社会科学院,成为独立的机构。中国科学院和中国社会科学院都是结合了苏联的科学院体制的兼具教学、学术、智库的综合体。

在政策制定过程中,这些智库——包括当时各个部委、地方的体制内智库——的主要作用是提升官方意识形态和为决策提供理论支持。这些机构以苏联研究机构为模式,完全服务于部门和机构任务,从严格意义上来讲,改革开放前的政策研究机构不能被称为"智库",因为它们无一不是政府机关下的一个部门。在当时成立的少数独立的国有政策研究机构经历了长期的体制机构演变与发展,其中有一些已经成为现在中国事业单位型智库的一部分。但是,中国传统的幕僚体制和新中国成立前的西式智库体制,对中国这一阶段智库的形成,也都有不小的影响:前者从延安时代开始,就延续了传统上幕主宾关系,后者则为新中国成立后各种智库提供了人才储备,如留在大陆的中央研究院人员大部分都进入到中国科学院或各高校,而资源委员会的职能则部分由国家计划委员会(国家发改委前身)承担。

在这一时期,中国的政策研究机构的独立性很弱。改革开放之前的中国不乏掌握理论知识、具有专业素质的学者,也存在着不少社会科学的研究机构和高校,但是这些专家只能从事依附于政府的政策解释性研究,而且研究结论必须严格与党中央和政府的思想保持高度的一致性。

（四）改革开放以来的智库建设

"文化大革命"之后，"实践是检验真理的唯一标准"的大讨论对推动思想解放、恢复实事求是的思想路线产生了重要影响，也揭开了中国改革开放的序幕。改革开放开始以后，从 20 世纪 70 年代末开始，中国相继建立了一些事业单位型的官方智库，国务院先后成立了四个研究中心和中国社会科学院，其中四个研究中心分别是国务院经济研究中心、国务院技术经济研究中心、国务院价格研究中心和国务院农村发展研究中心。

20 世纪 80 年代的智库职能主要是为党和政府的决策和规划提供智力支持，研究领域更多偏重于经济体制改革，主要围绕诸如价格改革、财税体制改革、企业改革等展开研究。但是由于政府对意识形态控制的放松，中国智库理论界逐步走向了思想激进化甚至自由化。80 年代末 90 年代初，经过一个长达两年的沉寂期，直到 1992 年邓小平南方谈话后，中国智库再次得到了发展。

邓小平南方谈话揭开了中国改革开放的新篇章，而新一代智库也随之兴起。经过十几年的改革开放，中国已经初步形成了社会主义市场经济体制的模型，在社会意识形态和思想上也更加多元化，智库也开始呈现多种类型。值得一提的是 20 世纪 90 年代兴起的大学内政策研究组织。它作为一种新型的非官方智库发挥了巨大作用，大学的学者们开始对中国政策发挥影响力。其中应当特别指出的是那些海外归国的学者在中国大学中建立的研究机构，他们一方面拥有相当的新思想，另一方面也拥有海外各方面的资源。另外，从 80 年代末开始，中国已经出现了一些民间的政策研究机构。这一时期，中国智库具有两大特征。首先，智库和智库的专家比他们的前辈们相对更具有独立性，大部分机构的研究经费虽然来自政府，但并不影响那些智库专家们表达不同的观点。同时，也有一些智库的专家被吸收进政府部门成为了政府官员。

这一时期的智库在研究领域上也呈现出多元化的格局。随着改革开放的深入，一些新问题的出现使过去只研究宏观经济领域的智库开始关心其他相关领域，从高科技到失业等现实社会生活问题。并且，除了有专门研究经济政策的智库，许多诸如国际关系或安全的其他领域的研究机构也开始向大众表达自己的观点。国际关系问题专家还频频在中国主流媒体上出现，分析时政问题，引导公众观点。

二、中国特色新型智库建设的目标与挑战

党的十八届三中全会通过的《关于全面深化改革若干重大问题的决定》首次提出"加强中国特色新型智库建设"①，这对于推进中国特色社会主义建设、强化社会主义民主政治制度建设、完善协商民主制度具有重大的理论和现实意义。党为什么要提出建设中国特色新型智库？我们可以从习近平主席几次关于智库建设的讲话中得到答案。根据人民网的报道，在 2014 年 10 月中央全面深化改革领导小组第六次会议中，习近平强调："我们进行治国理政，必须善于集中各方面智慧、凝聚最广泛力量。改革发展任务越是艰巨繁重，越需要强大的智力支持。要从推动科学决策、民主决策，推进国家治理体系和治理能力现代化、增强国家软实力的战略高度，把中国特色新型智库建设作为一项重大而紧迫的任务切实抓好。"② 进而，该文也提到，"近年来，习近平多次对智库建设作出重要批示，指出智库是国家软实力的重要组成部分，要高度重视、积极探索中国特色新型智库的组织形式和管理方式等。这些重要论述既表明智库建设是推进国家治理体系和治理能力现代化的重要内容，又为建设中国特色新型智库指明了根本方向、提出了总体要求。"③

从以上谈话中我们可以归纳出党对智库建设的两点期许。首先，中国特色新型智库建设被认为有助于提出一套有别于西方自由民主主义的政治话语，对内加深和扩大各种利益群体的共识，对外在意识形态战线立于不败之地。其次，中国特色新型智库建设被认为有利于完善中国的决策咨询体制。具体而言是促进政策研究、方案设计以及决策方法的科学化程度。这两点期许既是中国特色新型智库建设的目标，也是智库建设所面临的最大挑战。

社会科学知识体系的阙如

第一个挑战即中国的知识界缺乏解释自己社会和政治现象的知识体系。这一点已在总论得到阐述。目前中国知识界存在两种现象：一方面，我们看到一些国

---

① 《关于全面深化改革若干重大问题的决定》，人民出版社 2013 年版。
②③ 人民网：《习近平为何特别强调"新型智库建设"？》，http://theory. people. cn/n/2014/1029/c148980 – 25928251. html，2014 – 10 – 29.

内学者一头扎进经验中去，对中国社会和政治的微观层面进行深入描画，然而却往往难以从这些描画中提炼出具有普遍性的知识；另一方面，我们又时常能够看到一些学者照搬西方理论来解释中国现象，却发现这些案例实在野性难驯，最后理论仍归理论，经验仍归经验，我们的认识并无提升。

要解决这个困境，我们可以借鉴默顿（R. K. Merton）提出的中层理论（theories of the middle range）。中层理论即"介于细微但必要的，从日常研究中发展出的大量的工作假设（working hypotheses），和为了发展出统一理论以解释所有观察到的、具有统一性的社会行为、社会组织和社会变化而做出的无所不包的系统性努力（all-inclusive systematic efforts）之间的理论。"① 默顿提出中层理论的概念是为了批判当时社会学家热衷建立宏大理论的风潮。与宏大理论不同，中层理论对研究范围做出了严格的限定，并且重视运用实证方法检验理论假设。因此，中层理论具有可证伪性（falsifiability）。默顿对中层理论最具启发性的阐释在于，中层理论承认其解释有适用范围，也承认对于适用范围以内的现象，它所提供的知识也是有限的。② 这意味着一个为了回答问题的理论引出了更多的问题，社会科学家因此要建构更细致的理论来回答新产生的问题。在不断地建构理论的过程中，一个理论体系才得以建立。

本书所提出的内部多元主义理论③，便可以被视为建构解释中国政治过程的中层理论的一次尝试。内部多元主义理论提出，在中国，党吸纳不同利益的行为者，使各种利益在党的内部进行表达。这种利益表达方式有别于西方多党制的政治过程。因此，所谓"内部"与"外部"是就政党而言的。"内部多元主义"指的是政党组织内的不同利益表达，而"外部多元主义"指的是政党组织外，即不同政党的利益表达。

对于外部多元主义而言，政党间的竞争与合作构成了理解政治过程的一组基本图式。对于内部多元主义的政治过程，基本图式是共产党对各种利益群体的整合与排斥。整合即中国共产党通过各种柔性手段确立对其他政治行动者的"领导权"（hegemony）④，将这些政治行动者"内部化"⑤，使他们"融合到既有体系中，进而在体系内部与不同利益群体进行协商、协作和竞争。"⑥

---

① Robert K. Merton, . "On Sociological Theories of the Middle Range," in *On Theoretical Sociology*：*Five Essays. Old and New*, edited by Robert K. Merton, New York：The Free Press, 39.

② Robert K. Merton, . "On Sociological Theories of the Middle Range," in *On Theoretical Sociology*：*Five Essays. Old and New*, edited by Robert K. Merton, New York：The Free Press, 42 – 43.

③ 郑永年、莫道明、黄靖洋：《内部多元主义与中国新型智库建设》，引自郑永年等：《内部多元主义与中国新型智库建设》，东方出版社 2016 年版，第 41 ~ 55 页。

④⑤⑥ 郑永年、莫道明、黄靖洋：《内部多元主义与中国新型智库建设》，引自郑永年等：《内部多元主义与中国新型智库建设》，东方出版社 2016 年版，第 44 页。

三、小　　结

　　决策过程科学化所面临的挑战可以被分为两个方面。在知识生产方面，我们面临政策知识匮乏的挑战。具体而言，政策研究者所提供的政策知识缺少专业性，而不少具有专业性的政策知识却难以转化为可操作的方案。

　　决策过程科学化所面临的挑战更多地触及政策研究者、政府以及社会上其他政治行动者之间的关系。从知识生产的方面来看，政策研究者需要确保自己相对于政府和其他政治行动者有一定的独立性。另外，如果政策研究者缺少与政府的联系，便有可能在研究范式上逐渐疏离于政策制定者。这样的政策研究者即便能够提出有用的政策知识，也难以被政策制定者所理解和使用。因此，知识生产方面提出的挑战主要是政策研究者与政府和社会上其他政治行动者之间保持什么样的距离是合理的，以及各方行动者如何达到和维持这样的距离。从政治对话的方面来看，政策研究者相对于政府以及社会上其他政治行动者的独立性也再次被强调。更进一步地，我们应当认识到维持智库的独立性也不能很好地防止偏听偏信。鼓励不同背景的智库百家争鸣、百花齐放应当成为应对这一挑战的主导思路。

第二部分

智库发展的
国际经验

第四章

现代智库的产生与发展

现代意义上的智库起源于欧洲和美国。智库是现代决策咨询机构的形象化代称，一般情况下并不是政府自身的组成部分，而是作为一种"外脑"为政府提供决策参考。纵观西方智库的发展历史，大致可以分为三个阶段。从19世纪智库开始出现，到第二次世界大战，这是智库发展的第一阶段，这一时期英国、美国等都出现了早期形式的智库。第二次世界大战是促进智库发展的重要契机，战争推动了政府对于特定科学知识和专业研究的需求，也塑造了政治与知识相结合的方式。第二次世界大战以后，以美国智库为代表的现代智库崛起，西方智库进入迅速发展阶段。智库发展的第三阶段是20世纪90年代以来至今，全球化以及信息技术的迅速发展，快速塑造着智库自身的运营方式和智库对决策的影响方式。

一、现代智库的发展历史

（一）第一次世界大战前后现代智库的萌芽

关于西方最早的智库，学界并没有统一认识。有学者根据成立时间认为最早的智库是惠灵顿公爵于1831年在英国创建的皇家国防与安全研究所（royal united services institute for defence and security studies，RUSI），① 也有学者认为 1865 年由美国社会科学促进会（american association for the advancement of science，AAAS）召开的各界联席会是现代智库诞生的标志，② 还有学者认为 1881 年成立的英国费边社（Fabian Society）是第一家近代意义上的智库。③ 对熟悉社会主义历史的中国读者来说，费边社应当不陌生。这是由一群主张渐进社会主义的知识分子所创立，通过不遗余力地向社会宣传他们的主张，游说政府官员、党派政客。据统计，从 1891～1892 年，117 名费边社成员作了 3 339 次演讲，印发了 37 800 份小册子，与丘吉尔、劳合乔治、阿斯奎那、贝尔福等众多政治家进行了谈话并且提出建议。在费边社的努力下，国家保障最低生活标准、资源的社会管理、以累进税缩小贫富差别、整顿教育等许多措施通过一个个法案落实到国家立法中。此外，费边社帮助建立了英国工党，成为工党的理论库。④

20 世纪初，"进步主义运动"（progressive movement）在美国风起云涌。该运动主张"积极谨慎地"使用政府力量控制市场和增加个人机会。在这种形势下，众多企业家和慈善家开始投资设立研究机构，旨在解决和平、失业等社会政治问题。1910 年慈善家安德鲁·卡内基建立了"卡内基国际和平基金会"（Carnegie Endowment for International Peace），该基金会致力于研究和解决国际和平问题，培训外交官，游说政府，并积极对大众展开宣传和教育活动。⑤ 不久之后的 1916 年，慈善家罗伯特·S. 布鲁金斯建立了布鲁金斯政府研究所，旨在以科学方法研究美国联邦政府的管理问题。1922 年和 1924 年，布鲁金斯又分别创建经济研究所和罗伯特·布鲁金斯研究院，三家研究机构于 1927 年合并成为"布鲁金斯学会（Brookings Institution）"。布鲁金斯学会至今仍然是美国最具影响力的智库之一。⑥

总结来看，这一时期英美智库萌发的时代背景是资本主义繁荣发展的同时，也面临着工人失业、社会失序、国际战争等重大威胁。无论是英国的费边社，还是美国的卡内基国际和平基金会、布鲁金斯协会，都具有浓厚的进步主义色彩，主张通过改良、教育、科学管理等手段来解决种种社会问题。这些智库主要是由社会上成功的企业家和慈善家捐资设立，这反映了资本主义经济繁荣带来的社会资源增加以及英美的慈善传统在智库领域的影响。可以说，进步主义的思想价

---

① RUSI. 1831 Fund［OL］. https：//rusi. org/1831Fund（Accessed2017. 5. 3）.

② 王厚全：《智库演化论》，中共中央党校博士学位论文，2016 年，第 60 页。

③ 王厚全：《智库演化论》，中共中央党校博士学位论文，2016 年，第 59、176 页。

④ ［英］萧伯纳著、袁绩藩等译：《费边论丛》，生活·读书·新知三联书店 1958 年版。

⑤ 王厚全：《智库演化论》，中共中央党校博士学位论文，2016 年，第 61 页。

⑥ 价值中国网，2009. 布鲁金斯学会［OL］. http：//www. chinavalue. net/Wiki/% E5% B8% 83% E9% B2% 81% E9% 87% 91% E6% 96% AF% E5% AD% A6% E4% BC% 9A. aspx（Accessed 2017. 5. 3）.

值、资本主义的社会资源以及西方社会的慈善传统三者的结合是西方第一波近代智库兴起的主要原因。

（二）第二次世界大战后至 20 世纪 80 年代西方智库的发展

从 19 世纪后期至第二次世界大战以前，西方智库只是处于萌发阶段，智库在数量和影响力上的大幅提升是在第二次世界大战以后。第二次世界大战是智库发展的重要契机，大战使得各国政府主动运用科学知识和专业研究为战争服务，也开启了专家参与政府决策的新模式。实际上，"智库"一词最早就是出现于第二次世界大战期间的美国，最初是指战时军方与非军方人员一起讨论制定军事战略和作战计划的安宁环境。[①] 第二次世界大战结束后，"智库"一词被用来指军工企业中的研究与发展部（research and development），其中最著名的就是道格拉斯飞机公司的研究发展部，在 20 世纪 50 年代，该部成为一个独立实体，并将研究与发展两个英文单词合为 RAND，也就是今天闻名于世的兰德公司。[②]

第二次世界大战开启了"政治运用专业知识、专业知识服务政治"的智库模式，其后，冷战、资本主义经济危机和社会资源增加等因素，共同促进了智库的繁荣发展。第二次世界大战结束后，苏联和社会主义阵营的崛起很快激起西方世界的恐惧和敌视。冷战促使美国政府积极引导、运用各种专业研究，特别是社会科学研究，服务于国家安全、美苏争霸等问题。兰德公司（RAND，1948）、外交政策研究所（FPRI，1955）、战略与国际研究中心（CSIS，1962）、哈德森研究所（Hudson Institute，1962）等知名智库都是在这一时期成立的。在美国之外的西方世界，包括法国经济和社会委员会（C. E. S，1946）、英国的伦敦国际战略研究所（IISS，1958）、日本的野村综合研究所（NRI，1965）等在内的智库也在快速发展。

第二次世界大战以后也是资本主义经济空前繁荣的时期，以美国为例，这一时期美国国内包括社会捐赠等在内的社会资源快速增长，大量的基金会成立，它们热衷于通过捐助公共政策研究来影响政府，解决社会问题。越南战争、20 世纪六七十年代资本主义经济危机等问题也促使大量的公共政策研究兴起。据学者统计，美国智库在 20 世纪 60 年代呈现出迅猛增长的趋势，从 20 世纪 50 年代的只有二十几所，到 1967 年的超过 80 所，再到 1969 年末的将近两百所。

---

① Antonio Missiroli, Isabelle Ioannides. European Think Tanks and the EU ［R］. Bureau of European Policy Advisers（BEPA），2012.

② 乐烁：《兰德公司发展经验与对我国智库建设的启示》，湖北大学硕士学位论文，2013 年。

也就是说，从第二次世界大战结束以后至20世纪七八十年代是西方现代智库逐渐成形并稳健发展的时期。第二次世界大战开启了政治界与知识界合作的新模式，紧随其后的冷战格局更是促使以美国为首的西方政府注重利用专业研究为国家政治服务。智库在这一时期不仅呈现出数量的迅速增长，其运作模式也形成了较为稳定的特征，最为突出的就是在智库领域出现了横跨权力、财富和知识界的一张相互联系、相互支撑的社会网络。企业家、私人基金会积极通过捐助智库来影响政策，智库与政界之间存在着广泛的"旋转门"机制，大量政治家从智库出身进入政府任职，直接影响政府的政策走向。

（三）20世纪90年代以来西方智库的发展趋势

20世纪90年代以来，西方智库发展出现了一系列新的趋势，集中体现在国际化程度加强以及与新信息通信技术结合更为紧密。在国际化方面，随着全球化的加深，中国等亚洲新兴国家的崛起，大量美国智库加大了对新近崛起的亚洲的研究力度，普遍设立了亚洲研究项目。此外，一些基金会和智库扩大对外交流，甚至直接到其他国家设立分支机构。例如，布鲁金斯学会与清华大学联合创办了"清华－布鲁金斯公共政策研究中心"，致力于研究中国经济社会问题以及中美关系。[1] 卡内基国际和平基金会、传统基金会和城市研究所在莫斯科设立了办公室，向俄罗斯提供经济和政治转型方面的建议。互联网的兴起塑造了信息交流、媒体传播和大众舆论的新形态。[2] 各大智库也积极利用新兴的网络技术，建立研究网络，拓展公众影响力。智库成为大众舆论与公共政策之间的桥梁，智库运用自身的政策研究积极影响大众舆论，进而影响政府的决策。

西方智库的这种国际化和结合网络的态势目前仍在持续。一方面，在全球化形势下众多智库已经不再局限于一国一地的活动，而是通过到对象国家设立分支机构、开展合作项目等形式直接影响对象国政策；另一方面，智库的专业研究与大众舆论之间的互动也在加强，传统智库与政府之间的精英式互动模式，正在被互联网等信息技术所重塑，未来智库如何在精英路线与大众路线之间进行平衡也是有待观察的重点。

---

① 赵天一：《布鲁金斯学会研究》，中国社会科学院研究生院硕士学位论文，2013年。
② 王厚全：《智库演化论》，中共中央党校博士学位论文，2016年，第123、134页。

二、现代智库的发展经验

随着近些年来我国对于国外智库相关资料的获取愈加便捷，与之交流的机会也愈加丰富，国内学界对国外智库的发展历史与经验的研究更是不断深入。如今人们不仅对于美国、欧洲、亚洲智库的数量、分布、排名等基本状况的了解颇为到位，而且对于某些像布鲁金斯学会、兰德公司、传统基金会、皇家国际事务研究所（查塔姆宫）等世界著名智库的个案研究也不在少数。本书对于西方现代智库的产生与发展历程仅以基本必要陈述为限，而对于美国、欧洲、亚洲智库当前的发展概况也只是点到为止。本书第二部分的重点在于分别挑选以上三个地区智库中对于我国的智库建设最有讨论价值的特点或趋势加以分析，以更加鲜明的态度切入议题，更加直接地汲取国外智库的发展历史与经验中有价值的部分。

美国国家决策机制与智库的关系对于我国正在高速发展的智库行业具有一定的参考价值，而其颇具特色的"旋转门"制度是否适合被借鉴到我国也是颇具争议性的议题。从美国决策中牵涉的权力边界和程序特征入手，第五章将分别梳理美国内政和外交决策的核心机制，进而探究决策层与智库的关系，并最终阐述"分赃制"与"旋转门"共生并存的关系。该章认为美国的政治生态客观上极大地繁荣了其智库行业，而以"旋转门"为突出特征的人员交换机制又使得智库以一种极其有利的姿态嵌入到美国的国家决策机制之中。但是有必要看到"旋转门"由"分赃制"所成就，直接借鉴这些经验是否合适，尚待讨论。①

欧洲智库在机构总数、专业门类、业界排名等诸多方面仍牢牢地把持着仅次于美国智库的重要地位，深入解读这背后的道理，对于我国正在高速发展的智库行业具有一定的参考价值。第六章将分别考察欧洲智库在长期发展中呈现的一些特色经验和近年所浮现的一些新趋势，包括以专精化与多元化并举的策略适应竞争；以智库网络的方式整合资源；以泛区域智库的格局打造"欧盟智库"和以"透明度登记"制度去规范资金的分配和使用。可以确信的是，在这些特色和趋势的背后，欧洲的决策咨询制度正在沿着自己的道路不断变迁。②

东亚智库在与政府的互动中大多呈现出"致力于'制度提升'而非'制度批判'"的"东亚特征"。透过对这种现象的分析，解读其根源，将有助于进一

---

① "旋转门"制度、美国智库及其相关内容，见第二部分第五章。
② 欧洲智库及其发展经验，见第二部分第六章。

步优化我国正在高速发展的智库行业与政府间的关系。通过观察分析日本、韩国、新加坡的智库如何调整和探索与政府的关系，第七章捕捉到东亚智库与政府"再结合""剥离"与"统合"并行、"主动介入政治'表演'"等举措背后的行为逻辑。东亚智库普遍呈现"东亚特征"一方面是因为这一地区的政府普遍保持着对包括智库在内的社会组织更为积极和直接的介入，但另一方面也彰显出这些智库本身对于知识与权力的关系有着不同于西方的理解。[①]

借此，我们可以观察到世界各国的智库行业呈现非常不同的生态，论其原因，最直观的就是因为受到经济发展水平的制约；另外，国家决策机制的结构特点则可能是综合性的原因。

正所谓"经济基础决定上层建筑"，智库作为知识密集型的高端服务行业，其真实繁荣程度理应与其所在的国家或地区的经济状况相辅相成。美国智库的数量与质量在世界范围内拔得头筹的背后是其自第二次世界大战以来作为世界经济大国的实力；欧洲能够紧随美国智库之后表现出不俗实力，并发育出"欧盟智库"这一泛区域型智库形态，当然也得益于欧盟作为与美国不相伯仲的区域经济体所提供的支持；亚洲地区的智库尤以东亚智库表现更为出色，显然还是在相当程度上得益于"东亚奇迹"所带来的经济动力；而中国智库近几年来突飞猛进的发展也与改革开放以来所取得的经济建设成就息息相关。

诚然，如果仅仅就"把智库建起来"这一初级阶段而言，并不必然依赖较高的总体经济状况。诸多经济条件尚且十分薄弱的亚洲国家也能兴办相当数量的智库，因为即便是贫穷国家，一旦坐拥国家级的经济体量，也总是可以通过"集中精力办小事"的方式来打造若干智库，至少在态势上不自外于潮流。但是更应该看到，经济发展结果所代表的不仅仅是其本身，它很可能是一个比较能够反映综合国力的单项指标。因为经济发展的过程往往也是产业丰富、科技进步，智慧累计乃至社会逐步开放的过程。也正是基于这些方面与欧美的差距，亚洲智库，尤其是我国智库在"有没有"和"多不多"之外，还有很多需要关注的东西。

正如前文提到的，这其中国家决策咨询体制的结构特点可能是一切问题的出发点。比如美国智库的发展是建立在美国特定的"外部多元主义"政治社会条件之上的，这也就使得美国智库的"旋转门"这类以美式决策机制为前提的智库策略并不适合于中国。又比如欧洲的一体化进程行之有年，虽然最近一两年遭遇了某些比较严重的冲击，但是总体来看，在欧洲各国之上，既有的欧盟决策机制正在不断提升影响力，这也促进了欧洲各个国家的智库在不同程度上蜕变为"欧盟

———————————

① 东亚智库及其发展经验，见第二部分第七章。

智库",从而更好地整合优势资源。但是在亚洲,仅仅是东亚几国间都还没有培育出欧盟式的协商渠道,遑论决策机制,所以中国可以向欧洲借鉴的也更多地停留在"透明度注册"系统这类战术而非战略的层面。东亚国家和地区的政治框架大致介于西方(尤其美国的)的"外部多元主义"与中国的"内部多元主义"之间。相应地,这些国家和地区的智库在处理与政府关系时的经验将可能为中国提供更加直观的参照。

三、小　结

纵使决策机制的结构特点各异,国外智库的发展历史与经验总结仍然有值得我国借鉴的某些一般性逻辑。

第一,智库的发展需要国家决策机制保持一定的开放性和民主性。而落实到具体层面,这首先要求为智库的研究人员提供近距离观察乃至实际参与决策的有效渠道。虽然第五章观点认为中国的现实情况尚不适合采用美国的"旋转门"机制,不过这并不妨碍我们看到"旋转门"机制对于智库建设的核心意义在于使智库拥有影响决策和了解政策实践的管道。未来中国智库建设过程中,可以从加强党政干部和智库政策研究人员更多形式的交流入手,逐渐为智库的研究人员提供近距离观察乃至实际参与决策的有效渠道。

第二,社会智库作为第三方的独立视角所做出的研究成果对于政府和公众都具有难以替代的参考价值。未来建设中国特色新型智库,社会(即非政府)智库是一支不可或缺的力量,这一点不因美国式"外部多元主义"和中国式"内部多元主义"的差别而不同。而社会智库的繁荣发展有赖于社会资源向智库领域的集中,通过制定相应的社会捐助法规(包括免税、抵税措施)和开展政策提倡,可以促使社会资源向社会智库领域流入,为社会智库的发展提供坚实的物质基础。

第三,智库发展的稳定性有赖于智库职业生涯对于研究人员的持续吸引力,以及智库自身管理机制和学术研究流程的优化。在智库建设的过程中,应该特别着眼于建立智库自身具有稳定性的考评机制和职业规划。美国基于"外部多元主义"的结构特征,更多地依赖官、学、商一体的网络协调来实现智库业界与国家决策机制的相应的考评机制和职业规划;欧洲智库则在欧盟决策机制的引导(而非命令)下根据自身需要有选择性地塑造其与欧盟决策机制相适应的考评机制和职业规划(比如研究人员可以选择是否接受欧盟的"透明度"监管,从而获取研究委托乃至直接参与欧盟的工作项目）；东亚国家和地区则在更加偏向于"内部多元主义"的秩序安排中不断探索与政府的关系，而这其实也是试图与政府共建与决策机制相适应的考评机制和职业规划。中国目前一方面在根本上秉持"内部"秩序安排的原则，但另一方面也允许一定前提下的"多元"需求表达。建设中国特色新型智库在自身管理机制和学术研究流程的优化方面可以在不照搬任何一种模式的情况下，进行与美国、欧洲、东亚任何一种模式的参照性实验。

第五章

美国智库发展经验分析

无论是基于数量还是质量来考察，美国智库无疑都是当今世界排名第一的智库群体。任何有关智库的研究，几乎都需要从分析梳理美国智库的发展经验开始。然而国内过往关于美国智库的研究大多数仅仅止步于这个层面，而未能充分着墨于智库所服务的美国国家决策机关，进而忽略了"与决策机制相适应"这一美国智库行业繁荣的根本现实原因。因此，在概述美国智库发展情况的基础上，本节主要强调智库本身与其服务对象之间的功能性关联，即智库的咨议功能如果想要更多地发挥作用，就必须仰赖于与其服务对象的决策机制更好地相适应。

一、美国智库发展情况概述

美国是现代智库的主要发源地，甚至可以说，"智库"本身就是一个美式概念。"智库（Think Tank）"一词最早起源于"二战"时期的美国，现代智库的一些基本模式也主要成型于"二战"后的美国。按照宾夕法尼亚大学的《2016年全球智库报告》，截至2016年全世界共有6 846家智库，其中美国一国就拥有1 835个智库，超过全球智库总数的1/4。美国有4个智库进入全球前十名，包括布鲁金斯学会（Brookings Institution）、卡内基国际和平研究院（Carnegie Endowment for International Peace）、战略与国际研究中心（Center for Strategic and International Studies）、兰德公司（RAND）等。对于美国智库的发展经验，可以从很多不同的分析角度切入，这里将集中介绍和分析美国智库建设的总体特征和对此产生最重要影响的若干因素。

（一）美国智库发展的总体特征

第一，从智库的法律性质上看，非政府、非营利的社会智库是美国智库界的绝对主力。卡内基国际和平基金会、布鲁金斯学会、胡佛研究所（The Hoover Institution on War，Revolution，and Peace）、兰德公司等美国最具影响力的智库都是独立于政府之外的非营利社会型机构。而国会研究服务办公室（Congressional Research Service，CRS）这类（广义）政府背景的智库凤毛麟角，[①] 而且一般也不直接对外发表观点，而是忠实地服务于其领导机构，因此很少为外界所知晓。与此同时，美国税收制度的设计也杜绝了美国智库注册为盈利机构（将因此而失去免税资格）的动机。这种生态当然与美国社会力量强大、能够支撑社会智库的发展有关，但也涉及美国民众对于政府的警惕态度。美国社会一直有崇尚"小政府"的倾向，强调对政府权力的怀疑和监督。智库要想取得公信力，就需要与政府保持距离，表明自身研究具有独立性和客观性。智库通常是非营利性机构，它们的发展当然需要外部的资金支持。但是这种支持与智库的非营利性以及研究的内在客观性并不一定冲突。美国智库产业发展已相当成熟，在接受研究委托签订合同时，以文字明确智库的独立研究权限已是通行的做法；而某些资金，尤其是私人捐助，往往都不与任何特定的项目绑定；再者根据1986年10月通过的税法中第501（c）（3）条款规定，享有免税待遇的智库的立法游说活动受到严格限制。智库为了保持免税资格，必须和政治性活动保持一定的距离。这些使得智库作为第三方机构（即非政府机构）能够提供相对客观中立的政策意见。这是美国智库"独立性"的核心含义。在这个意义上，需要将美国智库在开展研究时可能存在的某些意识形态倾向与智库的"独立性"做一定的区别。应当说，任何政策方案都难免体现一定的意识形态立场，但这并不意味着这一方案的产生必然是一个"政治指导"或"利益交换"的过程。

第二，从智库的资金和人事来源上看，美国智库体现了一个美式官、学、商互动的群体网络。由于智库本身通常是非营利机构，智库生存和发展所需的资金往往是通过接受社会捐赠、政府合同等方式筹措的。一些个人、基金会等也会根据自己的意识形态偏好等原因给予资金支持。以"战略与国际研究中心"为

---

① 国会研究服务办公室隶属国会，即立法、司法、行政三权中的立法分支，而行政分支，即狭义的"政府"并不涉及智库业务。

决策咨询制度与中国特色新型智库建设研究

例，其收入有40%是基金会捐助，35%是公司捐助，10%是个人捐助。同时，许多智库的管理和研究人员并不是学院式的学者，而是有着政治经历和实务经验的政治人物。美国两党轮流执政的政治制度使得智库成为一些退位官员的选择，而作为有特定倾向的智库人员，也会随着某些特定的政治人物的当选而进入政府。这个过程一般被称为"旋转门"机制，它是智库影响政府的重要途径，另一方面，拥有政治实务经验的研究人员进入智库也使得智库研究能够贴近政策现实。

第三，从智库的组织架构和运营模式上看，尽管不同类型的智库有着一定的差别，但其基本的共同之处在于有着比较完备的理事会制度、行政与专业研究的管理体制。首先，美国主流智库绝大多数是非营利组织，对于该类机构，美国税法等有专门的约束机制，同时其非营利性质也使得社会便于向智库进行捐助。其次，众多智库遵循的是企业管理的模式，智库上设理事会（或称"董事会"）作为智库的权力机构和决策部门，负责智库的总体战略决策和重大监督考核，理事会下设智库最高执行官，统筹智库日常经营管理。最后，智库的行政管理与研究管理有着一定的分离，行政服务于研究管理并负责智库的对外联络和营销；在学术研究管理方面，一些智库采取按照研究领域划分研究机构的方式，也有智库按照研究项目设立研究小组。

（二）美国智库发展的影响因素

美国智库的成功，与其所处的政治经济社会条件是分不开的。从结构上看，美国智库发展赖以支撑的主要条件包括三个层面：相对开放的政治体系、美国社会的慈善捐助传统及"二战"后美国国内社会资源（social resource）的增长、科学主义与实用主义的知识传统。

首先，相对开放的外部多元政治体系为智库从外部对政府施加影响提供了前提条件，也促使众多利益群体或个人有意愿选择投资智库来影响决策。

其次，美国社会有着社会慈善、捐资助学的长期传统，一些成功的企业家与社会名流愿意捐资建立大学、研究所等学术研究机构；"二战"以后，美国经济的空前繁荣带来了社会资源总量的增加，各种基金会纷纷成立并投资智库建设，为智库发展提供了丰厚的物质基础。可以说"二战"后美国智库的繁荣反映了美国社会资源的增长。

再次，美国的科学主义、实用主义知识传统和相应的知识群体为美国智库的政策研究提供了智力支撑。智库是知识服务政治的现象，但并不是任意一种知识模式都能成为现代智库的智力基础。美国智库从兴起之初，就深受实用主义思想和科学管理思潮的影响。不同于大学的学术研究，智库作为"思想工厂"为决策者提供的是"应用型研究",它是社会科学一般理论与政策实践的结合。"二战"后,美国社会科学繁荣发展,为智库政策研究提供了源源不断的知识活水和人才供给。

政治上民主开放的多元体制、长期的慈善传统和充沛的社会资源、崇尚科学主义和实用主义的知识传统,这三者是美国智库得以繁荣发展的战略支撑。此外,美国智库的繁荣发展,还有赖于一个相当成熟的智库群体网络的具体实践,正是这个智库群体网络"盘活"了美国国内有利于智库发展的条件。美国智库群体网络是美国官、学、商三大群体相互联结、相互转化的重要场域。

第一,智库与政治之间存在"旋转门"机制。美国两党轮流执政的民主制,使得智库往往成为退位政治人物栖身的场所,一些智库的研究者也可能由于支持某些特定政治候选人而在日后得以进入政府供职,这就使得智库有了最直接的影响政治的途径。

第二,政治体系的开放性为不同利益集团影响政策提供了空间,一些企业家或基金会也会通过投资智库,来间接发挥自己的政治影响力。只是此处需要特别注意的是,国内学界一般只注意到了在美国,财团捐赠智库可以减税或免税,被忽略的要点是,税法中的相关规定对享有免税待遇的智库的立法游说活动受到严格限制。① 这就使得资本对智库既可以起到实际的推动作用,又不至于直接左右其研究自主性和中立性。

第三,美国智库政策研究的发达有赖于一个相对成熟的智库职业生涯路径,这可以吸引有志于此的研究者进入智库领域。智库研究由于强调"应用性"和"政策导向性",并不同于大学当中更强调"理论性"的专业学术研究,智库研究群体往往来自大学,但是这些研究者并不以回归大学为最终归宿。这是因为智库在美国已经成为一种特定的职业,研究者在智库领域有着自身的晋升路径、知识声望和物质来源。

综上所述,宏观上有民主开放的多元体制、长期的慈善传统和充沛的社会资源、崇尚科学主义和实用主义的知识传统,微观上又有"旋转门""捐献鼓励"与"智库职业生涯",这些都是促进美国智库繁荣发展的条件。美国有较之其他地区更悠久的智库发展历史,从而积攒了更多的优势,并且这些优势在未来相当一段时期内尚不可能被其他地区全面超越。

---

① 关琳、李刚、陈媛媛:《美国智库"独立性"拷问》,载于《光明日报》2015年6月17日,第16版。

二、三权分立与选举政治对美国国内决策机制的塑造

除了从智库这个专业咨询服务提供者的角度出发来思考，我们还应当从智库所服务的对象出发来观察服务者与服务对象间的互动，从而理解美国智库到底是怎样发展出一套与其服务对象的决策机制相适应的运作规则。

三权分立与选举政治为美国的智库提供了很大的活动空间。作为美国宪政制度的根本原则之一，三权分立的架构赋予立法、行政、司法中的每一权制衡其他任何一权的制度工具，从而至少在理论上杜绝了任何一权垄断国家权力的可能。然而与此同时，任何一项政府措施的出台也必然仰赖于更多的说服工作。

有关国内事务方面，行政当局（administration）的政策议案几乎没法绕开国会的审议，否则就算不上是政府决议（decision by the U. S. government）而仅仅是当局的决定（decision by the administration），[①] 因此国会内部往往展开旷日持久的辩论，如果总统所在的政党在国会不占有多数席位（divided government），这个问题就更加突出。国会为了做出"公允"的决定，还可能启动听证机制要求行政机关配合审查。纵使国会通过决议，也不排除被最高人民法院判定违宪而最终功亏一篑的可能。

于是，这种状况自然就赋予了游说集团广阔的活动空间。除了不能直接向法院游说，判决之外的任何环节都是它们大显身手的天地。然而美国的选举政治彻底暴露了游说集团明显的立场倾向和错综复杂的利益瓜葛，从而也决定了它的局限性。一来即便是游说集团也需要从立场中立的第三方研究机构的成果中找寻对其有利的证据，二来实践证明越是在某些极端重大事件上，越是存在游说集团力所不能及的领域。所以，那些以政治立场和利益算计为导向的利益集团及为之代言的游说集团有其存在的必然性，它们的确是多元主义的美国政治生态的基本构成要件。然而利益集团和游说集团在寻找有利于己方立场的理据时往往将眼光投向包括智库在内的智力行业（还有如高校、律所、咨询公司等），因此它们的存在并未压制智库的发挥，反而凸显了后者的重要角色。

但是，这里存在一个问题，即施行三权分立和选举政治的国家还有很多，为什么那些国家的智库，至少就一般印象而言，并不像美国那样数量庞大且异常活

---

① 席来旺：《美国"政府"与"行政当局"辨析》，载于《世界经济与政治》2002 年第 9 期，第 72 ~ 76 页。

跃？对于这个问题，首先有必要看到就单个国家的智库数量而言，美国冠绝全球的地位与其国家体量和综合国力直接相关，英、法、德、日这些国家中的任何一个都绝对不可能单独与美国相提并论。根据世界银行的统计数据，2015 年美国的经济总量为 17.94 万亿美元，（同一数量级内）高于欧盟的 16.22 万亿美元，[①]但总体来说可以将二者视为体量相当的发达经济体。与此同时，《2015 全球智库报告》收录美国智库 1 835 家，欧盟国家智库（经计算）1 507 家，[②]亦呈现"有差距，但仍属同一行列"的样态。

另外，作为对于英式宪政制度偏重立法权的反思，美国宪法对于三权分立的架构设计更加均衡，久而久之，我们可以观察到美国国内事务的决策特点——司法可能在关键时刻介入政治，甚至涉及国家根本制度的政治争议（如总统大选是否可以重新计票）往往是由司法机关（联邦最高法院）出面解决的。游说集团的合纵连横终有边界（禁止游说法官），反倒是知识精英的纯专业意见因为脱离了政治立场的束缚，更可能在法庭这样的中立场合中发挥作用——知识精英的价值发挥不需要以任何一种政治立场为前提，这是美国智库行业繁荣的重要前提。

三、总统行政权与官僚制度对美国外部事务决策机制的塑造

在外交事务方面，美国的决策机制与内政方面存在较大不同。虽然三权分立的总体框架并未被撼动，但是在历史因素和现实考量的综合作用下，[③]行政权，更准确来说即总统的行政权，确实有机会在某些事务上绕过其他权力进行"独断"。在外交领域，开国者有意无意地为美国建立了一个双轨制，一条轨道是通过一系列权力规定和先例给予总统在制定外交政策上的充分自由甚至是几乎完全的自主权；另一条轨道是在外交政策制定上要求行政系统与立法系统进行公开的对话与合作，总统虽然在政策制定上起先导作用，但国会要对其外交提案进行评估。[④]

坦诚讲，第一种设计的权力"诱惑"实在太大。历史的经验表明，两可的情

---

① 截至笔者完稿，欧盟统计局、欧洲经济数据中心等权威机构尚未发布 2016 年的数据。

② James G. McGann. 2015 *Global Go to Think Tank Index Report*［R］. University of Pennsylvania，2015.

③ 美国建国初期联邦事务（如外交事务、对外用兵）在总的国家事务中占比轻微，后来这些事务量随着美国国际角色的变化而激增，然而从现实角度考虑到立法机关几乎必然出现的效率低下等其他因素往往不利于国家对国际事务，尤其是危机应对中做出迅速回应。

④ 王昶：《美国外交的危机管理决策机制——兼论其对中国的参鉴意义》，外交学院硕士学位论文，2000 年，第 28 页。

况下，行政权显然倾向于选择第一条轨道。① 然而就此引出的两个关键问题是：首先，手握如此大权的政治领袖多大程度上得以纯粹按照自己的个人意志行事；其次，如果其决策很大程度上受到其他因素（比如利益集团、官僚系统、总统幕僚、智库机构）的影响，谁才是这其中的关键角色。

对于第一个问题的回答，如果从制度设计的理论角度分析，必须坦承美国总统在大多数外交事务上的决策属于行政权力内部事宜，并不直接涉及（三权）分权制衡。对于相信内部制衡的人来说，美国总统不仅谈不上纯粹按照自己的个人意志行事，甚至还要平衡官僚机构（总统内阁）② 和幕僚机构（如国家安全委员会）③ 的意见分歧从而进行相对中庸的决策；而对于不大信任内部制衡的人来说，"外交决策的真正体系更多的是取决于个性和技巧等因素，而不是结构和程序"，④ 总统个人的好恶完全可能转化为白宫的决定。

对于这个问题的理论争议很难有结论，所幸历史的经验再度给出了答案，即总统的个人意志很大程度上被整个行政架构消解了。比如为了摆脱参议院的制约，总统多寻求同外国订立行政协定，少缔结条约（根据美最高法院裁决，总统有权不经参议院批准同国外缔结行政协定，而该协定具有与条约同等的法律效力）。而这种操作客观上使得几乎每份行政协定都明显具有总统内阁和（或）总统幕僚团队的参与痕迹，这其中又尤以国务卿和国家安全顾问在其中扮演的角色最为关键。⑤ 此类事务中最为中国人熟知的要数基辛格博士通过周恩来总理展开秘密外交而于 1972 年 2 月 28 日在上海发布的《中美联合公报》（"上海公报"），⑥ 标志着中美关系开始走向正常化。

既然总统的外交决策受到包括国务卿和国家安全顾问在内的其他因素的影

---

① 即便是在对外用兵这样的重大决策上，历任美国总统也未见半点犹豫。因为实际掌握了绕过国会"不宣而战"的运作程序，自 1789 年以来，美总统派军到国外作战 150 多次，其中经国会宣战的仅 5 次，即 1812 年美英战争、1846 年美墨战争、1898 年美西战争和两次世界大战。王昶：《美国外交的危机管理决策机制——兼论其对中国的参鉴意义》，外交学院硕士学位论文，2000 年，第 27 页。

② 美国内阁（United States Cabinet），通常被称为总统内阁（the President's Cabinet）或者直接简称为内阁（the Cabinet）。

③ 美国国家安全委员会，United States（U. S.）National Security Council 简写 NSC。

④ 陈征：《国家安全顾问在美国外交决策机制中的角色与作用》，北京外国语大学博士学位论文，2015 年，第 83 页。

⑤ 国务卿（Secretary of State，State Secretary）是美国国务院的行政首长。美国的国务院在联邦政府各部中居首位，主要负责外交事务。美国总统国家安全事务助理（Assistant to the President for National Security Affairs），又称国家安全顾问（National Security Advisor）是美国总统在国家安全相关事项上的主要参谋。国家安全顾问隶属总统办公室国安会。

⑥ 1972 年 2 月 28 日《中华人民共和国和美利坚合众国联合公报》（《上海公报》）；1978 年 12 月 15 日《中华人民共和国和美利坚合众国关于建立外交关系的联合公报》（《中美建交公报》）和 1982 年 8 月 17 日《中华人民共和国和美利坚合众国联合公报》（《八一七公报》）。

响，那么相关论述转入对以上第二个问题的回应，即谁才是这其中的关键角色。按照詹姆斯·杰佛逊等对多元主义政治的设想，利益集团的发展使得不同诉求的社会群体都有机会向政治决策者表达自己的期望。利益集团通过游说对政府施加压力，使政府的决策对他们有利。就有关外交事务的决策而言，利益集团确实能够对决策者形成一贯的压力影响，从而间接地在单个决策中发生作用。比如1961年"猪湾事件"的失败就源于肯尼迪在受到支持古巴流亡者的利益集团的影响而产生的危机管理决策失误。① 但这又回到了与上一节中利益集团影响国内事务决策的模式，即利益集团也需要借助立场中立的第三方研究结论来为其诉求增加合理性。于是，在对外事务上，利益集团的存在客观上再次为智库发挥作用创造了机会。

另外还有颇为重要的一点，如果具体到外交事务中的危机管理决策机制来说，该类型决策过程短，决策人数少，决策过程保密等特点会使其较之其他长期的行政机制更少地受利益集团的影响。尤其在国务卿或国家安全顾问业务精湛、姿态强势，又与总统保持着密切的个人关系时，椭圆形办公室里可供利益集团插入的缝隙就更加稀少。比如尼克松时期的非正式决策机制极为简单，主要决策者就是他与基辛格两人。②

针对以上这两种情况的具体分析说明在对外事务的决策机制中，利益集团的影响力不是受到明显制约，就是需要借助于智库来发挥，同时也说明始终需要关注的无非是以国务卿为代表的政府官僚和以国家安全顾问为代表的总统幕僚（非官僚），有待阐明的是这两类角色与智库之间到底是什么关系。这个问题牵涉到了美国决策机制中的人员构成和人事任免制度，更适合留在下一节展开细节论述，但是可以先假设，如果以国务卿为代表的政府官僚和以国家安全顾问为代表的总统幕僚（非官僚）（其中一种或两种）与智库存在重大关联，那么就说明智库在美国确实找到了"与决策机制相适应"的发展道路。

四、美国最高决策层与智库的关系

本节涉及美国决策机制中核心板块的人员构成问题，需要分层、分类推演这

---

① 王昶：《美国外交的危机管理决策机制——兼论其对中国的参鉴意义》，外交学院硕士学位论文，2000年，第29页。

② 陈征：《国家安全顾问在美国外交决策机制中的角色与作用》，北京外国语大学博士学位论文，2015年，第60页。

背后的制度细节。这里先将分析的结论在此呈现，以保持必要的连贯性。主要的结论包括以下两点：①确认"总统内阁＋白宫班子"（抑或称为"高级政务官官僚＋高级私人幕僚"）构成核心决策团队；②以国务卿为代表的政府官僚和以国家安全顾问为代表的总统幕僚（非官僚）确实与智库存在重大关联，而"旋转门"制度即为实现此关联的制度衔接点。

前文提到了美国对外事务决策中的两种基本角色，即以国务卿为代表的政府官僚和以国家安全顾问为代表的总统幕僚（非官僚）。如果从个人角色上升到机构角色，官僚机构与幕僚机构在性质上有所区别，但在人员上又有所重叠。因此，对它们进行一些必要的分析，将有助于把握美国决策制度中人的因素，特别是如果确认这些关键决策者普遍与智库存在某种程度上的关联（如倚重智库的研究结论、在担任政府职务前后加入智库）将验证前文的重要假设，从而证明美国存在智库与国家决策制度之间的适应。

首先，政府官僚系统中，最高级别的（美国）联邦行政部门（the United States Federal Executive Departments）即美国内阁（Cabinet of the United States），通常被称为总统内阁（the President's Cabinet）或者直接简称为内阁（the Cabinet），包括总统、副总统、国务卿和各部部长。虽然内阁中除了总统、副总统，国务院行政首长国务卿位列首位并且主要负责外交事务（还有其他权限），但是内阁总体上当然兼顾内政、外交。

其次，还有非官僚系统的幕僚团队。总统幕僚团队也被称为"白宫班子（White House Staff）"，在美国政府机构中，其正式名称为总统办事机构（The Executive Office of President）。该机构是由总统直接任命、不需任何机构批准、协助总统履行其职责的一系列高级顾问机构的集合体。其成员单位主要分为白宫办公厅（White House Office）和一些委员会、办公室两部分。前者包括白宫办公厅主任（白宫幕僚长）、总统国家安全事务助理、新闻秘书及其他一切冠以总统助理、特别助理、总统顾问和特别顾问头衔的总统私人助手；后者包括国家安全委员会、经济顾问委员会、行政管理与预算局、国内事务委员会、总统科学技术顾问委员会等顾问机构①。这些机构由于是总统自行任命，不同总统任上其组成有所不同。②

① 袁瑞军：《美国总统幕僚与阁员的权力消长》，载于《美国研究》1992 年第 3 期，第 98 页；甄鹏：《美国总统顾问变迁》，载于《英语世界》2017 年第 8 期，第 104～105，107 页；Roger Pielke, Roberta A. Klein. Eds. *Presidential Science Advisors*：*Perspectives and Reflections on Science*，*Policy and Politics*. London，New York：Springer，2010.

② 例如，总统科学技术顾问委员会（PCAST）最早可以追溯到 1933 年由富兰克林·罗斯福设立的科学顾问委员会（Science Advisory Board），后几经改组，2001 年由乔治·布什总统签署 13226 号行政命令后更名为总统科学技术顾问委员会（PCAST），最近一次改组借由奥巴马总统于 2010 年签署 13539 号行政命令完成。参见 https：//obamawhitehouse. archives. gov/administration/eop/ostp/pcast/about.

需要特别注意的是国家安全委员会、经济顾问委员会这一类顾问机构的成员并非总是以幕僚（非官僚）为主。白宫经济顾问委员会（Council of Economic Advisers，CEA）（一般由 3 名经济学家组成，由总统任命）这种主要由幕僚组成的专家智囊团只是一种形态。若以各委员会中最为要害的国家安全委员会（简称"国安会"）为例，情况则不同。国安会成员以总统顾问（而非政府官僚）的身份出席会议，但其常务会员包括总统、副总统、国务卿、国防部长、财政部长、国家安全顾问、参谋长联席会议主席和中央情报局长，[①] 其中仅有国家安全顾问为非官僚。

然而，国家安全顾问是总统的私人幕僚，因此他具有别的官僚所不具备的优势，作为国安会的第一负责人，国家安全顾问肩负着收集信息、将内阁成员的意见转呈总统的任务。事实上，这一职位（如在基辛格任上）还可能掌握国安会几乎所有重要部际委员会的主席职务，从而可以通过控制部际委员会直接控制内阁相关部门。[②] 另外，国家安全顾问完全可能身兼两职，在担任国家安全顾问的同时兼任国务卿（如基辛格在尼克松政府晚期和福特政府早期）；或者从担任国家安全顾问过渡到担任国务卿（基辛格、赖斯），真正变身为政府官僚体系的一部分；或者被总统直接赋予内阁部长的身份（卡特时期的布热津斯基）。[③]

因此，就介入最高决策过程的深度而言，首先不存在官僚机构相对于幕僚机构的必然优势，因为某些幕僚机构的成员可能与官僚机构高度重合，也可能在实践中高度"渗透"总统内阁，从而使其成为已经高度官僚化的非官僚机构。其次，官僚和幕僚间并不必然存在着谁相对于谁的优势。虽然就总体趋势而言，白宫确实上演着总统阁员与幕僚的权力消长，[④] 但是具体到某一任总统的班子来讲，类似国务卿与国家安全顾问未能有效合作而呈现"官僚—幕僚"冲突的也不少见，但这些事实总结起来仍然清晰地呈现了"总统内阁 + 白宫班子"（抑或称为"高级政务官官僚 + 高级私人幕僚"）构成核心决策团队的基本样态。

进一步分析"总统内阁 + 白宫班子"的制度内涵，就会发现这基本是按照总统个人意愿打造的团队。总统内阁的阁员们虽然属于官僚系统，但他们既不是通

---

① 此外，总统的白宫办公厅主任、其他总统顾问以及总统国家经济政策助理也会受邀参加国安会会议。有时，司法部长和管理与预算办公室主任、政府其他部门的部长以及资深官员会受邀参加与其分管业务相关的国安会会议。较之总统内阁，国安会与军方和情报机关建立了更加直接的沟通机制，负责统一有关美国国家内政、军事和外交的政策，向总统提出建议。

② 陈征：《国家安全顾问在美国外交决策机制中的角色与作用》，北京外国语大学博士学位论文，2015 年，第 30 页。

③ 陈征：《国家安全顾问在美国外交决策机制中的角色与作用》，北京外国语大学博士学位论文，2015 年，第 158 页。

④ 袁瑞军：《美国总统幕僚与阁员的权力消长》，载于《美国研究》1992 年第 3 期，第 97~117 页。

过选举产生，也不是普通的事务公务员。① 国务卿、各部部长由选任总统提名，参议院通过后总统任命。由于参议员由选举产生，所以说选举这个环节，理论上尚可以对总统内阁产生间接影响。但至于"白宫班子"的幕僚职务，则完全不受选举影响。这部分职位虽然在编制上隶属白宫，但根本属性就是总统的"私人幕僚"，任命无需国会批准，行为也不受国会监督，总统完全可以对其"私相授受"。

再次重申，对于美国的外部多元主义政治生态，包括以上这种用人机制当然可以有不同的评价。只是具体到本文讨论的智库议题，必须客观地看到，正是因为制度允许总统在政务官和幕僚职务的人选上拥有如此大的自主权，才可能实现"旋转门"在政府和智库（以及其他智力行业）间的制度衔接功能，从而留给包括智库在内的智力行业中的专业人士极大的机遇。以基辛格、布热津斯基和赖斯为例，可以很好地印证这个观点。基辛格和赖斯既担任过国家安全顾问，又担任过国务卿；布热津斯基被总统直接赋予内阁部长的身份。三位可谓美国"高级政务官官僚"体系和"高级私人幕僚"体系的跨界骄子，通过表5-1简要回顾他们履历中与智库等智力机构的交集，我们会发现"旋转门"这种制度设计的用意和功效确实耐人寻味。

表5-1　　　　　基辛格、布热津斯基、赖斯的"旋转门"经历

姓名	担任政府职务的时间	与智库、高校、咨询公司等智力结构的交集
亨利·阿尔弗雷德·基辛格（Henry Alfred Kissinger）	国家安全顾问（1969～1975年）；国务卿（1973年9月～1977年1月）	1957～1969年，历任哈佛大学讲师、副教授、教授。与此同时，担任洛克菲勒兄弟基金会特别研究计划主任、国际问题中心成员、国安会和兰德公司顾问等兼职 离开政府后，任乔治敦大学客座教授，兼任全国广播公司顾问、大通曼哈顿银行国际咨询委员会主席、阿斯彭学会高级研究员等职，1982年开办基辛格"国际咨询"公司（Kissinger Associates）并担任董事长
兹比格涅夫·布热津斯基（Zbigniew Kazimierz Brzezinski）	国家安全顾问（1977～1981年）	加入政府前，与大通曼哈顿银行董事长戴维·洛克菲勒共同发起美欧日"三边委员会"（Trilateral Commission）并任主任 离开政府后，任哥伦比亚大学政治学教授、乔治敦大学战略与国际问题中心高级顾问、美中协会副主席、华盛顿战略和国际问题研究中心（CSIS）理事和约翰霍普金斯大学高级国际研究院（SAIS）教授

---

① 部次长以下各级官僚均通过考试进入公务员系统后，参照工作业绩进行升转，但是最高只能担任各部常务次长。同时1、事务公务员不能加入任何党派；2、事务公务员非因渎职不被免职，可以任职终身。

续表

姓名	担任政府职务的时间	与智库、高校、咨询公司等智力结构的交集
康多莉扎·赖斯（Condoleez-za Rice）	国家安全顾问（2001～2004年）；国务卿（2005年1月～2009年1月）	1981～1987年，斯坦福大学助理教授；1987～1993年，斯坦福大学副教授 1988年，任美国国家安全委员会苏联事务司司长。1991年，克林顿取代老布什后，赖斯重返斯坦福。1993年，被任命为教务长，地位仅次于校长，为该校历史上最年轻的教务长，也是该校第一位黑人教务长 1998年，再次离开斯坦福，开始担当小布什的私人幕僚，2001年，任国家安全顾问。2005年1月，出任国务卿，为继克林顿政府的马德琳·奥尔布赖特之后美国历史上第二位女国务卿 2009年小布什政府任期结束后，供职于智库机构美国外交关系协会（CFR）

资料来源：袁瑞军：《美国总统幕僚与阁员的权力消长》，Kissinger Associates、CRF 官网、维基百科。

从一个相对直观的角度分析，可以看到：首先，如果对基辛格、布热津斯基和赖斯的经历进行一个"政府职务"与"非政府职务"的两分法处理后就会发现，"政府职务"只是他们职业生涯中的某一片段；在此前和此后的日子里，他们不是从智库中来，就是往智库中去。所以说，国家安全顾问（幕僚）和国务卿（官僚）往往就是"智库的人"。其次，考虑到美国智库的法律身份基本不存在英式的"皇家研究所"、法式的"政府（部门）研究所"或韩式的"国家社会科学研究会（NRCS)"等"官方智库"的概念，所以一个通过"旋转门"去白宫赴任或者从白宫卸任的"智库的人"在思维构建和行为选择上受到私人机构不同程度上的影响是正常的，也是必然的。最后，由于美国的智库现今大多并不在其章程中禁止接受来自政府的项目委托，从而保证了国家决策机制与智库运作的相互适应。

继而还可以从一个更加间接的角度分析：以上三名学者型国家安全顾问不同于其他官僚系统出身的高级幕僚。取得学术成就是他们说服高层的第一步，然后是进入政策咨询界证明自己的能力，得到总统的赏识后他们才得以跻身竞争激烈的最高决策圈。由于不能假借世袭的财富或者银行家、律师的经济资本，又没有官僚们在行政体系中多年积攒的人脉关系和行政资源，当这些以知识精英为其首要特征的幕僚想从专业主义的角度完善决策过程，或者支持自己认为对国家有利的政策方案时，往往面临格外大的阻力。① 基辛格、布热津斯基、赖斯的履历从一个侧面说明了美国政治圈其实深谙外部多元主义政治哲学的精髓。三位分别是德裔（犹太人）、波兰裔、非裔美国人（前两位出生地非美国），他们主要凭借卓越的学识得以在美国这片土地上步入权力最高层，无论如何都证明了这个国家对于知识精英的肯定。当年成就了这三位的"旋转门"并不是某几届总统的一时兴起，它已经是非常制度化的权力制度设计。"旋转门"向一切杰出的知识精英们敞开着，智库的从业者们当然也在这个市场中分享机会、同等竞争。智库并不需要争取什么特别的关注，只需要适应这个生态就可以极大地繁荣。

五、"分赃制"所奠定的"旋转门"机制及其向中国移植的可能

对于美国智库，"旋转门"绝对是一个好制度。国内不少学者也认为这是值得中国智库和政府借鉴的模式。但是美国的"旋转门"制度到底是建立在什么样的基础制度上的，则往往被一笔带过。究其根本，"旋转门"其实是由"分赃制"所成就的，因此有理由对此抱持十分谨慎的态度。

美国决策制度在人员构成方面允许总统手握"旋转门""一朝天子臣"，这与美国政治中"分赃制"的传统密切相关。分赃制（英文 spoils system，或者 patronage system）是指竞争获胜的政党，将行政职位分配给本党助选干将、个人亲信、重大利益交换人等的任用制度。② 分赃制在美国诞生有其历史缘由，但其弊端也是不言自明的，美国早期总统候选人一旦胜选就大肆将国家权力私分造成了包括腐败在内的各种社会问题。因此，美国政界对政党分赃制度的修正也从未停止过。从第十五任总统格兰特开始，政党分赃制的改革便不断进行。1865 年托马斯·詹克斯（Thomas Jenckes）提出了第一个文官改革法，旨在以以"功绩制（merit system）"为核心的常任文官制度取代"分赃制"；1883 年，共和党议员彭德尔顿依据英国文官制度经验提出的《文官制度法案》（Civil Service Act），

---

① 陈征：《国家安全顾问在美国外交决策机制中的角色与作用》，北京外国语大学博士学位论文，2015年，第 32 页。

② 从分赃制的产生过程来看，其盛行于 1829 年以后的联邦政府中，但其开端始于第三任总统杰弗逊时（1801～1809 年）。在第七任总统杰克逊到第二十任总统加菲尔德（1829～1883 年）执政期间，政党分赃制因为很好地迎合了当时偏重政治倾向的政治生态而成为一种公认的任官制度。

即《彭德尔顿法案》（*Pendelton Act*），被国会一致通过。[①] 虽然这一法案并未从根本上废除"分赃制"，但是自此分赃制度被限缩在一个非常有限的范围内。

然而关键是构成总统核心决策团队的"高级政务官官僚"和"高级私人幕僚"们恰恰属于"分赃制"得以覆盖的有限范围，他们的职位基本或完全是由总统决定的，而总统任期结束之后，也一并卸下职务——"双向开启"是"旋转门"制度的工作机理，也是基本要求。需要特别强调的是上述"总统内阁＋白宫班子"的决策结果非经总统签署行政命令不能对行政部门生效，因此总统本人仍然居于权力的绝对核心。这两点综合起来，历任美国总统在任期内都掌握着近乎"帝王"般的权力，以最高行政决策层的权力集中度来说，甚至要超越中国现行的"集体决策"机制；但这也是附有时限的权力，总统任期的"南瓜马车"一过时限，幕僚们的"水晶鞋"也灰飞烟灭。

因此，包括"旋转门"在内的美国智库经验对于中国来说的确有很多可以借鉴的地方，但是有些东西未必适合直接移植。"旋转门"在美国能够双向开启，首先是基于美国的选举政治。基辛格在尼克松任上权倾一时，但也随着总统下野而隐退。如果没有政务官和事务官分开管理的文官体制，就会出现只有智库人才单向流入政府的情况。也就是说国家安全顾问和国务卿的职位如果不能和事务公务员区分开来，就不排除基辛格把持国安会直到其退休的可能。

六、小　　结

美国作为现代智库行业的起源地，长期以来形成了一套与其典型的外部多元主义政治生态相适应的智库运作规则。对于美国的政治生态当然可以有不同的评论，但是难以否认的是，美国的政治生态客观上为其智库行业的成长营造了很大的空间，而以"旋转门"为最突出特征的人员交换机制又使得智库以一种极其有利的姿态嵌入美国的国家决策机制。可以说"分赃制"奠定了"旋转门"，而"旋转门"则是面向包括智库在内的美国智力行业敞开的机遇。美国的智库正是做到了与有着"分赃制"传统的美国决策机制相适应，才最终得到了长足的发展。

诚然，"与决策机制相适应"这种表达含有迎合色彩，某种程度上弱化了智

[①]　熊勇先：《论公务行为不营利原则的确立——从美国政党分赃制谈起》，载于《大连海事大学学报（社会科学版）》第 10 卷、2011 年第 5 期。

库在其服务对象面前实际具有的地位，更没有突出智库作为高端智力供给对其服务对象可能产生的诱导与塑造作用。毕竟，越是强大的事物，就越可能影响环境，而不仅仅是被环境影响。但是如果能将"与决策机制相适应"视作为对美国智库与其服务对象互动的结果，则亦不失为一种具有建设意义的理解。

最后，将美国智库发展经验中的种种特点综合起来解读，不难发现其大致呈现以下规律：基本政治生态、政策思想市场、智库从业者，三者其实为同在智库产业链上的宏观、中观、微观指标，长期来看，他们必然调试到一个相互适应的状态，逻辑上三者不可能出现彼此排斥的组合。也就是说，越稳定的外部多元主义政治生态越容易催生多元需求的政策思想市场，而该市场愈是竞争程度激烈，需求差异丰富，愈能够为智库从业者提供良好机遇；反之，越是欠缺多元主义特征的政治生态越难构建活跃的政策思想市场（因为需求遭到抑制），[①] 而政策思想市场发展越滞后，智库从业者的机遇自然也越不乐观。于是有理由认为，一个国家里知识精英投身智库的热情很大程度上就反映了这个国家基本政治生态的开放与包容程度，某种意义上甚至是该国制度自信程度的表现。

外部多元主义的基本政治秩序决定了美国决策机关在决策过程中必然受到党派、社团、财团等多元利益集团的影响。而几乎任何一个想要增加政策影响力的利益集团都免不了寻求外部智力支持。人类社会的发展经验告诉我们，再没有什么比市场更能够满足差异化的需求。比如美国的政策思想市场就创造性地发育出了"旋转门"这样的制度工具来最大化地满足决策咨询需求。中国的基本政治秩序是内部多元主义的。虽然同样可能因为多元化的需求而发育出政策思想市场，但是该秩序下利益集团的正当性，政策思想市场的边界，以及"旋转门"这类制度工具的可操作性等议题尚无定论。

---

① 本书认为，关键在于"多元"，而以西方的方式实现"外部"多元还是以中国的方式实现"内部"多元则在其次。

第五章　美国智库发展经验分析

第六章

欧洲智库发展经验分析

欧洲智库在机构总数、专业门类、业界排名等诸多方面仍牢牢把持着仅次于美国智库的重要地位，同时还发展出了"欧盟智库"这一泛区域智库的新特征。应当公允地看到，在不断汲取美国经验的同时，欧洲始终力图开发出一套符合其自身传统和实际情况的智库模式。

与此同时，欧洲智库也面临许多问题与挑战。包括欧盟委员会顾问局这样的权威机构也不讳言欧洲智库界仍然缺乏严格的智库定义和统一的分类标准；在影响力测评方面，欧洲智库（作为一个行业集体）日趋多功能性、多面性（multi-functional，triple-hatted type）的发展趋势使得个体智库的实际影响力很难衡量和相互类比，更遑论将其量化成任何类型的排名；[①] 更为重要的是欧盟作为一个泛地区政治实体，展现出较一般单一制国家更为复杂的运作机制，[②] 这也对欧洲智库往后的探索与创新提出了更高的要求。

一、历史脉络和现状梗概

以国家，尤其是民族国家为基本单位的政治、经济活动在欧洲拥有最长的历

---

① Antonio Missiroli& Isabelle Ioannides. European Think Tanks and the EU ［R］. Bureau of European Policy Advisers（BEPA），2012.

② 费莹莹：《欧洲智库参与欧盟政策制定的路径分析》，上海外国语大学硕士学位论文，2014 年。

史，故而欧洲国家中类似智库功能（从事有关国内、地区政治、经济、外交等事务研究和相应政治活动）的机构其实也有着不短于美国的历史①。"二战"结束后，以兰德公司（RAND）为代表的美国智库的概念逐渐被介绍到欧洲，有关"智库"的种种称谓也被翻译为欧洲语言，呈现很多不同的版本（如 boîteà/laboratoire d'idées，Denkfabrik，pensatoio），"智库（Think Tank）"是业界长期磨合后在当今最为通用的版本。

然而关于智库的定义始终没有摆脱笼统性的特征。欧盟委员会顾问局在其发布的官方报告②中对此的看法是："欧洲智库在焦点、形式、基础等方面呈现极大的多样性，从而使得我们几乎不可能去精确定义什么就是智库（而什么就不是）。

当然，纵使定义如此困难，业界毕竟还是可以在众多声称开展智库业务的机构中总结出一些共同特征或基本标准，比如欧盟委员会顾问局就原则上赞同了史提芬鲍彻（Steven Boucher）关于智库的九条定义标准：③

1. 是常设组织；

2. 精专于政策解决方案；

3. 有自己的研究人员；

4. 产出思路、分析和建议；

5. 就其成果与政策制定者和社会大众进行沟通、互动；

6. 不负责政府运作；

7. 坚持研究自由和独立于任何特定的利益；

8. 不授予学位、不以培训为主业；

9. 旨在直接或间接地为公共利益行事。

当然，顾问委员会也明确指出，如果用这些标准去衡量欧洲智库，鲍彻的定义与现实多少有点出入，即便是该委员会认可的 37 家"欧盟智库"也未必都符合上述 9 条标准中的每一条。另外，如果结合鲍彻给智库划定的四种主要类型来分析，交错冲突的现象就会凸显出来。四种基本类型是：④

Ⅰ. 学术智库（包括纯研究型大学）；

Ⅱ. （政策）宣传型智库；

---

① 比如，伦敦的英国皇家国际事务研究所（Royal Institute of International Affairs），亦称查塔姆宫（Chatham House），自 20 世纪 20 年代起就为英国皇室和政府内阁提供地区和国际问题领域的咨询意见，而成立于 1938 年，号称"北欧最古老的国际事务研究所"的斯德哥尔摩的瑞典国际事务研究所（UI），也是在"二战"前就已经开始了在今天看来依然典型的智库业务。

② 本书中凡有涉及"欧盟委员会顾问局官方报告"，均参见参考文献：Antonio Missiroli, Isabelle Ioannides. European Think Tanks and the EU ［R］. Bureau of European Policy Advisers（BEPA），2012.

③④ Antonio Missiroli, Isabelle Ioannides. European Think Tanks and the EU ［R］. Bureau of European Policy Advisers（BEPA），2012.

Ⅲ. 项目合同型智库；

Ⅳ. 政党智库。

很明显，类型Ⅰ和Ⅲ可能就不符合上述的标准2和5；而类型Ⅱ和Ⅳ又不符合标准6和7。对于这种矛盾状况，欧盟委员会顾问局给出了一个比较中肯的解释，即"在欧洲，所谓'智库'在不同的国家和政治文化中呈现出各种差异。它们往往随着时间而孕育出多少一些'混合'（'hybrid'）性状"。不排除随着智库研究的逐渐深入，学界还会发展出更为合理的鉴定和分类智库的标准，或者至少就现有的分类和标准做出更具说服力的解释。但是，作为欧盟机构自身发布的权威报告，以上标准和分类依然在一定程度上帮我们划定了关于欧洲智库的概念范围，具有一定的参考价值。而且，若能较好地结合以上背景信息，将会十分有助于我们了解欧洲智库的目标定位、功能分类、影响力和独立性等智库研究中通常关注的议题。需要注意的是欧盟委员会原则上认可的四类智库区别比较明显，应该就其各自特点分情况讨论：比如，学术智库与项目合同型智库虽然都从事研究，但是除了这一点之外再难觅相似之处。由于包括科研经费在内的各类学术资源基本上都在学术评价体系内完成分配，欧洲的学术智库在目标定位时一般也就并不寻求与行政体系保持密切联系。他们的功能分类明确而单一，即集中精力从事科研工作；其政策影响力往往并非主动追求的结果，而是学术贡献被其他机构开发应用后客观形成的间接效应。由于长期浸润在这种生态当中，欧洲学术智库显著的独立性几乎可以说是自然而然的结果。相较之下，项目合同型智库虽然在实践中也必然汲取学术研究的观点，而且必须受到学术化的研究方法的规制，但就其成果而言，则完全不看重学术影响力。这类智库明确专注于具体的政策研究，以期以最直接有效的方式满足甲方需求。由于要应对不同类型的合同，这类智库的功能分类往往也趋于多元。而且在欧洲，项目合同型智库所面对的"发包方"并不一定来自决策机构，非政府组织、游说团体、有实力的个人以及下文将要介绍到的"智库网络"都可能依据自己的需求委托某项目合同型智库进行相关研究。所以说这类智库的政策影响力往往不适于独立评估，而只能依附在其委托方的政策影响力上间接评估；这类智库的独立性往往也不适于综合评价，需要针对每个项目进行独立评价。

又比如（政策）宣传型智库和政党智库既具备一部分显著的相似性，也呈现另一部分关键的差异性。就目标定位而言，因为都是接受来自包括政党在内的某特定团体的资金而为实现该团体特定主张奔走（在欧洲突出表现为受到欧盟机构的资助而持续鼓吹"欧洲一体化"政策），对于宣传型智库和政党智库来说，"独立性"实属奢谈。这种生态更加恰当的解读是在西方外部多元主义的政治逻辑中，这些国家的制度允许并且寄望于不同利益团体基于自身利益算计而借助代理人发声。但是在不同声音的左右拉锯中，主流意见理论上可能不断向中间靠拢，进而在公共政策的制定中争取到最广大的民意基础。与此同时，（政策）宣传型智库主要通过组织活动开展工作，目标是在欧洲已经较为成熟的公民社会（civil society）中取得社会影响力；而政党智库更多是通过组织研究开展工作，他们的业务直接涉及具体的政策事务（包括建议、辩论、优化、实施、反馈等）。

通过对四种不同类型智库的局部特征进行比较研究，可以总结出一些共通的行业定律：首先，目标定位从根本上决定了每种不同智库在各个方面的不同表现。其次，就功能分类而言，欧洲智库同时出现了专精化而多元化的发展趋势，这是近年来欧洲智库发展的一大特点，笔者将会在后文专门讨论。再者，就国内学者通常最为注重的影响力而言，学术智库追求学术影响力；（政策）宣传型智库注重社会影响力；政党智库强调政策影响力；而项目合同型智库所看重的影响力类型则依每个项目委托者的不同而不同。最后，所谓智库的"独立性"在欧洲是个十分值得玩味的概念，欧洲智库显然并不绝对排斥任何渠道的资金，也不避讳某些类型的智库无法追求政策观点的独立，他们注重的是规范化获取和使用资金的程序，该点会在后文进一步说明。

至于数量统计方面的资料，迄今为止，美国学者詹姆斯·麦甘（James Mc-Gann）组织编纂的全球智库报告依然提供业界公认最为详尽和权威的数据。2008年麦甘的报告录入了1208间"西欧智库"和514间"东欧智库"；2011年报告的"欧洲"组别里含有1 485间智库；2014年，欧洲智库总数为1 822间，这一数字很戏剧性地在2015年减少到1 770间，位列世界第二，占全球总数（6 846间）的25.9%，与世界第一的北美地区（1 931间，全球占比28.2%）差距并不是很大；与美国作为智库最多的单个国家的记录（1 835间）更是差距微小（《2016全球智库报告》未就以上数据进行更新，故本书沿用了2015年的数据）。如果从单个国家或地区所拥有的智库的数量来看，欧洲国家同样稳坐北美地区后的第二把交椅。全球智库最多的25个国家中，有英国（288）、德国（195）、法国（180）、俄罗斯（122）、意大利（97）、瑞典（77）、瑞士（73）、荷兰（58）、西班牙（55）、罗马尼亚（54）、比利时（53）共11个欧洲国家。而英、德、法、俄又分别以第三、第五、第六和第八占据了全球范围内智库最多国家前10名中的四席。①

接下来加入质量测评。《2016全球智库报告》提供了一份全球智库175强的列表，前25名中欧洲智库占据12席；而非美国智库百强排行榜的前10名中欧洲智库占据8席。另外，在按照研究领域所进行的排名中，欧洲智库同样有着不

---

① James G. McGann. 2015 Global Go to Think Tank Index Report［R］. University of Pennsylvania, 2015.

俗的表现。通常除了极为偶然地浮现出个别的其他国家和地区的智库，国防与国家安全（Defense and National Security）、外交政策与国际事务（Foreign Policy and International Affairs）、国内经济政策（Domestic Economic Policy）、国际经济政策（International Economic Policy）、能源和资源政策（Energy and Resource Policy）、社会政策（Social Policy）等各个领域内排名前10的智库基本都是被美国和欧洲的智库平分秋色地夺取，而这些欧洲智库又主要集中在英、法、德三个老牌发达国家。

当然，不可否认的是麦甘的报告虽然通过不断修正评估方法，扩大统计样本等方式来降低偏差，但这毕竟只是一家之词。而欧盟委员会始终坚持智库的研究成果和实际影响力很难精确衡量，特别是很难以一个概括而又确切的话语来表述，抑或将其量化成任何类型的排名。[①] 这就使得我们有必要对麦甘的报告中诸多包含了欧洲智库的排名列表保持一定程度上的谨慎态度。所幸此处对于排名精度的要求不高，只要能够在大体上接受这些资料所反映的梗概，就不难认定欧洲智库在质量方面与其在数量方面一样，是仅仅位列北美地区之后的第二强大集体。

二、欧洲智库新趋势

人类社会的分工不断细化，相应地，不同机构间的分工也会细化；但与此同时，越分越细的产业角色也促生了整个产业链条上越来越多的节点。而当某一机构因为客观规模、自身定位、产业战略等因素而不得不面对这些越来越多的节点时，综合开展多元业务往往也是一种必然。此外，与其他行业一样，不断增加的机构数量意味着不断增加的竞争压力。由于认识到有效互助可以削减无谓的竞争，欧洲智库如今普遍组织起以研究内容或对象地域为区分的"智库网络"，以期更加合理地分配资源，提升服务。

（一）专精化与多元化

专精化与多元化并举的发展趋势在很多行业都存在，智库行业当然也不会例

---

① Antonio Missiroli, Isabelle Ioannides. European Think Tanks and the EU [R]. Bureau of European Policy Advisers（BEPA），2012.

外。人们对此的认识往往比较粗线条，仅仅认为与其他很多行业一样，差异性是不同机构不断强化自身比较优势后的必然结果，于是会很自然地看到众多智库中，一些具有准学术性和公共性；一些侧重政治活动（包括政策倡导）和带有明显的倾向性；一些研究领域覆盖极广而另一些比较精专（主体性或议题性明显）；一些具有显著的欧盟视角，而对于另一些来说，（特别是在国家层面上）欧盟有关的议题只是其部分范围。更重要的是，对于不少智库来说，在不同的时间、不同的背景下扮演不同的角色也绝不稀奇。然而这些现象背后往往有着更加值得挖掘的原因。

首先，就专精化而言，更深入或者说更现实的原因，是"钱"。欧盟委员会顾问局的报告指出，伴随着欧洲智库数量的不断增加，大量机构争取有限资金的竞争愈发激烈，很多智库因此趋于专精化路线，以谋求在特定专业领域的（包括研究、活动、关系网络等各种）优势，从而取得这一领域内的项目（合同）签约。这一点，在剑桥大学卫生服务研究中心（CCHSR）[1]、（英国）海外发展研究所（ODI）[2] 和（德国）马克思普朗克研究所（Max Planck Institutes）这样的机构身上得到了最为直观的体现。而波兰、保加利亚的智库通过发挥实际参与前共产党国家转型的特色优势而取得欧盟及某些西欧国家机构的资助也不例外。英国皇家国际事务研究所（Chatham House）的"欧洲中国研究和咨询网络（ECRAN）"这类项目，则是通过"受众需求专精化"操作而从发展中国家新兴市场中获取专项研究经费，这种新的增长点近年来也有逐渐增强的迹象。[3]

需要特别指出的是，确实存在个别智库功能高度复合，且在若干不同的功能评价中都名列前茅，从而能够涉及多个专业领域，而又在每个领域都不用为市场份额发愁。比如英国皇家国际事务研究所就是这方面的杰出代表。作为一家资深国际战略研究智库，它在（外交政策、国际事务、发展研究、国内及全球经济政策、环境问题、公共卫生等）多个领域具有卓越的研究声望和政策影响力。然而除了研究的"硬"指标，该智库在构建智库网络，联合其他智库开展项目，经营社会关系网络，熟练运用新、老媒体资源以及保持活跃的公众参与程度等诸多"软"实力方面也毫不逊色，从而成为了成绩斐然的全方位智库。当然，这样的智库毕竟是少数，比如同为欧盟智库，欧洲政策研究中心（CEPS）更加偏向于科研，欧洲之友（EoF）几乎只专注于搭建平台，而欧洲政策研究中心（EPC）

---

① Cambridge Centre for Health Services Research（CCHSR）（United Kingdom）.
② Overseas Development Institute（ODI）（United Kingdom）.
③ Antonio Missiroli，Isabelle Ioannides. European Think Tanks and the EU［R］. Bureau of European Policy Advisers（BEPA），2012.

则介于两者之间。

接下来，就多元化而言，"钱"同样塑造了基本的格局。因为智库所仰赖的资金渠道和自身的单位性质本来就有互为表里的作用，所以某种程度上也可以认为是多样化的资金渠道成就了欧洲智库多元化的单位性质。例如法国的罗伯特舒曼基金会（Foundation Robert Schuman）和德国的贝塔斯曼基金会（Bertelsmann Stiftung）分别属于国家和私人基金，但其共同点是"自身能造血"，这就不同于其他更多依赖"输血"的智库。对于那些仰赖外界资金的智库，看看"姓什么"，基本上就能知道"花谁的"。比如总部设在伦敦和布鲁塞尔的欧洲改革中心（Center for European Reform）的注册性质为"担保责任有限公司"，其资金来源几乎完全依赖于私人机构捐赠；而波兰国际事务研究所（PISM）在华沙是"受公法管辖的国家机构"，其收入的90%都是来自国家公共基金。德国的阿登纳基金会（konrad adenauer foundation，KAS）和弗里德里希·埃伯特基金会（friedrich ebert foundation，FES）、英国的公民机构（Demos）和费边社（Fabian Society）都是政党智库其中的佼佼者；伦敦政治经济学院的公共政策与概念研究组（IDEAS/Public Policy Group，London School of Economics and Political Science）、伦敦大学国王学院的防务研究中心（Centre for Defence Studies（CDS），King's College London）、苏克塞斯大学的发展研究中心（Institute of Development Studies（IDS），University of Sussex）、莫斯科国立国际关系学院（Moscow State Institute of International Relations，MGIMO）和巴黎政治学院国际研究中心（Center for International Studies and Research，CERI，Sciences Po）则是十分优秀的高校智库。这两类智库都具有"挂靠"的性质，但彼此都有一部分对方肯定争取不到的资金，而且无论是本国政府部门还是欧盟机构在发包项目时，显然也会对这两个群体做区别对待。

（二）智库网络

前文提到智库专精化与多元化并举的发展趋势，这可以看作是不同智库突出自身优势资源的手段，然而一个行业的繁荣肯定不会仅限于在竞争中取得专精化优势，还需要在合作中发挥协作优势。将研究同一领域问题的智库或研究同一地区不同领域问题的智库集合起来进行资源优化整合，即是发展智库网络的根本意图。智库网络并非欧洲智库的专利，但不得不承认欧盟独特的政治生态使得这一整合趋势在欧洲格外值得关注。

欧盟智库逐步形成智库网络的过程起步于组建跨欧洲政策研究协会（TEPSA）的尝试。由于受到欧洲联邦主义的影响，罗马的国际事务研究所（IAI），柏林的欧洲政治研究所（IEP），海牙的荷兰国际关系研究所（Clingendael），以及伦敦的联邦信托基金等机构于1974年联手建立了一个比利时法律框架下国际协会——跨欧洲政策研究协会（TEPSA）。这是历史上第一个泛欧洲级别的智库网络，总部设在布鲁塞尔，严格实行"（为）每个会员国（设立）一个（研究）中心"的规则。自此，集团化运作（程度或强或弱）的智库网络就在欧洲拉开了序幕。

根据欧盟委员会顾问局的报告，欧盟智库逐步打造智库网络的努力在经过了20世纪80年代的摸索和积累后于90年代后期出现了划时代意义的飞跃，即欧洲政策研究中心（CEPS）推动建立了欧洲政策研究机构网络（EPIN）。该单位的设立有两重目标，首先是联络、整合一批来自（当时的）欧盟10国中的新的研究中心；其次是为欧盟第七框架计划（FP-7）的资金使用集体招标。需要特别指出的是，由于欧洲政策研究机构网络（EPIN）以组织者之一的身份直接参与了欧盟第七框架计划（FP-7）和（后来的）欧盟第八框架计划（FP-8）的组织协调工作，从而使得欧洲智库网络超越了以往单个智库被动接受咨询的角色，一举成为协同欧盟议会主动部署工作的合作机构。相应地，欧洲智库网络的影响力已经不再是单向地由智库圈向决策圈辐射，而是可能在两个圈子内相互投射。

随后，欧洲政策研究中心（CEPS）于2000年推动建立了欧洲经济政策研究机构网络（EPRI），该单位汇集了23家研究型中心，覆盖了大多数欧盟成员国，旨在协同相关工作，开展联合项目，提升公众认知。另外，巴黎的研究机构"我们的欧洲"自2007年起开始协调一项多国智库间的年度合作，谓之以"思考全球、行动欧洲（TGAE，Think Global-Act European）"，而多间总部位于布鲁塞尔的智库就参与其中。这个项目截至2012年已发布了3份报告集，其间收集了来自欧洲多家智库给每位即将履职的欧盟轮值主席（每届为期半年）的建议以及三期智库欧洲论坛文集（2008年一份，2011年两份）。最后还有很重要的一点是自2010年起，所有总部位于布鲁塞尔的智库共同组织了一个年度智库对话（Think Tank Dialogue，TTD），致力于评估欧盟的"国情咨文"。在这个论坛上，他们向欧盟的最高领导层提交了分析报告和政策建议。这个对话的参与资格同样开放给所有有意做出贡献的（不一定是布鲁塞尔的）国家智库。以上这些各有偏重和擅长的智库网络有效整合欧洲不同国家的智库研究资源和公众反馈渠道，并且直接搭建与欧盟（而非单个国家）决策机构的意见交流平台，使得智库网络在欧洲取得了稳定而广泛的影响力。

三、欧洲智库新特色（欧盟智库）

欧盟委员会顾问局在一份公开发布的官方报告中简要而又不失全面地回顾了欧盟智库的发展历程，这为我们认识全球最大最集中的泛区域智库群体提供了便利。但是对于欧盟智库发展中的某些内在逻辑，欧盟官方并未予以挖掘。如果不避讳谈"钱"，顺着这个角度，可以更加深刻地参悟到欧盟智库发展中的某些要义。

（一）欧盟智库发展历程简述

与北美地区因美国一家独大而"霸权稳定"的区域政治秩序不同，欧洲众多传统强国在前工业化和工业化的时代一直没有达成一种可以稳定存续的区域政治秩序。经历了两次世界大战"事态完全失控"的惨痛教训，欧洲人迫切需要超越各自国家一时一地的得失而站在全欧洲的长远利益和持续稳定的高度来思考问题。而自 20 世纪 40 年代末开始逐步推进的一体化进程，就是欧洲各国针对以上情况给出的答案。

特别是伴随着欧洲于 20 世纪 80 年代开始步入欧洲一体化进程的黄金时期，区域整合催生了一批具有泛区域化特征的"欧盟智库"，这一群体不仅在主体性质、资金来源、目标受众、研究领域等基本要素上塑造了欧盟智库（作为欧洲智库的一部分）不同于其他地区智库的显著特色，而且在更为敏感的"利益相关性"和"立场倾向性"等方面成为智库研究领域非常值得持续观察和分析的新现象。

根据欧盟委员会顾问局的报告，那些在布鲁塞尔的智库中比较传统也比较完善的（如欧洲政策研究中心 CEPS，欧洲政策研究中心 EPC，欧洲之友 FoE 等），多成立于欧洲一体化的"黄金时代"，即 20 世纪 80 年代中期和 90 年代末之间。其人员构成主要包括了卸任官员（包括前委员会高级官员）、商人（特别是来自六个创始成员国）和记者（特别是从前报道欧共体事务的英国记者）。这些智库（从专业属性上讲）是综合性智库，特点是完全集中于欧盟事务，并具有广泛的赞成欧洲一体化的倾向。

21 世纪伊始，欧盟逐步推进其向东（苏联社会主义东欧阵营）的扩张，2004 年 5 月 1 日，波兰、马耳他、塞浦路斯、匈牙利、捷克、斯洛伐克、斯洛文尼亚、爱沙尼亚、拉脱维亚、立陶宛 10 个国家正式成为欧盟成员国。这是欧盟历史上的第五次扩大，也是规模最大的一次扩大，对西方来说是如此鼓舞人心的历史时刻。这样的背景下，更多新的机构加入了布鲁塞尔智库的行列。首先，许多美国智库和组织开始以各自的方式踏足欧洲，比如设立德国马歇尔基金会，比如国际危机集团、东西方研究所和卡内基国际和平基金会等都在欧洲设立了分支。

在经济方面，里斯本经济竞争力和社会重建委员会（Lisbon Council – The Lisbon Council for Economic Competitiveness and Social Renewal）和勃鲁盖（BRUE-GEL）是十分重要的角色，前者更倾向于对经济增长政策的倡导，而后者更倾向于政策分析和研究。欧洲国际政治经济研究中心（ECIPE），创建于 2006 年，专门从事贸易政策研究，它甚至已经超越了欧洲的视角而更多地站在全球角度积极倡导自由贸易。

另外，一些总部并不设在布鲁塞尔的欧洲智库也加紧了在布鲁塞尔开张的节奏。总部设在居特斯洛的贝塔斯曼基金会（Bertelsmann Foundation），总部设在柏林的 SWP（Stiftung Wissenschaft und Politik），总部位于伦敦的欧洲改革研究中心（CER），总部位于巴黎的法国国际关系研究所，后来成立的里斯本经济竞争力和社会重建委员会（Lisbon Council – The Lisbon Council for Economic Competitiveness and Social Renewal）和罗伯特·舒曼基金会，总部位于马德里的国际关系和外部对话基金会（FRIDE），总部设在华沙的东欧研究中心（OSW）和公共事务研究所（ISP），以及总部位于伦敦的"开放欧洲"智库，都在布鲁塞尔设立了分支机构。与这些身处各国而向布鲁塞尔拓展业务的智库不同，比利时埃格蒙特（原 IRRI）某种程度上是一个"双重身份"的研究所（同时以国家和布鲁塞尔为中心），而总部设在巴黎的"我们的欧洲"又有所不同，鉴于其专注于欧盟事务，通常被认为是一家设立在其他地点的纯粹的布鲁塞尔智库。

在发展欧盟智库的大潮中，索罗斯绝对称得上是一个能力非凡的推波助澜者。他的美国开放社会研究所（OSI）[①]（主要是一个资助机构）已在布鲁塞尔开设了办事处，并且实实在在地资助了一批智库。总部设在布拉格的 Europeum 欧洲政策研究所、欧洲稳定倡议（主要涉及申请加入欧盟的国家）以及特别是欧洲

---

① The Open Society Institute group has also formed its own networks, most notably the Policy Association for an Open Society (PASOS) that supports the development and strengthens the outreach capacity of its 56 members with the goal of ensuring that the lessons of transition are understood, shared and applied-especially in the areas of democracy and human rights, good governance and open economy, sustainable development and international cooperation [www.pasos.org].

对外关系委员会（总部设在伦敦，但也在其他欧盟国家的首都活动）都在很大程度上依赖于开放社会研究所提供的启动资金，才在这个行业中占有了自己的一席之地。

最后，同样非常重要的是欧元区国家纷纷推出（代表这一群体利益取向的）智库。这其中既包括欧洲研究中心（CES）、欧洲进步研究基金会（FEPS）这样的区域机构，也包括背景较为单一的一些德国政党基金，比如康拉德－阿登纳基金会（KAS）和弗里德里希·艾伯特基金会（FES）这样的老牌机构。

欧盟委员会认为，对于一个尚未足够成熟的泛欧洲磋商机制来说，以上这些情况有其合理性。在欧洲各地，特别是在（而不仅限于）布鲁塞尔，智库越来越有志于参与拟定欧盟的议事日程，并将欧盟的议程再反馈至（各国的）国家政策。如今，越来越多的智库争相在布鲁塞尔设立总部或分支，这种日渐繁荣的景象无疑与布鲁塞尔作为欧盟总部所在地的身份有关。布鲁塞尔是众多决策最终敲定的地方，但在此之前，它首先是一系列可能影响决策的欧盟政治活动的首要场所，而这些政治活动又会产生数量可观的咨询业务。对于那些有意于在欧盟机构掌管的议题上有所作为的智库，布鲁塞尔确实是必争之地。另外布鲁塞尔的地理位置对于吸纳资金和网罗关系来说也是必不可少的。那里集中了各国外交官、国会议员、国际组织（包括来自北约的）官员、商界代表和游说集团，更不用说媒体和媒体所能造成的加成效应。这些资源在整个欧洲来说，都是独一无二的。布鲁塞尔洋溢着政策辩论和倡议的气息，能与那里媲美的也只有华盛顿了。[①]

（二）欧盟智库的资金逻辑与"透明度注册"系统

在陈述以上发展历程和特点的基础上，一方面为了能够更加精确、更加直观地回应前文提到的一些指标性元素，比如这些欧盟智库的法律性质、资金来源、目标受众、研究领域，以及"利益相关性"和"立场倾向性"；另一方面，也为了进一步挖掘这些元素背后的内在逻辑，本书结合欧盟委员会公示的 37 家欧盟智库的统计资料，梳理出以下极为重要的两点：

第一，正如前文已经强调过的，"钱"决定了很多问题。把钱的问题交代清楚，很多相关的、后续的问题自然会明朗。首先，以资金的绝对数量来看，欧盟智库的年预算普遍不是很高。37 家欧盟智库中，年预算在 500 万欧元以上的 9

---

① Antonio Missiroli, Isabelle Ioannides. European Think Tanks and the EU ［R］. Bureau of European Policy Advisers（BEPA），2012.

家；100 万～500 万欧元的 21 家；100 万欧元以下的 7 家。这与布鲁金斯、兰德公司、卡内基等美国智库动辄上亿美元（即千万欧元以上级别）的预算相比尚有明显差距。而且，数百万欧元的预算水平（粗略地将 100 万欧元折算为 1 000 万元人民币），以中国今天的水平来看，也并非很大的手笔。考虑到欧洲的收入水平，当一个智库的年预算连百万欧元都不能保证时（如前文 8 家年预算在百万欧元以下的智库），哪怕全部资金都用来给研究人员发工资，也不足以支撑起稍大规模的研究队伍（更何况在欧盟地区租用办公场所，开展课题研究，以及维持必要的社交网络的花费也绝对不是小数目）。所以说，"钱"已经决定了大多数欧盟智库的规模不可能很大。在相对较小的人员规模条件下要表现出色（进而争取未来的"钱"），上文提到的专精化自然就成为一种理性的选择。

其次，虽然单个智库能争取到的"钱"并不丰富，但是"钱"的来路毕竟十分多样：比如通过项目合同取得的研究经费和活动经费；举办会议而收取的参会费；每年向会员收取的会员费；来自社会机构和个人的（不与任何具体项目捆绑的）捐款；出版物销售以及投资回报等等。其中最值得注意的是来自欧盟机构的资金。欧盟委员会顾问局 2012 年统计梳理的 37 家欧盟智库中（以当时计）过去三年内完全没有获得欧盟资助的不足 5 家，欧盟资助主要通过欧盟框架计划（Framework Programmes，FP①）这一类宏大的系统工程的子项目分拆委托（及其类似渠道）来实现任务发包②。值得注意的是，目前已经结项的最后一期框架计划为欧盟委员会于 2007 年初启动的第七框架计划（FP－7）（2007～2013 年），其总预算高达 500 亿欧元。第八框架计划被官方命名为展望 2020（Horizon，2020），已于 2014 年起初步开展，总预算更达至 800 亿欧元。结合上文这两点来看，很明显，"拿"欧盟的钱已经相当普遍，而且这笔钱的数额还相当可观。不难想象这对于包括众多欧盟智库在内的各种研究机构的吸引力，多少智库的"目标受众"和"研究领域"由此而确定。即便资金决定的"目标受众"和"研究领域"并不必然在研究的独立性上对学术智库有什么影响，如此高的"利益相关性"难免不对政策宣传型智库的"立场倾向性"起到举足轻重的作用。

既然"钱"可以决定很多重要的东西，那么"分钱"的制度就必须得以完善。这其中最为核心的一项就是"透明度注册"登记制度。欧盟委员会认为，"透明度注册"源于在欧盟条约中根深蒂固的观念。这些观念坚信为了促进善政，确保公民社会参与，欧盟的各种机构都应尽可能透明地进行工作，尽可能对公民直接公开各种政策决定。在这种情况下，新登记系统的目的是提供一个"一站

---

① Framework Programmes for Research and Technological Development.

② 笔者所引欧盟委员会的报告出版于 2012 年，彼时框架计划只开展到 7，框架计划 8 官方命名为展望 2020（Horizon，2020），总预算达至约 800 亿欧元，已于 2014 年起初步开展。

式"系统，使得那些想要注册，并愿意配合信息核查的机构和个人能够简便地使用。

欧盟委员会就"透明度注册"专门设立网站，网站资料表明，"透明度注册"其实并非全新的事物，它可以追溯到 2005 年的"欧洲透明度倡议（ETI）"，该项目推动了 2008 年"利益（集团）代表登记"制度的颁布。但是"利益（集团）代表登记"的称谓似乎并不那么受到欢迎，而且它也只针对利益集团的游说活动，从而使得大量的智库免于登记。与这一制度并存的是欧洲议会自己的登记制度，可追溯到 1996 年，但效果并不理想，据说连信息准确率都得不到基本的保证。

鉴于以上种种缺陷，审查程序在 2008 年 12 月启动。经过机构间高级工作组内的谈判，2011 年 5 月欧洲议会批准实施。新的欧洲议会、欧盟委员会联合"透明度注册"制度（new joint EP/EC "Transparency Register"）① 于 2011 年 6 月 23 日起实施，取代了以前的那两套系统。该登记注册的范围涵盖所有直接或间接地影响欧盟机构制定或实施政策的活动，不管是通过什么渠道或是借助什么媒介，例如外包、媒体、与专业中介机构的合同、智库、平台、论坛、活动和基层倡议都被纳入其中。而且，有鉴于众多智库的主动请求，这套系统专门设立了一个类别是"智库"，相关设置清楚地区分了"公共事务专业人员"和"企业直接利益代表"。

新登记制度的目的在于取得所有寻求对欧洲政策施加影响力的机构或个人的信息。通过登记，这些组织或个人不仅要同意公开自己的基本相关信息，而且还要详细介绍他们在欧盟机构的活动、参与人数以及相关的财务数据。注册人必须同意遵守的行为准则包括承诺提供准确和不断更新的信息（随着配备专人监察该项内容，这一规则的执行已愈加严格）。这一制度的结果是，在"透明度注册"中榜上有名的组织和个人也从中受益，他们可以更好地接近政策制定者，因为虽然"透明度注册"不是强制性的，但是只有注册过的机构和个人才能进入欧洲议会大厦。

新的登记注册制度得到了大多数利益相关者的欢迎，其中当然包括智库团体。"透明度注册"制度一周年纪念日（2012 年 6 月 23 日）时，完成登记注册的利益集团及个人总数为 5 150。2016 年上半年以来，该数字稳定在 9 000 个以上（2016 年 3 月 11 日：9 398；2016 年 5 月 6 日：9 118），较 4 年前实现了80% 左右的增长；而截至 2016 年底，该数字已突破 10 000（2016 年 12 月 25

---

① The "Transparency Register" Can be Consulted at：http：//ec. europa. eu/transparencyregister/public/homePage. do.

日：10 878），其中包括 787 家智库和研究（或学术）机构。特别要注意的是，2015 年 1 月 27 日，欧盟官方网站发布消息：根据欧洲议会和欧委会于 2014 年 4 月达成的协议，"透明度登记"（Transparency Register）新规正式生效，将进一步提高游说行为的透明度。根据欧盟委员会引用的报道，新规对游说人员申报做出调整，对有关人员参与欧盟委员会、论坛、跨部门协调小组等活动的申报提出更高要求，并将活动经费披露的要求扩大至所有注册人员和机构。此外，新规完善了对蓄意误导信息审查的流程，并要求所有参与欧委会委员、内阁成员及总司长会见或参加议会听证会的人员和机构需在"透明度登记处"注册。① 从这个角度讲，欧盟已经进入全面制度化监管"分钱"机构的阶段。"透明度登记"作为欧盟智库的一个特色，其影响智库发挥作用的根本逻辑在于通过规范化取得和使用资金的方法来监管智库可能参与决策并最终发挥影响力的渠道。

四、小　结

现代智库这一概念主要由第二次世界大战后的美国所塑造，然而作为发达国家聚集、政治经济实力雄厚、各种研究传统悠久的欧洲，其智库的发展同样成为智库研究领域中不可或缺的板块。第二次世界大战结束后，欧洲逐渐接受了"智库"这一美式话语，并确立了时至今日依然十分笼统的欧式智库概念。在这种概念下，包括欧盟委员会在内的权威机构对量化智库的影响力，乃至对开展排名兴趣不大。欧洲人把更多的精力投入到智库业务的专精化与多元化发展，智库网络的搭建，以及泛欧洲区域智库的培育中。

这些现象的背后，欧洲的决策咨询体制正在变迁——传统的党派和国家结构之外，专业政策顾问的影响正在增长，这一方面说明官方和智库的沟通越来越重要；另一方面也说明依靠传统路径产生政策创新越来越困难。当然，利益分配决定行业生态的规律一如既往，欧洲智库的专精化与多元化发展，网络化的集团运作，乃至争相在布鲁塞尔拓展业务都与此相关。欧洲智库发展中的进步意义在于，"透明度注册"这样的制度设计为智库行业内的部分利益分配做出了科学性的尝试，长远来看很可能也是对世界其他国家和地区的智库最有价值的启示。

从局部来看，欧洲智库基于党派、利益集团的价值理念在政策思想市场中开

---

① 欧盟"透明度登记"新规生效［EB/OL］. http://www.mofcom.gov.cn/article/i/jyjl/m/201501/20150100881616.shtml.

展专精化竞争与网络化合作的特征颇为明显，而且往往是通过资金分配来达成最终效果。比如欧盟每年拨付给智库的大量经费显然有助于在欧洲倡导所谓一体化进程的价值理念。但是就整体而言，这种现象的意义并非仅限于用资金左右竞争与合作，从而宣扬己方利益集团的价值理念。必须认识到正是欧洲国家，特别是欧盟国家外部多元主义的基本政治秩序孕育了一个既欢迎竞争，又重视合作，既有所传承，又鼓励创新的政策思想市场，这才使得欧洲智库近些年来的新趋势、新特色得以酝酿、发生和壮大。因此，怎样合理借鉴欧洲智库发展经验，从而在我国内部多元主义秩序下发挥特色和优势来激发政策思想市场的竞争和创新潜力，仍是值得智库研究者们持续探究的课题。

第七章

亚洲智库发展经验分析

正在快速扩张的亚洲智库近年来呈现出较之欧美更为活跃的变化。智库不仅在亚洲的一些发达国家和地区取得了良好的发展，在一些发展中国家和地区，乃至在个别曾经一度陷入高度混乱的国家和地区也初现繁荣景象。

不同于美国智库在单一国家制度（尽管不同州的细节制度有所不同）下发育成熟的行业生态，也不同于推进一体化进程多年而具有一定区域性普遍特征的欧洲智库生态，亚洲国家的政治、经济条件千差万别，相应地，其智库行业生态在不同国家也有很大不同。再加上亚洲智库的研究资料相对欠缺，透明度普遍较弱，因此调查研究所能反映的问题和能总结的规律也更为有限，并不能呈现"美国式"或者"欧洲式（甚至欧盟式）"的区域智库的普遍规律。但是在亚洲，尤其是东亚地区，智库与政府关系格外重要，甚至可能是最能够体现这一地区智库建设特点的普遍规律，所以本章将专门就此展开相关论述。

一、亚洲智库近期发展概况

伴随着一定的波动，亚洲地区的智库数量近年来总体呈现缓慢扩张的态势。麦甘 2008 年报告中，被纳入统计的亚洲地区智库总数为 653，全球占比 11.95%，该组数据在 2010 年、2012 年、2014 年和 2016 年分别为 1 200，18%；

1 194，18%；1 106，16.7% 及 1 262，18.4%（《全球智库报告2016》未就以上数据进行更新，故本书沿用了 2015 年的数据）。即便将中国飞速增长的数据从亚洲总体数据中剥离，亚洲智库的绝对数量仍然在以上五个年份所构成的时间段中几乎翻倍。[①] 另外，实际上自 2000 年起，世界范围内每年新成立智库的数量已经呈现下降趋势（见图 7 - 1），加之在 2008 ~ 2016 年期间，智库界传统强势板块，即北美和西欧的智库总量的全球占比由大约 56% 收缩至大约 46%。[②] 在这两重变化的衬托下，亚洲智库自 21 世纪以来呈现出的增长态势颇值得肯定。

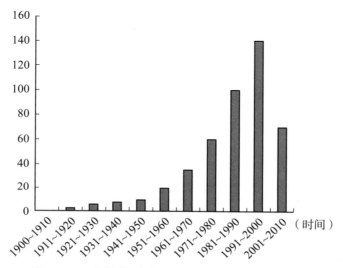

图 7 - 1　世界范围内平均每年创立智库的数量

资料来源：《全球智库报告2015》，《全球智库报告2016》未就以上数据进行更新，故本书沿用了 2015 年的数据。

在这些增长中，非传统智库强国的贡献十分突出。或者说，智库界不是富人俱乐部，至少在今天的亚洲已经不是，很多经济水平尚且很低的国家也同样加入到智库建设的行列中来，从而使得亚洲地区的智库建设更像是一场所有国家都可以参与的游戏。

---

① 当然这其中包含了一个干扰因素，即在其研究的初期，麦甘对亚洲地区智库的熟悉程度非常有限，相当一部分已经存在的亚洲智库并没有被纳入统计，是在随后的年份中逐年补充进来的。也就是说以上数据所呈现的增长趋势多大程度上是基于实际增长，多大程度上是弥补之前的统计漏洞所致，的确有讨论的空间。

② James G. McGann. 2016 Global Go to Think Tank Index Report［R］. University of Pennsylvania，2016.

表 7 - 1   亚洲地区智库

国家或地区	数量	国家或地区	数量
阿富汗	6	马来西亚	18
亚美尼亚	14	马尔代夫	6
阿塞拜疆	13	蒙古国	7
孟加拉国	35	尼泊尔	12
不丹	9	朝鲜	2
文莱	1	巴基斯坦	20
柬埔寨	10	菲律宾	21
中国大陆	435	新加坡	12
格鲁吉亚	14	韩国	35
中国香港	30	斯里兰卡	14
印度	280	中国台湾	52
印度尼西亚	27	塔吉克斯坦	7
日本	109	泰国	8
哈萨克斯坦	8	土库曼斯坦	1
吉尔吉斯斯坦	10	乌兹别克斯坦	8
老挝	3	越南	10
中国澳门	1		

资料来源：《全球智库报告 2016》。

据《全球智库报告 2016》统计，亚洲智库共 1 262 家，除去中国（大陆）的 435 家，剩余的 827 家中，印度以 280 家稳居亚洲除中国（大陆）以外国家和地区智库数量第一。280 家这一数字大约是第二名"日本（109 家）"的 2.5 倍。很显然，经济总体量不及日本（4.60 万亿美元）的一半（印度 2.07 万亿美元），人均 GDP 世界排名 145 的印度距离富裕国家尚远，能在智库（数量）建设方面获得这个成绩，至少说明该国对此行业的重视程度（见表 7 - 1）。

另外，在《全球智库报告 2016》中，人均 GDP 勉强高于全球平均水平的孟加拉国被纳入统计的智库达到 35 家[①]，与韩国（35 家）一同位列除中国（大

---

① 孟加拉国虽然近年来经济发展有了一些起色，截至 2014 年 GDP 年均增速近九年维持在 6% 以上。但是，毕竟 GDP 1 738 亿美元，人均 GDP 1 096 美元（勉强高于世界平均水平 1 088 美元）（另一说人均 1 172 美元，相应世界排名 156）的数据毫无疑问地将其定位在了一个经济穷国的地位。

陆）外亚洲国家和地区的智库数量排行的并列第四。① 菲律宾的智库建设同样不遗余力，该国有 21 家智库被纳入《全球智库报告 2016》，多于同属东南亚地区、经济实力明显更强的新加坡、马来西亚和泰国，后三者分别只有 12 家、18 家和 8 家智库榜上有名。

苏联解体后，一方面来自莫斯科的智力支持断供，另一方面也解除了各种中央计划的束缚，北高加索三国，即阿塞拜疆（13 家）、格鲁吉亚（14 家）、亚美尼亚（14 家）和中亚五国，即哈萨克斯坦（8 家）、乌兹别克斯坦（8 家）、吉尔吉斯斯坦（10 家）、塔吉克斯坦（7 家）、土库曼斯坦（1 家）都在这种背景下根据各自国家的需求开展了智库建设，并且在 2015 年、2016 年《全球智库报告》获得颇为积极的评价。

自 2012 年起，《全球智库报告》中阿富汗智库的数字就稳定在 6 家，其关注点覆盖安全、经济、发展、法律等重点领域；功能涉及科研、宣传、资助等不同种类，俨然呈现一个正在步入正轨的后发国家令人期待的局面。由于缺乏详细资料，尚不能断定这些智库中有多少依赖境外资金运作。2013 年联合国计划开发署投入 11.5 亿美元应对亚太地区的发展和挑战，其中，88% 的支出用于低收入国家，仅阿富汗一国，就投入 7.7 亿美元，占总投资的 67%。不排除阿富汗智库经费的相当比重都来自这类渠道。

但是，除了总体增长趋势和部分后进国家的争先恐后，亚洲地区智库的总体实力较之欧美尚有明显差距。不排除其中可能有一定的偏向乃至偏见，但是总体来说《全球智库报告》愈加完善的统计、评价方法还是赋予其一定的客观性。根据该报告，亚洲智库虽然在各个单项排名榜单（如安全事务、经济政策、发展策略、资金收益、透明度、特别成就等）和两个综合排名榜单［Top Think Tanks Worldwide（U. S. and non－U. S.）& Top Think Tanks Worldwide（Non－US）］中都有个别脱颖而出者，但在每一张榜单中的占比都远远小于欧美智库。事实上，（中国大陆之外）除了日本、韩国、新加坡几个发达经济体的智库和印度智库尚可较为高频地出现在绝大多数单项排名中与欧美智库一较高下，其余国家和地区的智库都是极其偶然地闪现在个别榜单之中，甚至某些国家和地区的智库几乎不出现在任何榜单上，仅仅贡献了亚洲智库的总量数字。

理想中的智库，纵使大部分资金来自政府，也应试图保持高度的学术研究和政策研究自由。这些机构应该更倾向于通过知识性的分析和论证，而不是策略性的游说或施压来影响政策。在寻求消息和完善政策方面，智库应当具有平等的公

---

① 韩国 2014 年 GDP 1.41 万亿美元，人均 GDP 2.43 万美元（全球排名 33），分别为孟加拉国该两项指标的 8 倍和 20 倍以上。也就是说，单从数量来看，近年来更加直接作用于亚洲智库建设的因素很可能是当地的经济发展速度，而不是经济发达程度。

共精神。然而英国华威大学的一项研究认为，许多亚洲智库并不回避以（与权力和财富关系亲密的）精英组织的身份示人①。在西方人看来，东亚智库"更多地致力于'制度提升'而不是'制度批判'"②③。事实上，东亚智库所具有的以上特征与他们所处的社会生态有关。华威大学学者的观点认为较之西方，东亚多数国家和地区的政府总体上保持着对包括智库在内的社会组织更为积极和直接的介入。在此背景下，这些国家和地区的相当一些智库既不甘纯粹依附，又不能完全独立。面对国家权力，他们往往会策略性地徘徊在出走和回归之间。当然，独立或依附、出走或回归都不是绝对的。就东亚地区（除我国大陆地区之外）的实际经验来看④，比起任何一种"一边倒"的局面，无论是智库，还是政府，都更愿意在彼此关系的调整与探索中进退有度。

二、日本：智库与政府的"再结合"

根据《2016 全球智库报告》⑤，日本智库数量位居全球第九，共有 109 家。现在的日本智库可以从不同的角度划分为多种类型，其研究领域广泛，研究形态以委托研究为主流，但是自主研究积极发展。从法律性质上区分，日本智库主要有三类：①营利型智库，细分为营利社团法人（企业）和一般财团法人⑥；②非营利型智库，细分为公益社团法人、公益财团法人和特定非营利活动法人（即

---

① Diane Stone & Helen E. S. Nesadurai. *Networks*, *Second Track Diplomacy and Regional Cooperation*: *The Experience of Southeast Asian Think Tanks* [M]. Inaugural Conference on Bridging Knowledge and Policy. Global Development Network, Bonn, Germany, 5 – 8 December 1999.

② Asian Think Tanks Tend to be "Regime Enhancing" rather than "Regime Critical".

③ Diane Stone, Cite. Yamamoto, Tadashi. & Hubbard, Susan, 1995, in: *Think Tanks and Policy Advice in Countries in Transition* [M]. Asian Development Bank Institute Symposium: "How to Strengthen Policy – Oriented Research and Training in Viet Nam". Central European University, 2005.

④ 东亚地区作为一个地理概念，其范围并没有一个十分明确的规定，本书根据实际需求并参照新加坡国立大学东亚研究所的分类习惯，选取东亚地区日本、韩国以及东南亚的新加坡作为研究对象。有两点需要在此稍加说明的。首先，本章仅讨论"外部经验"，故中国大陆不在讨论范围内。其次，新加坡虽然地处东南亚，但是与前述地区同属儒家文化圈，在传统上被视为华人社会，故专门在此列入讨论。《2016全球智库报告》计入亚洲智库 1 262 家，除去中国（大陆）的 435 家后，其他东亚地区智库的分布情况如下：日本 109 家、韩国 35 家、中国香港地区 30 家及新加坡 12 家。

⑤ James G. McGann. 2016 Global Go to Think Tank Index Report [R]. University of Pennsylvania, 2016.

⑥ 营利社团法人：以营利为目的，实行企业化运作。如野村综合研究所、大和总研、日本综合研究所等企业系的智库都属于营利社团法人。根据日本综合研究机构 2014 年统计，181 家参与调查的日本智库中，有 82 家（45%）智库为营利社团法人。2008 年 11 月以前，日本的财团法人均是公益性的，但随着公益法人制度的改革，从 2008 年 12 月开始，出现了不以公益为目的的财团法人形态"一般财团法人"。

NPO 法人）三种①；③中间法人型②智库。另外，根据与日本政府的关系，日本智库可以分为官方智库（政府背景，甚至直接隶属省厅）和民间智库（民间筹资，独立运营），后者在日本占多数。官方智库的代表机构有日本国际问题研究所（JIIA）（外务省）、防卫研究所（防卫省）、亚洲经济研究所（日本贸易振兴机构）等；民间智库的代表机构有 PHP 总研、日本综合研究所、野村综合研究所等③。

日本的智库生态中，民间筹资、独立运营的智库存在相当的生存空间，但不可否认的是，少了公共资金的"兜底"，其在市场整体遇冷时生存能力也更弱。吴寄南、刘少东、朱猛等学者有关日本智库的研究均指出，步入 20 世纪 90 年代以后，日本智库曾进入发展速度渐趋缓慢的"盘整"阶段④。由于日本经济长期低迷，社会捐助持续滑坡，一些缺乏稳定资金来源的智库也被迫关门，智库总数一度减少了约两成，显然民间智库在此期间折损不少。然而故事的另一面却是，这一阶段也有行业新贵陆续问世。以东京财团为例，这家机构与政府的再结合色彩就颇为鲜明。东京财团成立于 1997 年，主要出资者是日本财团，该财团在中国被认为是右翼组织。东京财团网罗了一批顶级学者，就日本的内政、外交问题提出政策建议，在对华政策偏右的小泉纯一郎和安倍晋三执政期间与政权中枢关系十分密切⑤。

国内学者通过观察日本智库近几十年来与政府关系的变迁指出，特别是进入 21 世纪，随着中国的崛起和日本国内外政治环境发生变化，日本外交决策机制逐渐由一元化向多元化转变，可供智库发挥的议题日趋多样。这些研究机构多是由政府资助或直接隶属于政府相关部门，另外有一些虽然属于独立法人性质，但也和政府部门有着密切联系。这些机构对日本政府外交决策影响很大，其中有些关于应对中国崛起的政策建议已被日本政府采纳。

---

① 如日本调查综合研究所、世界经济研究协会等都属于公益社团法人，综合研究开发机构、日本国际问题研究所（JIIA）都属于公益财团法人，而 SOHO 智库、智库九州等则属于 NPO 法人类型。

② 中间法人型：以成员的共同利益为目的，且不以将剩余金向成员分配为目的的团体，是既非公益（共益）也非营利性质的团体。如民主党设立的"公共政策平台"即属此类。

③ 朱猛：《日本智库的运作机制——以日本国际问题研究所为例》，外交学院硕士学位论文，2015 年。

④ 刘少东：《智库建设的日本经验》，载于《人民论坛》2013 年第 35 期，第 18～23 页。

⑤ 吴寄南：《浅析智库在日本外交决策中的作用》，载于《日本学刊》2008 年第 3 期，第 18 页。

三、韩国：官方智库的"剥离"与"统合"及民间智库的"补充"与"分担"

国务院发展研究中心 2013 年赴韩国智库专题调研考察团（以下简称"国发院考察团"）的报告指出[①]：比起单纯的机构数字增减，韩国在官方智库的管理机制和民间智库的引导方式上的探索更加值得关注。官方智库方面，1997 年亚洲金融危机爆发以后，为统筹协调政府研究机构的力量，1999 年 1 月韩国国会通过《关于政府投资研究机构的建立、运营与培养的法律》。根据这个法律，1999 年 3 月相继成立经济和社会研究会、人文社会研究会等五家直接归属总理（即韩国执政内阁首长）领导的研究会，实行对政府各类研究机构的统筹管理。2005 年，经济和社会研究会、人文社会研究会合并，成立了现在的国家经济、人文和社会科学研究会（以下简称"研究会"，NRCS），负责管理政府创办的 23 家研究机构。相应地，政府研究机构全部归属到研究会，不再是原政府各主管部委的直属机构，与原主管部委没有人、财、物关系，只是业务关系。此举无疑形成了官方智库与行政机关的"剥离"（见图 7 - 2）。

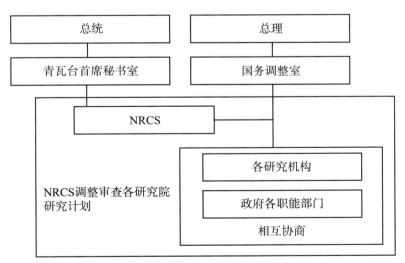

图 7 - 2　官方智库与行政机关关系

资料来源：国务院发展研究中心 2013 年赴韩调研考察报告团。

---

① 李国强等（国务院发展研究中心赴韩国智库专题调研考察团）：《韩国智库考察报告》，载于《中国发展观察》2013 年第 12 期，第 35～39 页。

然而"剥离"并不等同于"脱离",研究会(NRCS)实际上从另一个侧面形成了新的"统合"。设立该组织的主要目的是为 23 家政府所属的经济、人文和社会科学研究机构提供支持服务,支持国家经济、人文和社会科学政策的研究,为政策研究产业的发展贡献力量。研究会(NRCS)的最高领导为理事长,该职务经公开招聘选拔,由总理任命。研究会(NRCS)属于直接向政府负责的非政府部门,其工作人员不是公务员,但类似于公务员,可以类比国内的"参公"体系理解。出于管理目的的根本定位,研究会(NRCS)并没有研究职能,只负责统筹管理政府研究机构的研究计划。政府研究机构自定课题需获得研究会(NRCS)的审批,经其同意后,预算才能从国库下拨到各研究院。国发院考察团还注意到政府研究机构自定课题的设立需经多方协商、综合协调后确定。每个研究机构首先要和业务主管部委沟通,明确政策研究覆盖的大致范围。研究会(NRCS)收到各研究机构上报的研究计划后,经过在全局范围内的统筹协调,审查批准各研究机构的研究计划,并将预算报告国会审批。

从预算数额来看,2013 年研究会(NRCS)预算总额为 250 亿韩元,其管理的 23 家研究机构的预算总额为 10 737 亿韩元。23 家研究机构的总预算中,财政拨款为 4 560 亿韩元,自主收入为 6 177 亿韩元,财政拨款占总预算的 42%。由此可见,研究会(NRCS)在资金方面扮演的是一个重要但非垄断的角色。受其管理的智库虽然是官方性质,但是财政拨款尚不足总预算的一半,实际上已经部分地实现了从国家财政的"剥离"。但是凡接受财政拨款的项目,无论资金多寡,一律受到研究会的审批和监管,无疑又体现了政府主导的"统合"。

然而,再完善的官方智库体系也有短板,在一些如产业动态、就业情况、技术趋势等高度市场化和专精化的领域,官方智库的嗅觉就未必足够灵敏。这个时候,往往可见韩国的企业智库利用比较优势来"补充"承担官方研究职能,甚至在这一过程中还自筹部分经费,"分担"国家的经济负担。根据国发院考察团的统计,韩国民间智库以大企业设立的研究院为主,"没有大企业作支持的民间研究机构很少,以个人名义设立的研究机构也很少"。韩国各大企业附属的研究机构的人数没有完全统计,但就目前已知而言,平均每家的人员规模为 100 人,实际上这个规模在世界范围都不算小。

韩国民间智库主要有 LG、三星、大宇等实力雄厚的大公司附属的经济研究院。大公司附属研究机构主要为本企业的战略发展提供咨询服务。由于长期关注产业方面的发展动态,在产业技术、产品市场和对技术未来发展方向等方面具有比政府研究机构更强的优势。政府因此会委托民间研究机构从事政策方面的研究。例如 LG 经济研究所就承担了政府委托的促进 ICT(信息产业)就业问题的课题。根据国发院考察团的报告,非常值得注意的是政府委托的题目一般费用都很低，如果研究机构自身没有实力，根本无法完成这些委托研究。所以，韩国民间智库可以说是在功能上"补充"官方智库的研究短板，在财务上"分担"国家的研究成本。

四、新加坡："政府布局""高官参与"的智库有效作用于"制度提升"

由于国家体量的关系，新加坡智库的数量（12 家）并不算多，但是就历年《全球智库报告》所反映的质量而言，却相当不错。除了比较笼统的综合国际排名，东南亚研究所（ISEAS）在国际事务方面，国防与战略研究所（IDSS）在防务方面以及能源研究所（ESI）、水政策研究所（IWP）在能源与资源方面纷纷取得了良好的世界级专业排名。

即便跳脱《全球智库报告》所设立的体系，也不难看到新加坡智库在其所处区域和对相关利益国家所投射的影响。比如东亚研究所（EAI）作为长期关注中国问题的新加坡智库就与中国官方和学界建立了长期合作关系，其学术领头人提出的"中国模式"理论为解读中国自改革开放以来的发展历程提供了一个能够被西方理解而又不同于西方的角度。又比如新加坡的国际事务研究所（SIIA）就与马来西亚的战略与国际研究所（ISIS）、菲律宾的战略与发展研究所（ISDS）、印度尼西亚的战略与国际研究中心（CSIS）、泰国的安全与国际问题研究所（ISIS）于 1988 年共同创立了东盟战略与国际研究所（智库网络）（ASEAN – ISIS network）①，这一组织后来又加入了文莱政策与战略研究所（BDIPSS）、柬埔寨合作与和平研究所（CICP）、老挝外交研究所（IFA）、缅甸战略与国际研究所（MSIS）和越南外交学院（DAV）[原国际关系研究所（IIR）]，从而为东盟探索区域整合提供了相当丰富的智力支持，增加了这一地区诸国（作为一个整体）在国际舞台上的分量。

任何国家和地区的智库发展都是众多复杂因素的综合结果，因此很难将新加坡智库取得的良好发展成就简单归功于某一两个因素。但是，由于新加坡智库建设中政府参与的痕迹异常明显，所以学界很多观点都将新加坡智库的成就主要归功于政府的支持。例如，持该观点的学者一般都认为新加坡智库经验的关键首先

① ASEAN Institute of Strategic and International Studies（ASEAN ISIS），http：//www.siiaonline.org/page/isis/.

就在于"政府布局",其次则很可能是"高官参与"。以比较著名的几间国际问题智库为例,东南亚研究所(ISEAS)、东亚研究所(EAI)、南亚研究所(ISAS)、国际关系学院国防与战略研究所(IDSS)和政策研究所(IPS)均由新加坡政府部门根据其当时的需要而设立,并根据新加坡、地区和世界形势的变化而不断调整,逐渐成为新加坡和该地区的知名智库。而这背后则是开国总统尤索夫·伊萨克(Yusof Ishak)、前副总理吴庆瑞(Dr Goh Keng Swee)、前国防与安全部长陈庆炎(Tan Keng Yam)、前总理吴作栋等(Goh Chok Tong et al.)持续发挥的重要作用①。时至今日,新加坡主要的国际问题智库聘请前部长级高官或者国家领导出任一把手已经形成行业惯例。

由此可见,在新加坡,以人民行动党为活动阵地的政治精英们当仁不让地扮演了当地智库行业奠基者的角色,并且在随后的日子里始终保持着对该行业一定程度的引导和控制。这种先当"国父"再作"保姆"的角色路径分明透露着威权(至少是准威权)主义的家长作风。只是那种引导和控制在新加坡被十分巧妙地操作着,它们未必是强硬的,一般都不明显危及学术自由和价值独立;但它们又是坚韧的,深刻地塑造着智库从业者的问题意识(比如认为"建议性"当然优于"批判性"),甚至是全社会的精英主义情节。应当承认,智库具有符号功能:一个智库的成长,也在政治、经济和教育发展中扮演着一个象征性的角色。在曾经殖民新加坡的英国,智库是"一个自由、民主的先进社会的标志性附属物";在新加坡的邻国马来西亚,马来西亚伊斯兰研究院(IKIM)是马哈蒂尔政府温和和包容的伊斯兰价值观的有力体现②;因此在新加坡,智库肩负起实现国家战略的使命去发挥"制度提升"作用,当然也是再合适不过的了。

五、东亚智库对独立性的探索

通过对以上东亚区域内部分国家和地区智库与政府关系的一般性梳理,可以发现东亚智库和政府间存在着长期密切的互动。智库研究中一个最基本的问题也愈发凸显,即东亚智库如何保证其独立性。

正如本章开篇所言,从政府的角度出发,东亚多数国家和地区的政府总体上保持着对包括智库在内的社会组织更为积极和直接的介入;从智库的角度出发,

---

① 韩锋:《新加坡智库的现状、特点与经验》,载于《东南亚研究》2015 年第 6 期,第 4~9 页。

② Diane Stone,Helen E. S. Nesadurai. Networks,Second Track Diplomacy and Regional Cooperation:The Experience of Southeast Asian Think Tanks. University of Warwick,1999:P. 12.

东亚地区的智库似乎又乐于以（与权力和财富关系亲密的）精英组织的身份示人。那么这种似乎并不以独立性见长的东亚模式难免会让人担忧，是不是目前东亚智库和政府间总体尚好的互动只是偶然的和阶段性的；在往后的发展中政府所代表的国家权力会不会产生不可抑制的绑架知识的冲动，从而使得东亚智库和政府间的互动最终僵化？

如果对这种观点进行学理化的演绎，则呈现这样的推理过程：首先，假设政府与智库间的关系，即权力与知识间的关系，本质上是权力主体相对于知识客体的关系。其次，这种关系继而在实际的社会生活中所营造的通常是主客体规则模式，显示出主体对客体的控制和监管，提供关照和分配机会的行为则更像是家长式的恩赐。最后，结论自然是政府和智库间实际上并不存在，甚至根本并不需要真正意义上的互动。

然而大量智库研究所观察到的现实情况却是政府和智库间分明存在互动。更确切地说，智库在知识与权力之间发挥了桥梁和纽带作用，成为知识与权力的缓冲地带，使知识与权力形成了良性互动。智库的兴起和完善，至少在一定程度上解决了知识与权力在政治决策中的两难问题。这就意味着政府和智库间的关系更多地呈现出主体间性的特征。哈贝马斯在对主体间性（intersubjectivity）哲学思想的阐释中所倡导的就是权力和知识间的互动，即决策咨询确实不是纯理论层面的从知识到权力的线性过程，而是交流与互动的网状结构，在这张大网上，需要能促使知识与权力交流互动的智库平台。① 基于以上分析，本书认为此说完全可以作为东亚智库与政府在互动中对独立性的探索的相关学理解释。

此外，本章以上部分虽然是针对东亚其他国家和地区经验的分析，但也对我国大陆地区智库建设中有关独立性问题的探讨具有一定的借鉴意义。首先，可以肯定政府和智库间的关系更多地呈现出主体间性的特征。其次，在此基础上如果进一步提升至价值讨论的层级，我们还可以借助哈贝马斯有关科学与政治间的"知识—价值"关系进行解读。哈贝马斯将"知识—价值"关系区分为三种模式：决断主义、技术统治和实用主义。决断主义是政治决定价值，知识成为达成政治目的的工具；技术统治是科学占据了主导地位；实用主义是介于二者之间的道路，"在这里，科学与政治是互相依存的，是对话交流的"②。

本书认为，过去我国各级政府在寻求外部意见时确实存在着决断主义的倾

① 王友云、朱宇华：《基于知识与权力关系视角的中国特色新型智库建设》，载于《探索》2016 年第 2 期，第 178 ~ 184 页。

② 萨拜因·马森、彼德·魏因加：《专业知识的民主化：探求科学咨询的新模式》，姜江、马晓琨、秦兰珺译，上海交通大学出版社 2010 年版。

向，但是随着近些年来的观念革新，在寻求智库咨询意见时秉持实用主义已经成为基本共识。在这种情况下，政府和智库既然是相互依存、对话交流的关系，就没有必要通过不断削弱智库（在不触及原则性问题时）的独立性，或者利用智库独立性可能存在某些制度建设的漏洞，来有意消解智库在公共政策领域内的作用。从这个角度讲，虽然没有采用美国理论界从国家与公民社会的框架出发讨论智库独立性的传统路径，但亦不失为一种可取的思路。

六、小　结

总体而言，亚洲智库虽然数量和质量上尚与欧美智库存在相当的差距，然而从近年来的发展趋势来看，亚洲智库行业在将来一个时期内的发展预期是令人乐观的。一方面，20世纪"东亚奇迹"时代的若干发达国家和地区依然维持着相对较高的智库建设水平，比如日本、韩国、新加坡这些国家已平稳运作多年的智库中不乏研究质量、政策影响力、社会关系网络乃至资金获取能力等方面的强者；另一方面，较之欧美地区智库的绝对数量和相对（全球）占比均有所下降的疲软状况，亚洲智库行业近年来高歌猛进的势头尤为引人注目。尽管其中最为显著的因素是中国智库的崛起，苏联的亚洲地区（主要为若干中亚国家）、南亚国家以及极个别之前一度陷入混乱的国家（如阿富汗）的智库发展成绩也不容小觑。基于各国历史、文化、政治、经济条件而呈现多样性的亚洲智库必然在各自国家和地区，乃至全球范围内扮演更加重要的角色。

从以上观察入手，可以得出一个有关智库行业发展规律的洞见，即"内部"或"外部"的多元主义政治秩序能够有效助力于政策思想市场的繁荣，从而贡献于智库行业的长远发展，但智库行业在初级阶段的发展并不以政策思想市场存在为必要条件。具体来说，欧美发达国家的政治秩序普遍呈现外部多元主义的特征，其思想政策市场也相当繁荣。亚洲国家，即便是在政治秩序上最接近西方的日、韩，严格意义上说，也只能算是介于西方式"外部"多元主义和东方式"内部"多元主义之间，遑论新加坡是内部多元主义秩序在中国大陆之外的典型案例，但是这三个国家的政策思想市场的发展依然取得了令人骄傲的成绩。南亚、东南亚、中亚地区众多发展中国家的智库建设近年来至少在数量上也取得了不容小觑的成就，但除了印度初步构建了政策思想市场，其他国家在此方面还有很长的路要走。因此，从"量"到"质"的发展过程中，通过外部或内部多元主义来构建政策思想市场是必须经历的，也是极其重要的一步。

另外，作为亚洲地区智库发展中最为突出的特色，东亚智库与政府的关系值得特别注意。一方面，东亚地区的政府普遍保持着对所在国家或地区的社会组织更为积极和直接的介入；另一方面，现实中却很少观察到这种趋势出现极化的现象。这是因为智库与政府关系中的任何一方都会与对方进行必要的互动，在彼此间保持一个对双方都比较有利的距离，从而在客观上保持了政策思想市场的活跃性。

具体的操作手法在不同的东亚国家和地区当然有所不同：在日本，主要是因为某一人员构成相对稳定的精英集团（如自民党内实权派）长期执政从而对公权力产生粘连，与这个集团中某些派系在政治上的"左""右"协同起来，自然成为某些智库与权力"再结合"的契机；站在韩国国家利益的角度，政府并行不悖地实现了对其官方智库的"剥离"与"统合"；且有效发动了民间智库来对官方智库的研究进行"补充"与"分担"，这显然是一种颇为可取的"制度提升"；在新加坡，人民行动党自建国以来长期稳定执政的体制无疑使得该精英集团具有了超乎西方式政党的政治角色而成为一种"建国者"与"人民保姆"的混合体，客观上促使了新加坡的智库分明展现出国家战略的格局感和使命感。

最后，东亚地区智库确实更多地致力于"制度提升"而非"制度批判"，归根结底是因为他们所处的国家（或地区）的政治秩序都在一定程度上表现出内部多元主义的特征。与"外部多元主义"秩序下的西方智库不同，东亚智库始终不可能与政府主导的"内部多元主义"政策咨询框架太过疏离。但是在与政府的互动中，他们同样为巩固智库独立性作出了有益的探索。

第三部分

当代中国智库的
发展现状与趋势

第八章

中国智库的区域分布

我国的智库由 20 世纪 70 年代以来的"政策研究和咨询机构"发展而来，然后到 80 年代"政策研究机构""高校智库""民间智库"和"军政各系统智库"也相继完善①，进而形成了"并存发展、多元互补的中国智库体系"②。自 2013 年习近平总书记首次提出"中国特色新型智库建设"的目标以来，全国各地智库建设进入新的热潮。尤其是最近两年，出现了大量的媒体智库、政企合办智库，高校智库的评价体系也在逐渐发生改变，智库建言献策的渠道正日益增多。2015 年初，中共中央办公厅、国务院办公厅印发的《关于加强中国特色新型智库建设的意见》（以下简称《意见》）对"中国特色新型智库"进行了界定。国内关于智库的相关研究可通过两大知名文献检索数据库的文献情况来反映，如图 8-1 所示。知网学术总库和万方数据库自 90 年代出现关于智库的研究文章，文献数量自 2013 年开始出现大幅度增长。

以知网（含万方数据库）检索结果为例，除去英、美、日等国外智库建设的研究，国内的智库研究主要集中在中国特色新型智库、智库的定义、建设、特征、影响力、政策咨询和发展模式等问题上，而较少对智库的整体规模（即智库地域分布情况）展开分析和研究。本章将以智库的规模为分析点，从智库的基本界定出发，通过对圈层结构中各类型智库的地理分布的整体展示，使人们对我国智库建设总体情况有一个全面的、系统的理解和认识。

---

① 朱旭峰、韩万渠：《中国特色新型高校智库的兴起、困境与探索——以中国人民大学智库建设为例》，载于《高等教育评论》2015 年第 1 期第 3 卷，第 32~44 页。

② 朱旭峰：《构建中国特色新型智库研究的理论框架》，载于《中国行政管理》2014 年第 5 期，第 29~33 页。

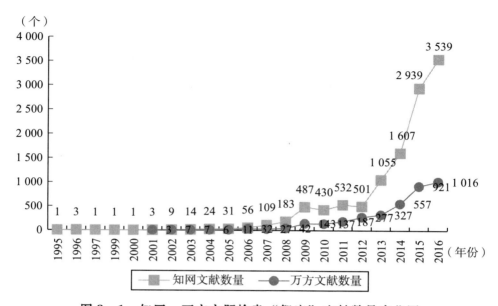

图 8-1　知网、万方主题检索"智库"文献数量变化图

资料来源：知网数据库、万方数据库（截至 2016 年 12 月 31 日），IPP 整理。

一、智库的定义与分类*

我们认为，智库是具有独立性和非营利性、以政策研究为主业并致力于影响公共政策的咨询研究机构。可以从多个角度对智库进行分类，如按内容和性质可分为政策分析型、政策倡导型（有政治倾向和宣传目标）、商业型；按意识形态倾向可分为保守主义型、自由主义型、中立型；按资金来源可分为政府项目维持型、独立基金支撑型、社会捐款维持型；按举办者可分为官方智库（主要指事业单位性质的智库，特点是有编制和政府经费保障，主要包括政府发展研究中心体系、社科院体系、党校体系和行政学院体系等四种，但不包括政策研究室）、高校智库（包括高校独办、校企合办）、社会智库（应具备非营利性特征，营利性的咨询调查机构不属于社会智库）。本书主要从举办者角度对智库进行分类。

纵观中国智库行业的发展历史，中国特色新型智库这一体系在参考和吸纳西方智库经验的同时在一定程度上保留了我国既往的社会科学研究体制，[①] 因此具

---

　　*　本小节主要由张骏完成。

　　①　比如党政智库中相当一部分是由早已有之的具有党政背景的社科研究机构发展而来。而中央和各级预算至今仍在拨款方面保留了对于这类机构的极大倾斜。

有其自身的一些特殊性（或者说是与西方智库行业的差异性）。关于官方智库和高校智库的定义相对容易理解，而中国语境下的"社会智库"则具有一定的特殊性，有必要专门做些阐释。

首先，本书并未沿用目前国内学界更为普遍的"民间智库"的提法，而是以"社会智库"代之，这并非本书编撰者的用词偏好，而是有专门的缘由。从根本上讲，本书探讨的是"中国特色新型智库建设"，那么对智库类型的划分和相应的术语选择也应当符合这一体系的语境。2014 年 10 月 27 日，在中央深化改革小组第六次会议上，习近平总书记强调改革发展需要强大的智力支持，要统筹推进包括"社会智库"在内的各类智库协调发展，形成定位明晰、特色鲜明、规模适度、布局合理的中国特色新型智库体系。① 这是"社会智库"的提法首次出现在官方语境中，并且是以中国特色新型智库体系的重要组成部分的定位出现。② 而2015 年 1 月中共中央办公厅、国务院办公厅印发《关于加强中国特色新型智库建设的意见》更是进一步将此提法固定下来，并强调"社会智库是中国特色新型智库的组成部分"，"由民政部会同有关部门研究制定规范和引导社会力量兴办智库的若干意见"。因此，"社会智库"更加符合中国特色新型智库体系的提法。

其次，智库的"定义"向来需要与智库的"分类"参照理解，但是官方智库、高校智库、社会智库（曾经为"民间智库"）的分类方法仅适合于解释中国智库行业。该分类方法并非源自作为智库发源地的美国，也不太适合解释包括美国智库在内的西方行业。③ 也就是说，"官方、高校、社会"三分法之下的中国社会智库的范围界定应当基于中国的实际情况，西方学术界对智库的定义和分类在该议题上的参考价值十分有限。

再次，在我国的实际状况中，社会智库的注册和运营事宜受到《民办非企业单位登记管理暂行条例》（1998）的规定，因此较之其他定义标准，该法律文件更宜被援引以界定我国社会智库的概念。根据该条例，社会智库所属的"民办非企业单位"是指"企业事业单位、社会团体和其他社会力量以及公民个人利用非国有资产举办的，从事非营利性社会服务活动的社会组织"。

---

① 习近平：《全面推进依法治国也需要深化改革》，新华网．2014 年 10 月 27 日．http：//www. xin-huanet. com/politics/2014 – 10/27/c_1112998021. htm.

② 刘西忠：《从民间智库到社会智库：理念创新与路径重塑》，载于《苏州大学学报（哲学社会科学版）》2015 年第 6 期，第 21～26 页。

③ 张璐：《当前我国行政决策中的民间智库参与研究》，云南大学硕士学位论文，2011 年。"西方与我国的智库概念范围也存在差别。西方的智库一般指独立于政府、企业和高校之外，从事公共政策研究的非营利性科研机构。政府体制内的智囊机构及高校的研究院是不囊括在智库概念之内的……相比较之下，我国的智库定义比美国更加灵活，一般说来只要是从事政策方面的研究、在政策领域提供参考建议的科研机构，我们都认为是智库（P. 6）"。

此外，就特征而言，社会智库较之官方智库，最为突出的特征就是其独立性。根据智库的圈层结构，社会智库在信息可及性和知识信任度方面较之官方智库和高校智库更弱，但在生产独立性方面最强。该结论并非本书独家所有，虽然使用的论述依据和演示方法略有不同，但是现如今国内学者对于社会智库的研究普遍支持这一观点。①

这首先是因为社会智库在基本立场上与政府保持着较之官方智库和高校智库更大程度上的超脱关系，在信息搜集和处理方面较少受到行政命令的直接限制，与社会具有更加紧密的联系。因此能够避免官方智库和高校智库容易出现的"国家立场"，从而避免出现"屁股决定脑袋"的研究逻辑。② 例如作为我国最早成立的社会智库之一，天则经济研究所的一般宗旨就是"在经济、政府管理以及一般的政治和社会科学等广泛的领域从事科学的研究，这种研究是独立于所有政治实体以及利益团体的特殊利益"。③

其次，社会智库很少能与特定利益集团实现长期的利益捆绑，这一特点与社会智库自身的组织方式、资金来源、参与决策的方式有关，后面几章还将进行更加细致的分析。此处，笔者要强调的是较之于官方智库和高校智库，社会智库更加可能排除一些因素对政策研究的干扰，从而突出其独立性的特点和优势。例如我国新兴社会智库深圳创新发展研究院，成立于 2013 年，由于依托于同名基金会，该智库的研究课题大多由其自身拟定，在委托研究协议中多为甲方角色，即便是为政府提供决策咨询服务也从不计较资金收益，因此全然摆脱了可能出现的利益捆绑，具有很高的独立性。

最后，就我国社会智库的总体发展趋势而言，其充分契合了我国决策体制逐步迈向内部多元主义的国家治理特点，虽然仍旧面临一些困难和阻碍，但凭借其比较优势（主要包括其较高的独立性和下面几章将要论述的组织、资金、人才管理等机制上的灵活性），已日渐在政策思想市场上显现其竞争力。但是与此同时，这些困难和阻碍同样不容忽视，可以说是渗透于社会智库的方方面面，严重影响社会智库的发展。

---

① 唐磊：《中国民间智库 30 年的初步考察》，载于《中国社会科学评价》2016 年第 4 期，第 99 ~ 112、129 页。刘西忠：《从民间智库到社会智库：理念创新与路径重塑》，载于《苏州大学学报（哲学社会科学版）》2015 年第 6 期，第 21 ~ 26 页。金家厚：《民间智库发展：现状、逻辑与机制》，载于《行政论坛》2014 年第 1 期，第 56 ~ 61 页。徐晓虎、陈圻：《中国智库的基本问题研究》，载于《学术论坛》2012 年第 11 期，第 178 ~ 184 页。张璐：《当前我国行政决策中的民间智库参与研究》，云南大学硕士学位论文 2011 年。王德禄、刘志光、邵翔、邓兴华：《民间智库在创新驱动战略中的重要作用》，载于《中国科学院院刊》2016 年第 8 期，第 896 ~ 900 页。郑方辉、谢良洲：《独立第三方评政府整体绩效与新型智库发展——"广东试验"十年审视》，载于《中国行政管理》2017 年第 7 期，第 153 ~ 155 页。

② 张璐：《当前我国行政决策中的民间智库参与研究》，云南大学硕士学位论文，2011 年。

③ ［美］斯图尔特：《思想库的社会角色》，载于《行政学系列参考》1987 年 1 月，第 2 ~ 3 页。

二、我国智库分布的整体情况

根据 2015 年社会科学文献出版社《中国智库名录》收录的 1 142 家智库（剔除重复）信息可看出，智库建设历程始于 20 世纪 80 年代，最初官方智库建设较快，然后是高校智库；从整体上看，在 2000 年后智库建设出现大幅度增长，尤其是高校智库增加最多；社会智库发展相对稳定。

由《中国智库名录》再结合《中国智库报告》的智库备选池、首批国家高端智库建设试点单位和四种具体的官方智库形成本文智库分布的分析数据库，剔除重复后，共收集了全国 31 个省区市共有 1 299 家智库，其中，官方智库 475 家，高校智库 589 家，社会智库 235 家（含 5 家网络平台）。根据地域和类型整理智库数量分布情况，如表 8 – 1 所示。

表 8 – 1 　　　　　2016 年我国 31 个省区市智库地域分布表

项目	官方智库（家）	高校智库（家）	社会智库（家）	行汇总（家）	行占比（％）
北京	286	202	161	649	49.96
上海	14	98	17	129	9.93
广东	10	36	9	55	4.23
湖北	7	36	3	46	3.54
江苏	6	31	2	39	3.00
浙江	11	21	3	35	2.69
福建	8	19	1	28	2.16
陕西	9	14	2	25	1.92
天津	5	16	1	22	1.69
吉林	6	14	1	21	1.62
四川	5	15	1	21	1.62
山东	6	14	1	21	1.62

项目	官方智库（家）	高校智库（家）	社会智库（家）	行汇总（家）	行占比（%）
湖南	8	10	2	20	1.54
辽宁	6	9	1	16	1.23
安徽	6	8	1	15	1.15
重庆	5	8	2	15	1.15
云南	5	8	1	14	1.08
新疆	4	7	2	13	1.00
广西	7	3	1	11	0.85
江西	6	4	1	11	0.85
黑龙江	6	3	2	11	0.85
甘肃	5	4	1	10	0.77
河南	7	1	1	9	0.69
贵州	5	3	1	9	0.69
内蒙古	5	2	1	8	0.62
海南	4	1	3	8	0.62
宁夏	5	1	1	7	0.54
山西	6	0	1	7	0.54
河北	5	0	2	7	0.54
网络平台	0	0	5	5	0.38
西藏	3	1	1	5	0.38
青海	4	0	1	5	0.38
香港地区	0	0	2	2	0.15
列汇总	475	589	235	1 299	100.00
列占比（%）	36.57	45.34	18.09	100.00	—

注：上表中的中国香港智库记录不全，中国澳门、中国台湾无记录。

资料来源：《中国智库名录 2015》《中国智库报告》智库备选池、国家高端智库首批试点单位、官方智库名单，IPP 整理。

由表 8-1 可看出，北京拥有全国 50% 的智库，在各类型智库建设中都是佼佼者，集中了智库建设的最强资源和整体优势，三类智库数量相近，官方智库略多；其次是上海，占我国智库总体数量的 10%，其中高校智库占绝大部分（约占 76%）；再次是广东和湖北，数量相近。上述 4 个地方的智库占到全国智库总数的将近70%。另外，我国智库地域分布中，江苏省的高校智库比例最高（约占80%）。

（一）官方智库

根据表8-1的统计结果，我国31个省区市的官方智库有475家，其中有286家都在北京，占全部官方智库总数的60%，其次是上海，约占3%，再次是浙江，约占2.3%。关于官方智库级别的地域分布详细情况如表8-2所示：

表8-2　　2016年我国31个省区市官方智库地域与级别汇总表

官方智库级别	智库数量	地域
国家级	272	北京
	5	上海
	3	广东
	2	陕西
	1	浙江、湖南、河南、吉林、福建、天津、江苏、海南
	0	其他省市
省级	13	北京
	8	浙江、上海
	6	陕西、湖南、河南、江西、安徽
	5	广东、吉林、福建、重庆、山西、宁夏、内蒙古、辽宁、湖北、黑龙江、贵州、广西
	4	天津、江苏、云南、新疆、四川、山东、青海、河北、甘肃
	3	海南、西藏
市级	2	浙江、广东、福建、湖北、广西、山东
	1	北京、上海、陕西、湖南、山西、辽宁、黑龙江、江苏、云南、四川、河北、甘肃
	0	其他省市

资料来源：《中国智库名录2015》《中国智库报告》智库备选池、国家高端智库首批试点单位、官方智库名单，IPP整理。

由表8-2可看出，官方智库以国家级智库（约占智库总数的61%）为主，且基本都集中在北京（约占国家级官方智库总数的94%），其他省市的国家级官方智库只零星地分布在沿海省市和部分内陆省份。北京的国家级官方智库以绝对优势领先，是其他省市无法企及的。

省级官方智库在全国各省市的分布较均衡，这与各地社科院和党校体系比较完善有直接关系。其中，北京、上海等直辖市的政府建立的智库属于省级智库。由表8-2可看出，省级官方智库的优势资源主要集中在北京、浙江、上海三地，海南和西藏最少。

市级官方智库总量较少，占官方智库的5%左右，以沿海省市及部分内陆省份为主。市级官方智库是由各地政府建立起来的，北京和上海的市级官方智库是由区级政府或某市级办公室建立起来的。

官方智库是由政府主导建设的，集中了各省市的政策咨询机构的各种资源，是政府政策咨询的主力军。尤其是国家级的官方智库，为国家和各省市的政治、经济、社会发展做出了巨大的贡献，引领着官方智库的整体发展趋势。我国在2015年底公布了"25家入选首批国家高端智库建设试点单位"，这批智库建设试点单位的推出为各类智库的发展方向和建设标准提供了直观、有效的参考。这批高端智库试点，必将成为各类智库认定和建设的标杆，有助于引导各类智库的建设步骤，有助于促进我国智库的良性发展，有助于全面协调我国智库的整体布局。官方智库是高端智库试点的重要部分，其中的10家官方试点智库也为官方智库的发展指明了方向。随着国家认定的不同批次的智库名单的发布，官方智库的整体布局会逐渐明朗。

（二）高校智库

根据表8-1的统计结果，我国31个省区市的高校智库有589家，其中有202家在北京，占全部高校智库总数的34.3%，其次是上海，约占16.6%，再次是广东和湖北，约占6.1%，第五位是江苏，约占5.3%，排名前五位省市的高校智库数量占全国高校智库数量的68.4%。关于高校智库数量排在前五位的地域的高校及其智库情况如表8-3所示：

表8-3　　　　　2016年排名前五位的省市高校智库信息表

地域	高校名称	高校属性	高校智库数量
北京	北京大学	教育部直属、"985"工程、"211"工程	52
	清华大学	教育部直属、"985"工程、"211"工程	43
	中国人民大学	教育部直属、"985"工程、"211"工程	24
	北京师范大学	教育部直属、"985"工程、"211"工程	18

地域	高校名称	高校属性	高校智库数量
北京	中央财经大学	教育部直属、"211"工程	13
	中国政法大学	教育部直属、"211"工程	10
	对外经济贸易大学	教育部直属、"211"工程	7
	中国传媒大学、 中国农业大学	教育部直属、"211"工程 教育部直属、"985"工程、"211"工程	5
	北京航空航天大学	"985"工程、"211"工程	4
	北京外国语大学	教育部直属、"211"工程	3
	中央民族大学、 北京交通大学、 北京化工大学、 北京工业大学、 北京林业大学、 华北电力大学	"985"工程、"211"工程 教育部直属、"211"工程 "211"工程 "211"工程 教育部直属、"211"工程 教育部直属、"211"工程	2
	中国石油大学、 北京印刷学院、 北京工商大学、 北京理工大学、 北京科技大学、 北京第二外国语学院	教育部直属、"211"工程 — — "985"工程、"211"工程 教育部直属、"211"工程 —	1
上海	复旦大学	教育部直属、"985"工程、"211"工程	35
	华东师范大学	教育部直属、"985"工程、"211"工程	16
	上海财经大学	教育部直属、"211"工程	14
	上海交通大学	教育部直属、"985"工程、"211"工程	13
	上海大学、 同济大学	"211"工程 教育部直属、"985"工程、"211"工程	6
	上海外国语大学、 华东理工大学	教育部直属、"211"工程 教育部直属、"211"工程	2
	上海对外经贸大学、 上海师范大学、 中欧国际工商学院、 华东政法大学	— — — —	1

地域	高校名称	高校属性	高校智库数量
广东	中山大学	教育部直属、"985"工程、"211"工程	23
	暨南大学	"211"工程	7
	华南理工大学、 深圳大学	教育部直属、"985"工程、"211"工程 —	2
	华南师范大学、 广州大学	"211"工程 —	1
湖北	武汉大学	教育部直属、"985"工程、"211"工程	18
	中南财经政法大学	教育部直属、"211"工程	8
	华中师范大学	教育部直属、"211"工程	3
	华中农业大学、 华中科技大学	教育部直属、"211"工程 教育部直属、"985"工程、"211"工程	2
	中国地质大学、 武汉理工大学、 湖北大学	教育部直属、"211"工程 教育部直属、"211"工程 —	1
江苏	南京大学	教育部直属、"985"工程、"211"工程	14
	河海大学、 苏州大学	教育部直属、"211"工程 "211"工程	4
	南京航空航天大学	"211"工程	3
	南京农业大学、 南京师范大学	教育部直属、"211"工程 "211"工程	2
	中国矿业大学、 江南大学	教育部直属、"211"工程 教育部直属、"211"工程	1

注：高校属性取自中国教育和科研计算机网 CERNET。

资料来源：《中国智库名录 2015》《中国智库报告》智库备选池、国家高端智库首批试点单位、中国教育和科研计算机网 CERNET，IPP 整理。

从整体上看，我国接近七成的高校智库都集中在这五个省市，这与国内高校的地理分布相近。根据中国教育在线[①]的中国大学统计结果显示，这五个省市的普通本科院校数量占全国本科院校总数的 27.6%，"211"高校个数占全国"211"高校总数的 49%，"985"高校是全国"985"高校的 44%。可见，高校智库依托

---

① 中国教育在线，http：//gkcx. eol. cn/soudaxue/queryschool. html? page = 278&schoolSign = 2.

于不同层次的本科院校，层次越高，且人文社科类专业在全国的排名越靠前，高校智库的数量相对越多。

我国的高校智库主要依托于高校人文社科研究机构建立起来。根据《2013年全国高校社科统计资料汇编》① 记录的社科研究机构信息统计可知，上述五个省市拥有的人文社科研究机构占全国总数的30.5%，拥有的省级以上人文社科研究机构是全国总数的39.8%，而拥有的教育部各类研究基地占全国总数的54.9%。可见，高校智库集合了我国高等教育和人文社科研究的中坚力量，这是高校智库得以发展的基础。

当前，我国高校智库地域分布状态的形成与高等学校分布情况及社科研究机构的分布有关，还与当地政治、经济、社会等方面的因素有关，这些将在后面进入深入分析。

（三）社会智库

根据表8-1的统计结果，我国31个省区市的社会智库有235家，北京有161家，占全部社会智库总数的68.5%，加上上海、广东、浙江四地的社会智库，数量超过全国总数的80%。我国社会智库大多数也是依托有关机构建立起来的，如当地省委或市委、省或市政府、各类社科协会、研究会或公司等。在统计得到的235家社会智库中记载了直属或主管单位的有141家，其中60%以上的社会智库直属于国家部委、地方政府或相关政府部门，另有约22%是由社科类机构（包括各类协会、研究所、社科院等）主管，国企公司主管的占12%左右。可见，我国社会智库的建立和建设仍由政府主导，对政府的依赖性很强。

另外，社会智库多数成立于2000年前，按智库列表记录的成立时间来看，超过一半（约56%）是成立于2000年以前，2000~2010年之间成立的约占1/3，2010年之后成立的约为1/5。由此可见，与官方智库和高校智库相比，社会智库发展较难，面临的挑战更大。这一现象与社会智库的经营运作方式直接相关，也受政策思想市场的圈层结构影响。

---

① 教育部社会科学司编：《2013年全国高校社科统计资料汇编》，高等教育出版社2014年版，第364~530页。

三、智库地域分布特征及其原因

当前我国智库地域分布的主要特征是集中与分散相结合、受政治经济影响显著、资源分配不均。第一，集中与分散结合，指智库大部分集中在个别地市，其他省市占据很少份额，地域分布既集中又分散；第二，受政治经济影响显著，智库集中的个别地市为北京和上海，这两个地方为我国政治经济中心，智库数量直接受到政治经济因素的影响；第三，资源分配不均，北京和上海是我国最大的两个城市，聚焦和吸引了全国的优势科研力量，从全国整体来看智库资源分配很不均衡。

（一）智库地域分布特征

1. 地域的过度集中性

全国一半的智库集中在北京，其中，官方智库占了全国官方智库总数的60.2%，高校智库占了全国高校智库的34.3%，社会智库占了全国社会智库的68.5%。作为首都和第一大城市的北京聚集了智库建设的所有优势。除北京外，上海智库数量占全国智库总量的10%，主要为高校智库，约占了上海智库总数的76%。国内的两大城市：北京和上海，一个是政治中心、一个是经济中心，聚焦了60%的智库资源。而且，智库多数建在沿海省市，如北京、上海、广东、江苏、浙江、福建、天津七个省市的智库数量就占了全国智库总量的73.7%。这些数据充分显示出，我国智库的地域分布上过度集中，地理分布不尽合理。多数省市的智库建设还相对落后，智库数量和质量的不足，导致其角色定位和功能发挥都受到很大限制，难以有效促进各地政府决策的科学化进程。

2. 智库资源分配的不合理性

智库分布地域的过度集中，必然导致政府决策咨询课题和智库研究人才向北京、上海等地迁移集中，对内地省市的智库建设和发展产生较大的负面影响，人才流失、资源流失将是内地省市智库建设中遇到的首要问题。同时，内地大部分省市的智库人才培养也会遇到瓶颈，而北京、上海等少数地区则可能人满为患，这实际上是对智库研究人才的一种浪费。

3. 不同类型智库分布的不平衡性

从总体数量上看，高校智库数量占优，其次是官方智库，社会智库约是官方智库数量的一半。各类智库的合理分配比例目前尚未可知，从政府决策咨询角度来看，官方智库具有绝对优势，高校智库也在逐渐发挥越来越大的作用，但是社会智库所起的作用依然有限。

（二）智库地域分布的因素分析

1. 地域分布形成的可能因素

调研发现，形成我国智库的这种分布形态的可能因素主要是经济发展（如GDP及产业发展状态）和高等教育水平（如高等学校、科研人员、科研经费等因素）。

（1）经济发展。

各省市的经济发展状态直接影响着智库的建设进展，从而影响着智库的分布情况。北京、上海和东部沿海省市经济较发达，智库建设也走在前端，对智库的财政投入、政策支持较其他省市更加明显。经济发展直接影响着社会的稳定和发展，智库作为政府决策的建言者、咨政者和评估者，同时也是社会舆论引导者，对社会稳定和发展具有重要的意义和作用。

（2）高等教育水平。

智库研究人员来自各地高校的科研人员，智库的发展潜力和影响力主要取决于其研究人员和机构的运作。这一点与各省市的高等教育水平息息相关，如高等学校的数量（尤其是"985"高校或"211"高校数量）、高级科研人员的数量和各省市在教育上的科研经费投入量，直接影响着智库研究人员的培养情况和智库资源的划分。智库的分布情况与各省市的高等教育水平基本相近。

2. 智库地域分布因素的回归分析

根据上面的分析，下面以经济发展、高等教育水平作为回归自变量，以31个省区市的智库数量为因变量。自变量选取以便利可得为基本原则，无相应变量则选用相关变量来反映。其中，经济发展选取"GDP值""CPI值""人口总数""15~64岁劳动人口数"变量；高等教育水平选取"教育经费投入量""教育支出量""科研人员数""科研项目数""省级社科研究机构数""教育部社科研究机构数""本科院校数"变量。智库数据以前面统计结果计算而得,其他数据以2015年统计年鉴数据为准。

对上述变量数据使用 Stata 14 进行回归分析,并逐一对变量进行剔除或替换,剔除了不显著变量,并将"本科院校数"替换为"211 高校数",最终形成以下的回归结果(见表 8 – 4)。

表 8 – 4   我国智库地域分布因素回归结果

自变量	系数	标准差
人口总数	0.1090 ***	0.0321
15 ~ 64 岁劳动人口数	− 0.1987 ***	0.0059
"211" 高校数	8.3841 *	3.0121
省级社科研究机构数	− 0.7617 ***	0.2406
教育部社科研究机构数	8.8351 ****	1.1773
教育经费投入量	0.00002 **	7.79e − 6
教育支出量	0.2323 *	0.1028

注:表中 **** : $P < 0.001$, *** : $P < 0.005$, ** : $P < 0.01$, * : $P < 0.05$,双尾检验;样本数 = 31, $\chi^2 = 78.90$, $p < 0.0001$, $R^2 = 0.9600$,各自变量对因变量均显著。

表 8 – 5 的回归结果显示,经济发展和高等教育水平是我国智库当前地域分布形态的主要影响因素。在经济发展因素中人口因素(包括两项:人口总数及劳动人口数)对智库分布情况的影响较明显,人口数可侧面反映出各省市的整体经济规模和经济发展程度,通常认为经济形势较好的地区人口越聚焦。高等教育水平的显著因素较多这一结果,应是与因变量"智库数量"中高校智库数量居多有直接关系。

四、小   结 *

尽管经过 30 多年的决策科学化、民主化改革,政策知识的需求和供给之间依然没有建立一个有效的政策思想市场。2013 年习近平总书记提出建设中国特色新型智库的目标以来,中国大陆迎来了智库建设的热潮。

----

* 本小节主要由张骏完成。

　　研究发现，中国智库的分布呈现出地域上和圈层之间的不平衡。从地域上看，绝大多数中国智库分布在北京和上海两大中心，剩余部分智库也主要集中在东部沿海省会城市。回归分析表明，经济发展和高等教育水平是当前中国智库区域分布的主要影响因素。从圈层上看，处于中间的高校智库占优，而处于最外围的社会智库十分弱小；对此的解释需要回到智库自身的内部结构。

　　从内部结构来看，组织、资金、人才管理机制，信息获取机制，研究组织机制，以及成果质量控制机制等是影响不同类型智库发展的主要因素。在这些方面，社会智库可能存在某些比较优势，但也存在明显的劣势。一方面，社会智库比官方智库和高校智库具有更大的灵活性，可能更加敏锐地发现问题，调整战略，从而有效降低试错成本；另一方面，社会智库没有政府和高校的"兜底"，一旦试错成本超出其自身承受范围，回旋空间非常有限，极易出现直接出局的结果。因此，社会智库必须比官方智库和高校智库多开展一项重要工作，即每家社会智库都应加强与其他社会智库以及其他类型民办非企业单位的交流。在每一个具体问题的应对中积累经验并与同行分享，从而以尽可能小的代价团结尽可能多的社会智库共同克服那些具有普遍性的困难和阻碍，进而实现整个社会智库行业的长足发展，在思想政策市场中谋求更大的市场份额。对这些问题更深入的讨论，将在第九章、第十章、第十一章中展开。

第九章

中国智库的组织管理

现代形式的智库在中国取得了很大的发展，尤其是改革开放之后这一进程明显加快，如今我国智库的体系已然十分复杂和庞大。据美国宾夕法尼亚大学麦甘研究团队发布的《全球智库报告 2016》，目前全球范围内共设立 6 846 家智库；中国以 435 家位列（智库最多）国家排名的第二位；而社会科学文献出版社出版的《中国智库名录（2016）》显示我国智库数量甚至高达 1 192 个。

随着中国政府不断提高对决策科学化和民主化的要求，智库日益成为影响政府决策的重要力量。国内外实践证明，完善的内部机制是智库成功的关键因素，然而，目前我国学界对智库内部机制的研究多为泛泛而谈，缺乏深刻剖析与系统认识。

"一个国家的知识生产体制和智库的组织形式深深地嵌入在这个国家的政治体系当中。因此，要了解中国智库的性质，就必须将智库的角色和功能放置于中国政治制度背景中进行理解；同样，如果要回答中国新型智库如何建设的问题，更需要首先理解中国的政治制度，"郑永年认为中国的政治体制可以概括为一党主导的内部多元主义（internal pluralism），即"当社会中出现不同利益的时候，执政党向不同利益开放，将其吸纳进体制中来，并通过不同的机制来代表不同的利益。利益首先被内部化，他们被融合到既有体系中，进而在体系内部与不同利益群体进行协商、协作和竞争。"①

智库的组织、人才、资金、研究等管理机制充分反映了内部多元主义特征，

---

① 郑永年等：《内部多元主义与中国新型智库建设》，东方出版社 2016 年版，第 41~55 页。

也深受其影响。在内部多元主义体制之下，各类智库被吸纳进政治体制之中，并形成以竞争性圈层结构为核心的政策思想市场。政治权力处于圈层中心位置，不同智库与之形成一定的"政治距离"。"政治距离"的远近深刻影响着政治权力中心对智库的政治信任、知识合法性程度，进而影响智库的组织、资金、人才和研究模式。概言之，以党政智库为代表的官方智库因为其距离政治权力中心最近，从政府获得的资金、数据、信息等资源最多，拥有更多的政策影响渠道；高校智库离政治权力中心稍远，在资金、信息以及政策影响渠道方面处于中间位置；社会智库离政治权力中心最远，在资金、信息、政策影响渠道等方面处于最弱势的地位。

当然，各类智库并非完全均匀分布在整个智库体系中。高校智库与社会智库并不甘于政治体系中的天然弱势地位，他们往往通过社会网络建立与政府的联系，尤其是将政府高官以及与政府有密切关系的人物吸纳进来，使他们成为智库领军人物和外部专家团队，从而缩短与政治中心的距离。社会网络的嵌入，在一定程度上改变了智库与政治权力中心的分布格局：部分高校智库、社会智库利用自己的社会网络资源优化了原来的制度性位置，缩短了与政治中心的距离，从而能够更方便地获得更多来自政府的资源。然而，并非所有智库都有能力改变其固有的不利位置。

智库的有效运转需要合理而高效的组织管理机制作为支撑，但其具体形态取决于智库产生的环境、智库类型、智库历史、既有资源的约束等条件。

一、智库定位

智库虽多以公共政策研究为核心业务、以影响政府决策为根本目标，但是不同类型的智库之间，甚至同类智库内部，都存在具体定位的差异。

官方智库以战略性政策研究为主，同时也兼顾基础研究。以中央党校、中国社科院、国务院发展研究中心、国家行政学院为代表的国家级的官方智库主要为党和国家最高机关、各中央部委服务。例如，国务院发展研究中心作为直属国务院的政策研究和咨询机构，其政策研究集中于国民经济、社会发展和改革开放中的重大问题，全局性、综合性、战略性更强。而以地方党校、地方社科院、地方行政学院等为代表的地方性官方智库则服务于各级地方政府，为地方经济社会发展建言献策，地方性色彩更为浓厚。例如，广东省社科院的定位是以应用决策研究为主导、以基础理论研究为基础的综合性哲学社会科学研究机构，围绕广东省中心工作和经济社会发展需要进行科学研究，积极服务于广东改革开放实践。但也有一些地方官方智库突破地域上的限制，结合地域优势和学科优势，研究具有全国意义的问题，发挥建言献策作用。

隶属于各高校的智库，在政策研究方面往往有其宏大的理论关怀，或者更确切地说，开展研究的专家学者往往希望将自己的理念最终付诸实践。对于部分高校智库来说，组建智库还是一种跨学科的尝试，政策研究往往只是副产品。正是因为其强烈的理论关怀，其政策产品也偏宏观。例如，中国人民大学国家发展与战略研究院，就着力于"国家治理现代化"；复旦大学党政建设与国家发展研究中心则致力于党的建设、执政体系以及统战研究；华南理工大学公共政策研究院则将研究领域集中在经济政策、社会政策以及国际话语权等方面。

社会智库的政策产品类型更为复杂，不同机构之间的差异极大。部分社会智库致力于国家宏观政策研究，其中以北京的天则研究所和中国（海南）改革发展研究院最为典型。中国（海南）改革发展研究院多年深耕于政府转型、公共服务体制、农村改革、企业改革等领域。部分社会智库借由影响国家政策的初衷成立，后来则主要服务于一些具体的咨询项目。不得不承认，有相当部分社会智库转做或者兼做咨询乃是迫于运营压力。例如深圳综合开发研究院的服务对象包括深圳市政府、国有企业、上市公司、民营企业、外资企业及合资企业，与此同时其宏观政策研究已让位于具体的咨询服务。最近几年，也出现了个别智库致力于某特定政策领域的政策倡导（policy advocacy），这种产品路线的智库在美国和欧洲早已有之，[①] 但在国内则比较新鲜。比如深圳创新发展研究院，主要致力于倡导各界人士关心和支持我国、特别是深圳市的改革深化。另外，该智库依靠同名基金会提供的稳定资金支持日常运作，因此甚少作为乙方来提供"咨询"，大多数时候都在主动"建言"。

社会智库产品之所以呈现以上现象，放在政策思想市场检视，可以有三种不同层次的解读。最直接，当然也是最表面的解读聚焦于"资金"对产品形态的塑造作用，这是政策思想市场的本质所决定的。再深入，还可以在社会智库的人才管理机制、研究组织机制和成果质量控制机制方面进行解读。社会智库主要聘用体制外专家，较之于几乎必然存在官方话语习惯的官方智库专家和几乎必然依赖学术理论分析范式的高校智库的专家，他们在组织研

---

① 例如本书第六章中提到的欧洲之友（EOF）的首要任务就是倡导欧洲社会认识到欧盟和欧元的价值。

究时更多的是出于效率考量，在成果质量控制方面也更加纯粹地遵循客户导向型思维。最后，学界在智库研究中惯常使用的几种理论也可以为以上现象提供解读视角。

简单来说，"多元主义"理论强调多个权力中心的存在以及决策向前发展的动力在于不同团体间的利益冲突和相互妥协。[①] 较之于本身就带有政府团体属性的官方智库和带有学术团体属性的高校智库，社会智库客观上很难长期绑定某特定利益团体，在政策思想市场机制的调节下，其必然出现产品战略上的多元化；"精英"理论认为决策机制是由少数统治阶层组织或个人主导的，而且社会智库的领军人物往往得以跻身于该精英层。[②] 然而该精英阶层的确需要通过一些管道来收集非精英阶层的状况以作为决策依据，这就给予了由精英主导的社会智库在（政府和高校等）精英体制之外的生存空间。最后，"国家"理论强调国家本身就是一个重要的决策参与者，具有"自主权"，无论是官方、高校，还是社会智库的决策意见最终都必然与国家政策存在一定差距。[③]因此，从这个角度讲，社会智库在信息可及性和知识信任度方面较之官方和高校智库的劣势可能在一定程度上被淡化，依托其灵活性而提供更多不同视角的产品则是政策思想市场规则下的理性之选。

不过，随着近年来智库建设热潮的兴起，原本定位有一定差异的智库逐渐趋同，多数智库都采取"短平快"的发展模式，以经济社会发展的热点问题为中心，围绕热点问题快速形成观点，从而争取在速率上胜同行一筹，颇有一种"大干快上"的气势。正因为智库发展策略的趋同化导致政策产品的一致性，使得政策思想市场未能充分形成，未能为政府提供有助益的建议和意见，进而使得政府对智库的信任度降低。这对于高校智库和社会智库的影响尤为明显，因为这二者处在圈层结构的外层，其取胜的关键就在于政策产品的独立、深刻，而现在却被快餐化。这让部分从事智库运作的有识之士颇为担忧：

"智库是靠竞争出来的，需要有一个智库市场，双方（政府和智库）都有可选择性。如果没有选择，那就是政府养的智囊，只有唯一的一家，质量很难有保证。如何通过竞争的手段，去培养真正强的智库，是政府应当考虑的。"（华东师范大学某智库访谈资料，20150921）

竞争环境的缺失进一步削弱了智库在政府部门的影响力、公众的公信力以及国际上的竞争力。正如周仲高所言，"在缺乏多样化竞争条件的背景下，智库之间的竞争呈现向同一目标追求的趋势，大学、社科院、政策研究机构以及民间智

①②③　Zhu Xufeng. *The Rise of Think Tanks in China*. Oxfordshire and New York：Routledge，2013，pp.
7－8.

库之间的差异性在缩小，服务目标趋同，发展特色不明，智库发展的良性竞争环境缺失，智库对公众关注点的反响不够，智库的独立性与客观性在丧失，智库的观点可能会离公众意愿与社会常识越来越远，在'国际舞台上常常陷入'集体失语'的尴尬处境。'"①

无论智库的政策产品是宏观性的、战略性的，还是微观性的、地方性的，独立性始终是业界普遍追求的价值。独立性是就两种组织或事物之间的关系而言。如果将组织与组织之间的关系模式视为一个连续统，其两端则为完全独立与完全依附，但这两种极端状况在现实中通常都不存在，大多数都处于这二者之间，差异在于更偏向哪一端。那么，我国不同类型的智库与政府的关系处于这个连续统中的什么位置呢？前面的章节已经解释，在"内部多元主义"构架下，不同类型的智库和官方的关系是不同的，或者说，它们和官方之间不是等距离的，而是存在着不同的"政治距离"。而不同的"政治距离"也影响到智库研究的独立性。通常而言，官方智库因其隶属于政府，其政策研究的独立性较差，很多时候仅仅是在进行政策解释，而较少进行政策创新，依附性最强；高校智库因其学术研究本身就有独立性的诉求，在迎合政府方面较官方智库较弱，依附性不如官方智库强；民间智库往往以独立性著称，而且很多智库的成立源于服务于某一类人群，或者利益团体，因此在很多时候我们可以发现其政策倡导的痕迹较重，与政府的关系多基于项目，可有更多选择的自由。概言之，官方智库的依附性最强，高校智库次之，社会智库依附性最弱，独立性更强。

二、智库管理架构

管理机制的物理形态体现在管理架构上。国外智库大都实行分权管理和决策，组织机构更偏向于扁平化设置，为研究提供更为宽松的空间，以此来确保研究的质量和专业性。中国的情况则更为复杂。大体上而言，我国智库机构的管理架构可分为以下几类。

（一）科层制管理模式

科层制起初被当作一种政治体制类型使用，后来韦伯指出科层制并非一种政

① 周仲高：《智库的科学分类与准确定位》，载于《重庆社会科学》2013 年第 3 期，第 116～120 页。

府类型，而是一种由训练有素的专业人员依照既定规则持续运作的行政（管理）体制，遵循的是权力集中原则，权力按照职务的阶梯方式根据规章而明确确立，内部人员有明确分工，从而形成固定的等级制度。其组织结构的形状为层级的"金字塔"式，上下级之间是一种严格的命令与服从关系。权力的形态则表现为"倒金字塔"。① 此种组织形式以官方智库为最多。

官方智库因为属于事业单位或参公事业单位，因此多在党委直接领导下。在党委领导之下，形成一整套嵌入学术研究部门的行政领导班子。同时，还有一些职能部门，这主要是为了对接政府相关部门，以及服务于研究部门。如中国社科院的财务基建计划局、监察局等；上海社科院的纪委（监察室）、党政办公室、党委统战部、党委宣传部、审计处等处室，有的处室下还设有下属机构。此外，官方智库虽设学术委员会，但大多流于形式，对研究方向拟定和课题选择并不具备发言权。

官方智库的特点，一个重要体现就是职位分等，下级接受上级指挥。具体体现是党委及行政领导的职级设定上面。以党校系统为例，中央党校校长通常由中央政治局常委兼任；常务副校长为正部级干部；副校长及教育长等为副部级干部，并由中组部任命。各教研部、各级职能部门的行政领导都有相应的职级。地方党校也有相应的职位行政级别。

对官方智库来说，行政领导班子一般也是党委班子成员，表现为典型的"一肩挑"现象。例如中国社科院，院长兼任党组书记，而其副院长、纪检组组长、秘书长均为党组成员。

（二）扁平化管理模式

为应对科层制管理带来机构臃肿、行政成本高、效率低、创造力缺乏等问题，智库界出现了扁平化管理的理论与实践。该模式主要通过减少管理层次，压缩职能部门和机构，裁减冗余人员，从而建立一种紧凑、干练的扁平化组织结构。这种管理方式已在大多数社会智库和部分高校智库中出现。

通常而言，社会智库以及部分接受社会捐助的高校智库采取董事会/理事会管理制度，董事会一般由捐资人、政府/高校领导、学者等组成。董事会的职责是决定智库的方向和政策，包括制定、审议智库发展规划，审理财务，选拔和任命行政管理人员。智库的具体运作则由行政管理和学术委员会两大机构负责。学

---

① 王桢桢：《科层制治理与合同制治理：模式比较与策略选择》，载于《学术研究》2010 年第 7 期，第 41~48 页。

术委员会负责制定智库研究计划,行政管理团队则负责执行董事会/理事会决议,并为学术研究提供相关行政服务。其特点是管理层次少,信息壁垒少,从而提高了运作效率。

采取扁平化管理模式,一方面是模仿现代公司化管理,因为大多数捐赠人都是企业管理者,使用其最熟悉的公司化管理更为得心应手;另一方面,可能也是最根本的原因——节约成本。作为智库机构,其资金有限,而且不能实现自我再生产,因此,如何降低成本是一个迫切的问题。

(三)松散管理模式

无论是科层制还是扁平化管理模式,在行政、管理运作和研究方面基本都有一套完整的组织体系,但还存在着一部分智库采用了极为松散的管理模式。这部分智库主要是非实体型智库,且多为高校智库。我国相当一部分高校智库或者依托学院而建,或者脱胎于传统的学术研究中心,管理人员和研究人员多由各学院的老师兼任,只有极少数专门从事智库研究的人员,谓之"小机构、大网络"。以复旦大学某高校智库为例,十几个人的核心团队,只有1个行政和2个科研人员是专职人员,其他都是学院老师兼职做智库研究。由于没有完整的组织机构,日常活动较少,形成一种"简单搭台,请人唱戏"的局面。

另外,值得一提的是,由于高校智库通常并不是一个独立的组织机构,而是隶属于高校的二级,甚至三级机构。因此,从本质上讲,它也只能算是科层机构中的一环,甚至是最末梢的松散组织。

此外,在中国缺乏制度化的参与决策咨询渠道的情况下,社会智库与官方智库相比,存在着天然的劣势。因此,为了与政府能够对接,一些社会智库常采用变通手段。比如中国(海南)改革发展研究院为了更方便开展各项研究,以及与政府部门实现顺利对接,保留了两个事业单位身份。

"为了方便开展各种研究,与政府部门的对接,我们又保持了两块事业牌子。这两块事业牌子一个就是北京分院,它是挂靠在国务院发展研究中心的,我们院的指导关系也在那里,有专门的副主任与我们对接。北京分院是有事业编的,但是这个并不是正规的享受拨款的事业编……虽然是事业编,但福利、退休不是参照正规事业编制,只是便于开展活动。还有一个事业牌子是中国智库研究中心,就在我们本部,也是刚才(北京分院)那种性质,是个独立的事业编,但不享受国家财政拨款。"(中政院访谈资料,20150716)

三、小　　结

随着智库的不断发展，智库的准确定位显得极为重要。它既关系到智库自身的可持续发展，同时也有利于不同智库的错位发展，从而提升智库建言公共政策、服务社会大众的能力，进而推动有中国特色的政策思想市场的形成。

我国智库的发展定位和组织管理模式在很大程度上取决于内部多元主义的决策体制之下所形成的智库"圈层结构"，与权力中心的距离不同，所面对的制度环境、资源禀赋也会不同，选择不一样的架构设置，在某种程度上是一种结构化的结果。首先，就官方智库而言，其作为事业单位，在管理架构的设置上没有太大的选择空间，基本只能沿袭机关单位架构。这也使其组织架构较为完善、复杂。而高校智库和社会智库有一定选择的自由，但是为了能够更加顺畅地与政府部门对接，也会让渡一部分选择自由，在组织架构设置上尽力向行政机关靠拢。

概括地说，我国智库在管理机制中存在以下问题：

（1）智库定位不清，导致智库产品趋同，较难形成一个有竞争的智库市场。智库在研究议题的选择上都热衷于追逐热点，什么东西热大家都蜂拥而上，都是在以速度吸引决策者的注意力，缺乏对问题的系统而深入的研究。

（2）不同类型智库对政府都存在着相当程度的依赖。虽然从官方智库到高校智库再到社会智库，其对政府的依赖性是逐渐减弱的，但不可否认的是，即使离政府权力最远的社会智库，在部分情况下也不得不向现实妥协。这尤其体现在智库观点表达上，为了迎合政府领导的口味以实现对公共政策的影响，研究的客观性、中立性都可能大打折扣，从而降低了智库的公共属性，并最终失去对公众的影响力与说服力。这就导致部分智库更倾向于服务企业等非政府组织，甚至一些社会智库逐渐演变成事实上的咨询公司。

（3）官方智库的机构设置行政化倾向明显，机制不灵活，在适应科研领域新趋势时凸显迟滞。智库属于研究机构的一种，其机构设置与内部治理有自己的一套规律。科层制管理模式过于烦琐的管理程序，严格的权力分等，对于学术研究的积极性可能造成极大损害。而且在官方智库中，还存在着行政权力直接干预科研活动的情况，对于研究的自主性与客观性不利。

（4）一部分高校智库机构设置不完整。这主要是指一些非实体运作的智库，多是出于兴趣的松散型学术社团组织，治理结构不健全，在专业化资政建言的功能上比较薄弱。

第十章

中国智库的资金管理

组织的资金管理包括两个层面：筹资与使用。无论智库规模大小，来源广泛、稳定且充足的资金，以及资金使用的科学性与效率对智库有着至关重要的作用，直接影响着智库的研究成果与影响力。

一、资金从何而来？

智库属于知识生产组织，通过对已有的数据、信息和知识进行加工，结合经济社会发展和政府、公众的客观要求，进行公共知识和政策建议的生产[①]。与教育及科研机构等公益事业类似，智库资金主要来自政府拨款、社会捐赠、研究项目收入和培训服务等渠道。欧美智库通过出版、会务、投资、固定资产出租等实现收益的方式在国内仍较少见。

在智库资金方面，正如前面章节所讨论的，欧美智库资金来源较为广泛，其中一些智库并不需要依赖政府拨款，独立性更强。当然，欧美各国智库的资金模式也有一定区别。美国多数知名智库的资金来源是多元化的，包括政府拨款、企业捐助、研究合同款项、会员费、活动收入、出版所得等；欧洲国家智库更

[①] 汤中彬、张少杰、孙康慧：《管理咨询服务知识转移过程研究》，载于《情报杂志》2008 年第 11 期，第 127~129 页。

多依赖政府资金，或者党派捐助，因而具有较强的政治利益倾向；日本智库的资金主要来自主办机构自筹，政府、企业、NPO、委托研究及出版物收益、基金收益等，但近年来因主办机构的决心和财力不足而面临资金困境的现象也较为突出①。

我国的智库兴起较晚，筹资机制不如欧美国家发达，筹资渠道较为单一。智库资金来源受到智库性质、目标定位、社会关系网络、历史传统等诸多因素影响。按照主要资金来源，概括起来，中国智库的筹资模式主要有以下几种。

1. 政府财政拨款型：智库每年从政府接受相对固定的财政拨款或财政补贴，因此也负有为各级政府出谋划策的责任

我国的官方智库通常是以政府（包括中央政府和各级地方政府）财政拨款为主要经费来源。下面，我们将以中国社科院、中央党校、国务院发展研究中心以及 30 家省级社科院②作为分析对象，来看财政拨款在其年度总收入中的占比情况以及收入结构（见表 10－1）。

表 10－1　　我国官方智库 2014 年度财政拨款收入及占比

智库名称	财政拨款（万元）	年度总收入（万元）③	财政拨款占比（％）
国家级智库			
中国社科院	195 624.50	335 799.52	58.26
中央党校	51 218.22	96 176.37	53.25
国务院发展研究中心	9 227.75	18 824.01	49.02
地方级智库			
内蒙古自治区	6 949.51	6 949.51	100.00
河北省	7 561.02	7 892.52	95.80
安徽省	3 248.94	3 440.49	94.43
甘肃省④	2 822.24	3 204.99	88.06
海南省	1 724.11	1 961.48	87.90
湖南省	5 158.6	6 100.07	84.57

---

① 闫志开、王延飞：《智库运转机制比较分析》，载于《情报理论与实践》2015 年第 5 期，第 5～11 页。

② 其中新疆维吾尔自治区社会科学院 2014 年度部门数据没有找到。

③ 年度总收入是指年度决算收入，其中包含了上年度结余结转收入。

④ 甘肃省社会科学院因其 2015 年数据不可得，故此为 2014 年数据。

续表

智库名称	财政拨款（万元）	年度总收入（万元）	财政拨款占比（%）
地方级智库			
江苏省	5 757.5	6 832.71	84.26
贵州省	4 236.01	5 090.7	83.21
浙江省	5 786.17	7 105.68	81.43
陕西省	3 509.67	4 373.92	80.24
山东省	11 731.04	14 673.43	79.95
江西省	4 660.6	5 847.13	79.71
天津市	7 640.4	10 237.5	74.63
宁夏回族自治区	3 334.55	4 540.91	73.43
吉林省	6 512.27	8 888.57	73.27
湖北省	6 378.97	8 745.56	72.94
福建省	6 526.07	9 105.01	71.68
青海省	2 001.56	2 800.83	71.46
广东省	9 520.47	13 430.61	70.89
河南省	4 510.9	6 409.95	70.37
重庆市	3 599.35	5 152.06	69.86
北京市	10 417.9	14 919.5	69.83
上海市	31 791.41	46 251.63	68.74
山西省	4 078.82	6 113.56	66.72
辽宁省	7 606.42	12 587.98	60.43
广西壮族自治区	4 519.17	7 577.51	59.64
四川省	10 290.36	18 496.09	55.64
西藏自治区	5 332.44	9 764.26	54.61
黑龙江省	6 516.12	12 729.26	51.19
云南省	5 546.08	10 971.05	50.55

资料来源：各智库官方网站上的年度部门决算公告，IPP 整理。

通过表 10 - 1，我们可以发现中国社科院、中央党校、国务院发展研究中心等作为国家层面的智库机构，国家将其作为一级事业单位进行拨款扶持。中国社科院、中央党校、国务院发展研究中心接受的财政拨款都超过50%，中国社科院则超过60%。

作为地方级智库，30个省级社科院资金收入呈现以下特点：（1）财政拨款在其年度总收入中占比极大，除了四川省社科院财政拨款占比为48.35%外，其他社科院财政拨款占比都在50%以上，且内蒙古自治区社科院财政拨款为100%；（2）各省级社科院接受财政拨款的比重并不直接受其经济发展水平影响，即财政拨款与经济发展水平并未呈现线性相关关系。

除了财政拨款，各官方智库还有其他收入来源，包括经营收入、事业收入等，但是占比较小。以中国社科院为例，除了58.26%的财政拨款收入外，事业收入占6.23%、经营收入占0.02%、附属单位上缴收入占1.45%、其他收入占16.47%、事业基金弥补收支差额占0.1%，以及17.47%的上年末结转收入（见图10-1）。

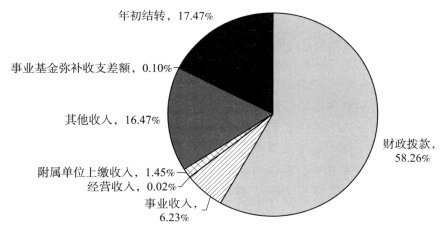

图 10-1　中国社科院收入结构（2015 年度）

资料来源：根据中国社会科学院 2015 年度部门决算数据整理。

值得注意的是，官方智库的上年末结转收入也是一笔相当大的收入，中国社科院为 17.47%，中央党校为 15.88%，而国务院发展研究中心更是高达30.96%。

2. 项目合同型：智库作为公共政策咨询专家角色，通过承接研究项目或为研究计划申请拨款作为收入

这类智库利用自己的专业优势从政府或其他服务对象申请经费。具体又可分

为两种情况：

（1）资金方（通常是政府）设立一个大型的、非具体的项目，由各机构竞争申请。如上海市教委的资金支持是以智库项目名义发布的；广东省的高水平项目建设每年为智库提供 2 500 万元资金。这里无论是智库项目、还是高水平项目，均是一个宏观的建设项目，而非具体的项目。以广东国际战略研究院为例，其要从广东省获得 2 500 万元，每年大概要申报 18 个具体项目。

这种类型的智库我们很容易将其归类为财政拨款型智库，可是这样一来就忽略了一个很重要的区别：财政拨款型智库来自政府的拨款比较稳定，而合同型智库在接受财政拨款时，往往是以项目为期，只是这个项目较一般项目周期更长，如上海市教委预计支持五年。通过这类项目资金可以诱导一批智库建立起来，同时还使得一部分研究机构参与到智库研究中来。但是，当资金方不再投入该项目，而以此方式建立起来或转型为智库的机构若没有实现主要收入来源的转变，发展将难以为继，机构能否存续或者业务能否继续覆盖政策研究就成为一个问题。

"前五年教委的资金支持实际上是非竞争性的，很多机构都争相去申请，但是如果教委不再投入资金了，这些机构可能不再做智库。"（华东师范大学某智库访谈资料，20150921）在项目结束或者政府不再支持智库时，能否继续生存或者进行智库研究，成为不少智库管理者所忧心的问题。

（2）资金方将具体项目以课题形式通过招标方式向社会发布，由智库去申请，或者直接指派某个或几个智库完成。此以中改院、综开院为典型代表。中改院每年一共有 1 000 余万元的收入，其中课题部分是大头，占到了 60% ~ 70%，基金会大概为 10%，其余则来自培训、企业捐助、物业收入。综开院的收入结构为研究合同大概占 78%，财政拨款实际上只占 16%，其他如物业收入大概占 5%。

3. 支持者捐赠型：一批志在影响中国决策的企业家，通过捐赠资金、办公场所等成立或支持智库机构

这类智库由社会个人或企业发起成立。智库的发起者或者因为强烈的政策关怀，或者与智库的思想倾向有较高的契合性，为智库理念所吸引。这类智库或多或少都带有捐赠者的色彩。华南理工大学公共政策研究院便是代表之一。该智库是由华南理工大学校友、成功企业家莫道明捐资 5 000 万元（每年支付 500 万元，共支持 10 年）而成立的一家智库。随着智库的影响力逐步扩大，华南理工大学公共政策研究院入选国家首批高端智库试点，中宣部政府给予相应的资金支持，同时，华南理工大学也配套相应的资金支持。

4. 基金会支持型：智库依靠基金会资金资助进行机构运作

这类智库并不是向既有的基金会申请资金支持，而是由智库支持者捐赠资金，并成立基金会，用于支持智库运作。中国人民大学重阳金融学院（简称"人大重阳"）和深圳现代创新发展研究院均属此种类型。人大重阳是中国人民大学校友、上海重阳投资管理股份有限公司董事长裘国根先生向母校捐款 2 亿元的主要资助项目。人大重阳将受赠的 2 亿元资金作为种子基金，进行资金运作，所获得的收益用于机构运作。深圳现代创新发展研究院则由多位私营企业家捐助成立的深圳市现代创新发展基金会支持。深圳现代创新发展研究院发起人张思平曾任深圳市委统战部部长，与企业界人士有着广泛而紧密的工作联系，因此有较强的社会资金动员能力。

需要指出的是，部分智库，尤其是社会智库和高校智库，在某一类资金支持下建立起来，随着影响力越来越大，其资金来源也越来越多元化，资金结构也在不断变化。甚至有些智库因某类资金建立起来，如果未能及时拓展资金来源渠道，很有可能由于该类资金不再支持智库而逐渐消亡。

二、智库资金使用

智库作为科研机构，其资金使用必然需要遵循科研规律。只有科学合理地使用经费才能使其发挥最大效用，激励科研人员全身心投入到研究工作当中去，提高智库研究质量，最终扩大智库影响力。

（一）智库资金支出结构

学术研究的支出内容包括人员、设备、数据、资料、场地等方面，不同的经费支出结构反映了一国或者一个科研机构对学术活动的重视程度与管理理念。美国智库大都将资金大头投入在研究项目上，而研究项目的核心要素是人才，因此支出的大部分都用于研究人员的工资、奖金、福利等。以布鲁金斯学会和对外关系委员会为例。

从表 10 - 2 和表 10 - 3 可以看到，布鲁金斯学会和对外关系委员会在研究项目上的投入力度非常大，分别占到了总支出的 75.4%、72.8%。而其中员工工资及福利部分又占主要比例，布鲁金斯学会的员工工资及福利部分占到了研究项目支出的 74.4%，对外关系委员会的员工工资及福利部分在研究项目支出的占比更是高达 80.9%。而且，员工工资及福利在总支出中的占比都超过 50%，可见其对人才的重视。

表 10 - 2　　　　　布鲁金斯学会和对外关系委员会资金支出结构

支出类别	布鲁金斯学会	对外关系委员会
研究项目支出（百万美元）	74.6	44.5
管理及一般性支出（百万美元）	21.0	11.5
筹资支出（百万美元）	3.5	3.9
总支出（百万美元）	99.0	61.1
研究项目支出占比（%）	75.4	72.8

资料来源：谭锐、尤成德：《基于经费收支视角的智库组织治理：中美比较》，载于《中国软科学》2016 年第 11 期，第 22～31 页。

表 10 - 3　　　　　布鲁金斯学会和对外关系委员会员工工资及福利支出情况

支出类别	布鲁金斯学会	对外关系委员会
工资及福利（百万美元）	55.5	36.0
研究项目支出（百万美元）	74.6	44.5
总支出（百万美元）	99.0	61.1
工资及福利占研究项目支出比重（%）	74.4	80.9
工资及福利占总支出比重（%）	56.0	58.9

资料来源：谭锐、尤成德：《基于经费收支视角的智库组织治理：中美比较》，载于《中国软科学》2016 年第 11 期，第 22～31 页。

我国智库经费相关数据的公开透明度整体而言不是很高：官方智库公开的数据多是应政府机关单位的要求，不能很好地反映科研机构的特点；高校智库作为学校的隶属机构，并没有单独的部门预决算数据；大多数社会智库也并不会对社会公开其资金情况。因此，要获取资金使用细节较为困难。

由于官方智库对于财政拨款外的事业收入、经营收入等的使用细节并未公开，因此下面主要分析财政拨款的支出结构。以中国社科院、中央党校和国务院发展研究中心为例。

**表 10 - 4　　　　　中国社会科学院、中央党校和国务院发展
研究中心资金支出情况**

支出类别		中国社科院	中央党校	国研中心
基本支出	人员经费（万元）	69 350.35	18 238.53	4 110.9
	公用经费（万元）	8 317.79	9 685.89	1 486.64
项目支出（万元）		113 235.86	23 018.47	5 674.2
财政拨款（万元）		190 904	50 942.89	11 271.74
人员经费占比（%）		36.33	35.80	36.47
项目支出占比（%）		59.32	45.18	50.34

　　资料来源：各智库官方网站上的年度部门决算公告，IPP 整理。

　　从表 10 - 4 我们可以发现，中国社科院、中央党校和国务院发展研究中心的人员经费在财政拨款的占比较低，分别为 36.33%、35.80%、36.47%。项目支出占比相对较高，分别为 59.32%、45.18%、50.34%。值得注意的是，这里的项目支出并非全部用于社会科学研究活动，有相当一部分都是用于社会科学研究活动之外，诸如外交支出、纪检监察事务、教育等。

　　天则经济研究所是一个典型的社会智库，其资金来源不是政府财政拨款，因此在资金使用上灵活性更强。从表 10 - 5 中可以看出天则经济研究所的经费使用有几个特点：一是在人员投入上比例也不高，只有 24.40%，甚至低于官方智库的支出比例，这对于其吸引青年才俊并不利；二是在研究项目上投入比例则较高，占到了 63.75%，这可能是由于其资金筹集不易，要将"好钢用在刀刃上"，以提高研究质量。

表 10 - 5　　　　　　天则经济研究所资金支出结构

支出类别	金额（万元）	占比（%）
人员经费支出	216.7	24.40
研究项目支出	566.2	63.75
管理及一般性支出	105.2	11.85
总支出	888.1	100

　　资料来源：《天则经济研究所 2014 年鉴》。

（二）智库资金使用遭遇财务制度困境

　　我国的科研经费使用则面临着极大的体制机制难题，严重影响到研究人员的

科研积极性，尤其是实行中央八项规定以来，科研经费使用难题更是成为众矢之的。当然，遭遇这些困境的主要是与财政资金相关的机构、项目，因此主要涉及官方智库、高校智库。

1. 资金结构方面：重物不重人

智库研究与其他许多创造性活动一样，主要投入在于研究人员的智力，因此，最重要的成本投入应该是人力成本。这在美国可以很明显地看出来，布鲁金斯和卡内基的工资及福利支出均超过了 50%。与之相反，我国的情况是包括智库在内的学术研究机构在人力成本投入方面严重不足。首先是基本工资偏低，这已为学界诟病多年，然而一直没有得到根本改善。其次是劳务费比例过低。正是因为较低的基本工资比例，让科研人员不能过上一个体面的生活，使得很多研究人员希望通过课题经费改善家庭生活，然而，根据相关规定，纵向课题经费的劳务费比例不得超过 30%[①]，更多的经费主要用来购买设备。横向课题的比例稍高，但是存在着将横向课题经费纳入财政经费规定进行管理的情况，此外，由于相关税负较高，即使提高劳务费比例，研究人员也不愿意以劳务费形式报销课题经费。相当一部分高校智库反映劳务费只能发给智库外甚至校外人员，智库内部或校内的人员不能参与劳务费分配。

"智库建设与资金的问题肯定是人员经费问题，现阶段整个经费的使用大多是物化的，比如场地设备之类，没有看到社会科学主要是人力资源的付出，社科方面的智库不是靠设备与物化劳动的转化而是靠人力资源，尤其是脑力资源的积累。人力资源的价值得不到体现，这个问题导致搞智库比较难。"（上海财经大学某智库访谈资料，20150923）

"人员经费最多只能到 20%，而且现在政策收得越来越紧，人员费是要发给别人的，不能发给自己。现在还是按照自然科学项目来，经费主要用于设备购买，但实际上人文社会科学主要是人员经费。"（华东师范大学某智库访谈资料，20150921）

"智库的劳务经费比例从过去的 20% 提高到了 40%，这部分钱每年基本都可以用完。受财务制度的限制，另外 60% 的经费每年只能用掉 20%，购买数据、与数据公司合作开发数据可以利用这个钱，但是如果是自己参与收集数据又变成了劳务费。按照规定，劳务费只能发给校外人员，校内研究人员不能从里面拿钱。"（复旦大学 A 智库访谈资料，20150923）该中心由于研究需要大型数据库，

---

① 在访谈时，大多都提到劳务费比例最高不得超过 30%，但也有说 35%、40%、50%，并不统一，造成这种情况的原因可能是各地、各单位根据实际情况作了一定调整。

因此数据收集是一个很大型的工程。但限于现行财务规定，参与数据收集的智库研究人员在没有劳务费的情况下，只能凭着对科研的热爱，自愿参与数据采集工作。

"按照复旦大学的规定，不管是横向项目还是纵向项目，凡是进入学校的经费，都按照纵向项目使用。"（复旦大学 A 智库访谈资料，20150923）在 IPP 课题组调研的智库中，不少存在这样的情形，横向项目的经费通过学校财务处走账，规则也是按照纵向课题进行。在少部分机构中，横向课题的经费使用相对灵活。

此种经费比例的设置与我国理工科经费管理思维不无相关。

"我最讨厌的就是财政的钱，拿来就是负担，花完难受，不花完也难受。接下来我准备买履带式手扶拖拉机。我们不需要这么多机器设备呀，这完全是理工科的思维，社会科学根本不需要这些东西。"（复旦大学 B 智库访谈资料，20150924）一智库管理者不无夸张地说为了完成资金目标，准备买履带式拖拉机。此说法虽然夸张，然而反映了现在的科研经费重物而不重人的客观现实。

不合理的资金结构导致了两方面的困境：一方面，降低了智库研究人员的积极性；另一方面，大量科研经费花不出去，或者是以不符合财务规范的方式花出去，资金使用效率极低，浪费也极为严重。即使有的智库希望通过创新机制，提高智库研究人员的积极性，却遭到了不少阻力。例如，一些智库为了吸引智库研究人才，通过给额外补贴的方式，但是不能为智库业界之外的人所理解。

"智库专职研究人员的岗位有津贴，只要预算合理，通过审议，是可以的，但目前没有到位。但是这种情况会被其他人员不理解，认为你怎么能拿双份工资呢？现在哪怕明文上规定可以做，但因为各种原因不能做。"（华东师范大学某智库访谈资料，20150921）

在多方呼吁之下，国家层面和地方层面都在逐步改善研究人员基本工资过低、劳务费比例过低的问题，只是进程比较缓慢。

"确实老师的智力价值与收益不匹配，学校老师的收入相对来说是比较低的。其实 863，973 等重要科研课题以及企业的课题在人员费方面已经提高了很多，且放开了'没有工资性收入'的规定。项目负责人是可以给自己发放人员费的。"（华南理工大学 A 部门访谈资料，20151127）

2. 资金管理方面：过程管理高度精细化

以"事业单位"定位的高校及研究机构对科研经费实行了近乎苛刻、繁文缛节式的管理、检查，甚至将用于约束公务员行为的行政规则，套用到知识分子、科研人员头上。现行财务制度对科研项目进行着极为精细化的过程管理，从申

155

请、报销到最后结项都有极为繁杂的程序：申请时要报细致而复杂的预算方案，中标后首先的难题不是思考怎样把课题做好、提高成果质量，而要忧心如何才能在现有的财务规范内把钱花掉，最后结项的时候还面临一票否决的风险（即如果财务人员在项目验收时觉得项目财务存在问题，可以否定该项目）。这层层关卡对于从事科研的研究人员、智库来说是一个极大的负担。

全国人大代表、中国民法学研究会常务副会长、中国社会科学院法学研究所孙宪忠研究员就 2016 年两会拟提建议案《关于建立"科研友好型经费使用管理制度"的建议（征求意见稿）》在中国法学网公开征求社会各界的意见和建议。其中提到了多数老师深感烦恼却又无可奈何的问题：首先是科研经费的使用必须严格依据预先的设想方案，没有任何的灵活性。其次是不论科研项目的性质，也不论经费来源是纵向课题还是横向课题，科研人员均不得从科研经费中取得劳动报酬。这一点对于项目主持人、主要承担人尤其不利，因为他们要在科研中承担主要的劳动，而且这一劳动十分辛苦，但是项目经费却不能给予其一分一文的报偿。最后，科研经费的报销制度已经发展到了完全不信任科研人员的地步，一些地方的报销审查严格到了极端。我们了解到的情况是，大多数项目都存在着到期之后经费不能全部使用的现象。这样，一方面科研人员的艰苦劳动不能从报偿机制上得到承认，另一方面科研经费普遍不能充分支出。该《征求意见稿》在征求意见期间获得超过 60 000 的阅读量，并收到 200 余条反馈信息，足见其被关注范围之广，程度之深。

3. 管理制度方面：部门间缺乏协同

高校智库的科研项目和科研经费两者本分不开，但是随着社会分工的不断细化，在具体实施中往往归属于两个部门，科研项目管理实施归科技处/社科处管理，科研经费的管理则由财务处进行，因此两个部门的协调配合就显得非常重要。

现实中，由于专业方向与关注点不一样，科研项目关心的是项目如何如期、保质保量完成，财务部门则关心经费使用是否符合规范，能否在规定时间内把钱花掉。两部门之间没有很好的协同合作机制，存在严重的信息壁垒，给科研人员带来很多麻烦。

更为严重的是，由于两部门的业务周期不一致，催生了许多"突击花钱"的现象。据很多高校教师反映，有部分项目 10 月份才立项，资金到账则更晚，但是财务部门要求在当年年底之前必须把钱用完，完全不考虑科研实际。

"当年的经费往往十月份才能批下来，华东理工是部属高校还可以留到明年用，如果是上海市属高校的话年底就要清零，这样会给老师带来很大的压力。"

（华东理工大学某智库访谈资料，20150925）

对此，财务管理人员也很无奈，钱花不完就表示其绩效不达标，"我们也跟教育部反映过多次，项目是有自己的生命周期。但是，是国务院要求这么做的，教育部也没有办法"。（华南理工大学 A 部门访谈资料，20151127）

如此，便产生了一个悖论：由于严苛的财务规定，科研经费花不出去；如果钱花不出去，以后可能会减少经费，于是科研人员被迫想办法花钱。

"这钱花不完，财政局找我；花完了，审计局找我。"（中国社科院上海分院访谈资料，20150925）这句话也许道出了很多研究人员的担忧与尴尬。

三、资金来源是否会影响智库独立性？

智库通常以独立性著称，被称为是政府和媒体之外的第三种声音。对于智库独立性，人们习惯性地将其与资金来源联系在一起。其中，又以政府财政资金会严重削弱智库独立性的论断为甚。人们普遍认为：越多使用政府财政资金的智库，独立性越差；越多使用社会资金的智库，独立性则更强。如是，作为资金来源以政府财政资金为主的官方智库，社会上不少人士认为其跳不出政府"传声筒"的框架，只能做政策解释、政策宣传类研究，过于关注政府需求而与民众意愿渐行渐远，从而独立性严重丧失；使用财政资金的高校智库次之，因为其财政资金来源是间接的，而且有其自身的学术独立性追求；独立性保持得最好的是使用社会资金的智库。

那么，事实真的如此吗？如果说资金来源会影响智库研究的独立性，美国智库也有相当一部分资金来源于财政资金①，为何他们仍然被认为具有独立性？对于资金来源与智库独立性之间的关系显然需要更深刻的认识。

研究指出，布鲁金斯学会保持独立性主要通过五种机制：丰富的筹资渠道、附条件的资助机制、非党派性的要求、多通道的影响力建设以及极具包容的氛围和环境②。丰富的筹资渠道和附条件的资助机制都与资金来源有着密切的关系，下面将从这两点着手，以国内外智库为案例，探讨资金来源与独立性的关系。

第一，多元的资金筹集渠道是智库能够保持独立性和公正性的必要条件。资金多元使得智库不用过分依赖某一个或某几个出资者，从而为其利益代言。以布

---

① 谭锐：《美国智库经费收支浅析》，载于《公共政策研究季刊》2015 年第 2 期，第 43 ~ 54 页。
② 刘昌乾：《世界一流智库如何保证研究的独立性——基于美国布鲁金斯学会的研究》，载于《中国高教研究》2014 年第 9 期，第 66 ~ 70 页。

鲁金斯学会为例，其资金来源包括创始人布鲁金斯的基金、社会捐赠、业务投资回报、拨款与合同收入、出版物收入等。多元而充足的资金为其独立性和公正性提供了必要的物质基础。

中改院在接受资金支持的时候尽量避免单独一家，以此来保证一定的独立性和客观性。"靠企业不能靠一家两家，那就可能成为企业利益的代言人了，支持我们的企业有大有小，有国有民……任何一家企业也无法干预，个别企业的利益难以强加到我们头上。"（中改院某部门访谈资料，20150716）

第二，附条件的资助机制是保证研究独立的关键。布鲁金斯学会在接受资助时，对资助方的权利与义务进行了规定，其中最核心的规定就是资助方不能对其研究项目和研究结论进行干预。因此，资助方与研究项目都不存在直接的关联，这在制度上切断了资金方与研究者之间的关系，保证研究者可在不受资金方影响的情况下基于客观事实而作出独立判断。

第三，财政资金并不必然影响智库独立性。兰德公司的资金来源中财政资金占了相当大的比例。2014年兰德公司合同与拨款一项收入共2.8亿元（这是其90%的收入），其中80%以上是来自美国国防安全部门、空军、陆军、卫生部及其他各级政府①。但是这并不妨碍其独立性。需要指出的是，兰德公司在接受财政资金时与中国官方智库存在两点区别：一是其与政府的关系不是行政隶属的关系，而是通过项目与产品接受财政资金；二是虽然资金大头是财政拨款和合同，但是资金方并不是一个政府部门，而是多个政府部门。

第四，社会资金也未必保证独立性。萨拉蒙在研究美国非营利组织时指出："尽管收入来源从政府转向商业并不一定会有损非营利组织……可以想象，志愿机构越是必须依赖于服务收费来生存，它们就越会按照能够支付费用的顾客的要求来提供服务，而越少关注那些最需要服务的人。"② 萨拉蒙认为随着政府对社会组织的资金投入削减，以穷人为主要服务对象的社会组织更少，对穷人的关注也更少，社会组织转而关注其会员或者拥有购买能力的顾客。这说明如果一个组织过于依赖社会利益团体或者个体的资金，可能会更多关注该群体利益，反而偏离了公共利益。智库也同样如此。

一些智库人士对智库独立性有较为深刻的认识：

"我们讲的独立性不是要独立于政府、独立于党的领导，是要独立于不同的利益诉求，站在国家整体利益、广大民众的利益上看怎么改革最合适。"（中改院某主要负责人访谈资料，20150716）独立性的核心关切点应该是公共利益、整体

---

① 谭锐：《美国智库经费收支浅析》，载于《公共政策研究季刊》2015年第2期，第43~54页。
② 萨拉蒙：《公共服务中的伙伴》，商务印书馆2008年版，第210页。

利益。

当然，完全保证独立性也是不可能的。这是因为从逻辑上讲，对于如何做到独立客观可以十分清楚，那就是保持研究的客观性，不受任何利益倾向所引导，保持专业的判断。但是在实践上则极为模糊，因为研究者作为个体，其所接受的理念、所处的阶层，甚至成长环境都可能对其研究带来或多或少的影响，完全的独立客观是不可能做到的。

四、小　结

在内部多元主义的决策体制之下，我国智库的资金管理深受"圈层结构"的影响，具体表现如下：①不同类型智库的资金来源差异极大。官方智库毫无疑问主要属于财政拨款型；高校智库的经费直接或间接来自政府，社会资金作为补充；社会智库则主要为支持者捐赠型、基金会支持型。②从智库资金规模来讲，不同类型智库之间差别非常大。大部分官方智库的资金规模巨大，动辄接受几千万、上亿的财政拨款，高校智库和社会智库的资金规模则受制于创办者、捐助者的人脉资源、政府支持力度等因素而多寡不均。③智库的经费来源在不同阶段有变化，例如中改院在启动阶段作为事业单位，接受财政拨款较多，后来改制成民营非企业之后更多地以承接课题为主要资金来源；IPP是在莫道明先生的捐助下成立的，逐渐发展壮大后，得到学校和政府的大力支持；上海市教委支持下的18家智库也或多或少得到了学校的相应资金/物资配套。

目前智库资金管理方面的问题明显表现为：

（1）经费来源单一。我国官方智库和高校智库的资金来源多为政府资金，社会资金极少；而对于社会智库而言，由于其依据的主要法律法规《民办非企业单位登记管理暂行条例》和《社会团体登记管理条例》对捐赠、资助的规定非常严苛，在接受社会捐赠、境外资助方面多有限制。种种原因致使智库资金多元化受阻。

（2）高校智库与社会智库资金的稳定性不够，影响智库的可持续发展。由于智库的资金不能实现自我生产，主要依赖外部资金的支持，因此，资金的可持续性就成为一个不可回避的问题。通过前面的介绍，我们发现，除了官方智库外，我国大部分智库的兴起都是因为一笔启动资金。这些启动资金的投入一般不是无限期的，那么当这些资金不再投入之后，智库能否持续发展就成为智库负责人急需解决的问题。

（3）经费结构与管理制度不合理，严重削弱了研究人员的积极性。就我国智库机构以及学术研究机构来说，普遍的问题是在资金使用方面重物不重人，研究人员基本工资比例较低，在项目经费中，劳务费比例也极低，没有显示出对人才智力的尊重；此外，在经费管理制度上，过于精细化的过程管理，使得研究人员在经费预算与报销等琐事上花掉了大部分时间与精力。种种因素叠加，使得研究人员的积极性大受挫折，一方面，降低了智库对优秀人才的吸引力；另一方面，又导致大量科研经费沉淀，使用效率低下。

第十一章

中国智库的人才管理

　　智库属于知识密集型产业，兜售的产品为"idea"，而人才是知识的载体，是生产"idea"的主体，可见人才是智库的核心资本，其他生产要素均是用来服务于人才的，以助其生产新的知识与洞见[①]。智库的竞争归根结底是人才的竞争，人才的优劣决定着智库的生存与发展。智库人才包括智库领军人物、行政负责人、科研项目负责人、行政科辅人员等，每一类人才对于智库的发展都至关重要。正如上海一智库负责人所说："领军人物是灵魂人物，是总设计师；具体运营的行政负责人就是总工程师；具体科研项目负责人则像包工头，负责研究的具体推进"（复旦大学党政研究中心访谈资料，20150924）。人才的选拔、培养、考核、激励的科学性与合理性显得极为重要。

　　本章主要讨论智库的人才结构、智库领军人物、选拔培养机制、考核激励机制以及外部学术网络。之所以将智库领军人物单列出来讨论，是我们在调研过程当中发现对于很多智库，尤其是高校智库、民间智库来说，智库领军人物极为重要，智库的发展深受其领头人的个人风格、社会资源动员能力等方面的影响。

一、谁在为智库工作？

　　智库研究具有多学科、实践性和综合性等特点，这就决定了其所需人才既要

---

　　① 刘骥：《浅谈新型智库的人才困境》，载于《公共政策研究季刊》2015 年第 2 期，第 37～42 页。

有深厚的学术造诣，同时也要有一定的实践经验，或者说是博中有专、专博相济的"T型人才"①。因此，智库人才特别需要注意教育背景、职业经历、年龄结构等方面的合理搭配。

研究人员是智库产品生产的核心要素，笔者重点选取了包括官方智库、高校智库、社会智库在内的五家智库②，对最高学位背景和任职经历建立矩阵数据库。其中任职经历包括来此机构之前的全职经历，即不含兼职、访问等经历。由于我国并没有较为成熟的"旋转门"机制，导致有政府工作经历的智库研究人员较少，而政府工作经历及观察机会对于政策研究至关重要，因此，我们将"去政府机关挂职、借调"视为有政府工作经历（见表11-1）。

表11-1   智库基本情况

智库名称	机构性质	研究人员数量
国务院发展研究中心 DRC	隶属国务院的官方智库	160
公共政策与治理研究院 IPPG	隶属上海财经大学的高校智库	9
公共政策研究院 IPP	隶属华南理工大学的高校智库	15
广东国际战略研究院 GIIS	隶属广东外语外贸大学的高校智库	18
中国（深圳）综合开发研究院 CDI	独立社会智库	78
广东省社科院	隶属广东省委省政府的官方智库	112
中国（海南）改革发展研究院 CIRD	独立社会智库	15
中国国际经济交流中心 CCIEE	独立社会智库	?
中国人民大学重阳金融研究院 RDCY	隶属中国人民大学的高校智库	15

资料来源：各智库官网数据，IPP整理。

人员教育背景及其任职经历形成了智库组织提高研究水平和政策影响力的社会资本，如果以结构主义的视角来看，这些社会资本可以通过智库组织拥有的社会网络结构来表现③。为详细了解基本情况，下面将以智库研究人员为行，以最高教育背景和任职经历为列，建立矩阵网。最高教育背景以是否取得博士学位（是为1，否为0，未知为空白）为单位，任职经历的类别主要包括大学、政府部门、商业组织、媒体和其他非营利性社会组织（在该部门具有任职经历的为1，

---

① 安淑新：《加强我国智库内部管理的对策建议研究》，载于《经济研究参考》2012年第58期，第32~44页。

② 均以各智库官网数据为分析基础，可能会因人员变动但未及时更新官网信息而有所出入。

③ 张新培、赵文华：《谁在为著名高校智库工作——基于人员任职经历的结构化网络分析》，载于《清华大学教育研究》2014年第6期，第59~65页。

没有该部门任职经历的为 0）。由于研究个体数量较多，为便于清晰描述不同智库研究人员的总体概况，以智库为单位对不同行求和，并计算占机构总人数的百分比[①]（见表 11 – 2）。

表 11 – 2　　智库研究人员最高教育背景和任职经历的矩阵网

项目 智库名称	最高教育背景			任职经历					
	博士学位	硕士学位	有效人数	大学	政府部门	商业组织（公司、银行）	媒体	其他非营利组织	有效人数
国务院发展研究中心	95 (79.2%)	18 (15%)	120	18 (15.7%)	34 (29.6%)	22 (29.1%)	6 (5.2%)	23 (20%)	115
公共政策与治理研究院	8 (88.9%)	1 (11.1%)	9	9 (100%)	2 (22.2%)	1 (11.1%)	0	0	9
公共政策研究院	7 (46.7%)	8 (53.3%)	15	4 (26.7%)	2 (13.3%)	5 (33.3%)	0	2 (13.3%)	15
广东国际战略研究院	15 (100%)	0	15	6 (40%)	1 (6.7%)	1 (6.7%)	0	3 (20%)	15
中国（深圳）综合开发研究院	27 (36%)	45 (60%)	75	9 (39.1%)	3 (13.0%)	11 (47.8%)	0	2 (8.7%)	23

资料来源：各智库官网数据，IPP 整理。

在教育背景层面，绝大多数智库研究人员都获得了硕士及以上学位，其中广东国际战略研究院博士学位拥有率为 100%，国务院发展研究中心和公共政策与治理研究院的博士学位拥有率也较高，分别为 79.2%、88.9%，公共政策研究院博士学位研究人员接近一半（46.7%），中国（深圳）综合开发研究院的博士学位比例最低，为 36%。由此可见，智库是名副其实的高学历集中地。这主要是因为智库研究通常要求具备一定的专业素养和学术水平。一般而言，博士是智库研究的主力，硕士研究生通常只是作为研究助理招聘进去，大部分都会通过读博成为独立的研究人员。不过，也不排除一些智库将硕士作为研究主力，这是受其研究内容、服务对象、智库知名度等因素影响。偏实践研究的智库，地方性的、偏远地区的智库或主动或被动选择硕士作为主力研究人员。随着对智库国际化要

---

① 方法参见张新培、赵文华：《谁在为著名高校智库工作——基于人员任职经历的结构化网络分析》，载于《清华大学教育研究》2014 年第 6 期，第 59～65 页。

第十一章　中国智库的人才管理

求的提出，不少智库甚至会用高薪吸引海外归国人才。

多元化任职经历有助于智库增强和积累社会资本，有效提高政策影响力。国务院发展研究中心的研究人员的任职经历多样化程度较高，几乎涵盖了这五类机构，其中在政府部门和商业组织有工作经历的人近 1/3；其次是公共政策研究院和中国（深圳）综合开发研究院，涵盖了大学、政府部门、商业组织和其他非营利组织等四类机构；公共政策与治理研究院的任职经历相对最为简单，没有来自媒体和其他非营利组织任职经历的人员，绝大多数都是曾经的大学院系教师。如果将这种从大学、政府部门、媒体和其他非营利性社会组织的招募研究人员视为"旋转门"机制的话，不仅学术与政府部门为智库输送人才，商业组织、媒体和其他非营利组织也与之发生人才流动与输送的情况。从这个角度来看，对于大部分高校智库而言，人员"旋转门"机制主要在学术部门内部发挥作用。

值得注意的是，虽然智库研究人员的任职经历多样化，但是相当一部分研究人员个人并没有其他从业经历，而是一毕业就直接进入智库工作。除了公共政策与治理研究院研究人员均有工作经历外，公共政策研究院、广东国际战略研究院在进入智库前有工作经历的人员占研究人员总数的 60% 左右，而中国（深圳）综合开发研究院的研究人员中绝大多数都没有其他从业经历。

从国外著名智库的经验看，高、中级研究人员比例一般都超过 2/3，以保证研究人员良好的素质[1]。我国智库大多也非常注重中高级职称研究人员的招募及培养。广东省社科院、国务院发展研究中心、广东国际战略研究院的研究人员中拥有高级职称者占比最高，超过 50%，广东省社科院甚至达到了 74.1%，中级职称拥有者占比也非常高，广东省社科院和广东国际战略研究院均为高级职称和中级职称研究人员（见表 11 – 3）。

表 11 – 3　　　　　　　　智库研究人员职称情况

智库名称	高级职称	中级职称	研究人员数量
广东省社科院	83（74.1%）	29（25.9%）	112
国务院发展研究中心	93（58.1%）	54（33.8%）	160
广东国际战略研究院	8（53.3%）	7（46.7%）	15[2]
公共政策研究院	3（20%）	4（26.7%）	15

资料来源：各智库官网数据，IPP 整理。

---

[1]　安淑新：《加强我国智库内部管理的对策建议研究》，载于《经济研究参考》2012 年第 58 期，第 32~44 页。

[2]　此为有效获取简历的人数，IPP 课题组在对其访谈时，了解到该院有 18 个全职研究人员，但是官网上显示只有 15 个。

安淑新[1]发现，国外智库的年龄结构以年轻化为主，30～40岁的研究人员是其主体，这保证了研究人员能有充沛的精力投入到研究中去。对于中国智库而言，不同智库则不一样：部分智库以35岁以下研究人员为主，偏年轻化，如重庆大学国家网络空间安全与大数据法治战略研究院、中山大学中国第三产业研究中心、华南理工大学公共政策研究院等；部分智库以35～50岁研究人员为中坚力量，此类智库以浙江省生态文明研究中心、福建省社会科学研究基地生态文明研究中心、复旦大学美国研究中心为代表；还有智库研究人员年龄偏大，如上海外国语大学中东研究所，24位研究人员中，13人都在50岁以上。

研究人员是智库的主体，但是高效率的研究工作同样离不开辅助人员的配合。兰德公司的经验是"两个研究员不如一个研究员加半个秘书的效率高"，布鲁金斯学会的专职研究人员与辅助人员的比例为1∶2，胡佛研究所的比例高达1∶2.5[2]。可见国外智库对于研究人员与辅助人员的合理配置的重视。在国内智库中，部分智库也比较重视研究人员与辅助人员的比例配置，清华—布鲁金斯为1∶2.5，清华—卡内基为1∶2.3，人大重阳的比例为1∶1，天则所的比例接近1∶1。但是也存在部分智库没那么重视辅助人员的配置，专职研究人员远多于辅助人员。如华东师范大学终身教育研究院、复旦人口与发展政策研究中心、上海财大公共政策与治理研究院等智库均只有1～2个行政人员，由其负责所有行政服务工作，而且有的智库是由研究人员兼职做行政。

二、智库领军人物

社会智库和高校智库的成立和发展得益于极具号召力的领军人物，甚至有的智库完全依赖于领军人物。下面将以7家智库为例，其中包括三家社会智库、四家高校智库，描述这些智库领军人物的特点，并分析他们为什么对于社会智库、高校智库如此重要。

通过表11-4，我们可以看到，作为领军人物，他们具有十分鲜明的特点：高学历、高水平研究能力、良好的社会声誉，与政府、商业、媒体及其他非营利性社会组织具有密切的社会关系网络。尤其是一些与政府有密切联系的领军人

---

① 安淑新：《加强我国智库内部管理的对策建议研究》，载于《经济研究参考》2012年第58期，第32～44页。

② 王春法：《美国思想库的运行机制研究》，载于《社会科学管理与评论》2004年第2期，第29～41页。

物，其资源动员能力极强。以中国国际经济交流中心为例，国务院原副总理曾培炎出任理事长，该智库的顾问均为现任或曾任副国级领导，理事会领导和成员或身居政府机关要职，或为企业高管，或为著名专家学者以及知名媒体人。

表 11 – 4　　　　　　　　智库领军人物的特征

智库	领军人物	最高学历	职业经历	研究领域及成就
CIRD	迟福林	M. A. 中央党校	大学、政府	经济转轨理论与实践研究；政协委员、国务院政府特殊津贴专家
CCIEE	曾培炎	B. S. 清华大学	政府	原国务院副总理、中央政治局委员
CDI	樊纲	Ph. D. 中国社科院	官方智库、非营利社会组织、大学	宏观经济学、制度经济学；孙冶方经济学奖、央行货币政策委员会委员
IPP	郑永年	Ph. D. 普林斯顿大学	大学、国外智库	国际政治、中国问题专家；新加坡国立大学东亚研究所所长
IPPG	魏礼群	B. A. 北京师范大学	政府、官方智库、大学	中国宏观经济理论与政策；杰出经济学家、正部级干部
RDCY	王文	Ph. D. 北京大学	媒体	知名媒体人
GIIS	招玉芳	M. A. 广东省委党校	政府	广东省人民政府党组成员

资料来源：根据各智库官网数据整理。

当然，并非所有的智库领军人物都与智库存在实质性的联系。例如，IPPG聘请魏礼群担任名誉院长，其合作关系更多是形式上的而不是实质上的。选择这样一种合作模式，主要是"IPPG希望通过魏礼群的渠道扩大影响"。

为什么领军人物对于中国的高校智库和社会智库如此重要，以至于很多智库千方百计要与名人搭上联系？这并不是说领军人物对官方智库不重要，而是说我国高校智库和社会智库对于领军人物的需要更为迫切。这大致有两方面的原因：一是我国智库发展不成熟，社会对智库行业认可度不高，需要一个极具号召力和影响力的领军人物作为招牌，吸引优秀人才进入智库工作，正如某智库负责人所说，"目前我们很多智库就是一个博导领着一批学生在做，这就是小作坊模式。中国大部分智库都是这样，如果这个导师走了这个机构也就没了。"（复旦大学 B 智库访谈资料，20150924）二是社会网络理论认为，人与人之间的关系网络嵌入社会生活的各个方面，能够影响资源的分配，重塑各个行为主体的行为模式，尤其是在正式制度相对薄弱的国家，包括关系在内的各种非正式制度扮演着十分重要的角色。具体到我国的智库生存环境来说，由于政策咨询报告并没有形成制度化、透明化的报送渠道，尤其对于高校智库和社会智库而言，政策报告如何递送到决策者手中是一件令人头疼的事情。也正是因为这个原因，IPPG 的成果一般以魏礼群的名义报送，"魏礼群那里送两个至少批示一个，那里有国务委员会主任等，形势抓得紧，角度好，出来的东西领导容易接受。但是这个渠道是以魏礼群的名义而不是 IPPG 的"（上海财经大学某智库访谈资料，20150923）。即使一些领军人物自身并非政府官员出身，但因其广阔的人脉资源、知名度，或多或少都能够与政府建立关系，从而开拓政策报告递送渠道。对于有相对畅通的报告递送渠道的官方智库来说，领军人物的重要性没有那么凸显。

三、智库外部专家网络

IPP 智库课题组在进行智库研究调研时发现，几乎所有智库都有自己庞大的外部学术网络，少则几十人，多则上百人。其中最为典型的是中国改革发展研究院（以下简称"中改院"）的外部专家网络。

中改院自 1991 年成立以来，取得了为智库同行尤其是社会智库所侧目的成绩：向中央有关部门提交改革政策、立法建议报告 160 余份；撰写改革调研报告 488 份；先后承担 80 多项改革政策咨询课题；出版改革研究专编著 280 余部，发表论文 1 700 余篇。所提交政策建议，有些直接为中央决策所采纳，有些被用作制定政策和法规的重要参考，并获得包括国家"五个一工程"奖、"孙冶方经济科学奖"、"中国发展研究奖"等多种国家级奖项。[1] 产生如此大量高水平的智库产品并非建立在研究人员数量基础上。相比大部分官方智库的研究人员数量，中改院可以说有些捉襟见肘：应董事会的要求，中改院的规模自建院以来一直保持着 50 人的规模，其中专职研究人员只有 15 名。这 15 名研究人员分布在 5 个研究所：公共政策研究所、经济研究所、海南发展研究所、海洋经济研究所、国际经济研究所。因此，中改院需要大量外部专家的支持与协助，坚持"小机构、大网络"的定位和运作机制。

中改院的专家网络十分庞大，人数多达 4 000 多人。中改院对外部专家网络

---

[1]　参见中改院官网，http://www.cird.org.cn/WeAreCird/AboutCird/.

有着较为精细的管理。根据联系的紧密程度，中改院的外部专家网络被分为三层：核心层、紧密层和基础层。其中核心层包括董事、顾问、学术委员、博导等，共有80多人；紧密层则是联系较为密切的专家，约有200人；基础层专家网络主要是关注中国经济转型时期问题的专家，与他们保持着一般联系，此网络有3 830人。

如果说智库专职研究人员的职业经历多元化，那么外部专家网络的职业经历更是如此。

以中改院的核心层专家为例（见图11－1）。

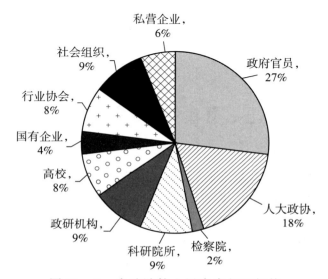

图11－1　中改院核心层专家任职机构

资料来源：史英男、林辉煌：《社会智库外部网络的"结构洞"分析》，载于《内部多元主义与中国新型智库建设》，东方出版社2016年版。

按照所属界别再进行分类，中改院核心层专家中政治界人士（含政府官员、人大代表、政协委员、检察官等）所占比例最大，为47%；学术界人士（含科研院所、高校）为17%；非营利组织人士（含行业协会、社会组织等）为17%；商业界人士（含国有企业、私有企业）为10%；另外9%来自政研机构。

从图11－2中我们可以看到，这80余位核心层专家，绝大多数都来自北京，高达85%；海南省有9%；其他省份的专家数量只有极少量。之所以北京的专家占主要比例，源于其乃政治中心，如此一来，既可以保持信息的灵敏度，也方便政策成果传递。

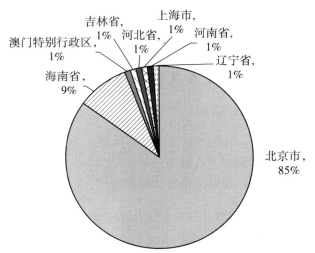

图 11 - 2　中改院核心层专家地域分布情况

资料来源：史英男、林辉煌：《社会智库外部网络的"结构洞"分析》，载于《内部多元主义与中国新型智库建设》，东方出版社 2016 年版。

中改院在构建和经营这个层次分明、数量众多的外部专家网络时采取了正式联系机制与非正式联系机制并用的方式。正式的联系机制包括举办学术会议和形势分析会，与外部专家合作项目、共享资源等；非正式联系机制则带入了情感性机制，如掌握专家的联系方式、生日等信息，逢年过节慰问，邮寄海南的新鲜水果等，同时借助海南的气候优势，经营房地产，以优惠价格优先提供给其专家。[①]

不少智库都以"小机构、大网络"作为自己的特色。与胡佛研究所通过工作小组模式将常驻研究人员和外部聘用的专家组成研究某问题/项目的学术团队不同[②]，中国智库仅有少部分外部专家作为项目研究者参加到智库的研究当中去，绝大部分都是通过论坛、workshop、学术会议、项目咨询等方式为智库贡献 idea，或者为智库提供研究便利和递送渠道，以及提供基层案例。

智库之所以花大力气经营外部专家网络，有多重结构性因素：（1）资金缺乏。招聘一个专职研究人员需要较高成本，这对于资金匮乏的智库来说是一个负担；（2）编制限制。部分智库由于编制有限，或者编制附带有苛刻的条件，招聘难度比较大；（3）借助外部专家网络的资源和渠道，及时获取信息，更方便进行研究以及将研究成果递送至决策层，这也许是大部分智库苦心经营外部专家网络

---

① 郑永年等：《内部多元主义与中国新型智库建设》，东方出版社 2016 年版，第 220 ~ 223 页。
② 陈英霞、刘昊：《美国一流高校智库人员配置与管理模式研究——以斯坦福大学胡佛研究所为例》，载于《比较教育研究》2014 年第 2 期，第 66 ~ 71 页。

最重要的原因。

四、智库人才招募与培养机制

闫志开等指出："在知识生产意义上，智库像一个封闭的圈子，现有的研究人员即使学识渊博、认识深刻，也难免产生认知偏差。于是，很多智库从人员选用、培训及流动等方面加以调整来抵消这种影响。"[1]

（一）人才聘任

目前，我国智库通常采用公开招聘的方式聘任智库人才，但是不同类型的智库在具体聘任机制上存在着一定区别。

作为事业单位或者参公事业单位的官方智库以及部分高校智库，研究人员招聘与公务员录用相类似，竞争考试、择优录用成为制度性安排。被录用的人员就可获得事业单位编制资格，编制附带相关福利待遇。凡是获得编制的人员就相当于签订了长期合同，只要没犯大错，就可以一直在该智库机构工作、晋升。随着事业单位改革，相关制度也在改变，实行合同制也可能成为趋势。

社会智库以及部分高校智库的聘任模式相对灵活，基本采用合同制，有一定聘期，期满后根据具体情况再考虑是否续聘。实行合同聘任制固然有好处：一方面使智库工作人员更加积极进取，不致懈怠；另一方面，灵活的用人机制使得各智库之间、智库与其他组织之间保持人才流动，从而优化人才的配置。但它也可能成为"阿喀琉斯之踵"，相比于高薪，编制所带来的稳定性对于很多应聘者而言更具诱惑力，这使得实行合同聘任制的智库很难吸引和留住优秀的青年才俊。

（二）人才培养

美国智库非常重视人才培养，尤其是高素质研究人才的培养，甚至将"出人才"与"出成果"放在同等重要的位置[2]。兰德公司为此成立了兰德研究院，专门培养政策分析、研究方面的人才。他们采用的教学法是"在职法"，即边干边

---

[1][2] 闫志开、王延飞：《智库运转机制比较分析》，载于《情报理论与实践》2015 年第 5 期，第 5~11 页。

学、理论与实践结合，当其进入智库后就不再需要经历熟悉阶段便可胜任政策研究工作。[①]

我国智库一直具备育人孕才的政治社会职能，尤其是以社科院、党校和行政学院系统为代表的官方智库，部分高校智库都有一整套较为完整和成熟的人才培训、学历教育体系。人才培养包括硕士/博士研究生培养、官员培训、博士后培养、实习生培养等。

在培养方式上，主要有以下几种：（1）依托于学位项目的研究生培养。主要以学科培养为主的学历教育，与大学几无差异；（2）设立博士后工作站或者流动站。中改院与华南理工大学 IPP 都设有博士后工作站，博士后在站期间参与智库的政策研究工作；（3）中短期教育培训。以社科院、党校和行政学院系统为代表的官方智库经常举办中短期培训，轮训和培训中国共产党和政府的中高级领导干部和马克思主义理论干部；（4）智库作为实习平台。大多数智库都设有实习岗位，面向高校或者社会招聘实习生。实习生可通过智库的一些日常工作，诸如提供研究和行政服务支持、协助媒体编辑运营、整理录音材料等，以及大型国际国内会议的志愿者服务，熟悉智库机构的运营和研究工作；（5）"干中学"。对于智库内部员工，更多是采取一种"干中学"的方法，这种方法类似于兰德的"在职法"，只是兰德更侧重于学，而我国智库则是作为一个全职员工在工作中学习、积累经验，主要通过"老人带新人"、请专家进行讲座培训等方式。大部分智库并未具备培养内部潜在人才的充分意识和相应机制，而是更愿意从其他机构"挖"人。

（三）人才流动

总体而言，欧美发达国家智库的人才流动机制比较健全，具体到某些特定国家来说，智库人才的流动性则存在差异：（1）美国的"旋转门"机制较为灵活，双向流动现象较多，政府官员退下来到智库做专家或顾问，智库的知名研究人员可以到政府部门任职。如此一来，既可使智库迅速捕捉到政府的需求，同时也是影响政府公共决策最有效、最直接的方式；（2）欧洲智库的"旋转门"制度不如美国明显，但是十分重视人才尤其是青年人才的培养，同时，也鼓励流动。以海外发展研究所（ODI）为例，研究人员在职平均工作时间约 5 年，人才流动率达 20%；（3）日本智库人才流动则相对较少，政府公务员是一个较为封闭的群

---

① 安淑新：《加强我国智库内部管理的对策建议研究》，载于《经济研究参考》2012 年第 58 期，第 32～44 页。

体，因此智库与政府部门间不存在类似美国的"旋转门"式交流。[①] 不过以上所讲的人才流动多就智库与政府之间而言，实际上智库流动还应包括智库与其他组织之间的流动。

就我国智库而言，智库人才流动存在以下特点：

首先，"旋转门"机制不成熟。智库与政府之间的人才流动在整体上较为沉寂，这与日本的情况差不多。由于政府公务员招录需要通过专门的考试，同时存在行政级别，智库人才一般不易进入政府机构任职。一些优秀研究人才通常只能以挂职或借调的方式进入政府部门工作一段时间。但这也往往发生在官方智库和部分高校智库之中，并且是一些非实职部门或者职位。而政府官员则很少进入智库从事政策研究，最多成为智库的挂名专家，从而方便信息、资源获取以及报告递送。

其次，智库与其他机构之间的人才流动较政府机构更为发达、频繁。智库研究人员中有相当一部分有过大学、商业组织、非营利组织等从业经历，这些从业经历极大丰富了智库的知识结构以及研究视角。一般来说，体制内智库因为拥有编制，福利待遇都比较有保障，且较为稳定，对一部分研究人员具有较大的吸引力；而许多体制外智库在稳定性和福利水平上不能与体制内智库相匹敌，因此吸引力较差。中改院负责人表示很少从高校中挖人才，"很多院校里的人都不愿意从体制内到体制外，其实中改院的研究人员的待遇会比院校里高，但很多人会考虑长远，而且院校里还有寒假，上班时间也自由，不用像我们这样坐班，（院校）工作量也不大。"（中改院某主要负责人访谈资料，20150716）

最后，就流动性而言[②]，有编制的智库流动性一般比较低；而对于一些使用合同制形式的智库，通常存在着较高的流动性，有的智库每年的离职率在 20% 左右。

五、人才考评与激励机制

任何组织的发展都离不开员工的积极性和创造性，而这需要一套科学合理的考核评价体系作为支撑。

[①] 闫志开、王延飞：《智库运转机制比较分析》，载于《情报理论与实践》2015 年第 5 期，第 5～11 页。

[②] 这里主要讲智库人才的流出，人才流入属于招聘范畴。

（一）考核评价体系

国外智库大都制定有严格的考核制度，根据考核结果决定科研人员的晋升、续聘或解聘。如兰德公司制定了两个严格的考核标准：一个是兰德高质量研究标准，主要针对研究的科学性、可行性、实用性、可靠性等要求，另一个是符合兰德特征的"兰德特殊研究标准"，主要要求研究须是全面的、综合的、具有创新性以及经得起时间考验。德国系统工程与技术革新研究所则实行"课题工作时核算制"，注重对课题研究进度和效果进行监控，对最后的结果进行考核①。可以看出，兰德公司和德国系统工程与技术革新研究所的考核方式偏重对研究的实质性考察，本质上是一种质量控制。

中国智库尚未发展出科学的、完善的针对智库的评价模式。很大程度上因为我国智库发展较晚，对于新型智库的探索也才刚刚开始，智库专业化的提法也是新兴的概念。

首先，高校智库和部分官方智库的评价体系仍是以学术为导向，以 SSCI、CSSCI、核心期刊为指标，重学术轻应用的倾向极为明显，很多智库并不将政策研究报告纳入考核评价内，或者分量极小。如此便会产生诸多问题：一是政策咨询成果得不到承认，研究人员积极性不高；二是迫于压力撰写的政策报告，粗制滥造成分较多。因为学术评价指挥棒和考评压力的存在，高校智库的研究人员出于理性选择，将更多时间投入到学术研究，而在政策报告中所投入的精力不多，导致报告质量低下，使得智库成果更不被承认。

当前，部分机构从微观层面做了一些有益的探索，例如把政策咨询报告纳入到考评体系中，将获得一定级别的官员批示等同于某级别的期刊，在这方面上海市社科院的做法可能算是比较系统的。早在 2004 年，上海市社科院就提出建设社会主义新型智库，并通过了一个党委决议——学科与智库双轮驱动，重视智库建设。2013 年进一步从管理机构上形成了学科科研处和智库科研处。

"当时的初衷是学科建设作为学理的支撑，智库建设是研究的方向，为实施双轮驱动战略改变管理体制。因为智库成果的评价与管理有不一样的地方，学科考核更多是论文和专著，智库则主要是决策咨询类文章、领导交办课题。两个处的管理人员有分开，但是底下的科研人员则以成果分类，属决策咨询类的成果由智库科研处认定，学科类成果（纵向课题）则由学科科研处认定。"（上海市社

---

① 安淑新：《加强我国智库内部管理的对策建议研究》，载于《经济研究参考》2012 年第 58 期，第 32～44 页。

科院访谈资料，20150922）

　　将决策咨询成果作为对研究人员考核的一个重要因子，研究人员撰写政策报告的积极性大为提高。

　　"过去只有论文有指标，这些（决策咨询成果）没有指标。这些不计算在学术指标体系里头，这工作价值就没法体现，评职称都得有这些基础……这个一鼓励就上去了，又有分，又有奖金，又能评职称，他怎么不干呢。"（上海市社科院访谈资料，20150922）

　　这些做法固然在一定程度上激发了研究人员的积极性。但是，本质上高校智库和部分官方智库的评价机制仍然依附于学术评价，而学术共同体对此类成果认可度不高，并未从整体上改变智库产品不受重视的局面。

　　需要指出的是，社会智库则呈现另一番光景。在政策思想市场机制的调解下，社会智库普遍实行客户导向，以满足客户的需求和偏好为考评研究人员的标准。比如深圳的综合开发研究院有相当份额的业务是为各地方政府提供产业经济规划和城市规划方面的政策报告，那么接受该类型课题的（研究院下设）研究中心或研究所几乎就只考察研究人员完成政策报告的速度和质量。而深圳创新发展研究院虽然同样争取在地方政府层面取得政策影响力，但是由于课题多为自主拟定而非接受委托，且有相当部分需要委托外部专家进行研究，因此非常注重评价本机构工作人员的科研协调能力。中国国际经济交流中心、中国与全球化智库（CCG）、盘古智库等机构则非常倚重与媒体合作发布产品来实现其影响力，因此格外注重考察其研究人员撰写某些行业研究报告，国际政治、经济趋势报告，和国际关系热点问题报告的能力。在这些机构中，学术论文只是副产品，单位一般持不鼓励也不反对的态度。

　　其次，各类智库在考评中普遍存在数量压倒质量的问题。虽然学术文章的期刊级别、政策报告的批示级别和媒体曝光率在一定程度上反映了成果的质量，但是最终能对决策造成多大的影响，则较少评估。当然，这里面存在着不少实际困难，智库研究对政策是否造成影响，造成多大程度的影响，对政策影响的好坏，一方面存在着较难准确评估的问题，另一方面，智库研究对政策研究的影响存在着时间差，可能若干年后才真正发挥影响。

（二）激励机制

　　总体而言，我国智库对研究人员的激励机制尚处于不成熟阶段。

　　首先，官方智库和高校智库研究人员面临着职称评定和职业晋升障碍。特别是在高校智库，由于评价体系仍大量沿用学术指标体系，与学术研究人员相比，这些智库的研究人员在职称评定和职业晋升方面往往处于弱势地位。有高校智库研究者反映，即使将政策报告纳入考核体系，如果有两个学者同时够资格评职称，其中一个是因为政策咨询报告换算的成果，在学术委员会投票时往往处于弱势。然而，对于大多数青年研究者来说，要想在体制内的科研行业学术圈继续生存，评职称是一件必需且迫切的事情：

"激励少还是有很多人在做，主要还是在靠学术领头人的作用，如果仅依靠青年老师来做是做不出来的，青年老师的职称压力很大，也没有那么多时间来做。"（华东理工大学某智库访谈资料，20150925）

其次，物质激励不足。物质激励包括工资福利体系、科研项目人员经费、成果奖励等方面。具体到不同类别的智库以及同类别的智库之间存在较大的差异：（1）横向比较而言，官方智库和部分有编制的高校智库在工资待遇上相对稳定，尤其是福利待遇较为丰厚，包括绩效、住房公积金都有较高水平的保障，而实行合同制的社会智库和高校智库在人员工资上可能稍高于或者持平于有编制的智库，但在福利待遇方面则无法与官方智库相比。（2）官方智库和高校智库的项目人员经费支出比重低、灵活性差，项目负责人对人员经费的自主支配权利小。根据《国家社会科学基金项目经费管理办法》，劳务费的支出总额，重大项目不得超过项目资助额的5%，其他项目不得超过项目资助额的10%。2015年4月印发的《国家自然科学基金资助项目资金管理办法》，虽然取消了劳务费比例限制，但劳务费仅能支付给项目组成员中没有工资性收入的在校研究生、博士后和外聘人员，不包括项目负责人的经费报酬。项目负责人的绩效支出不超过直接费用扣除设备购置费后的5%。（3）没有一套制度化的智库成果奖励办法。由于长期重学术轻应用，官方智库和高校智库的智库成果得不到承认，因此也没有相应的奖励。

对于以上两个方面的问题，官方智库和高校智库一方面应当在考虑适当借鉴社会智库更具弹性的成果管理机制，让政策思想市场的调节机制发挥更大的作用；另一方面也可借助国家的某些倾斜政策来改善现状，比如随着国家大力建设新型智库，部分智库开始重视政策报告，对政策报告予以重奖，以促进研究人员的积极性。如华南理工大学公共政策研究院对上报教育部的咨询报告每一篇奖励5 000元。

上述关于职业晋升障碍和物质激励不足的问题在官方智库与高校智库中表现更为突出，对于没有学术考评压力，在考评中实行市场机制，以及不受财政经费管理限制的社会智库来说，问题仿佛得到了化解，但是在调研中我们发现这类问题在社会智库中正在以另一种方式呈现出来。由于生存环境高度市场化，而且属于智慧资本高度集中的行业（类似于高科技研发企业和互联网创业企业），社会智库这个行业正在逐步显露"头部效应",即行业领先的若干机构吸纳了绝大多数资源,剩下的多数机构只能靠"头部"机构"吃剩"的少量资源艰难求存。于是对于社会智库的研究人员而言,希望得到较好的职业晋升和物质激励,可能必须通过激烈的竞争跻身"头部"机构才能实现。

最后,智库从业人员职业声望较低。由于我国智库发展较晚,专业化程度较低,且社会对于智库研究人员存在着"政府传声筒"的刻板印象,从而导致其社会认同度和自我认同度都较低。

六、小　结

智库人才无疑对智库具有至关重要的作用,但是现在却面临非常多的问题。很多问题对于不同类型的智库来说是共性的问题,但是内部多元主义框架下所形成的智库"圈层结构",在很多方面也使得官方智库、高校智库和社会智库的人才困境有所差异。

(1)智库人才缺乏。有学者用"六多六少"形象又全面地概括了我国智库人才所面临的困境:"搞理论研究的多,搞对策研究的少;写学术专著的多,写研究报告的少;关注策略的多,关注战略的少;会写的多,会说的少;学术专家多,智库管家少;学术人才多,智库人物少。"[①] 这六对矛盾实质上是学术人才与智库人才之间的矛盾,后两对矛盾还反映了智库运营人才以及领军人才的缺乏。

学术人才与智库人才之间的张力由来已久。这是由于学术语言与政策语言属于两个不一样的系统,没有经过专门训练的研究人员在政策报告的撰写中很难得心应手。由于中国智库的人才培养、交流与流动机制不那么健全,这个问题显得非常突出。

"思想界的企业家精神"的缺乏是对中国智库管理人才匮乏最生动的概括。对于大多数学者出身的智库管理者而言,他可以把学术做得很出色,但是对于如何寻找合适的智库人才,如何组建、管理一个团队,如何筹资,以及如何进行过程管理与质量管控则可能力不从心。

智库领军人物匮乏使得部分智库在号召力和社会影响力方面大为欠缺。作为智库的总设计师,领军人物具备较高的学术水平、富有个人魅力、拥有广阔的人

---

① 周湘智:《迎接智库研究的2.0时代》,载于《光明日报》2015年8月5日。

脉关系网络，因此在研究方向和水平把握、资源和渠道开拓等方面发挥着重要作用。智库如果缺少一位一流的领军人物，很容易在智库竞争中丧失优势。

（2）智库招人难，留人也难。目前中国智库在人才考评、人才激励、人才培养、晋升通道均缺乏制度化的、成熟的机制，因此在吸引优秀人才方面较之政府、高校乃至一些企业的研究部门都存在客观劣势，即使招聘进来了，也往往面临留不住人才的困境。正所谓"筑巢引凤，没有梧桐树，哪来的金凤凰"。我们在调研中发现，有的研究人员之所以进入智库，靠的是领军人物的人格魅力，讲的是关系和感情。这种情形固然可以持续一段时间，但并非长久之计。在某种程度上，依托某些智库提供的行业平台以构建智库间可分享的庞大的外部专家网络可以算是我国智库应对人才困境的一种有力尝试。如南京大学中国智库研究与评价中心、光明日报智库研究与发布中心联合研发的中国智库索引（CTTI）借助于数百家国内智库的数据上传，已经在技术上实现这一功能，但是最终效果如何，还有待时间检验。

（3）研究人员的积极性、创造性不够。一方面，官方智库和部分高校由于编制所附带的优厚的福利待遇以及极高的稳定性使得相当一部分研究人员怠于研究，碌碌无为；另一方面，实行合同制的智库则由于极高的不稳定性而使得研究人员没有工作安全感，不能专心于研究，进而过于追求耗时短、见效快的成果，不够尊重科研规律。换言之，在此处形成了一个两难局面。其化解还有赖于两个阵营的相互借鉴，即享受国家编制的智库逐步弱化编制捆绑的各种福利，依照政策思想市场的市场规律办事；而实行合同制的智库尊重科研工作的科学规律，创造一些条件来增加研究人员的工作稳定性。

（4）部分智库个人色彩浓厚，制度化水平不够。这部分智库因领军人物的出现而兴起，并能够在一时之间声名鹊起。也正是由于智库领军人物的出色工作，使其疏于制度化建设。马克斯·韦伯指出，这种依赖于个人魅力的卡里斯马权威只有走向制度化治理阶段，才可能实现可持续发展，否则可能因为领军人物离开或者精力不济而遭遇发展困境。

第十二章

中国智库的研究管理

资金和人才无疑对智库的发展至关重要，但要生产出高质量的智库产品，科学的研究管理机制同样不可或缺。包括研究课题的选择、人员的组织方式、研究过程的管理以及最后的成果评审，都需要有一套严格而科学的程序。

一、研究课题来源

智库的研究课题包括四类：竞争性课题、智库自设课题、上级交办课题、企业课题。

（1）竞争性课题：主要指课题委托方通过招标形式向社会公布选题，由科研院所等机构进行公开申请，择优选择承接单位的课题。这类课题是由各级科研主管部门或机构批准立项的各类计划（规划）、基金项目等，包括国家级课题、省部级课题、厅局级课题以及校级课题。绝大多数竞争性课题就是我们所谓的纵向课题，以基础性、理论性研究为主。申请这种课题由于其资金少且报销程序麻烦，为不少研究人员所诟病。相当一部分研究单位和科研人员只是迫于学术职称压力才会申请纵向课题，而一些不以学术职称为导向的智库则对此兴趣索然。

"我们的职称意识很淡薄，没什么人评职称，当然我们也有人评职称，只是意识淡薄，很多研究人员四五十岁了还是中级职称，不太讲究这个。而且我们的纵向课题极少，太麻烦了，钱也少，最重要的是太麻烦了，审计麻烦，仅仅对评职称有用。学术单位一般都说我们有什么基金课题，但我们基本不做，太麻烦了，又要填表，又报不来钱。目前我们项目还是很满的，一般不会去争取纵向课题，导向不一样。"（深圳综开院访谈资料，20151014）

（2）智库自设课题：智库根据自身目标定位，对某些问题/项目进行"自主研究"。为鼓励研究人员自主研究，同时也形成智库深厚的研究基础，部分智库还有自设课题项目。不过由于资金的限制，以及当前普遍浮躁的研究风气，虽然存在深圳创新发展研究院这样的个案非常青睐此模式，但目前大多数智库并不以此作为重点，毕竟从现实角度出发，自设课题显得颇为奢侈。而且如果承接上级直接交办的课题，产出的政策报告获得批示的可能性也更大。

（3）上级交办课题：即政府部门直接指定某一个研究机构承担的课题。以下情况可能使智库更易获得上级交办课题：一是某智库在特定领域的研究特别突出，获得决策者的认可；二是存在资金利害关系，如智库接受政府的资金支持，通常就需要为政府"排忧解难"；三是智库负责人与政府官员私人关系较为密切。

智库对这类课题的评价不一。部分符合智库研究方向的课题，智库十分乐意承担，一方面能够直接影响决策者；另一方面可以积累社会关系，建立与政府良好的互动关系。但也存在相当一部分的交办课题纯粹是因为上级对智库的研究方向、研究领域不甚了解，但智库碍于情面不得不做，从而使得研究人员颇为苦恼。上海某智库反映为应付上级交办的紧急任务，规模有限的研究人员需要熬夜突击，且因不熟悉政府的话语体系，通常需要为调整表达习惯花费大量时间。

"研究人员的时间被打得很碎，在研究方面很难有足够的时间去做有价值的研究……就我理解，智库更多应该从事战略方面的研究，在任何政府需要的时候都能够拿得出来，而不是临时性的、具体性的工作。国外的智库大都根据自己的兴趣一直做，而且有大量数据支撑。"（华东师范大学某智库访谈资料，20150921）

（4）企业课题：由企业委托智库进行的研究。智库接受此类课题一般是出于缓解资金紧张、增加科研人员收入的动机，同时也可以积累资源，奠定广泛而良好的社会关系基础。

二、信 息 的 获 得

信息、数据的可获得性对于智库研究来说至关重要，是智库研究的基石所在。国外智库或者自己建立数据库，或者依靠政府高度公开的数据，智库研究有数据保障。然而，数据难获得却是我国智库研究的主要障碍。美国著名智库研究专家麦甘教授曾明确指出，"中国智库在研究中国问题时，数据的可获取性需要得到彻底的保障。只有数据的来源透明化，才能增加中国智库研究产物的可信度"①。目前，我国智库获取研究数据的途径主要有以下几个方面：

（1）政府数据的内部开放性为官方智库提供了便利。政府是最大的数据拥有者，据中国政府 2015 年 5 月印发的《2015 年政府信息公开工作要点》显示，政府拥有 80% 的数据。而这些数据基本不向社会公开。黄靖洋②指出，官方智库最易于获得政府数据，一方面，由于官方智库的体制内身份使其获得更大的政治信任，从而可以得到大量一手的、一般不予公开的行政部门统计数据；另一方面，因其有相应的行政级别，能够更方便地参与基层调查，获得数据。正是因为这两个因素，使得官方智库在信息的获取上有着高校智库和社会智库无可比拟的优势。

（2）智库通过员工的社会关系网络，与政府、企业等建立联系。这种联系通常是以项目合作为主要形式。正是由于高校智库和社会智库在获得政府内部数据的劣势，他们有极强的动机建立与政府的联系，通过政府的项目，从而获得政府数据。而一旦获得，因为保密要求以及出于获得数据的成本考虑，该数据就成为智库的独有资产，不会轻易向其他智库公开。

（3）智库通过科学调研建立数据库。华东理工大学社会工作与社会政策研究院逐步建立"社会组织数据库""社会治理案例数据库"。中改院不惜重金建立"中国改革信息库"，收录大量改革案例、研究成果。南京大学中国智库研究与评价中心、光明日报智库研究与发布中心联合研发的中国智库索引（CTTI）借助于数百家国内智库的数据上传，在技术上实现了多评价标准的智库动态排序、智库间课题招标和外部专家共享。但是由于数据库建设投入（包括资金投入与人员投入）巨大，并不是每个智库都有条件进行。

"我认为现在一个主要的问题在于数据库建设，我有时在想你的核心竞争力究竟是什么，现在有很多人把数据库作为核心竞争力，这个也是一种。但是数据库建设的投入很大，很多时候做得不好的话就全部浪费了，数据库是比较集中的，有用的也就几个，都建的话会出现重复浪费。本来我们也想要不要做专业数据库，比如财政的和税收的，但现在公开的数据就那么多，内部数据又没有，现在我们也有做一些，但是感到难度很大。"（上海财经大学某智库访谈资料，20150923）

---

① 麦甘：《如何建设中国智库？》，http：//gb.cri.cn/42071/2015/06/25/8211s5009355.htm.
② 黄靖洋：《思想市场、信息流与智库影响力》，载于《公共政策研究季刊》2015 年第 2 期，第 17 ~ 20 页。

（4）通过技术工具进行数据抓取，形成大数据。随着互联网和传感技术的发展，数据的规模和种类急剧增加，同时由于大数据技术的发展使得海量数据的抓取、存储、处理和应用成为可能。目前国内使用大数据进行研究的智库只有极少数。例如，复旦大学人口与发展研究中心与联通合作，创办了联通复旦大数据城市发展研究中心，利用手机数据和上海地铁数据做商圈指数研究。

三、决策研究的组织机制

（一）研究组织方式

决策研究组织实质上就是如何将智库的人才、资金组织起来，对所获得的信息、数据进行加工，从而完成相应课题，以期有效影响政府决策。研究组织的关键在人，具体包括两个层面：一是采取何种组织方式；二是研究人员如何被制度化地整合起来，释放出聚合力。

智库研究以政策实践和政策过程为研究对象，以改善公共决策系统、提高公共政策质量作为目标，研究范围涉及政策战略、政策规划、政策执行、政策评估、政策分析方法和技术等。从这个意义上讲，智库研究有自己的特点：（1）研究的跨学科性、综合性特点。智库研究往往解决的是一些综合性很强的问题，单一学科的知识和研究方法已不能满足政策研究的需要，而需要包括政治学、经济学、社会学等多学科交叉融合。但多学科交叉并不是传统学科知识和方法的简单拼凑，而是有机结合，形成较为完整的知识体系和学术框架。（2）以问题为中心的知识生产模式。智库研究通常是不同领域的学者围绕具体的社会问题，组成或长期或临时的团队和网络进行交流与合作，破除传统的学科界限，进行应用性知识的积累。（3）以问题解决和实践应用为着力点。智库研究以问题为中心，主张各学科从不同的角度，对同一社会问题进行全方位的解剖和分析，并寻找解决方法，从而为各级政府部门提供具有科学性、前瞻性、可行性的建议。

正因为如此，研究组织方式应与之相匹配，方能生产出高质量的智库产品。美国很多智库就根据智库行业的发展特点不断调整组织机制。比如，布鲁金斯学会早期和高校一样采用学科制组织机制，根据经济、政治、外交三个领域设置相应的研究机构；后来根据形势变化，逐渐形成了矩阵式项目制机制，即依托研究领域、研究中心、研究项目、促进计划四个由高到低的矩阵式层级开展研究。①
为了打破学术壁垒,适应跨学科研究的要求,部分国际著名大学也逐渐改变以学科为基础的组织建制原则,诸如美国洛克菲勒大学的开放实验室、美国加利福尼亚大学的"有组织的研究单位"、日本筑波大学的"学系""学群"组织等。另外,华勒斯坦注意到一种"学者小型工作性社团",其对成员的吸收完全无视学科的分野②。

我国智库的研究组织方式,存在以下几种模式:

(1)学科制组织模式。这是目前我国智库普遍采用的研究组织方式,包括社科院系统、党校系统、行政学院系统在内的官方智库以及大部分高校智库都采取这种模式。它们沿袭了传统的学科划分方式,以学科为单位进行研究活动组织。如此建立起来的智库优势是,因为同属于一个学科,相互沟通交流比较顺畅;但同时,缺陷也很明显,缺乏多学科视角的解剖,政策报告的综合性往往不够。

(2)围绕研究主题形成研究所或研究中心。部分官方智库(如 DRC)、高校智库(如中国人民大学的国家发展与战略研究院)、社会智库(如 CIRD)采用这种模式。其在一定程度上打破了纯粹以学科为组织建制的方式,但某一学科的主导地位仍然较为凸显。

(3)矩阵式项目组织形式。采用这种组织形式的智库,在日常管理时没有将研究人员按照学科或者研究主题进行组织化管理,当课题需要时,将相关学科背景、有兴趣的人员组织成一个临时的课题组,共同攻克项目。采用这种组织方式的典型代表是公共政策研究院(IPP)。这种模式的好处是职能管理和资源调配都由智库高层进行,具有更强的动员能力,从而实现人才和资源的更为灵活的调配。

在相当长一段时期内,学术研究通常是学者个体的事情,学术成就往往取决于个体的禀赋和努力,虽然也需要外界资源的支持,但更多是求诸己而非求诸人,可控性较高。随着研究问题的复杂性增加,合作研究显得十分必要。不过有效的合作研究异常困难。合作研究对于研究人员之间的相互配合要求很高。在我国,大部分研究人员仍然习惯于"单兵作战",并没有协同作战的氛围,即使打着合作项目的名义,大多也是切块单独研究,最后将研究内容拼到一块儿,所以我们经常看到很多报告前后风格不一致,质量参差不齐。

---

① 陈英霞、刘昊:《美国一流高校智库人员配置与管理模式研究——以斯坦福大学胡佛研究所为例》,载于《比较教育研究》2014 年第 2 期,第 66~71 页。

② 李春萍:《分工视角中的学术职业》,载于《高等教育研究》2002 年第 6 期,第 21~25 页。

（二）研究过程控制与管理

项目参与成员一旦确定之后，研究便进入到控制与管理阶段。胡佛研究所有一套严格的控制与管理程序：首先制订出一定时期内的研究计划，呈现在重大事件日历（events calendar）上；然后将研究计划交予捐赠人员审核，得到认可后就可获得项目资金，并根据研究计划予以严格控制进度；在研究过程中，项目组要在一定时期内对研究项目进行检测和内部评估。此外，胡佛捐赠务虚会（donor retreats）作为外部评估机构，会对研究成果进行定期的外部评估。经过这样一系列从项目组成员的确定、项目资金的严格控制、项目进行中的监测和内部评估后，一个项目的组织实施过程方才完成。[①]

我国智库在研究过程控制与管理没有那么严格，在执行过程中，项目申请书、研究合同中的研究计划进度很难得到严格遵守。中间的过程控制主要由智库机构自身进行。如果双方对项目的质量很重视，项目委托方会对项目研究进程与阶段性成果予以评估。

我国科研项目周期通常都很短。纵向课题尤其是国家级课题时间相对较长，以教育部重大攻关课题为例，项目周期为三年。其他课题周期大都为几个月到两年不等，甚至有的课题从立项到结束只有不到一个月时间。国外研究机构通常设置较长项目周期。以胡佛研究所为例，通常以 5 年为一个研究周期，如果项目任务艰巨或者成效突出，还可能将工作时间延长，以保证研究成果的质量。

四、成果质量控制机制

智库成果类型繁多，并以多种形式呈现。主要包括学术著作、论丛、政策专报/简报/快报、各种皮书报告、智库刊物等。如何保证如此繁多的智库成果的质量，成果质量控制显得极为重要。成果评审是成果质量控制的重要机制。

成果评审对于科学研究尤其是社会科学研究来说是一件极其困难的事情。"社会科学领域的成果评价活动与其他领域相比具有自己的特点：容易受到研究

---

① 方婷婷：《美国大学智库影响力和运行机制研究——以斯坦福大学胡佛研究所为例》，载于《高校教育管理》2014 年第 4 期，第 37～40，60 页。

内容、主观判断、政治因素和文化因素等的影响，且社会科学的成果多表现为观点理念和价值判断，其学术价值与社会效益很难用定量化工具来描述。"[①] 国外知名智库为保证研究成果的客观性、创新性、科学性与高质量，建立了一套严格的成果评审制度。例如，兰德公司建立了内部审查与外部审查相结合、研究过程中的审查与成果产生价值与社会效应的长期审查相结合的全方面的评价。具体包括：首先，在公司员工、客户、投资者等多方的建议下制定出严格的内部质量标准；其次，研究成果出来后须交由研究部门的管理层进行质量审查，通过后再交由项目审查组审查，其人员主要来自内部以及至少一名外部专家，参与审查的内部人员不能参与该项目的研究；再次，建立每隔 4 ~ 5 年对某一研究部门进行综合审查的制度，以考察研究成果的实际价值和社会效应，审查结果作为研究人员考核、晋升和淘汰的参考；最后，为了真正提高研究人员的业务素质，兰德公司为研究人员提供机会参与项目审查工作。[②]

反观我国智库，对成果质量的审查与控制方面还非常薄弱。大多数智库均把做完课题当作任务完成，在这一过程中，最常见的是智库领导、学术委员会对智库成果进行形式审查和政治审查。正是由于没有严格的科研过程管理与控制、科研成果的审查，以及科研周期太短等，我国智库生产出来的成果往往质量不高。

五、小　结

我国的科研成果质量向来为人所诟病，很多人对智库研究更是嗤之以鼻。有人总结了我国当前智库研究存在的"七多七少"[③] 现象：浅尝辄止的多，深入研究的少；追逐热门的多，独树一帜的少；发现问题的多，破解问题的少；文字描述的多，量化分析的少；依据二手资料的多，直接深入调研的少；经验性的研究多，规范性的研究少；阐释性成果多，引领性成果少。之所以如此，乃是因为我国智库组织机制仍存在诸多问题：

（1）在进行课题选择时，"上面"指派有余，自主研究缺乏。事实上智库开展的课题有很大一部分都是由"上面"指派的关于具体问题的对策研究，而智库自主进行的前瞻性战略的研究非常少，这使得智库成果于资政建言的实际功效

① 徐少同：《中国智库发展转型背景下的成果评价体系研究——以广东省社科院为例》，载于《社会科学管理与评论》2010 年第 1 期，第 83 ~ 87 页。
② 孙晓仁、赵建虹：《兰德公司人才管理的特点》，载于《经营与管理》2010 年第 8 期，第 68 ~ 70 页。
③ 周湘智：《迎接智库研究的 2.0 时代》，载于《光明日报》2015 年 8 月 5 日。

不大。

（2）智库研究的综合性与跨学科性不够。我国智库大都仍选择学科制组织模式，这种组织模式对于一些依据单一学科的专业研究无可厚非，但是随着社会问题复杂性、综合性的增强，这种组织模式就成为高质量研究成果的障碍之一。

（3）数据、信息不透明，智库很难获得可靠、全面的数据。政府部门出于对智库，尤其是社会智库的不信任，不愿意提供政府方面的数据和信息，或者提供失准数据。没有准确、充足的数据支撑，智库的研究成果质量必然大打折扣。

（4）缺乏科学、严格的研究过程与成果质量控制机制。我国智库乃至整个学术界都在努力申请课题、报销课题经费，正所谓"立项前费尽心思编材料，立项后千方百计找发票"，而研究过程管理与成果质量控制则被忽视。"课题结项的评估、验收无非就是走走过场"已经变成大家心照不宣的潜规则，因此，只要形式上没有硬伤，内容上没有明显的低级错误，一般都会被给予通过。如此，研究成果质量自然很难提高。

（5）智库产品有量无质。中国拥有世界第二多数量的智库，每年生产出大量的智库产品。在华南理工大学公共政策研究院智库课题组访谈过程中发现，几乎每个智库都有为数众多、形式各异的智库产品。多的每年有几百份/本政策报告、论文、著作；少的也有几十份/本，其中上报给各级政府的也数量不菲，甚至绝大多数智库都或多或少地获得了中央领导及地方重要领导的批示。然而业界普遍承认这些产出仍然没有能够比较理想地满足决策者的需求，说明我国智库产品有量无质的现象颇为严重。

第十三章

中国智库的政策网络

在《2016 年中国智库报告（中文版）》中（以下简称《报告》），上海社会科学院智库研究中心很清晰地提到了一点：在 2016 年，中国智库与政府的互动日益增强，智库网络建设蓬勃发展，部分活跃智库在政府政策制定的多个环节中起到了非常好的作用①。《报告》中关于智库建设（包括官方智库、高校智库与较活跃的社会智库）的内容同样表明，中国智库与政府间的联系在逐渐发生变化，一种极具中国特色的决策主体结构与政策思想市场正在形成。

从智库与政府决策的角度看，这种联系可以被视作两个部分：一是中国智库处在特定的政策网络之中，并逐渐以各自不同的定位与功能融入整体性的决策体系，由此与政府产生紧密关联，即智库被吸纳进入内部多元主义体系；二是伴随着中国智库内部机制建设的完善、能力的提升，以及以少数智库为核心所打造的政策网络的建设与维系，智库日益成为政府决策的重要依据之一，由此也产生了智库对政府的积极意义，即智库主动参与政策思想市场竞争中。

一、智库与观念

改革开放以来，在经历了近几十年的发展之后，从影响政府决策的角度上

---

① 参考资料：《2016 年中国智库报告》发布智库与政府互动日益增强，http://www.china.com.cn/opinion/think/2017 - 02/27/content_40364901. htm.

决策咨询制度与中国特色新型智库建设研究

看，中国智库自身的建设发展，以及智库与政府关系的调整变化等方面均出现了长足进步，尤其是党的十八大以来，中国新型智库建设取得了相当重要成就，实现了"从数量式增长到内涵式提升"的重大转变。包括新型"智库内外部治理机制"、中国智库索引（CTTI）等主要成果，社会智库的热情活跃，党政决策部门对各方智库作用的认识不断提升等，都凸显了中国智库在经过长时期的摸索后，开始探索出独特的发展之路。①

尽管从成果上来看，这一发展的主要部分集中在智库身上，但智库的发展与政府之间的互动从来就不可分之而语。正如在本书第一章中所阐述到的，智库与政府的关系相当复杂，而在"政策思想市场"中，二者之间的联系同样可以从"观念"和意见层面进行分解。在这一层次上，不同层次、类别、规模和职能智库的分野逐渐集中，在与政府决策发生作用这一实质而最为终极的一环里，它们都是在利用一种观念影响另一种观念。

（一）智库的观念表达

智库作为一种组织，在规模、资金来源、研究领域和成果等各个环节都存在相当大的差异性，因此甚至有学者质疑"智库"一词原有的定义还能不能涵盖当今世界所有的类似组织②。但无论如何，它们的价值都是相同的，作为介于政府、社会与其他社会组成部分的中间人，智库承担着形成并产出独立、客观观念的核心价值，以此在政策思想市场中联结知识与权力两大要素。

在整体性的社会结构中，知识与权力在过去被假定是相分割开的，也就是说，二者的观念并非建立在同一套话语体系上。在本书第一章中，对于知识与权力的历史关系已有较为详尽的描述，一般来说，在双方各自的领域中，二者都做得足够好，能够有效而及时地处理对应的问题，二者也并行不悖。但在近现代世界复杂性不断提升、新的社会力量和社会结构不断出现的环境下，过去单一主体能够应对的局面不再重现，全球化的大趋势更是不可抗拒，在这种情况下，已经不大可能出现政府包办一切决策事务的局面了。与决策相关的很多信息、知识，都分布在广泛的社会结构中，考虑到缺乏专业性的能力与视角，或是因为政治、管理、资金、时间等限制，政府很难从海量的社会信息中进行提取、收集与整理，因而与决策相关的观念就很难形成，对主体多元、竞争自由的政策思想市场

---

① 参考资料：《2016中国智库年度发展报告：从数量式增长到内涵式提升》，http：//news. cnr. cn/theory/gc/20170302/t20170302_523630756. shtml.

② Stone. Capturing the Political Imagination，P. 10.

的需求成为客观事实。

也正是在这样的时间点，智库出现并满足了政府决策的所有要求，他们处于社会结构的中间环节，能够渗透到各个领域当中，能够做到信息收集和对信息的系统分析①，也能做到有效的成果产出，这些产出不仅有助于决策者的观念塑造，同样还加速了它们的扩散与交流。也因此，我们说（现代组织形态的）智库从诞生之初的很长时间里都完全依赖于政府，这是一种事实。纯粹的知识研究关注的是观念的创新，但只有政府关注的是观念的应用。也是在这一层面上，智库作为"观念承载者"的定位得以确定。

从功能上说，智库如《中国智库报告》中界定的那样志在"资政启民"，借用麦甘（McGann）的分析结果，智库实际上对决策起到的核心作用主要在于：从事有关社会各领域问题的研究与分析，并形成特定的知识观念；对政府决策提供建议，或是推动新决策流程的开启；评估政府政策、项目，推动政府观念的塑造；推动政府政策的推广与应用，带动社会公众的了解和参与，引导不同观念的碰撞与调和；协助构建政策议题网络，协调不同政策行动者的参与；以及为政府决策提供特定的专业人才培养等。

而在实际中，中国新型智库的发展很大程度上同样遵循了类似的逻辑，一些活跃的智库也对智库建设及其定位持有相同或相似的观点。例如复旦大学发展研究院作为上海智库发展的代表之一，同样也在探索中国新型高校智库建设的上海实践，在对其中心的调研中，其负责人谈到了对智库建设的看法，他们认为，智库的作用尽管概括起来都是相似的，但各个智库依据本身的定位和发展方向各有侧重，资政和启民都是一种普遍的概括，但其实智库建设对二者各有侧重，而两者同样也是可以结合起来的。以复旦大学发展研究院为例，该院自身定位是偏向资政，为国谋划（该院的多个研究中心长期关注国家的经济、金融发展，国际贸易和投资，国家网络安全、新闻传播，社会发展等多方面的政策发展），为民说话。因此概括来说，它们客观起到的功能和作用更侧重在资政应用，在观念上影响政府决策；但他们也深刻地认识到，再好的资政也需要学术和研究来做支撑，为资政和影响决策做一个好的基础，从很多方面看，二者都是紧密结合在一起的。

我们可以从智库与政府互动的角度进行观察，这种互动是建立在决策网络之上的观念碰撞与调和，我们在三个主要的维度上对这些互动与功能进行区分：一是正式制度上的政策制定体系与知识生产体系之间的沟通，发生在正式的体系与结构层面；二是政治精英与知识精英在人员层面展开的往来，尤其侧重于中国智

① McGann. Think Tanks and the Transnationalization of Foreign Policy, pp. 13 – 14.

库运作中所有的"旋转门"机制①与"会议"机制；三是在其他非正式制度和环境下展开的互动，这种互动则更依赖于智库本身的决策网络建构。这三种形式的互动，从整体上呈现了中国环境下的内部多元主义结构特征和政策思想市场的运作模式。

（二）各种观念的互动

智库与政府在政策制定与知识生产之间发生互动，这些互动主要呈现为政策议程制定的全过程，包括议题设置、专家论证、政策制定等一系列环节。周光辉总结了中国决策体制近30年的基本变化趋势，主要特征为：（1）由个人决策转向民主决策。在组织和体制上利用会议民主制度、协商民主制度和扩大参与民主制度等，鼓励其他非政府主体参与决策讨论与协商。（2）由经验决策转向科学决策。利用现代化的科学技术与手段、分析方法及运作程序，优化决策流程，提供科学理论、方法、工具的支持，在此趋势下，专家、学者等行动主体参与决策已经相当重要。（3）决策组织由高度集中转向扁平与分化。如卢西恩（Lucian）所言"结构的分化和专业化……体系中各种政治角色的功能专门性就会上升"②，国家权力的分工也为其他决策机关的专业化提供了有利条件，同样促进了整个决策流程效率的提升。（4）由封闭式决策转向开放式决策。即所谓的"开门决策"，与决策的民主化相比，不仅体现为决策的民主参与和论证，更突出了公民和社会知情、表达、参政与监督等一系列活动，构成了从客观上营造了有利于民主化、科学化决策的外部环境。（5）由被动参与决策转向自主参与决策。即扩大政治参与，改变过去单一的自上而下的决策方式，尊重并鼓励公民及其他社会力量的主动参与，通过提供多种开放式的渠道，使其他各方的声音和信息能形成观念传递到决策中心。（6）由非制度化决策转向制度化决策。传统上，由于决策权力高度集中在极少数决策者手中，实质上的决策程序相当欠缺，改革后的重点是建立科学、民主、规范化的决策制度与程序，加强制度建设和体制建设等。③

从上述内容中不难发现，尽管将中国决策体系变迁区分成多种特征，但它们彼此之间同样是相互关联成为一个整体的，围绕决策的科学化和民主化，使决策

---

① 这种我们所称的"旋转门"机制，只是对西方（尤其是美国）智库类似制度的一种概念上的借鉴，所需要指出的是，完全照搬这个概念，并不能解释中国所具备的独特模式、关系与结构等，参见本书第五章中的相应论述。

② Lucian W. Pye. Aspects of Political Development［M］. Boston：Little，Brown and Company，1966，P. 47.

③ 周光辉：《当代中国决策体制的形成与变革》，载于《中国社会科学》2011 年第 3 期，第 101 ~ 120，222 页。

体系以决策者为中心构造决策网络，也将外部的决策咨询活动主体吸纳整合到整体的决策结构之中。这种官方态度的变化也反映在智库的工作变化中，如广东省社科院在访谈中提及该院的发展状况，其中很重要的一方面是，相对于过去，现在的政府决策在不同角度都发生了转变。第一点是政府对决策咨询的要求全面深化，"你的观点会不会被人家采纳也要看你的观点是不是对人家的情况了解，人家也会综合考虑"；第二点是"现在的政府是很理性的，不像90年代我有一个想法我需要你去论证，这种情况有是有，但越来越少了，所有政府的决策都是公开透明的，如果你站不住脚，别说专家论证，老百姓就过不了。所以我们不要把政府想得好像他们的智慧不如我们。"同时，尽管一些政府（尤其是地方政府）在决策上还没有达到科学、公开、透明等原则，但综合考量不同的信息和情境，结合不同利益要求做出最终决策，尽可能做出更好的决策已经在很大层面上得到了很好的认识，如广东省社科院王珺院长所谈到的，"政府在现在科技快速进步的情况下，他任何的决策都面临着很大的风险，他要降低这种风险才找你，如果什么都拍脑袋他就不需要你了。从这个角度来讲你有没有价值，他对你有需求，但你提供的产品质量不好或者不满足他的需求，他就觉得你这种智库不管用。"

第二类互动发生在体系之下的个体精英层面。对于此类互动，最为熟悉和普遍的可能就是活跃在西方尤其是美国社会的"旋转门"机制，以此为代表，延伸到其他一系列的类似人员交流互动行为。有些研究将这类互动称之为"政治约定"（political appointments），并强调其中介于竞争性下降与政治控制增强之间的"交易"。① 此外，"旋转门"的另一个局限在于，这种机制在中国智库中并不是那样顺畅，这点在很多案例中都得到了证实。中国"旋转门"的不顺畅受制于很多原因，复旦大学党政建设与国家发展研究中心负责人在访谈中阐述了他们的看法，即"国内的经费制度制约着如何旋转"，因为财政体制、科研资金管理制度等缺乏弹性，而来自官方的财政资金支持仍然是中国多数智库的核心生存来源，因而人才间的旋转在中国智库中很难真正实现，"高校智库如果能把资金用活，能聘到一大批副教授和政府部门的处长"。②

鲍姆加特纳（Baumgartner）等人发现，如果游说方中有较多的前政府官员，

---

① 主要参考 Huber J. D., Mccarty N. Bureaucratic Capacity, Delegation, and Political Reform [J]. *American Political Science Review*, 2004, 98（3）: 481–494，另可参考 Lewis（2008）等。

② 这个案例展示了在当代智库建设中，专家们对"旋转门"在中国的不适用的较为普遍的认识，但在本书的内容中，"旋转门"并非独立的简单机制，而是深深依赖于美国政治环境的特定制度设计，因而，"旋转门"在中国不适用的根本原因也在于更深层的政治环境、政治结构层面，参见本书第5章对美国智库发展经验的分析。

它们游说成功的概率大概会在 63% 左右。① 而拉扎罗斯（Lazarus）与麦凯（McKay）则将研究对象对准了大学，他们发现雇用了在政府有任职经验的员工时，大学更容易获得关注和资源，而事实上，"对于学校来说，有这类员工增加了获得关注的预期可能性，在 2002 年，这种提升效应大概接近 30%，2003 年则接近 35%。"② 也有更多的研究结论证实，这种精英间的互动非常受各方重视。布兰内西·维达尔（Blanesi Vidal）等人的研究发现，前高级国会议员在加入企业游说集团后平均每年能挣 319 000 美元，然而，如果这些人在国会的原领导离开了国会，他们的收入相对来说会下降 31%～36%。③ 不仅如此，甚至来自多数党派的成员也比来自少数党派的成员在经过旋转门后占据更大的优势。

相对于其他人，政治精英具备了更多的政治专业知识。很多从事政治职业的员工，尤其是在国会中任职的政治精英，会参与大量政策活动工作中。④ 伊斯特林（Esterling）提出，政治精英提供了专业信息，由此实际上对推动好的公共政策制定过程至关重要。⑤ 这一观点也与赖特（Wright）的看法相一致，他将这类政治精英视作能够依据他们的政策分析，有效推动政策形成的重要行动者。作为政治精英，他们提供了重要的政策信息、决策流程的专业知识。正如阿拉德（Allard）所言，这些精英的核心价值就是"研究和分析法案或常规提案，对提案流程进行监督和报告，参与国会或常规听证会，与在共同议题上有共同利益的对象进行合作，完善战略并评估战术，以及就不同政策、提案和发展与不同的代表进行沟通。"

知识精英对政府来说同样关键，政府在面对日益复杂的公共问题、社会对于公共政策的监督等都在推动政府扩大原有的决策咨询网络，政府在自身决策专业程度受限的条件下，也需要引入更多元的外部智力资源，或是在政策思想市场中寻求合作，以应对决策的科学性等问题。智库和学术研究机构是智力和知识的代表，尤其是智库这类新兴智力专家机构的迅速发展，与传统知识精英不同，他们拥有更多的专长知识，也广泛参与特定的公共问题和政策议程中。⑥

① Baumgartner F. R., Breunig C., Greenpedersen C., et al. Punctuated Equilibrium in Comparative Perspective [J]. *American Journal of Political Science*, 2009, 53（3）：603 – 620.

② Lazarus, Jeffrey and McKay, Amy Melissa. Consequences of the Revolving Door：Evaluating the Lobbying Success of Former Congressional Members and Staff, 2012, 16.

③ Vidal J. B., Draca M., Fonsrosen C., et al. Revolving Door Lobbyists [J]. *The American Economic Review*, 2010, 102（7）：3731 – 3748.

④ 主要参考 Michael J. Malbin. Unelected Representatives：Congressional Staff and the Future of Representative Government [M]. 1980，另可参见 Hammond（1984，1996）等。

⑤ Kevin M Esterling. The Political Economy of Expertise：Information and Efficiency in American National Politics [J]. 2004.

⑥ Ron Eyerman. Between Culture and Politics：Intellectuals in Modern Society [J]. 1994.

第三种情境是智库与政府在其他条件下的互动，这种关系既不是正式制度下的需求，也不含有精英人员间实质上的身份转换，这种情况下的互动更多的只是纯粹的观念、信息与利益的交换等。

不仅仅在中国环境里存在着大量的智库与政府的非制度性互动方式，西方的智库也有各种各样的途径与政府往来，包括制度性的与非制度性的；在科学化与民主化改革逐步普及深化之后，中国智库在对政府决策产生影响的途径上也尝试了多种探索，广泛利用多种机制发挥自身的价值。也就是说，无论在中西方，政策思想市场都存在多元的作用模式和方式，同样包含了制度化和非制度化的影响路径，它们都是建立在具体政治文化和环境下的实践产物。

以中国（海南）改革发展研究院为例，该院自成立之始就相当重视影响力建设，将其视作智库的生命力所在。中改院和主流媒体、非主流媒体、社会媒体、新媒体以及出版界建立了广泛联系，在打造自身研究品牌和实力的基础上，通过持续深入的业务往来拓展自己的渠道。

二、智库身份与决策咨询

智库通过不同的方式对政府决策产生影响，包括正式的中国内部多元主义体系下的互动、作为载体的精英人员间的身份转换与沟通，以及其他非正式的影响途径等，这些不同的方式构成了智库特定的政策网络渠道。

智库的自身定位，以及智库在与政策网络其他外部主体的互动中所扮演的角色等，都对这些渠道能够发挥的实际效用产生了一定程度的影响。在整个决策网络中，这二者实际上也是将智库与其他参与主体区分开的重要标志。于是，智库（无论是中国智库或是欧美智库等）以独特的身份定位与外界发生关系，并通过前文所述的三种途径真正地实现了对政府决策的影响。

（一）智库自主性

智库作为一种政策研究机构的组织自主性，是其产生独具价值的政策建议与政策提案进而影响政府决策的重要前提。事实上，大量已有研究都非常重视智库这一特点的重要性，将智库置于多元主义体系下的一种关键行动主体[①]，视其为

---

① 参见 Polsby，1983；Weaver，1989；Smith，1991；Weiss，1992a；Ricci，1993 等。

一系列独特而独立的组织，主要的组织目标则是在政策思想市场中竞争决策中心的资金支持与政策关注。当然，另一些学者则对此表示了质疑，他们将智库看作特定阶层[1]和精英群体利益[2]的代表。从这一角度观察，智库的自主性就成了学者重点质疑的问题，尤其是他们所处的环境很大程度上决定了他们的生存状态，智库作为协调决策流程的中介机构，其组织目标可能更容易受到其他组织、机构和利益集团的影响从而削弱其自主性。因此如多姆霍夫（Domhoff）所言，智库在观念和运作上的政策倾向差别并不是一种组织独立性的体现，反而更深层地影射了智库所依赖的统治阶层的需求。[3]

在维泽（Weaver）对智库行为的描述中，合同型智库（以合同工作为核心业务）更倾向于满足服务方的需求，因此受到外部影响的程度更大；研究型智库与学者、研究人员的关系更为紧密，它们开展政策研究与组织运作管理的方式也与类似的政策研究机构更接近。[4]

关于智库自主性的争论深刻体现了一个关键问题：如果智库无法在种种活动中保持其显著的自主性，智库就和一般的政府下属政策研究机构、企业政策咨询组织等没有太大区分了[5]。而对于很多中国智库而言，不论是官方智库，或是高校智库、社会智库，自主性问题从始至终都是一个焦点问题。华东理工大学某智库负责人评价了作为高校智库面对的困境，即高校智库处于半官方半民间的位置，政府的管理和研究、市场的取向在一些情境下相冲突，"现阶段的公共财政体制还是计划财政、吃饭财政、人头财政，距离公共财政还比较远。政府是要负责市场不愿意做、个人无力做的事情，智库也一样，还是要通过政府购买。政府不应该管智库怎么花钱。公共财政的症结还在于政府管得太多，权力错位问题。观念和体制成为制约智库发展的重要因素。"另外，高校智库在独立发展与学校依附之间同样存在一定程度的矛盾。

（二）决策咨询中的智库身份

影响智库政策影响力的另一个因素是智库与外界互动中的定位，或者说是智

① 参见 Domhoff，1970，1978 等。

② 参见 Dye，1990，1987；Peschek，1987；Silk，1980 等。

③ Domhoff. The Powers That Be：Processes of Ruling Class Domination in America ［M］. New York：Random House，1978.

④ Weaver R. K. The Changing World of Think Tanks ［J］. *PS Political Science & Politics*，1989，22（3）：563 – 578.

⑤ 关于这一点，当代智库在实际世界中的分类区分已然相当模糊，这也是目前很多学者在争论的一点，本书在其他章节相关内容处同样有相应的介绍。

库在整体性的政策网络中所扮演的具体角色。

智库的自主性问题的另一个含义是，智库在内部多元主义结构下的与其他决策参与行动主体的互动中能多大程度上保持独立自主？智库会采取何种形式与外界进行互动？这些不同的互动方式对所有的智库都适用吗？这些与其他的政策研究机构有所区别吗？它们对保持智库的组织自主性又意味着什么？我们可以从智库搜寻政策信息—形成政策观念—参与政策提案—进行政策宣传等流程来分析决策咨询中的智库身份。

"知识猎头"是智库作为一般研究机构所具备的基本特性，即针对特定政策搜寻相关的信息与资源，这些政策对象可以是与政府需求相关的，或是由其他组织委托的、抑或是智库本身针对某个领域和议题的长期关注等。就这一点来说，智库的作用与一般研究性大学的性质很像，即他们对知识的关注和敏感要远远超过其他的竞争者，因此维泽（Weaver）等学者也将其称作"知识储备库"。很多人会认为，智库的核心组织目的是影响政府决策，因此作为"知识猎头"的智库只会关注那些与特定政策相关的专业或一般知识。但实际上，智库除了关注政府在意的热点议题之外，通常还承担着将社会问题、观念和意识整合传递到政策网络中心的重要职责；同时，作为体现科学性与专业性的智囊，智库同样必须在科学知识、理论和专业能力上具备相当可靠的水准，以此保持在政策思想市场中的核心竞争力。

因此，广泛地接触并汲取外部知识，并及时有效地将之转换为智库的专业能力，同样是智库取得自主性地位，并能够在政策网络中占据一席之地的基础，也是智库参与政策网络整体流程的首要环节。以广东国际战略研究院为例，其在长期探索中形成了比较清晰的定位，一方面是做区域性的问题研究，以广东省的经验、问题为核心，关注地区的发展，另一方面则是对重点问题的前瞻性研判，能在国家层面取得重要信息、知识，并在政策思想竞争中获得优势。广东国际战略研究院的秘书长李青在访谈中谈到，因为定位和关注点的优势，一些课题在申报之前就已经展开了研究，因此相对于其他智库更具优势。智库需要有自己独特的关注领域或研究方式，并长期积累相关的专业知识、信息、灵感等，"如果你关注国家需求，现在国家社科的、教育部的全都是国家需求导向的，所以现在来看的话做智库还是有优势的，比一般的做理论研究的更关注国家需求。"（李青）

正如本书其他章节中所描述的，无论是作为知识界代表的大学、相关利益群体代表的企业或其他组织、还是一般的其他社会行动主体与公民等，都与政府尤其是决策中心相距甚远。由于彼此间话语体系的不同、掌握资源与信息的不对等、目标与追求的本质差异等，这些不同主体间本身也存在较大的张力，削弱了整个决策网络的效率和作用。智库从诞生之初就承担着集外部专业知识、能力与观念之所长，补政府能力、关怀、效率有限之短，因此作为"观念掮客"这一身份的价值在大量研究智库的文献①中广有提及。在此，智库的核心作用是接近、收集来自决策中心外部的观念、声音，并将之传递到政策中心内部；另外则是利用智库与政府对话之便，将决策中心内部的政策信号、政策导向传达给其他行动主体，利用智库的社会影响力重塑政策网络的观念。

因此，智库就像整个政策网络结构中的一个"过滤器"，不仅仅是将不同的观念"掮"到不同的行动主体，更是要在其中起到整合、筛选与调和的中介功能。广东国际战略研究院与外交部形成了较为稳定的"旋转门机制"（李青），该院每年派人到外交部挂职，而外交部每年会有专人到该院进行沟通交流，形成信息沟通和思考意见的互动，"这种旋转门对我们高校智库的帮助非常之大，你得有这种，强化你的需求导向。"（李青）高校智库因为依托大学，理论研究和专业知识能力更加充实，校内资源利用和协同都促进了观念的流动、形成，利用这一优势，高校智库将这些不同的观念、意见整合吸收，并最终形成了智库自身的政策议题。

作为区别于其他机构或组织的核心要件之一，试图影响决策是智库的根本行动目标。从世界范围看，对核心资金、人才和影响力的竞争从20世纪七八十年代公共政策研究机构的发展大潮中就已经开始，在经历互联网普及与新科技革命后更为加剧，由于智库（但更是由于整体的研究机构、咨询机构和其他行动主体）数量的大幅增长，整个政策思想市场的竞争已然相当激烈。为了争取到存活下来所需的资源，大量政策研究机构不得不开发出新的市场和产品。而智库作为其中的重要代表，同时在几个方面参与到政策思想市场的激烈角逐之中：第一也是竞争最为强烈的一方面，是就决策中心所关注的核心领域和重点议题进行研究、提出政策建议与方案，由政策中心选取所需的信息；第二是以智库自身的关怀和探索，就某些政府尚未涉及或启动的政策问题进行研究，并向决策中心"推销"智库的核心产出，以此在政策思想市场中占据有利地位；第三则是受其他行动主体的委托，代替其他利益群体发声，并向决策中心提供相关的政策建议；第四则是智库不直接参与政策营销，而是通过智库广泛的社会网络和社会影响力、行动力，间接引发政府的关注，并取得在政府决策咨询中的有利地位。

从广东国际战略研究院的经验来看，影响政府政策是其最为重要、同时也是最需要用心经营的一个环节。该院的做法是每个月至少上报两份报告，主要是报到省委、省政府，从2016年开始也逐渐往中央报。截止到调研时间，共上报了108份报告，签批率也较高，共有85份被签批；另外则是针对教育部、外交部和

---

① 参见 Weaver R. K. The Changing World of Think Tanks [J]. *PS Political Science & Politics*，1989，22（3）：563 – 578 等。

商务部等不同部委的课题成果，政府订制或应急的报告，形成了该院直接影响政府决策的主要方式。该院从一开始研究全球经济治理时就得到了外交部的关注，随后外交部与该院开展了一系列的合作研究，该院提交的政策研究报告连续被评为优秀，因而在没有私人关系的基础上实现了政策影响渠道的搭建和维系。

智库的最后一种身份是"政策倡导者"，也即《中国智库报告》中所重点提及的"启民"作用。如前所述，决策中心与政策网络其他行动主体存在一定的距离，而政府由于手段、专业性等不同要素上的不足，其他主体由于能力、信息等方面的欠缺，对政府出台的政策的解读往往存在一定程度的偏离，导致决策中心所传达出的政策意图无法得到完全的实现。智库作为整体网络的中介节点，自然而然地承接起了协调整个政策链条的角色。对于智库而言，对特定群体或是全体社会大众发布相应的研究成果、政策报告、政策解读等，以及在互联网、媒体上发表文章与评论等，或是通过举办公共性的政策研究论坛、会议等，传递出相应政策领域的政治信号，带动其他主体在特定领域内的积极有序参与，为决策中心提供对社会群体的政策普及与教育的作用。另外，通过智库与其他主体的非正式交流、智库的专业性调查研究活动等，也能在客观上起到影响政策对象的有益效果。

仍然以广东国际战略研究院为案例。该院带动内部研究人员在论文发表、出版著作和利用社交媒体等途径，产生社会影响力，将相应领域的政策观念和意见扩散到社会领域。该院所创办的《战略决策研究》是华南地区第一家国际问题研究的刊物，专业性突出，获得了很大的社会影响。另外，人才培养也是该院的重要职能之一。广东国际战略研究院致力于在华南地区搭建一个重要的区域平台，将企业等不同的主体都纳入智库的整体网络之中。借助这些方式，该院在华南地区全球经济治理、中国周边战略、全球价值链等几个主要主题政策研究中取得了较好的社会影响力，通过人才、干部培训和成果发表出版等多种途径，将相关领域的政策意涵扩散到社会场域中，利用与其他社会主体的广泛合作、调查研究项目等，带动其他主体参与公共政策过程中，促进了相应政策在区域内的有效认识和扩散。

总之，智库通过不同方式产生政策影响的途径与两个身份相关：其一是智库自身在政策网络中的定位，这决定了智库的组织目的与基本运作方式；其二是智库在政策网络中与其他行动主体发生关系时扮演的角色和身份。在内部多元主义结构中，智库通过与其他行动主体的持续互动获取重要的信息、资源，并向网络中心产出特定的政策成果，以及在政策制定之后作出及时的扩散和解读，由此进一步扩大智库的影响力。

维系独立自主的地位对于智库而言仍然相当关键，有了这一认识，下一步，也是更重要的部分，就是进一步探讨在现有的政策网络下，智库的身份、发挥作用的渠道是如何形成的，以及，它们究竟是如何运作的。

三、智库影响政策的机制

从决策的"寡头模型"① 看，智库本身是可以作为政策流程的一种核心协调机制。多姆霍夫也谈到，想要理解权力结构，就必须向后退，从整体的角度看待智库、专家和精英在其中扮演的角色与起到作用。因而从某种程度上说，中国特有的内部多元主义决策体系从根本上决定了智库等主体在其中发挥各自作用的模式，在此基础上，本节将从中国政策网络体系的具体路径与机制出发，关注智库（尤其是新型智库建设）是如何嵌入到不同的决策机制中的。

在本章开头，我们已经很清晰地表明，中国智库的政策网络可以从两个角度进行剖析：其一是智库本身利用其资源和能力建构的有效网络，参与政策思想市场竞争，这是从智库自主性角度进行的考量；其二是包含了智库个体的政策网络的整体性政策网络，它是以决策中心为网络核心的内部多元主义架构，智库充当了其中的重要节点。这种思维路径如图 13 - 1 所示，在整个政策网络中，智库通过两种方式达到影响决策的目的：①表示的是智库参与政府公共决策体系从而影响政府决策的渠道，②表示的是智库通过自身建构的政策网络、参与政策思想市场竞争达到影响政府决策的目的。

在很多对中国决策制度体系的研究中，学者们都谈到了中国决策制度体系的历史转变，这种转变主要的特征是：从新中国成立之初高度集权下的经验决策与个人决策，到改革开放之初逐步开始的决策科学化和民主化，以及从 1992 年党的十四大（也包括后续一系列的党的十五大、党的十六大与党的十六届四中全会等）开始所正式确立的加快推进决策科学化与民主化进程等。总之，中国特色社会主义行政体制改革与政治文明建设在不断衍进深化，决策制度体系的改革也不断制度化，如周光辉所言"一个中国共产党主导、多方参与、科学论证、过程开放、依法运行的决策模式在决策体制改革的实践中初步形成"②。

---

① 寡头模型（Oligarchical Model），参见 Domhoff. *The Powers That Be*：*Processes of Ruling Class Domination in America*［M］. New York：Random House，1978；David R. Morgan，"American Federalism：Competition Among Governments. Thomas R. Dye,"［J］. *The Journal of Politics* 52，No. 4（Nov.，1990）：1274 - 1276.

② 周光辉：《当代中国决策体制的形成与变革》，载于《中国社会科学》2011 年第 3 期，第 101 页。

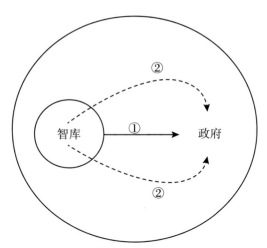

图 13 - 1　智库影响政府决策的两种路径

在此背景下，具体决策机制也得到了很多学者的关注，例如王绍光总结了中国决策模式的六种具体类别，依据政策来源与公众参与的程度而区分，包括关门模式、动员模式、内参模式、借力模式、上书模式与外压模式等等（见表 13 - 1）。[1] 王绍光用这些模式来表达几种不同的中国政治决策制度机制及其在不同语境下的变迁，例如关门模式是传统的中国政府决策模式，主要是由决策中心自行决定政策议题和议程，不需要引入公众的参与；而外压模式则与此完全相反，即议题和议程来源都在决策中心之外，这些关键的问题引发了大量的民意和社会舆论参与，最终构成了相当大的压力并最终引发决策者的关注，而社会问题最终也演化为政策问题并进入正式的决策制度流程。

表 13 - 1　　　　　　　　公共政策议程设置的模式

项目		议程提出者		
		决策者	智囊团	民间
民众参与程度	低	Ⅰ关门模式	Ⅲ内参模式	Ⅴ上书模式
	高	Ⅱ动员模式	Ⅳ借力模式	Ⅵ外压模式

资料来源：王绍光：《中国公共政策议程设置的模式》，载于《中国社会科学》2006 年第 5 期。

另一个比较典型的研究来自朱旭峰对中国政府专家咨询决策模式展开的研究[2]。朱旭峰依据专家影响政府的直接或间接方式，以及决策中心认为某个议题

---

① 王绍光：《中国公共政策议程设置的模式》，载于《中国社会科学》2006 年第 5 期。
② 朱旭峰：《中国社会政策变迁中的专家参与模式研究》，载于《社会学研究》2011 年第 2 期，第 1 ~ 27，243 页。

的重要程度，由此构建出四个主要的政府决策机制，如表 13 - 2 所示。朱旭峰所建构的两个概念"知识复杂性"与"损失嵌入性"，从高低两个维度区分出"公众启迪—竞争性说服模式""内部参与—直接咨询模式""外锁模式"以及"社会运动—简单决策模式"等。例如公众启迪—竞争性说服模式就是很常见的一种专家决策咨询模式，对于试图影响决策的专家而言，直接参与决策流程的难度和代价太大，因而选择了利用公众社会的影响间接推动政府决策的变化，而对于决策者而言，这类决策的影响力太大，因而必须做出最适当的选择，所以会吸纳不同的专家意见，从而通过竞争和说服做出恰当的决策；而社会运动—简单决策模式则是因为政策相对简单或是因为其他原因而缺乏利益相关方的参与，因此专家不会显示出强烈的影响决策的要求，或是通过一般的社会运动和社会影响力获得官方关注，在此过程中，专家的身份和意见不再重要，因此决策中心往往是选择直接应对社会运动的简单决策方式，而不必进行科学的论证和制定流程。

表 13 - 2　　　　　　　　社会政策变迁中的专家参与模式分类

		损失嵌入性	
		强	弱
知识复杂性	高	公众启迪—竞争性说服模式	内部参与—直接咨询模式
	低	外锁模式	社会运动—简单决策模式

资料来源：朱旭峰：《中国社会政策变迁中的专家参与模式研究》，载于《社会学研究》2011 年。

总之，这两类机制分析方式都能够解释不同情境下中国政府决策模式的不同，都对研究中国公共决策制度体系提供了很大的启发。但从本章对中国智库参与政策网络的核心关注点出发，仍需要更聚焦的观察视角，由此，本章选择从智库—政府关系的路径重新构建不同的决策模式，如图 13 - 2 所示。按照内部多元主义结构下智库与政府距离的远近，将政府决策的对外开放程度区分为"外锁""咨询""扩散"和"倡导"四个部分，而它们所对应的四个智库参与决策机制，分别则是"敲门""竞争"、（受）"委托"和"启迪"。（在这里，政府设置的机制和智库采取的路径并不绝对是一一对应的，在不同的情境下，政府和智库都可以采取自主的手段改变另一方所面对的决策现实）。利用对中国（海南）改革发展研究院的调查研究，这些不同的路径在该院的发展历程中都得到了具体体现（见图 13 - 2）。

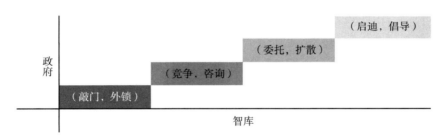

图 13 - 2   中国智库参与决策的路径、机制

"敲门"与"外锁"都是对中国决策机制的一种代指。政府对外部主体参与决策的"外锁"态度，也即过去常说的"关门决策"模式。这种模式在很长一段时间内都是中国决策模式的主要特征，也就是说，政府决策主要参与的行动主体都来自政府内部，包括政府内部决策者、领导人、官僚、智囊团等，相应的决策信息不对外开放，议题来源、议程设置和政策方案的选择、评估等都在决策中心内部完成。在政府采取"外锁"决策模式的情境下，"这类政策的决策过程在通常情况下是艰难而缓慢的；但一旦利益关系得到妥善处理，方案选择是简单的；专家的技术性支持并不是必要的"①。

在这种模式下，智库很难参与政府决策过程中，专家并不必然会被"请"入参与决策。因而对于智库而言，如果希望能影响到政府"关门"的决策，最直接的办法似乎就是去"敲门"。政府"关门"的原因是认为内部决策能够解决其所面对的政策问题，因此很多智库的目标就是要证明，在特定的条件下，政府独自解决问题的能力或策略不足，或是这种决策带来的成本代价过高，相反，智库所提供的政策解决方案是更好的选择。而从智库自身的政策网络看，这种机制同样也是智库自主性的体现，是智库主动接近决策中心、试图影响政府决策的主要形式。当然，政府是继续"闭门造车"抑或"开门纳谏"就受到更多情境因素的影响了。

中改院在很多政策主题上都经历了"吃闭门羹"的困境。举例来说，中改院负责人提到，该院在十多年前开始构想，在海南地区建立琼南经济区、琼北经济区、琼中经济区，但在当时，由于政府对智库的建议并不重视，对中改院的这个政策主张并没有给予太大关注；另外出于地方利益和经济区域权力划分的考量，海南很多地方政府同样不愿意推动这个政策议题，因此很长一段时间里，多届政府都没有认同中改院的政策主张。但是，中改院依据自身的定位和优势，不断完善自身的政策建议，逐步明晰地方一体化规划的优势和具体操作方案，并坚持不

---

① 朱旭峰：《中国社会政策变迁中的专家参与模式研究》，载于《社会学研究》2011 年第 2 期，第 10 页。

懈到政府"敲门"。在新一届海南省政府成立后，中改院的一体化方案最终得到了重视，并开始在海南多地实践。另一个案例是中改院所做的珠三角基本公共服务一体化议题，中改院常务副院长殷仲义在访谈中谈到，"我们先是研究了哪些基本服务能够实现均等化、均等化怎么测算、钱从哪儿来、体制怎么构建，最核心的是，我们建议珠三角的九个市第一年把财政收入的 5% 上交到省级单位来统筹，第二年提高到 6%，第三年 7%。导致的结果就是，我们到不富裕的地方去调研很受欢迎，要到广州、深圳这些地方去，人家不接待，不理你。那我们就找其他办法，找数据。"最后，中改院所做的政策评估方案被证明是相当精确而实际的，广东省政府予以了很高的认可。

在中国政府决策制度演进的过程中，"外锁"和"关门"决策模式带来的困境已经相当明显。过去简单的"关门"已经很难满足政府决策的需要，以及其他行动主体要求决策过程开放和参与实际决策的广泛要求。由此，相对于传统完全的封闭模式，政府逐渐地"打开门"，但开门的程度又区分了后面三种决策模式："放进来""走出去"和"请进来"，其中，"放进来"就对应了这里的"扩散"模式。

"扩散"模式指的是政府决策过程在较低的程度对外开放，在有限的领域和条件限定下，对特定的群体和领域予以"扩散"，但从本质上来说，政府并不希望大量行动主体的广泛参与。从智库的角度考虑，参与决策过程较上一阶段而言有了质的提升，因为政府需要有智库等主体的进入，以此保证决策的整体合理性，或是保证政策制定在公众社会中的可靠性与可执行性。由于政府控制了进入决策流程的主体，进入该过程的智库往往是经过决策中心考量、对决策有所贡献的特定单位。为此，政府往往将特定政策问题直接委托给某个智库专家群体。通过这样一种方式，政府的决策需求得到了满足，关于不希望相关信息为大多数网络主体所悉的愿望也得以实现，而智库则通过被委托的形式得以正式影响政府决策流程，从而在有限的范围内实现了对政府决策的影响。

以中改院为例，该院在成立之后的很长一段时间并没有得到政府的信任，很难真正影响政府的决策。但随着中改院对自身能力建设和定位调整的持续深化，以及广泛学习西方先进智库的有益经验，利用社会媒体、私人专家网络和有预见性的研究，逐步"敲开"了从地方政府到中央政府的"大门"，取得了政府一定程度上的信任，因而在一些专业性的政策议题领域，政府开始重视中改院的政策观念。例如中改院在近几年开始研究国际问题，相关的提案受到外交部的认可。除此之外，在很多经济转型升级、中国改革发展与方向调整等相关领域，政府的一些政策研究课题也会委托中改院直接展开，"一种是社科基金课题，另一种是国家部委委托的课题，发改委一年至少委托我们几个课题"，以及其他几个主要省份都与中改院长期保持委托合作关系。而随着影响力的逐步加大，中央办公厅在中央全会之前也会主动要求中改院提供政策意见和相关材料。

第三种决策模式是前两种模式的进一步发展，相对于"放进来"，政府针对一些政策议题和过程采取了更为开放的做法，即"走出去"的"咨询"模式。咨询模式意味着政府将身份放得更低（通常也意味着政府面对的政策问题更加专业或棘手），开始就特定的问题主动吸纳其他专家、智库等主体的参与，就政府所需要的专业政策领域进言献策，帮助政府解决所面临的难题。尽管政府所采取的实际手段不一而足，在政策流程的哪个阶段展开政策咨询也并非绝对，但咨询类的政策活动确实越来越多。

另外，由于政府决策咨询机制的变化，使得更多的智库参与决策咨询过程之中。因此，某个智库的咨询意见不再是唯一的决策参考对象，而因为自身定位、研究视角和方法的差异，以及所具备的信息与咨询差异等原因，不同的智库能够就某一政策问题提出各自不同的对策建议，从而构成了政策思想市场中的"竞争"模式。在政策制定过程中，政府"走出去"将所面对的问题交给了咨询对象，也即不同的专业智库与专家团体，这些智库和专家则针对政府的特定需求，给出相应的政策方案和对策，由决策中心筛选出所需要的有效信息。这一形式也常常表现为政府公开招标、项目公开申请等。

作为社会智库，中改院实际上参与最多的也是这一形式的政策影响途径。包括新华社、人民日报和光明日报的内参都相当重视中改院鲜明的政策主张；另外像中改院在党的十八大前出台的《改革跑赢危机的行动路线》报告，同样得到中央政府的高度认可。类似的研究成果为中改院赢得了声誉，中办和国办都利用下属机构直接与中改院建立关系，在相应政策议题上获得中改院的意见。另外随着新型智库建设逐步深化，不同地区政府就新型智库发展的主题开展了大量研讨会活动，中改院作为中国社会智库发展的成功典范，受邀参与了很多相应的政策咨询平台，给出了很多重要的决策参考意见。例如在 G20 召开期间，G20 及其下属的 T20 智库非正式网络会议就要求中改院参与并提供政策指导意见。

最后一种类别（当然在实践中很可能并不止这几种固定的决策咨询模式分类）是最为开放主动的，即政府面对政策问题需求采取了"请进来"的机制这类政策问题通常也与广泛的社会群体息息相关、公众和社会组织有极高的参与需求和热情，因而政府采取有限的决策机制很难满足社会公众行动主体的需要，尤其是在社会媒体日渐发达的今天，这种不满足很容易演化为对政府形象、公信力甚至是社会稳定的威胁。王绍光认为"广大民众具有了强烈的参与意识""所涉及的议程执行起来需要得到民众普遍自觉的合作"以及"决策者缺乏实施该议程所必需的资源"是政府主动开放决策咨询的三个主要条件。在这样的背景之下，政府顺应了其他政策网络主体参政议政的热情，倡导社会主体参与不同环节的决策之中。

而对于智库来说，这些政策问题因太多的行动主体参与，试图完全与政府直接对接的做法已经很难实现。在这种情景下，智库更侧重于通过影响社会公众，利用自身的专业优势和政策能力、社会影响力，用智库自身的政策观念和倾向启发、引导其他社会公众和行动主体，借此间接达成对决策中心的影响。在实践中，各种各样的听证会、公开性的政策报告会、专家会议论坛等，都是政府和智库专家倡导、启迪社会公众参与决策的有效做法，同样有助于实现决策的科学化和民主化。

同样以中改院为例。中改院之所以取得现有成果，一个重要的机制就是广泛接触和运用社会媒体的优势，打造了自身独立、专业、有特色的品牌形象，获得了很好的社会影响和行动能力。从中改院自身的定位来看，该院所看重的是"影响力和对改革的推动"，因此，"凝聚社会共识"从一开始就成为了该院行动的特定目标之一。随着中改院不断提供独到的、有前瞻性的政策研究成果，该院获取了不同层级媒体的关注和信任，"一步步构筑起庞大的多层次的媒体网络"，"能够提供很多独有的信息，有很多能引起社会关注的东西"。另外，通过举办、承办或参加各式各样的研讨会、报告会等，中改院在很多层面都实现了政策影响；最后，通过智库自身的推动，带动社会与政府对某些重点政策议题的关注，"好多是我们主动做的，比如说城镇化、消费型大国、全球治理，我们自己就做课题、做宣传，通过媒体网络宣传，通过渠道、清样网上递，通过院长的一些讲课和活动扩大学术影响，自己花钱去做，我们的目的就是影响改革决策"。这些关键的内容整合在一起，就充分实现了中改院在传播和扩散政策影响、带动不同主体参与政策过程环节中的关键作用。

四、小　　结

一般语义而言，政策网络是指政策过程中的不同行动主体围绕决策中心形成的网络式结构，但在本章中，政策网络不仅仅是作为"整体性"的围绕决策中心建构的"大"网络而存在，与此同时，以该网络中的行动主体为中心，与整体性决策网络相嵌相生的"小"网络也得到呈现，即以智库为核心的网络节点，依据自身定位、能力和资源等，独立打造的个体性决策网络，从而形成"大"网络套"小"网络的整体性政策网络结构。

在这样的整体结构之下，中国特色新型智库以不同的方式参与政府公共决策咨询活动之中，借助正式的决策、政策建议等渠道，向决策者提供特定的研究成果与政策报告；或是借助智库专家、学界研究人员与政府决策部门工作人员间的定向"旋转"机制，以人员身份的转换为形式和载体，实现知识、观念、信息等资源的流动。当然，在中国的情境下，这种"旋转"是单向的，即来自高校、智库和社会的专家团队们的确有机会进入决策部门（挂职、聘任等），发挥正式的决策咨询作用，但来自决策部门的工作人员却鲜有进入智库和高校等担任正式职务。另外，也是中国政策环境下的独特形式，即通过非制度化的途径，如不同形式的"会议"、不涉及正式人员身份转换的"多重身份兼职"（由此构成了对中国特色"单向旋转门"机制另一面的补充）等方式，为智库参与决策过程搭建了较为多样化的渠道，从而有效弥补了正式制度的不足。

通过这些基本方式，中国智库在"大"网络下以"小"网络为基础，从提升智库本身运作与能力建设出发，基于自身定位和资源，关注着不同领域和层次的公共问题，并及时将这些问题上升到政策问题，向决策中心提供对应的决策意见参考。作为独立的行动主体，智库的角色被分为了"知识猎头""观念掮客""政策营销者"与"政策倡导者"等四种，分别对应智库在政府决策过程中的不同环节。但终归而言，智库扮演的角色、发挥的作用都需要通畅的渠道做支撑，也就是说，政治环境和结构决定的"大网络"会影响依赖智库个体资源与能力的"小网络"。

这种结构，呈现出了"内部多元主义"的特点。同样的结构在本章对中国特色新型智库的考察中显露无遗，首先，网络核心仍然是以中国共产党和政府为核心的决策中心，但决策核心逐步对外开放，"开始走出传统政治上全输全赢的零和格局"，即多元主体开始在决策中心的领导下，有序地参与政府决策咨询过程中，提供相应的政策建议与主张；其次，相比于过去政府完全占据决策活动，现代智库作为诸多活跃的政策网络行动者之一，积极扮演着各自不同的参政议政角色，即决策与决策咨询的"多元化"结构逐渐形成并正式化，但与此同时，这种多元又是紧紧围绕决策中心的需求、设置的路径与机制而开展的；另外，在内部多元主义结构之下，中国特色新型智库与决策中心互动与相互建构，形成了极具中国特色的"大网络"与"小网络"相嵌的整体政策网络体系，决策中心需要智库等行动主体的积极参与，同时也通过决策参与路径和机制的建构决定智库等主体行动的选择。

在内部多元主义结构之下，中国智库建设实际上出现了几个重要特征，郑永年将之概括为：智库的竞争核心集中于各层级的决策者的关注；智库的核心资金依赖于各级政府；智库的独立性、自主性问题面临很大的挑战；智库与政府间的

"旋转门"机制表现为"单向旋转",但另一方向的"旋转",也通过具备中国特色的其他非制度化手段得到支撑。由此,中国智库实现了有效的决策参与,尤其是在中央政府开始大力推进"中国特色新型智库"建设之后,不同层级、区域的智库获得了大量的资源和空间,开始广泛利用自身的优势提供对应的功能,而尽管中国智库实际发展的质量与方向仍有待探讨,它们的广泛活跃仍然体现并深化了中国内部多元主义政治结构的有效性,很好地提升了政府决策的科学性与民主性。

第四部分

新型智库的
建设方案

第十四章

创新新型智库的指标体系

近年来的"智库热"动员了大量的资源投入到政策研究和智库建设当中，政策研究逐渐从边缘走向中心，无论从资源投入和人员配备，还是从政策知识的生产机制和交流渠道来看，一个新兴的智库产业都正在逐渐成形。虽然近年来智库建设成绩斐然，但同时也出现了"有库无智""有智无库""挂牌智库"、低水平重复建设等诸多乱象。在这个过程中，智库评价作为智库研究的一个新热点随之兴起，根据 CKNI 数据库，2016 年以"智库评价"为主题的文章数量与 2013年相比翻了接近 10 倍[①]。

权威的智库评价就像一根指挥棒，引导智库建设资源的配置和智库发展的方向。智库评价方案的权威性有两个来源，一是评价主体的权威性，比如政府实施的官方评价或者主要出资者实施的绩效评价；二是评价方案本身的科学性和在智库业内的被认可程度。目前，我国政府尚未出台正式的智库评价方案，非官方的智库评价研究和实践则如同智库建设本身的热潮一样，多元发展，并在竞争中不断推进智库评价的优化。

需要指出的是，中国特色新型智库正处于起步阶段，政府和各类智库依然在探索智库发展之道，众多的智库研究成果也尚未研究明白智库发展的客观规律。在这种情况下，不科学的智库评价反而会限制中国特色新型智库的进一步发展，因此有必要对智库评价做一个阶段性的回顾，并找出适合现阶段、符合中国决策

---

① 在中国知网（http：//www.cnki.net/）搜索以"智库评价"为主题的文献，得到 2013 年的文献23 篇，2016 年的文献 205 篇。

咨询体制的中国特色新型智库评价指标体系，以此引导中国智库的健康发展。

本章第一节分析国内外已有的智库评价指标特征，揭示已有智库评价研究与实践的核心内容；第二节对比分析目前主要的智库评价方案及其实施，对智库评价进行再评价；第三节基于前两节的分析结果提出"中国特色新型智库评价指标体系"，供已有的或即将施行的智库评价参考。

一、中外智库评价指标的特征分析

在智库研究领域，智库的定义、功能、运行机制、历史演进、发展趋势、评价和产业化等都是热点问题。其中，智库的评价指标是一个亟待探讨的问题。智库评价是指根据一定的标准对智库的运行、成果、影响力等因素进行价值判定的过程，评价指标则是评价所依据标准的具体表现和衡量。因此，评价指标的选取直接影响到智库评价的结果，进而影响智库建设和发展的方向。目前学界与社会普遍更关注智库评价的结果，而对于背后的评价指标分析较少。本节从智库评价指标的角度切入，利用文本分析方法得出目前关于智库评价指标的核心内容和基本特征，分析现有智库评价指标的不足并进一步探讨智库评价指标的选取问题。

（一）已有智库评价指标

《全球智库指数报告》[1] 和《中国智库报告》[2][3][4][5] 分别在国际上和中国境内开创了智库评价的先河。美国宾夕法尼亚大学智库与公民社会项目自 2006 年起对全球智库进行排名，排名结果自 2007 年起以《全球智库指数报告》的形式向全球公布，其所使用的智库评价指标包括资源指标、利用指标、产出指标、影

[1] James G. McGann. Global Go to Think Tank Index Reports [R]. 2008：1–85.
[2] 上海社会科学院智库研究中心：《2013 年中国智库报告——影响力排名与政策建议》，2014 年，第 1~43 页。
[3] 上海社会科学院智库研究中心：《2014 年中国智库报告——影响力排名与政策建议》，2015 年，第 1~53 页。
[4] 上海社会科学院智库研究中心：《2015 年中国智库报告——影响力排名与政策建议》，2016 年，第 1~84 页。
[5] 上海社会科学院智库研究中心：《2016 年中国智库报告——影响力排名与政策建议》，2017 年，第 1~120 页。

响力指标共 4 大类、28 项具体指标（详见附表 14 - 1），其中既含有量化指标，也有定性指标，这些指标用以考察智库的影响力和对决策环境及公民社会的贡献。该指标体系较稳定、变化不大，自 2008 年设定以来未作大改动，唯一的小改动是 2009 年报告中将"媒体亮相"限定为"在纸质媒体和电子媒体上亮相"，但 2010 年的报告即恢复原有描述。宾夕法尼亚大学的智库排名指标体系引领了整个智库评价研究，有诸多学者和研究机构对该排名结果进行分析研究。

在中国境内，上海社科院智库研究中心首先进行智库评价，对中国智库的影响力进行排名，排名结果自 2014 年起每年发布于《中国智库报告》。该报告主要从智库影响力的角度给出智库排名，其评价指标包括 4~6 方面：2013 年的智库排名以智库成长与营销能力、决策（核心）影响力、学术（中心）影响力、公众（边缘）影响力 4 项一级指标评价中国智库的影响力并形成排名；2014 年增加国际影响力，并从公众影响力中衍生出媒体影响力指标，形成 6 项一级指标：决策影响力、学术影响力、媒体影响力、公众影响力、国际影响力、智库成长与营销能力；2015 年媒体影响力和公众影响力合为社会影响力，并对指标体系进行分层细化，形成了 5 个一级指标、12 个二级指标、27 个三级指标的三层指标体系；2016 年延续 2015 年的三层指标体系，在二、三级指标设置上进行了微调。可以看出经过几年智库评价的演变，指标体系已趋近稳定。其中，一级指标"智库能力"由最初的"成立时间、研究经费和留住专家能力"三项主要评价内容衍变到还包含"智库级别、研究人员规模及经费比例"等指标；"决策影响力"是智库评价的核心指标，由最初的"领导批示、决策咨询、受邀授课和旋转门机制"扩展细化为分级领导批示量、分层次议案采纳量、发展规划起草和各级别咨询会听证会参与情况的具体评价指标；"学术影响力"体现智库的研究成果，评价指标由最初关注成果总量到分层级的具体成果类型及数量再到分层次的成果总量；"社会影响力"包含智库在各类媒体发声情况和智库网络建设情况，删除了"对社会弱势群体政策需求的关注"的评价指标；"国际影响力"自 2014 年开始设置，主要反映国际传播、合作等情况。可见，上海社科院对中国智库评价指标的选取非常具体，倾向于更为全面地评价智库的影响力情况，指标体系在逐步完善，并加强了对智库外延功能的评价。

除了以上两个指标体系外，还有大量关于智库评价的中外文献，其中的大多数从宏观的角度讨论智库评价的意义、原则、标准以及已有评价的利弊，但也有少部分提出具体的评价指标。国外关于智库评价的研究有：唐纳德·埃布尔森（Donald Abelson）从政策过程的角度出发，认为智库在政策形成过程中的不同节点发挥的作用有所不同，并列出了在议题提出、政策形成、政策执行阶段智库影响力的评价指标①；智库评价专家詹姆士·麦甘（James McGann）曾为休利特基金会（Hewlett Foundation）设计了一套评估方案用以选取资助的智库对象，从捐资者的角度出发，麦甘设计了详细的指标从智库的产出和影响两方面评价资金的使用情况②；全球发展中心（Global Development Center）的茱莉亚·克拉克（Julia Clark）和戴维·罗德曼（David Roodman）选取了一系列量化指标衡量国际发展领域智库的效率和影响力③；弗雷德·孔茨（Fred Kuntz）从曝光度、资源、需求、政策影响和工作质量五个方面设计了具体指标来衡量智库的影响力④；洛蕾娜·阿尔卡扎等（Lorena Alcázar et al.）根据三个智库案例分析智库影响力的影响因素指标及影响的度量指标，详尽细致⑤；鲁文·施罗兹伯格（Reuven Shlozberg）以一个加拿大高校智库为例建立了智库在公众讨论、政策制定方面的影响指标体系⑥；伊莎贝拉·阿罗西奥等（Isabella Alloisio et al.）从活动和成果角度给出了气候领域智库的评价指标⑦。国外学者对智库评价指标的研究相对细致，以智库政策参与领域的评价指标为主，以机构产出成果为评价核心，重点突出智库的实践性。

2016 年之前，在国内其他较有影响力的指标体系还有：由零点国际发展研究院和中国智库网联合发布的《2014 中国智库影响力报告》⑧，该报告中提出中国智库的专业、政府、社会和国际四个方面的影响力评价指标；徐晓虎的地方智库评价指标⑨⑩；朱旭峰基于社会结构范式从三个方面分析智库影

---

① Abelson，D. E. *Do Think Tanks Matter*？：*Assessing the Impact of Public Policy Institutes* ［M］. 2 Rev Exp edition. Montreal：McGill－Queen's University Press，2009：92－126.

② James G. McGann. Best Practice for Funding and Evaluating Think Tanks ［EB/OL］. http：//www. hewlett. org/uploads/files/BestPracticesforFundingandEvaluatingThinkTanks. pdf，2015－10－30.

③ Julia Clark，David Roodman. Measuring Think Tank Performance：An Index of Public Profile ［EB/OL］. http：//www. cgdev. org/sites/default/files/think-tank-index_0_0. pdf，2015－10－30.

④ Fred Kuntz. Communications and Impact Metrics for Think Tanks ［EB/OL］. https：//www. cigionline. org/blogs/tank-treads/communications-and-impact-metrics-think-tanks，2015－10－30.

⑤ Lorena Alcázar，María Balarín，Dushni Weerakoon，Eric Eboh. Learning to monitor think tanks impact：Three experiences from Africa，Asia and Latin America ［EB/OL］. http：//www. thinktankinitiative. org/sites/default/files/Learning-to-monitor-think-tanks-impact-complete-report1. pdf. 2012－6，2015－12－10.

⑥ Reuven Shlozberg. How do you measure a think tank's impact？［EB/OL］. https：//mowatcentre. ca/how-do-you-measure-a-think-tanks-impact/，2015－12－10.

⑦ Isabella Alloisio，Silvia Bertolin，Luca Farnia，Silvio Giove，Jan Trevisan. The 2012 ICCG Climate Think Tank Ranking：A Methodological Report ［EB/OL］. http：//www. thinktankmap. org/FilePagineStatiche/Report% 202012% 20ICCG% 20Climate% 20Think% 20Tank% 20Ranking. pdf，2015－12－10.

⑧ 零点国际发展研究院、智库中国网：《2014 中国智库影响力报告》，http：//www. china. com. cn/opinion/think/2015－01/15/content_34570669. htm，2015－10－30.

⑨ 徐晓虎、陈圻：《地方智库运行机制研究——基于地市级智库的实证研究》，载于《南京大学学报（哲学·人文科学·社会科学版）》2012 年第 5 期，第 21～28 页。

⑩ 徐晓虎、陈圻：《基于神经网络模型的地方智库竞争力评估——以江苏淮安地方智库为例》，载于《研究与发展管理》2014 年第 3 期，第 32～40 页。

响力①；上海社科院权衡从推动决策咨询科学化、民主化角度提出的中国特色新型智库标准②，包括政策、学术、社会、国际四个方面的影响力评价指标和智库的生存与可持续发展能力的评价指标；曹明、刘兰兰关于社科系统新型智库信息化建设的五方面指标③，具体为应用、投入、保障、成果和影响力指标；王莉丽提出的二维（公开和隐性）智库影响力测评④和四维（"向上"与"向下""对内"与"对外"）大学智库影响力分析⑤；孙志茹等的智库政策影响力分析框架模型⑥；光娅等人关于地方行政学院智库发展阶段关键特征的研究⑦；徐晓虎、陈圻关于地方智库竞争力评估的研究⑧及曹明关于智库信息化建设的评价指标的研究⑨等。除此之外，还有学者专门对智库网站进行分析研究，如黄开木等⑩利用13个指标对中美智库网站进行比较。以上指标体系多为理论性指标，实践性较弱。

　　2016年是国内关于智库评价研究大发展的一年，2016年新增的研究文献中共搜索得到15套智库相关的评价指标体系，主要包括三类：综合评价、影响力评价和网络建设评价。关于智库的综合评价有：四川省社科院自2015年开始发布《中华智库影响力报告》，从五个方面评价国内智库的影响力⑪；南京大学中国智库研究与评价中心和《光明日报》智库研究与发布中心2016年发布的智库MRPA测评报告⑫，从治理结构、智库资源、智库成果和智库活动四方面对CTTI来源智库进行评价，通过测评网站公布相关结果；陆红如等运用"结构—功能"

　　① 朱旭峰：《网络与知识运用：政策过程中的中国思想库影响力研究》，清华大学博士学位论文，2005年，第6页。

　　② 权衡：《建设新型智库推动决策咨询科学化、民主化》，载于《中国党政干部论坛》2015年第1期，第16~20页。

　　③ 曹明、刘兰兰：《社科型智库信息化建设评价指标体系研究》，载于《中州大学学报》2014年第5期，第85~90页。

　　④ 王莉丽：《旋转门：美国思想库研究》，国家行政学院出版社2010年版。

　　⑤ 王莉丽：《大学智库建设：提升国家软实力的基础》，载于《中国教育报》2012年5月25日（005）。

　　⑥ 孙志茹、张志强：《基于信息流的思想库政策影响力分析框架研究》，载于《图书情报工作》2011年第20期。

　　⑦ 光娅、洪爱华、倪良新：《地方行政学院智库发展阶段分析》，载于《安徽行政学院学报》2014年第6期，第25~29页。

　　⑧ 徐晓虎、陈圻：《基于神经网络模型的地方智库竞争力评估——以江苏淮安地方智库为例》，载于《研究与发展管理》2014年第3期，第32~40页。

　　⑨ 曹明：《以信息化促进智库现代化转型发展》，载于《中国社会科学报》2015年7月2日（006）。

　　⑩ 黄开木、樊振佳、卢胜军、栗琳：《基于链接分析法的中美智库网站比较研究》，载于《情报理论与实践》2014年第11期，第129~133页。

　　⑪ 四川省社会科学院中华智库研究中心：《中华智库影响力报告（2016）》，载于《企业家日报》2016年11月21日，第5版。

　　⑫ 李刚、王斯敏：《CTTI来源智库MRPA测评报告2015-2016》，载于《南京大学中国智库研究与评价中心、光明日报智库研究与发布中心》2016年第12期，第1~69页。

分析范式，从智库在运作机制及具有的功能入手，探索智库评价体系中的隐含结构形式，从智库建设的前提基础、关键核心、可持续发展、成果和影响力五个角度构建智库评价指标体系①；荆林波等从吸引力、管理力和影响力三个层次对全球智库进行综合评价，建立了五层评价指标体系，完成了对智库从内到外各种能力的评价，并结合了定性定量评价方法，指标体系细致全面②，但过于复杂；邱均平、刘宁从内容丰富度、网络影响力、信息传播力、成果公开度、使用效率五个方面对全球智库报告中顶级排名前 30 的智库网站影响力进行评价③；陈国营等从组织、专家队伍、人才培养、活动、成果（分理论和咨政两类）、声誉和物质支撑等"八要素"构建大学智库综合评价框架④；陈杰等从组织、影响力、多元化和国际化四个方面的有效性构建了中国特色新型智库建设有效性评价指标体系⑤；刘登等从发展、思想、传播、影响四个能力的角度构建了新型智库的本体模型、价值体系、指标体系框架⑥；王文涛、刘燕华从选题、问题分析、信息源与分析方法、策略分析与验证、风险评估五个角度评价智库的运行和产品⑦，属于智库评价的理论构建，未作实践探讨。上述九套指标体系均是对智库的综合评价，将智库的内部建设、外部发展和影响力都考虑在指标体系中。

关于智库影响力的评价是智库评价研究的主要内容，几乎所有的智库评价指标都包括影响力的评价，只是侧重角度不同。如徐华亮提出了实践导向下从内部建设和外部环境评价智库影响力的分析框架，重在厘清制度、资源、质量、渠道影响因素之间的相互关系⑧；朱旭峰、韩万渠提出了智库透明度的基本维度，构建智库透明度评价体系，并对 100 家有较大影响力的中国智库进行透明度评价⑨，虽用的是"透明度"概念，但反映的也是关于智库影响力的评价；丁炫凯等通过

① 陆红如、陈雅、梁颖：《国内外智库研究热点定量分析语境下的我国智库评价体系构建研究》，载于《图书馆》2017 年第 1 期，第 9 ~ 16 页。

② 荆林波等：《全球智库评价报告》，载于《中国社会科学评价》2016 年第 1 期，第 90 ~ 124 页。

③ 邱均平、刘宁：《智库网站影响力评价分析》，载于《重庆大学学报（社会科学版）》2016 年第 3 期，第 109 ~ 114 页。

④ 陈国营、鲍建强、钟伟军、陈明：《中国大学智库评价研究：维度与指标》，载于《高教发展与评估》2016 年第 5 期，第 18 ~ 29，119 ~ 120 页。

⑤ 陈杰、高亮、徐胡昇：《中国特色新型智库建设有效性评价指标体系构建研究》，载于《中国高校科技》2016 年第 11 期，第 8 ~ 11 页。

⑥ 刘登、赵超阳、魏俊峰、卢胜军、齐卓砾：《新型智库评估理论及评估框架体系研究》，载于《智库理论与实践》2016 年第 5 期，第 10 ~ 17 页。

⑦ 王文涛、刘燕华：《智库运行和智库产品的评价要点》，载于《智库理论与实践》2016 年第 2 期，第 14 ~ 19 页。

⑧ 徐华亮：《实践导向下智库影响力实现逻辑及评价分析》，载于《情报资料工作》2016 年第 4 期，第 51 ~ 55 页。

⑨ 朱旭峰、韩万渠：《智库透明度评价与中国智库建设》，载于《经济社会体制比较》2016 年第 6 期，第 72 ~ 83 页。

智库的网络搜索及链接、报刊曝光和学术引用等方面的指标评价新型智库的受关注度，用以反映智库的影响力①。

第三类评价是关于智库网络或网站建设情况的评价，如陈媛媛、李刚利用9项指标评价智库网站的链接、资源使用及其影响力②③，并利用因子分析方法对166个智库网站样本进行评价排名同时修正指标体系；浙江工业大学全球智库研究中心提出智库网络活跃度评价的基本框架和指标④；同时，在前面的各评价指标体系中也多少都包含了关于智库网站使用情况的具体指标。

可见，2016年新增的智库评价指标体系与以前相比，呈现出三个特点：一是智库评价的综合性加强，指标体系更加全面、系统；二是指标体系的设计更为具体、更具操作性，多数指标不再只停留在理论探讨层面，而是进入了实践阶段，给出了评分和排名；三是注重智库网络信息的利用，大都设置了关于智库网站建设或信息资源利用情况的评价指标。

（二）国内外智库评价指标比较分析

本节以国内外关于智库评价指标的已有研究与实践为基础，去掉重复的指标，选取最新可查的评价指标，共得到29套完整的智库评价指标（国外8套，国内21套）以及12套智库评价指标特征或分量列表（国外4套，国内8套）。通过对这些指标的描述分析，得出国内外已有的智库评价指标之间的共性和差异。

1. 国外智库评价指标描述

国外对智库的评价侧重在利益相关者评议，如政策制定者、出资者、学者、各类官员、议员、新闻工作者等参与评议过程。比如全球智库排名产生的流程就是确定公开提名、同行/专家评审、发放问卷、专家评审，其中的关键环节就是同行/专家评审。这样的评价流程导致国外的智库评价指标比较偏主观描述，可量化的指标不多。对国外智库评价指标/标准的整理归纳如表14-1所示。

---

① 丁炫凯、王传奇、李刚：《新型智库受关注度模式及其实证研究》，载于《经济社会体制比较》2016年第6期，第84~92页。

② 陈媛媛、李刚：《智库网站影响力评价指标体系研究》，载于《图书馆论坛》2016年第5期，第25~33，62页。

③ 陈媛媛：《智库网络影响力评价体系建构与实证》，载于《光明日报》2016年7月13日，第16版。

④ 浙江工业大学全球智库研究中心课题组：《智库网络活跃度评价研究》，载于《浙江工业大学学报（社会科学版）》2016年第2期，第121~127页。

表 14 –1   国外智库相关的评价指标归纳表

一级指标名称	文献中一级指标用词	二级指标词汇归类及词频	文献个数
资源指标	资源指标、影响因素、效率指标、理想智库	**研究人员：** 研究人员及其研究能力 3 研究运作与质量 5 **投入：** 财政支持 5 机构 3 制度 2 **机构吸引力：** 招聘并留住领先学者和分析师的能力 2 **外联网络：** 网络和伙伴关系 7 与决策者和其他政策精英的接近度 4 在政策学术领域和媒体领域的重要联系人 2	7
利用指标	利用率指标、曝光度、需求	**媒体活动：** 媒体引用 12 **智库网站：** 网站访问 7 **政策参与：** 参与政府活动（发布会、邀约、咨询）4 政府引用 3 政策报告（产品）引用 2 在媒体与政策精英中的声望 1 **学术利用：** 学术引用 7	6
输出指标	输出指标、理想智库、基于活动与传播的产出评估	**研究成果：** 书籍 3 报告 6 论文/文章 5 政策提案 3 **交流活动：** 组织会议 6 出席会议 2 **人员互动：** 旋转门（被咨询服务和政府职务提名的员工、被任命为政府官员或政府咨询的工作人员）3	7

一级指标名称	文献中一级指标用词	二级指标词汇归类及词频	文献个数
影响力指标	影响力指标、政策影响力和工作质量、"研究成果的使用"衡量智库影响力、改善选举竞选的质量目标下的政府影响力、政策层面的影响力评估、政策形成过程、基于质量和政策相关度的产出评估	**成果转化：** 被采纳的政策建议 3 作证与论证 7 咨询 5 **研究成果质量：** 产出的质量 3 被授予的奖项 2 研究和信息的总体质量如何 1 研究的彻底性和全面性如何 1 发布的成果是否符合学术规范并基于证据的科学研究 1 研究成果是否基于可靠的数据库和严谨的分析（而不仅仅是描述性）1 研究是否独立（尤其独立于政府）1 **政策议程：** 发布的成果是否对政策讨论有贡献 2 发布的成果是否有益于为突出议题提供全面的研究和分析 1 发布的成果是否对政策建议有贡献 1 发布的成果是否符合政治和制度限制、符合政策制定者面临的压力，并与政策制定者的设想有共鸣 1 发布的成果是否为突出议题提供了可靠的有说服力的证据并提供了切实可行的方案 2 发布的成果是否展现了对政策过程中的参与者及其网络的认知 1 议题网络的集中性 1 在邮件用户列表和网络中的主导地位 1 成功挑战传统智慧，以及官僚和民选官员的标准操作流程 1 启发（理解政策、达成意见一致）1 获取信息（NPRO 满足议员对信息的需求）1 策略（协助议员达成策略目标，比如否决某一议案）1	9

注：表中加粗的文字是由原指标整理归纳、笔者添加的。

资料来源：IPP 整理。

表 14-1 以麦甘的全球智库评价标准为基本指标分类依据，可看出国外智库指标评价的内容主要为研究人员、投入情况、机构吸引力、外联网络、媒体引用、学术引用、智库网站、政策参与情况、研究成果、交流活动、人员互动、成果转化、研究成果质量及政策过程的影响等方面（即表 14-1 中的加粗文字部分）。

再结合国外智库的二级评价指标可进一步得出：国外智库评价指标的选取多数围绕着智库提出政策议题和对政策过程的贡献，智库的运行和产出成果都是为这一"贡献"而服务的。

从而，可以认为国外对智库的评价侧重在评价智库运作过程和产出成果及其质量和影响方面，也就是智库作为政府的"外脑"所起的作用和如何起作用等方面。

2. 国内智库评价指标描述

国内文献中包含 21 套完整的智库评价指标，8 套智库评价的指标特征或分量列表，由此得到国内智库指标描述的 29 个依据来源。国内研究中对智库的评价内容各有侧重，对各文献归纳后，可得到相近的指标描述，如表 14-2 所示。

表 14-2　　　　　　　　国内智库评价指标归纳表

一级指标名称	文献中一级指标用词	二级指标词汇归类及词频	文献个数
政策影响力	政策影响力、政府影响力、决策影响力、公开影响力	**成果转化：** 领导批示 9 成果转化为内部专报 2 **人员互动：** 旋转门（含到政府部门中任职、曾在政府部门任职、派驻专家）8 给决策者授课 4 为政府人员培训（含政府讲座）7 **政策参与：** 决策咨询 9 政府座谈/听证（含改进决策者进行政治和行政决策的信息基础、提高政策决策者进行科学决策的能力）6 政府委托项目 7 **政策议题：** 改变政策议题的优先级 1 民意测验 1	12

续表

一级指标名称	文献中一级指标用词	二级指标词汇归类及词频	文献个数
学术影响力	学术影响力、专业影响力、精英影响力	**研究成果：** 发表论文 14 论文转载 6 成果获奖 5 **交流活动：** 参加会议 10 举办会议 6 与学术界合作交流的机会 9 举办培训、大企业咨询 2 **出版物：** 发行刊物 8 专著 9 会议论文集 4 研究报告 11	14
社会影响力	社会影响力、公众影响力、媒体影响力、隐性影响力	**社会关注：** 对社会弱势群体 3 智库对公众意识的引导能力 4 **媒体关注：** 对媒体舆论的引导能力 4 搜索引擎上的搜索量 7 在新媒体上的粉丝量 4 **媒体活动：** 在媒体上发表成果 5 媒体报道 8 媒体采访 6 媒体引用 5 自媒体数量 6	13
国际影响力	国际影响力	**知名度：** 国际知名度 4 国际声誉 3 国外媒体对智库的报道量 1 国际重大事件 2 **国际交流：** 与国外合作交流 3 在国外设立分支机构的数量 1 研究人才的数量和国际化程度 1	5

续表

一级指标名称	文献中一级指标用词	二级指标词汇归类及词频	文献个数
智库建设	智库成长与营销能力、智库的生存和可持续发展能力、投入指标、政治指标、人力指标、信息指标、智库信息化、地方智库竞争力	**投入：** 时间（成立时间、运行时间、存续时期）3 经费投入 15、工作人员待遇 2 人才 6、机构 2、制度 5、资源 7、载体 1、品牌 1、投入 2、保障 2 智库性质 1、智库级别 3 **研究人员：** 人员规模 6 专家 11 **机构吸引力：** 留住顶级专家和顶级学者的能力 3 **外联网络：** 智库与决策层的紧密程度 5 **智库信息化：** 信息化装备建设 2、信息化网络设备环境 2、电子信息资源 2、网络信息资源 2、管理信息资源 1 跨库、跨馆检索能力 2、信息推送、信息导航、信息定制及信息互动服务能力 2、智库决策的信息化水平、自动化应用对传统办公功能的覆盖程度 1 信息化建设规划水平 2、信息化建设领导水平 1、信息化建设管理水平 1、信息安全技术水平 2、信息版权管理水平 1 培养人才数量 1、信息刊物种类、信息报送数量 1、理论刊物种类 1 **智库网站：** 网站（含点击率、访问量）15 总网页数 2、总链接 2、内链接数 2、外链接数 2、文档链接数 2、被链接网站数 2、网络影响因子 2、内部网络影响因子 2、外部网络影响因子 2、平均文档链接数 1、网站的 PR 值 2、SR 值 2、百度权重 1	16

注：表中加粗的文字是由原指标整理归纳、笔者添加的。

资料来源：IPP 整理。

由表 14 - 2 可看出，国内对智库指标的研究侧重点之一，是对智库影响力的评价，21 套完整指标中均包含了智库影响力的评价，主要为四个方面：政策影响力（或称政府影响力、决策影响力、公开影响力）、学术影响力（或称专业影响力、精英影响力）、社会影响力（或称公众影响力、媒体影响力、隐性影响力）、国际影响力。其中社会影响力也可再分为两个方面：公众影响力和媒体影响力，以媒体影响力的评价为主。

国内对智库指标的研究侧重点之二，是对智库自身建设和运行情况的评价，主要集中在六个方面：整体投入、研究人员、机构吸引力、外联网络、智库信息化程度和智库网站。

3. 国内外智库评价指标的共性分析

具体地讲，上面的一级指标反映出国内外智库评价主要从两大方面展开，一是智库资源或智库建设，二是智库影响力。

从二级指标具体地看，国内外智库评价均围绕智库的生产过程展开，从"投入—运作—产出成果及推广—影响"的角度选取评价指标，即反映了国内外智库评价的四个共同点：

第一，是智库投入方面的评价指标，如研究人员、投入、机构吸引力、外联网络和智库网站；

第二，是智库运作过程的评价指标，如智库人员与政府之间的互动、交流活动；

第三，是智库产出方面的评价指标，如研究成果（含出版物）、成果转化、引用。

第四，是智库影响的评价指标，如媒体引用、政策参与、政策议题。

这四个共同点也同样对应了一级指标的两大评价方面，投入与运作对应智库资源或建设，产出与影响对应着智库影响力。

国内外智库评价指标出现这种共性主要是源于"投入—产出—影响"的评价思路，国内智库评价刚刚起步，评价指标的选取多数参考国外智库评价的已有研究与实践，因此会出现评价指标体系结构甚至具体指标的雷同。

4. 国内外智库评价指标差异描述

国内外评价指标的差异主要有以下几个方面：

差异之一：评价内容的侧重不同。国外智库评价指标中有关政策影响的部分辐射到整个政策过程中，包括议程的设定、政策提案、论证与作证、协助官员达成策略性目标，甚至挑战已有的标准官僚流程，即主要是智库对政策议题的贡献和为政策过程服务的质量的评价。而国内的智库评价指标有关政策影响的部分只涉及政策过程的中间部分，包括（就已设定的政策议程）承接政府课题、政府咨询、提交内参、座谈/听证等。

差异之二：国外智库的评价指标几乎不涉及国际化，有关智库投入、产出、转化机制、影响的所有指标都仅限于本国。反观国内的智库评价指标，智库生产的每一个环节均有国内、国际两个维度，比如，人员的投入涉及"研究人才的国际化程度"，转化的途径涉及"与国外合作交流""设立海外机构"，国际影响力更是智库影响力评价中的重要部分。这一项差异反映出国内外智库的立足点和发展重心的不同。

差异之三：从评价指标的操作层面来看，国外智库评价指标更重"质"，国内更重"量"。国外智库评价指标多为主观评议类型的描述性指标，以专家评价的方式进行，如"发布的成果是否对政策建议有贡献"；国内的指标更倾向选取易于进行量化计算的指标，如"给决策者授课的次数和层次"等。

差异之四：国外智库评价指标较国内更为深入、具体，如国外智库的评价指标从多维度衡量智库研究的成果，包括学术规范、数据证据可靠、分析全面彻底、顾及政策过程及决策者的实际情况等，而国内对研究成果的质量仅从获奖与获批示两方面衡量，略显单薄；在相近的评价指标上，国外的指标也更为深入，如国外智库评价指标对政策议题的提出与前瞻性上更为关注。

可见，国外智库评价指标更侧重在对政策形成的贡献，突出了智库在政策过程（含政策议题）、研究成果质量及其对政策制定者或政策形成的贡献，即主要是智库对政策议题的贡献和为政策过程服务的质量的评价，也就是关注智库作为政府的"外脑"所起的作用和如何起作用，侧重对过程和产出成果及其质量的评价。国内侧重从影响力的角度评价智库，包括政策、学术、社会和国际四个方面的影响力，指标覆盖面较广、更为全面。

（三）智库评价指标的特征提取

国内外文献中包含29套完整的智库评价指标（年份相同指标体系以最新为准），12套智库评价的指标特征或分量列表，一起构成智库评价指标特征分析的依据，共有41个指标分析的依据来源。

1. 评价指标的选取与一致化处理

首先，将各套指标中的文字进行一致化处理，将前面的所有指标体系或分量分列出评价主题词、一级指标和二级指标。评价主题词是对评价指标内容的总结，如原指标是关于智库影响力的指标体系，则评价主题词为"智库影响力"，若原指标是关于智库整体的评价，则评价主题词为"智库"；原指标、目标层或指标类型设为一级指标，原来的指标特征或评价分量设为二级指标；将评价主题词与一、二级指标重复并列，最后得到等于一级指标总个数的指标行列表，以便于文本分析。这样可以进一步对评价主题词、一级指标与二级指标进行共现性分析，从而得出一级指标对评价主题词的归属情况及二级指标对一级指标的归属情况。

其次，进行简化处理。文中所得的各指标体系或指标特征中有些表述含义相同，但文字语言不同，不便于文本分析，因此，相同含义词汇采用同一简化表述。如"出版专著的数量"与"学术专著"等统一为"专著"、"智库公开发行刊物的数量"与"在学术刊物、公众证词、影响政策辩论和决策的媒体中的出版物"等统一为"公开的出版物"、"智库为政府人员培训的数量和级别"与"给决策者授课的次数及层次"等统一为"给决策者授课"等等。这里的简化处理由作者主观判断，只是为了便于指标的共性分析，不用于指标内容的具体展现。

2. 评价指标的特征提取过程

对智库评价指标的特征分析主要采用共词分析方法，统计词频、共词率，进行共现分析，然后通过词汇网络分析图查看主题词汇间的相互关联，进行指标词汇聚类，最后分析出智库评价指标的共性特征与差异。下面的分析是运用文本分析软件 Bibexcel、Ucinet 和 Netdraw 完成的。

（1）词频统计与共现分析。

先用软件 Bibexcel 将各套智库评价的简化指标进行词频统计，共得不重复简化指标词汇 1016 个。由于指标词汇较分散，选取词频在 3（包含 3）以上的指标词汇，共有 89 个，如表 14 - 3 所示。

表 14 - 3　　　简化后的智库评价指标词频统计表（词频≥3）

词频	指标词汇	词频	指标词汇	词频	指标词汇
194	智库	10	智库成果	8	管理力
66	智库影响力	10	影响因素	8	学术引用
27	网站建设	10	国际影响力	7	政策决策咨询
17	期刊论文	9	召开会议	7	政府课题
15	公开的出版物	9	研究报告	7	在媒体上发表成果
12	政策影响力	9	领导批示	6	社会影响力
11	专著	8	内生性指标	6	决策影响力
10	媒体引用	8	媒体报道	6	被转载的论文数

词频	指标词汇	词频	指标词汇	词频	指标词汇
6	参加会议	4	网络活跃度	3	网站显示度
6	网络与伙伴关系	4	资源	3	国际合作交流
6	信息化	4	新媒体的粉丝量	3	公众影响力
6	媒体采访	4	透明度	3	理论成果
6	获奖	4	与决策者或执行者的关系	3	国际声誉
5	学术交流	4	有效性	3	治理结构
5	旋转门	4	与决策层的紧密程度	3	网站规模
5	网络影响因子	4	政策简报	3	网站点击率
5	学术影响力	4	给决策者授课	3	智库保障
5	召开研讨会	4	会议论文集	3	独立性
5	网络影响力	4	网站入链	3	国外分支机构量
5	课题	4	专家队伍	3	网站链接
5	吸引力	4	网站内链	3	信息人才
4	社会声誉	4	微博	3	组织活动
4	研究成果	4	组织机构	3	网络关注度
4	留住学者专家的能力	3	智库构建	3	网络使用因子
4	研究人员数	3	横向课题	3	专报
4	网站访问量	3	网络与伙伴关系的质量	3	研究领域
4	作证	3	智库活动	3	咨政成果
4	智库功能	3	发表论文	3	学术期刊
4	曾在政府部门任职比例	3	政府培训	3	书籍
4	到政府部门任职比例	3	支撑体系		

注：表中相同词频的词汇排名不分先后。词汇"智库"即指智库建设。
资料来源：IPP 整理。

　　表 14-4 的结果直观显示了智库评价指标中含有的词汇的出现频数（即词频），可以看出以下几点：

　　第一，对智库的评价围绕"智库影响力"和"智库建设"两个重心。

　　第二，对影响力的分析侧重，依次为"政策影响力""国际影响力""社会影响力""决策影响力""国内影响力""公众影响力""网络影响力"和"学术影响力"；智库影响力评价主要与政府咨询或政策研究相关，除"政策影响力"和"决策影响力"外，表 14-4 中还有 14 个词汇关于政府关联的活动或政策研究活动；智库影响力评价还主要侧重在社会影响方面（含媒体、公众等），表14-4中有12个词汇相关；另外，关于网站建设也是智库评价的一个重要方面，尤其侧重在关于网络信息资源建设、利用和影响力的评价上。

第三，智库投入是智库建设的主要内容，包括智库管理、网站建设、资金与财政管理、研究队伍建设、组织各类活动等方面的情况，表14-4中有关内容约有29个相关词汇。

第四，智库产出成果的评价也占很大比例，表14-4中有15个相关词汇。

表14-4 **智库评价指标共现分析汇总表**

一类指标	二类指标	指标词汇
智库影响力	政策影响力	领导批示、政策决策咨询、与决策者或执行者的关系、与决策层的紧密程度、旋转门、到政府部门任职比例、曾在政府部门任职比例、政府课题、给决策者授课、政策简报、政府培训、咨政成果
	决策影响力	
	国际影响力	媒体采访、媒体引用、学术引用、学术交流、社会声誉、作证、网站点击率、智库活动、媒体报道、国际上发言、国际话语权、国际声誉、有效性、透明度、网站规模、网站访问量、网站显示度、网站点击率、网络影响因子、网站链接、网站入链、网站内链、网络关注度、网络使用因子、智库功能、网络活跃度、新媒体的粉丝量、微博
	社会影响力	
	国内影响力	
	公众影响力	
	学术影响力	
	网络影响力	
智库建设	智库投入	管理力、内生性指标、影响因素、网站建设、研究领域、独立性、研究人员数、资源、资金稳定性、资金质量、年度财政预算、信息人才、吸引力、留住学者专家的能力、召开会议、召开研讨会、组织活动、国际合作交流、国外分支机构量、参加会议、网络与伙伴关系、保障、专家队伍、信息化、组织机构、治理结构、智库构建、网络与伙伴关系的质量、支撑体系
	智库产出	产出、成果、专著、发表论文、期刊论文、公开的出版物、在媒体上发表成果、研究报告、学术期刊、书籍、课题、被转载的论文数、获奖、会议论文集、专报

注：成果包括表14-3中的"智库成果""研究成果"和"理论成果"。
资料来源：IPP整理。

另外，在软件Bibexcel中将表14-4中的89个词汇做共现分析，可以得到智库评价指标词汇的共词结果，指标词汇共现超过4次的统计如表14-5所示。

表 14 - 5 　　　　智库评价指标共现统计表（共现频数 >4）

共现频数	共现词汇 1	共现词汇 2
65	智库	智库影响力
27	智库	网站建设
17	智库	期刊论文
14	智库	公开的出版物
12	智库	政策影响力
11	智库影响力	公开的出版物
	智库	专著
10	智库	国际影响力、影响因素、智库成果
	智库影响力	影响因素
9	智库影响力	期刊论文、国际影响力、政策影响力
	智库	媒体引用、领导批示、研究报告
8	智库	内生性指标、学术引用、召开会议、管理力
	影响因素、智库影响力	内生性指标
	期刊论文	专著
7	公开的出版物	期刊论文、召开会议
	智库	政策决策咨询、政府课题、在媒体上发表成果
	智库影响力	媒体引用、研究报告
6	智库影响力	召开会议、专著、政策决策咨询、领导批示、在媒体上发表成果
	期刊论文	召开会议
	媒体引用	学术引用
	智库	信息化、获奖、媒体采访、被转载的论文数
5	智库	吸引力、网络与伙伴关系、网络影响因子、学术交流、旋转门、学术影响力、网络影响力、社会影响力、决策影响力、召开研讨会、参加会议、课题
	智库影响力	决策影响力、参加会议、社会影响力、学术影响力、网站建设、专著
	期刊论文	参加会议
	学术影响力	专著

资料来源：IPP 整理。

（2）指标词汇聚类分析。

由上面的共现分析可以看出，智库评价主要集中在"智库影响力"和"智库"两个中心，但共现结果显示评价指标较分散，这时引入社会网络分析工具来对智库评价指标的共现结果做进一步的聚类分析。这里使用 Ucinet 和 Netdraw 软件来共同完成指标聚类分析。

首先，将上面 89 个指标词汇的共现矩阵导入 Ucinet 和 Netdraw 中进行聚类分析。在 Netdraw 作图时加上中心度分析，生成如下指标共现结果，如图 14 - 1 所示。

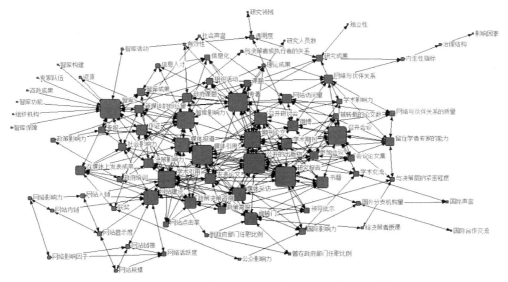

图 14 - 1　高词频智库指标共现图（含中心度）

资料来源：IPP 整理。

图 14 - 1 中的箭头表示两个词汇间的相互关联，每个词汇节点的箭头个数等于其共现时出现的次数。节点的大小反映其中心度情况，即节点越大，与其他节点的连接越多。

其次，在 Netdraw 中对上述指标做聚类分析。根据指标词频统计结果可直观得出，由 89 个智库评价常用指标得到的共现矩阵中各点的中心度值差异较大，中心点较分散，对各点深入分析可得出：智库指标评价侧重在两个方面（智库建设、智库影响力）、五大点（政策/决策影响力、社会影响力、智库建设、智库产出与活动、网站建设），即五小类，如图 14 - 2 所示。

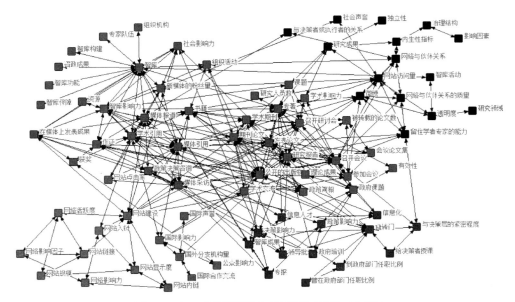

图 14 - 2　高词频智库指标聚类图（5 类）

资料来源：IPP 整理。

（3）智库评价指标词汇的特征描述。

根据上面的软件分析结果可以看出，智库评价指标有如下几个特征：

第一，智库指标评价侧重在两个方面：智库建设、智库影响力；

第二，对"智库影响力"的评价侧重在政策或决策、社会媒体或舆论、学术研究、国际领域四个方面；

第三，对"智库建设"的评价侧重在智库的产出与活动、智库建设、智库资源方面，尤其是智库网站建设和网络资源的利用越来越受到研究领域的重视；

第四，对智库评价体现了智库的"质"与"量"的结合，智库的"质"即智库建设投入及产出成果，"量"则体现在各种影响力上；同时智库的"质"与"量"还体现在定性指标和定量指标的结合运用上。

第五，智库评价体现出的第三方评价的词汇表述，即主观评价指标（即定性指标）占多数，关于智库成果和网站建设情况的定量指标较多。

（四）小结

本节通过对国内外已有的智库评价指标进行回顾、提取、梳理、分析，得出有关目前已有智库评价指标体系的以下结论：

第一，国内外已有的智库评价指标有明显的共通点，即评价指标主要集中在智库影响力与智库建设两大方面，以及评价指标均围绕智库的生产过程展开，但未能展现智库的真正运作过程。

第二，关于智库影响力的评价整体上包括政策影响力、社会影响力（含媒体影响力）和学术影响力（含国际影响力）三大方面，但各个指标体系中影响力二级指标的选取不够细化、全面。

对智库评价指标的研究是对智库评价研究的一部分，首先，指标的选取是智库评价的开始，再结合指标的使用、评价方法、评价方式及操作过程才能构成完整的指标评价，这将是下一步的研究重点。其次，关于智库建设的评价指标与理论研究和智库建设实践中的真实情况还有待进一步对应。最后，对不同类型智库的评价还有待进一步研究，如官方智库、高校智库、社会智库的评价指标如何选取、是否应该选取相同的指标？如果不同，那么不同类型的智库应如何体现其差异，这些都是指标研究的下阶段任务。

二、智库评价之评价

上一节对智库评价的具体指标进行了分析，本节将挑选其中完整的、基于一手数据的综合智库评价方案进行整体上的对比分析，"完整"是指有详细的评价方案并最终公布评价结果；"基于一手数据"是指评价方案的实施涉及一手信息的收集；"综合"是指对智库进行综合评价而非就某一单一维度（如网络影响力、透明度等）进行评价。符合上述要求的评价方案包括麦甘主持的《全球智库指数报告》、上海社科院智库研究中心主持的《中国智库报告》、零点国际发展研究院主持的《2014中国智库影响力报告》、中华智库研究中心主持的《中华智库影响力报告》、中国社会科学评价中心主持的《全球智库评价报告》、南京大学智库研究与评价中心主持的《CTTI来源智库MPRA测评报告》。本节将从评价目标、评价主体、评价内容、评价方法、评价结果及其运用等方面介绍各评价方案，并从科学性、可操作性、有效性三个方面再评价各智库评价方案。

智库评价方案的科学性是指评价方案的设计和实施是否达到方案的既定评价目标。一份评价方案是否具有科学性关键不在于指标体系是否足够全面、系统、"科学"，而在于具体的方案设计以及方案的实施能否以及在多大程度上达到评价目标。评价目标是一份评价方案的立足点，没有明确的评价目标，一份评价方案设计即使再精妙也不具备科学性。

智库评价方案的可操作性是指评价方案实施的难易程度，这一方面取决于方案自身的复杂性，另一方面取决于实施主体所具备的资金、人力、技术等资源。评价是对被评对象的价值检验和判定，智库是一个具有多重功能的复杂事物，可评价的方面数不胜数，这点从已有的智库评价研究与实践中可见一斑。一份智库评价方案有可能穷尽智库的方方面面，但不一定可操作。

智库评价方案的有效性是指评价方案及其评价结果实际发挥的作用，我们认为一份有效的智库评价方案应该具有质量控制的作用，对智库行业整体而言能有助于合理配置智库建设的资源，促进智库行业的健康发展；而对智库个体而言能有助于智库分析运营过程，改善薄弱环节（见表14-6）。

表14-6　　　　　　　　　　主流评价方案及其特性

项目	《全球智库指数报告》	《中国智库报告》	《2014中国智库影响力报告》	《全球智库评价报告》	《中华智库影响力报告》	《CTTI来源智库MPRA测评报告》
实施主体	詹姆士·麦甘	上海社科院智库研究中心	零点国际发展研究院、中国智库网	中国社会科学评价中心	四川省社会科学院、中国科学院成都文献情报中心	南京大学智库研究与评价中心、《光明日报》智库研究与发布中心
评价主体	全球智库利益相关者	中国智库利益相关者	零点国际发展研究院、中国智库网	中国社会科学评价中心	四川省社会科学院、中国科学院成都文献情报中心	南京大学智库研究与评价中心、《光明日报》智库研究与发布中心
评价目标	从识别一流智库到改善智库性能	把握现状、以评促建	提供标杆、以评促建	国际发声、以评促建	树立典范、研判方向	识别真实智库、质量提升服务
评价内容	智库知名度	智库知名度	智库影响力	智库运营全过程	智库影响力	智库资质、智库运营全过程

项目	《全球智库指数报告》	《中国智库报告》	《2014中国智库影响力报告》	《全球智库评价报告》	《中华智库影响力报告》	《CTTI来源智库MPRA测评报告》
评价方法	主观整体评价法	多轮主观评价法	客观评价法	主客观评价法相结合	主客观评价法相结合	客观评价法
科学性	低	中	低	中	低	高
可操作性	高	高	高	高	中	高
有效性	中	低	低	低	低	中

资料来源：IPP整理。

（一）主流评价方案及其特性

1.《全球智库指数报告》

《全球智库指数报告》由宾夕法尼亚大学的詹姆士·麦甘主持。根据麦甘的说法，从2006年起他便不断收到来自新闻工作者、学者和政府官员的请求，请求其甄别出某一个国家或者地区的一流智库[1]。作为回应，麦甘从2006年起进行智库评价工作，2007年发布了一份试点报告，从2008年起以年度报告的形式定期发布全球智库评价结果。

《全球智库指数报告》自公开发布起，评价目标发生过一次转变，从甄别优秀智库变为提升智库质量。2008年的第一份公开报告明确表示智库评价报告的目的在于甄别出世界上的一流智库，将报告视作"竞争性观念市场的内部指南"[2]。2009~2012年的报告延续这个评价目标的表述，并增加"通过智库评价报告强调上榜智库对政府和公民社会所做出的重要贡献"的目标。作为全球范围内首份完整的年度智库榜单和评价报告，《全球智库指数报告》逐渐扩大了其在智库界的影响。从2013年起，报告对智库评价的目标进行了重要的修订，将目标表述更改为"提高智库的知名度，改善智库的性能表现，并且提高公众对于智库在政府和公民社会中的重要作用的认识"。智库评价报告已经远远不只是一份"内部指南"，而是"弄清楚智库在政府和公民社会中所扮演的角色，并借此改善世界各地智库的能力和表现"[3]，这个更改后的评价目标一直沿用至今。可见，

---

①② James G. McGann. 2008 Global Go to Think Tank Report [R]. 2008：P. 5.
③ James G. McGann. 2013 Global Go to Think Tank Report [R]. 2013：P. 5.

麦甘对《全球智库指数报告》评价目标的认知发生了一次转变，前 5 年的报告定位为识别一流智库的榜单，后续的报告则在识别功能的基础上，进一步作为改善智库性能和表现的质量控制工具。

《全球智库指数报告》的实施主体是麦甘及其实习生，正如 2008 年首份报告中就强调，并在后续报告中持续强调的那样，《全球智库指数报告》这个项目没有预算、团队或者田野调查，由麦甘及其实习生们进行操作并撰写报告。根据报告中有关方法论的介绍，报告的智库评价主体经历了专家小组和智库共同体两种阶段。智库共同体是指每年的报告滚动收集的全球智库名单，邀请名单上的智库机构和智库人员进行智库提名和排序；专家小组是指邀请政策界、学界、媒体界的智库相关人员进行推荐而组成的智库专家小组，由专家小组进行智库提名和排序。无论是专家小组还是智库共同体，《全球智库指数报告》的智库评价主体都是智库业界相关人员，因此属于同行评价的一种形式。同行评价依靠的是评价主体在业界的代表性或者权威性，但是《全球智库指数报告》除了公布专家小组的一些统计数据，从来没有公布详细的专家名单，这也成为外界对这份报告的最大批判点。

智库评价指标体系集中展现了一份智库评价方案的评价内容，从上一节的指标分析可以看到，尽管《全球智库指数报告》的评价目标发生过一次转向，但其使用的评价指标并没有做出修改，依然遵循着"资源—利用—产出—影响"的逻辑链条，以资源指标、效用指标、产出指标和影响力指标作为一级指标。而且报告给出的评价指标体系只供评价主体参考，评价主体是否真正运用了该指标体系无从得知。

《全球智库指数报告》的评价方法总体上来看没有发生大的变化。麦甘的项目维持着一个全球范围的智库名单，名单里的智库数量随着每年的报告递增（见图 14 - 3），唯有 2014 年有所减少，但 2014 年的年度评价报告并没有对此做出解释。评价的第一步是由实习生对名单上的智库的联系方式进行查漏补缺，并对所有智库发出提名邀请，然后统计提名次数筛选出进入评价备选池的智库。被提名次数的门槛每年都略有差异。2008 年的首份公开报告中，智库只需得到两次提名便可进入备选池；2009 年的报告对提名过程做了修改，由公开提名改为专家小组提名；2010 年的报告重新回到公开提名的方式，但被提名次数提高到 5 次才能进入备选池。第二步是广泛邀请政策制定者、捐赠者、学者和智库从业人员等智库利益相关者对备选池中的智库按分类进行排名，这个阶段同时接受非备选池智库的提名，进入备选池的提名次数门槛也是每年略有差异。第三步是邀请专家小组对第二步的评价结果进行审议，并最终确定该年度的智库榜单。

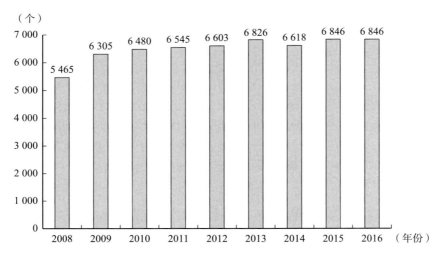

图 14 - 3　2008～2016 年《全球智库指数报告》备选池中的智库数量

资料来源：IPP 整理。

　　《全球智库指数报告》的评价结果以年度榜单和报告的形式呈现，报告中包含的榜单逐年细化，包括总体的全球智库榜单、分地区的智库榜单、按举办者分类的智库榜单、按研究领域分类的智库榜单等等。除了单纯的智库排名，《全球智库指数报告》还会利用收集到的数据对全球智库的发展趋势进行分析，但由于数据仅限于智库的总数、地区、类型等，趋势分析部分略显单薄，对描述并指引智库行业发展的作用不是很大。

　　从整个评价方案来看，《全球智库指数报告》具有较低的科学性、很高的可操作性和中等的有效性。

　　从科学性来看，无论《全球智库指数报告》将智库评价的目标定位为"甄别一流智库"还是"提升智库的性能和表现"，其目标都与智库的质量有关，前者为高质量智库的识别，后者为对智库机构的质量控制，从这两个目标来看，《全球智库指数报告》的评价方案均没有达到既定的评价目标。虽然评价过程中有完整的指标体系，而且该指标体系也呈现出明显的"资源—利用—产出—影响"的逻辑链接，理论上可以反映出智库的性能和表现并且找出影响智库性能和表现的关键因素；然而这个指标体系只能作为参考，评价主体是否真的使用了该指标体系无从得知。《全球智库指数报告》的智库评价属于总体主观印象评价，如此评价得出的榜单更接近于智库知名度的评价，对智库的运行和产出质量指示作用不强。然而，《全球智库指数报告》作为全球范围内首份完整的智库评价报告，在智库评价领域稳占一席之地，在这种全球范围内的影响力的作用下，智库评价结果以详细报告而非单纯榜单的形式推出，确实能达到"强调智库在政府和公民社会中的重要作用"的评价目标。因此，从评价方案的设计是否能够达到既定评价目标的角度来看，《全球智库指数报告》具有较低的科学性。

从可操作性来看，《全球智库指数报告》从 2008 年推出首份年度报告以来便一直强调智库评价没有经费、团队或者田野调查的支持，报告的评价方案并不复杂，确实可以由一个主持人加上若干兼职人员完成对全球范围内智库的评价和排名，从这个角度来看，《全球智库指数报告》中的智库评价方案可操作性很高，与实施主体已有的资金、人力、技术资源相匹配。但是，不难想象《全球智库指数报告》的高可操作性是以牺牲评价方案的科学性为前提的。

从有效性来看，如前所述，《全球智库指数报告》是全球范围内首份完整的智库评价报告，是智库评价的相关讨论中绕不开的一份评价报告。该报告的结果曾被《外交政策》（Foreign Policy）杂志和《经济学人》（The Economist）杂志刊登，2009 年的报告在联合国的简报会上启动，有超过 100 家媒体报道。虽然对这份报告的批评有很多，但是客观地说，《全球智库指数报告》在以下两个方面作出了重要的贡献：第一，开创了完整的、连续的智库评价报告的先河；第二，通过每年定期发布的报告逐渐清晰地描述了全球智库的分布。虽然描绘全球智库的分布离有效配置智库资源、引导行业发展还有很大的差距，但是也迈出了关键性的第一步。

2.《中国智库报告》

《中国智库报告》由上海社科院的智库研究中心主持实施。上海社科院智库研究中心成立于 2009 年，是全国第一家专门开展智库研究的学术机构，首开中国智库排名先河，从 2014 年起，上海社科院智库研究中心借鉴《全球智库指数报告》的操作方式，每年初定期发布《中国智库报告》。

《中国智库报告》首份年度报告推出的时候就明确了其进行智库评价与排名的目标，在于"更加全面、科学、准确地观察和评估中国智库发展现状、特点及其影响力，并对提升中国特色新型智库的影响力和国际话语权提出相应的对策建议"[1]。《2016 年中国智库报告》更进一步明确了智库评价的原则：以评促建、决策导向、立足本土、易于操作[2]。可见《中国智库报告》的评价目标也在于质量控制，而其关于质量的落脚点则明确在于智库的影响力和国际话语权。这个质量控制的目标在 2016 年报告中新增的评价原则中更能体现，《中国智库报告》对中国智库进行评价和排名的目的在于促进中国智库建设，服务有关中国智库发展的决策。

《中国智库报告》是麦甘的《全球智库指数报告》的本土化尝试，最初的报

---

① 上海社科院智库研究中心：《2013 年中国智库报告》，2014 年，第 2 页。
② 上海社科院智库研究中心：《2016 年中国智库报告》，2016 年，第 20～21 页。

告借鉴后者的评价方式，后续的报告虽然根据各界的意见和建议不断对评价方法做出改善，但是依然沿袭"广泛的智库利益相关者＋专家小组"的评价模式，因此《中国智库报告》的智库评价主体为政策制定者、智库研究学者、媒体人员、智库从业人员等智库利益相关者，也属于同行评价的一种形式。

从评价指标体系可以看到，《中国智库报告》的评价内容为中国智库的影响力。从历年的报告中也可以看到，《中国智库报告》对智库影响力的定义和标准在逐渐聚焦，最初推出的报告把"智库成长与营销能力"作为智库影响力的基础也纳入评价内容的范围。从二级指标来看，所谓的"智库成长与营销能力"主要包括时间、经费、人力上的投入以及与同行交流的渠道。2014 年的报告把该项能力简化为时间、经费和人力三个方面的资源。2016 年的报告则进一步区分了智库影响力与智库产生影响力的基础，不再把"智库成长与营销能力"纳入评价内容，明确了《中国智库报告》的评价内容为智库的影响力。

《中国智库报告》的评价方法可以总结为多轮主观评价法，具体的步骤包括：

第一，定义智库，根据《2013 年中国智库报告》，智库是以公共政策为研究对象，以影响政府决策为研究目标，以公共利益为研究导向，以社会责任为研究准则的专业研究机构。在这个定义的基础上，该报告确定了四条筛选智库的标准，分别为稳定的社会组织、以政策研究为主要业务内容、以影响政府决策为首要目标、以独立性和专业性开拓生存空间。

第二，按举办者对智库进行分类。比如 2013 年的报告把智库分为党政军智库、社科院智库、高校智库和社会智库四类，在后续的报告中社科院智库进一步分为中国社科院和地方社科院，对智库进行分类并按类别进行排名有利于把智库举办者的资源和渠道因素从智库影响力中剔除出去。

第三，定义活跃智库并通过互联网、社会媒体、图书馆和民政局等渠道筛选出中国活跃智库的名单。《中国智库报告》对活跃智库的定义随着中国智库发展形势作了细微的调整，2013 年的报告中将活跃智库定义为"当前正常运行且对公共政策形成和社会公众具有较强影响力的智库"[1]，2014 年的报告在中央提出的"中国特色新型智库"的基础上，对活跃智库的定义进行了更为细致的界定："有着常规性的组织和运行方式，能够比较广泛和深入地参与公共决策，同政策制定者、媒体或学界保持良好的关系，并享有一定的国际或国内影响力"[2]。2015 年的报告对活跃智库的定义有一定的松动，把"有着常规性的组织和运行方式"改为"具有比较固定的组织方式和运行方式"[3]，并将此定义沿用到 2016

---

[1] 上海社科院智库研究中心：《2013 年中国智库报告》，2014 年，第 9 页。
[2] 上海社科院智库研究中心：《2014 年中国智库报告》，2015 年，第 10 页。
[3] 上海社科院智库研究中心：《2015 年中国智库报告》，2016 年，第 7 页。

年的报告。

第四，筛选出来的活跃智库构成智库评价的备选池。项目组广泛向政策制定者、智库研究者、媒体界人士和智库从业者等智库利益相关者发放问卷，邀请调查对象从备选池中分类、分项对智库进行排名。这个阶段也接受备选池之外的新智库提名，但提名标准在报告中没有详述。从 2015 年的报告开始引入客观数据指标，项目组也开始在全国范围进行实地调研。这些客观的、一手的材料由专家小组进行审阅评议，并据此对问卷的主观排序结果进行修正。2016 年的报告沿用此评价方法，但对整体评价方案做了细节上的技术调整，比如往年的报告中出现高校整体作为智库上榜的结果饱受各界争议，2016 年的报告明确了大学是高校智库的载体，不再作为智库进入评价环节。同时不再将新华社列为智库、不再把智库的成长能力列入智库影响力的范围、综合型智库不再列入专业影响力排名等。

可以看到，《中国智库报告》对外界的反馈意见反应十分迅速，每一年的报告都对上一年的评价方案做出修订，不断优化其使用的评价方法。

《中国智库报告》的评价结果以年度报告的形式呈现，报告除了公布按举办者、专项影响力、研究领域等分类的智库榜单，还在开篇就当年中国智库发展的某一方面做出分析，比如 2014 年的报告重点阐述了中国特色新型智库的"特"与"新"，并厘清了中国特色新型智库的作用与功能；2015 年的报告把智库在一国中的作用放到全球视野中进行考察，描述出中国智库的圈层结构；2016 年的报告梳理了各地方政府的智库建设方案。报告的最后都会总结上榜智库的特点、该年度中国智库发展的特点，并为中国智库的未来发展提出政策建议。

从上述评价方案来看，《中国智库报告》具有中等的科学性、很高的可操作性和较低的有效性。

从科学性来看，《中国智库报告》的评价目标分为两个层面，第一个是观察和评估中国智库的发展现状、特点和影响力；第二个是对提升中国智库的影响力和国际话语权提出建议。第一个层面的目标是实现第二个层面目标的基础，只有准确把握了现状和特点才能为中国智库的发展提出有针对性的建议。就第一个层面的目标来说，作为中国首份大范围的智库评价报告，《中国智库报告》可以在一定程度上反映中国智库发展的现状，但是由于其采用的是主观整体评价方法，所得出的评价结果与其说是影响力的排名，毋宁说是知名度的排名。虽然报告中建议调查对象使用的指标体系有包括智库各方面影响力的衡量指标，但是主观整体评价的方法不能保证调查对象确实参考了该指标。主观整体评价的方法只能一定程度上反映智库在业内的知名度，不能回答智库如何塑造知名度的问题，因此并不能很好地反映中国智库的发展现状、特点和影响力，也就谈不上对提升中国智库的影响力和国际话语权提出针对性建议。但是 2015 年引入客观数据和专家评议之后，《中国智库报告》的分析部分对中国智库发展现状的把握更加准确，虽然这些分析与排名榜单关系不大，但引入实地调研和客观数据之后，《中国智库报告》整体上更能达到"观察中国智库的发展现状并提出建议"的评价目标。因此，总体上来说，《中国智库报告》中智库评价的科学性中等，而且自从报告发布以来，其科学性随着评价方法的改善有所提升。

从可操作性来看，与麦甘的《全球智库指数报告》相比，《中国智库报告》享有的资源可谓充裕。报告由上海社科院智库研究中心主持，该中心拥有稳定的经费、团队进行每年的智库评价，而且该中心的智库评价项目获上海社会科学院创新工程资助，能够支持项目组的田野调查，这也是该报告从 2015 年起得以引入客观调查数据的重要支撑。评价方案本身并不复杂，加之充足的资金、团队资源，使得《中国智库报告》具有很高的可操作性。

从有效性来看，《中国智库报告》是《全球智库指数报告》的汉化尝试，是国内第一份大范围的、持续的智库评价报告，开启了国内智库评价的先河。虽然正如它的模板《全球智库指数报告》一样，其采取的主观整体评价方法备受各界的争议，但《中国智库报告》对批评和建议的回应非常迅速，已公布的四份报告中，几乎每一年的报告都就上一年报告所收到的建议和意见作出一定的改善，比如将大学从智库评价榜单剔除。《全球智库指数报告》的一个重要意义在于建立了一个全球范围的智库数据库，这点在《中国智库报告》中的体现不是特别明显，中国智库发展的一个特点在于智库的兴起是由政府主导的，这就决定了统计中国智库数量是一件相对简单的事情，只要借助某一政府渠道就能相对容易地建立中国智库名录，比如社会科学文献出版社出版的《中国智库名录 2015》以及南京大学与《光明日报》共同主导成立的 CTTI 智库数据库。因此，《中国智库报告》对有效配置智库建设资源、引导智库行业发展的作用并不是十分明显。

3. 《2014 中国智库影响力报告》

《2014 中国智库影响力报告》由零点国际发展研究院和中国智库网共同主持，于 2015 年初发布。在"智库热"兴起初期，这份报告是中国境内除了《中国智库报告》系列以外的唯一一份完整的智库评价报告。而且该报告试图开创完全依靠可量化客观数据进行智库评价的先河，是中国智库评价实践中的一份重要报告。

该报告没有明确阐述其智库评价目标，是为了评价而评价的一份报告，但是从报告的具体内容来看，《2014 中国智库影响力报告》的智库评价目标主要在于为智库界提供标杆，也为中国智库的发展提供政策建议。报告开篇对比分析了三种评价体系的设计思路：特征模型、绩效模型和效能模型，并基于中国智库发展的现实选择了效能模型，即智库影响力评价模型。评价结果以智库排名的形式呈现，排名的目标是"仅为同行提供标杆"[①]。报告也基于评价结果对中国智库的发展现状作了分析，并提出了政策建议，因此报告本身也具有为中国智库的发展建言献策的目标。

《2014 中国智库影响力报告》完全依靠可量化的客观数据对智库进行评价，虽然为了更准确地反映智库的影响力，借鉴了《中国智库报告》中的主观评价结果，但对主观评价的排名做了标准化处理从而转化为客观数据，而且报告中也明确表示期望主观评价的比重会在往后的报告中逐年减少直至为零。因此，该报告的评价主体即实施主体，亦即零点国际发展研究院和中国智库网，属于一种来自非政府组织的客观评价。

《2014 中国智库影响力报告》的评价内容一目了然，聚焦于中国智库的影响力。报告将中国智库的影响力细分为专业影响力、政府影响力、社会影响力和国际影响力，并以这四种影响力为一级指标来进一步设计二级指标。

《2014 中国智库影响力报告》采用比较直接的客观评价法，首先评价主体通过文献阅读和专家访谈确定智库影响力评价的指标框架，并通过公开信息检索的方式获取智库的指标数据，计算出初步得分。然后，评价主体通过邮件或电话与排名前 40 的智库取得联系，对公开收集的数据进行修正。另外，智库的公开可量化数据十分有限，为了能更加全面地反映智库的影响力，报告直接运用了上海社科院的《中国智库报告》的评价结果，对其评价排名进行标准化处理后转化为客观数据。客观数据和《中国智库报告》排名所代表的主观评价数据在最后的智库得分中分别占 70% 和 30% 的比重。但报告没有公布各个指标的权重以及最后得分的具体计算方法。

《2014 中国智库影响力报告》的评价结果也是以智库榜单的形式呈现。报告公布了智库的综合影响力排名、按举办者分类（政府智库、高校智库、民间智库）的智库综合影响力排名、按上述四种影响力分类的智库分类影响力排名。在排名的基础上，报告也对中国智库的发展现状做了简要的分析，并对中国智库的未来发展提出了针对政府的政策建议和针对智库的发展建议。

从上述评价方案可以看到，《2014 中国智库影响力报告》具有较低的科学性、较高的可操作性和较低的有效性。

从科学性来看，《2014 中国智库影响力报告》的目标在于评价中国智库的影响力，并借此树立智库的标杆，以及为中国智库的发展提出建议，从这个评价目

---

① 零点国际发展研究院、智库中国网：《2014 中国智库影响力报告》活跃智库排名，http://www.china.com.cn/opinion/think/2015－01/15/content_34570714.htm，2016－03－28.

标来看，报告的评价方案科学性偏低。第一，智库影响力的测量是智库研究界公认的一个难题。由于公共政策的制定是一个多方互动、反复叠加的过程，一个公共政策的出台往往整合了多个政策知识生产者的智慧，因此追溯一个政策的思想起源就变得十分困难，反过来说，准确衡量一个智库的政策影响力并不容易。从报告的具体指标来看，衡量智库政府影响力的二级指标（如政府委托课题、政府领导批示）实际上是智库的产出指标，报告的评价方案并不能衡量这些产出是否转换成了政府影响力。同理，各类影响力的二级指标只是影响力的基础，而不是影响力本身。第二，报告的数据收集主要通过公开数据检索来进行，而现阶段的中国智库数据公开程度十分有限。根据南京大学 CTTI 智库数据库，系统收录的且有数据的 484 家智库中，只有 204 家智库提供了网页地址、168 家智库提供了人员队伍信息。报告中所使用的二级指标数据都比较难通过公开检索渠道获得。在这种情况下，智库的数据公开程度成为了智库进入《2014 中国智库影响力评价报告》的被评对象的一个隐藏的前提条件。智库影响力衡量和数据公开程度上的双重困难使得报告的智库评价方案很难达到其评价目的。

从可操作性来看，报告最终公布的指标体系是最终确定使用的指标体系，也就是说已经确定了这些指标的数据是可以获得的。评价方案具有很明确的评价指标体系，体系里包含的指标均为可量化指标，且可通过公开检索获得相关数据，因此，最终公布的评价方案本身具有较高的可操作性。另外，《2014 中国智库影响力报告》的执行主体为零点国际发展研究院，该机构依托专业的市场调查公司零点集团，从资金、人力、技术的充足情况来看，该报告的智库评价方案同样具有较高的可操作性。

从有效性来看，《2014 中国智库影响力报告》的评价目标本身就包含了引导中国智库发展的因素，受限于较低的科学性，该报告的智库评价的有效性并不高。作为中国国内纯量化智库评价的尝试，《2014 中国智库影响力报告》发布的时候引起了广泛的关注和讨论，但是报告只推出了一年，没有形成系列的报告，也就没有把纯量化的智库评价推进下去。

《2014 中国智库影响力报告》虽然只是昙花一现，但它折射出了智库评价领域的一个关键难题。据报告的相关负责人介绍，报告难以继续进行下去的主要原因在于数据收集困难[①]。评价依赖于对被评对象的信息收集，收集到的信息越全面，评价就能越细致。智库是一类特殊的机构，它以政策研究为主要业务，以影响公共政策为目标，这就决定了智库的一些信息是不能公开的，即使在智库行业完全市场化的美国也是如此。而在中国的政治体制下，智库主要通过内部途径影

---

① 荆林波：《智库评价方法综论》，载于《晋阳学刊》2016 年第 4 期，第 134 ~ 142 页。

响公共决策，智库进行信息公开的动力很小，智库信息收集的难题就尤为明显。

4. 《全球智库评价报告》

《全球智库评价报告》由中国社会科学院中国社会科学评价中心主持，于2015 年底发布首份报告。《全球智库评价报告》对以上三份评价报告做了详细的评述，在总结已有智库评价的优劣的基础上提出了 AMI 指标体系，即吸引力（attractive power）、管理力（management power）和影响力（impact power）。考虑到指标可获取性及时间紧迫性等原因，2015 年的报告从 AMI 指体系中选取了大部分指标作为试用版对全球智库进行评价。

《全球智库评价报告》没有说明智库评价方案的评价目标，但据项目负责人介绍，该报告有两重目标：一是在智库评价领域发出中国声音，二是完善已有的智库评价实践，以智库评价促进中国特色新型智库的发展。报告开篇首先对智库的界定进行梳理并提出该报告所使用的智库定义，也就是通过自主的知识产品对公共政策的制定产生影响的组织。报告接着对《全球智库指数报告》《中国智库报告》《2014 中国影响力报告》进行评述，总结各个评价方案的优缺点，在对比分析的基础上提出了该报告的 AMI 智库评价框架。报告认为 AMI 指标体系切合智库的工作流程，利用该框架对智库进行评价不仅展示了被评价智库的影响力，而且可以回溯智库产生或不产生影响力的原因。

从具体的评价指标可以看到，《全球智库评价报告》的评价内容为智库机构运营的全过程，不仅仅局限于智库的效能或曰影响力，而且回溯到智库产生影响的基础，即智库的资源和对资源的管理使用。与之前的几个智库评价方案相比，这份方案是一个比较全面的组织机构评价方案，这也与报告开篇智库定义中所强调的"组织"相一致。

《全球智库评价方案》的评价指标体系十分庞杂，既包括大范围发放调查问卷得到的主观评价数据，也包括通过各种方式与智库建立直接联系而收集到的客观数据。与前面三份方案不同，《全球智库评价报告》的数据来源比较多元，但从各种渠道收集到的主客观数据均由项目的实施主体根据一定的权重整合进指标体系计算出被评智库的最终得分，因此《全球智库评价报告》的评价主体即为评价方案的实施主体——社会科学评价中心，该报告属于第三方评价的一种形式。

《全球智库评价报告》采用了主观评价和客观评价相结合的评价方法，同时把智库同行评价和第三方评价整合进评价方案，是智库评价实践上的一次突破。该报告首先基于已有的智库研究和智库评价在全球范围内界定来源智库，再根据专家咨询和实地调研逐步收窄来源智库范围，最终确定来源智库 1 781 家。接着，该报告把这些来源智库划分为 39 个大类，并邀请全球各地区、各行业、各专业的专家进行主观评价调查问卷，共发放问卷 20 162 份。另外，通过邮件、电话、实地走访等方式尝试与所有来源智库建立直接联系，送达智库调查表 1 575 份，回收有效调查表 156 份。根据这些主客观数据，报告筛选出 359 家最具影响力的智库，对其中没有返回调查表的智库进行人工信息收集，以期做到重点智库不遗漏。初步建立起全球重要智库数据库和智库专家数据库，并根据评价指标及权重对 359 家智库的数据进行了分数核算。

《全球智库评价报告》的评价结果以"全球智库百强排行榜"的形式发布，榜单公布了上榜智库具体的 AMI 总分及 A、M、I 的单项得分。作为中国国内首份全球范围的智库评价报告，《全球智库评价报告》发布以来受到了智库业界的广泛关注。

从上述评价方案可以看到，《全球智库评价报告》具有中等的科学性、偏高的可操作性和偏低的有效性。

从科学性来看，《全球智库评价报告》的评价方案部分地达到了既定的评价目标。从在智库评价领域发出"中国声音"的目标来看，作为中国首份全球智库评价报告，《全球智库评价报告》为发出"中国声音"迈出了第一步；从完善已有智库评价实践的目标来看，《全球智库评价报告》实现了主客观评价相结合，以及整合同行评价、专家评价和第三方评价的突破；从以评促建的目标来看，《全球智库评价报告》着眼于全球智库，而中国特色新型智库处于起步阶段，与国际同行相比依然还存在很大的差距，能进入百强榜的只有 9 个中国智库，均是国内的顶尖智库。对中国顶尖的智库来说，与国际上的知名智库同台相比确实有助于寻找差距、促进发展，但对广大新生的中国特色新型智库来说，这个作用微乎其微。另外，中国智库形态多种多样，官方智库、高校智库和社会智库享有的资源和制度空间差异巨大，而放眼全球更要进一步考虑智库所处国家或地区的政治经济制度。在不同的体系下，智库的动机和诉求都不同，它们所追求的影响方式也不同，有的智库诉诸内部政策报告，有的智库诉诸公开出版物，因此用同样一套指标和权重来衡量形态各异的智库显然不能很好地达到以评促建的目的。综合来看，《全球智库评价报告》的科学性处于中等水平。

从可操作性来看，《全球智库评价报告》中的智库评价方案具有较高的可操作性。评价方案本身较为复杂，需要收集大量的一手数据，还涉及全球范围的实地调研，但报告的实施主体中国社会科学评价中心隶属于中国社会科学院，具有稳定且充足的经费、庞大的研究团队，评价方案本身又不具有很高的技术要求，中国社会科学评价中心的资金、人员、技术储备完全可以支撑全球范围内的数据收集。据项目负责人介绍，有超过 100 名的员工参与报告的实施和撰写工作当中，团队中包含多个语种的专家，确保能对各国家和地区的智库进行评价。

从有效性来看，如前所述，鉴于《全球智库评价报告》的评价范围为国际级别，将起步阶段的中国特色新型智库置于国际视野中比较并不能很好地配置中国智库建设的资源、指引中国智库的整体发展，因此该报告的有效性偏低。然而可以预见，随着中国特色新型智库的发展水平提高，《全球智库评价报告》的以评促建作用将会有所提高。

5.《中华智库影响力报告》

同样于 2015 年底发布的还有《中华智库影响力报告》，由四川省社会科学院和中国科学院成都文献情报中心联合主持实施。《中华智库影响力报告》同样试图实现主客观评价相结合的突破，但与《全球智库评价报告》不同的是，《中华智库影响力报告》聚焦中国大陆地区和港澳台地区的智库，其中又以中国大陆地区的智库为重点。《中华智库影响力报告》以年度报告的形式推出。

《中华智库影响力报告》的评价目标在于树立智库发展的典范，指出智库发展的方向，为中国特色新型智库的发展建言献策。2015 年底发布的首份报告表明报告对智库的影响力进行评价和排名，"借此提出推动中国特色新型智库建设的对策建议"[①]。2016 年的报告更加明确了智库评价和排名的目标在于"树立典范和研判发展方向"[②]。

《中华智库影响力报告》的评价内容十分明确，针对智库的影响力进行评价。报告认为影响力是智库的核心价值所在，对智库的影响力进行评价既有导向智库建设、为智库行为纠偏提供依据的作用，还有扩大智库影响力、让智库接受公众监督的功能。报告将智库的影响力分解为决策影响力、专业影响力、舆论影响力、社会影响力和国际影响力等 5 项，并以此为一级评价指标，再根据评价目标的明确性、指标选取的全面性、指标选取的准确性和指标数据的可获得性等 4 个原则设计二级指标。

《中华智库影响力报告》采用主客观评价相结合的评价方法。数据采集的方法主要有两种：一是在"中华智库数据平台"上通过程序自动抓取；二是通过公开检索渠道人工收集和录入。截至 2015 年底，平台共收录 276 家智库的相关数据 47 万余条；2016 年底平台新增 232 家智库的 57 万余条数据，数据总量超 100 万条。在赋值问题上，2015 年的报告综合采用主观赋值法和客观赋值法。主观赋值部分采用层次分析法，邀请专家建立判断矩阵，确定要素的相对重要度，并对判断矩阵的一致性进行了检验。客观赋值法使用熵值法，根据指标观测值提供

---

① 四川省社科院、中国科学院成都文献情报中心：《中华智库影响力报告（2015）》，2015 年，第 2 页。
② 四川省社科院、中国科学院成都文献情报中心：《中华智库影响力报告（2016）》，2016 年，第 2 页。

的信息量确定指标权重。熵值法也运用到数据采集的过程中，以便根据采集效果及时调整权重。2016 年的报告只保留了层次分析法，并介绍了该方法的详细应用。

与《全球智库评价报告》一样，报告实施过程中收集到的大量数据根据一定的权重整合进实施主体设计的指标体系之中，得出被评智库的最终得分。因此，《中华智库影响力报告》的评价主体也是实施主体——四川省社会科学院和中国科学院成都文献情报中心。

评价结果以智库排名的形式出现，包括综合影响力排名、分项影响力排名和分类（国家级智库、地方性智库、高校智库和社会智库）排名。除了排名，报告开篇还会就中国智库发展的某一方面进行介绍，比如 2015 年的报告就智库概念的流变和中国特色新型智库的元素进行介绍；2016 年的报告总结了中国智库的 7 种运行模式。在排名之后报告还根据智库在热点议题和重大智库活动中的表现分析智库的影响力。最后，报告总结了该年度中国智库的发展瓶颈并给出相应的政策建议。然而，报告最后提出的问题和建议与智库影响力排名的相关性并不大，与其说是基于排名总结出的问题与建议，不如说是基于课题组对中国智库发展的观察和思考。另外，除了报告本身，智库评价实施中收集到的数据在中华智库网的“中华智库数据平台”中展示，与报告本身一起构成了评价方案的产品。

从上述评价方案可以看到，《中华智库影响力报告》具有较低的科学性、中等的可操作性和较低的有效性。

从科学性来看，报告的评价方案并没有达到“树立典范、研判方向”的评价目标。报告对评价方法的介绍简略，很多关键步骤没有说明，比如 2015 年纳入评价范围的 276 家智库以及 2016 年纳入评价范围的 232 家智库是如何确定的没有予以说明，这涉及评价方案如何界定智库的基本问题。从评价结果也可以看到，高校整体作为高校智库纳入被评价对象，这明显不符合智库的基本定义，因此也就达不到“树立典范”的评价目标。另外，与其他影响力评价面临的难题一样，主观评价法所得到的信息更确切来说是智库在业界的知名度，而客观评价法能获取的数据往往只是智库产生影响力的基础，而非影响力本身。因此，报告尝试以影响力评价来达成“研判方向”的目标也很困难。

从可操作性来看，评价方案的顺利实施需要对智库研究有深入的了解，同时要求较高的技术手段，而实施主体只具备部分条件，因此评价方案的可操作性中等。评价方案的落脚点在于智库的影响力，这是智库评价领域公认的难题，需要对智库有比较深入的研究。但是从《中华智库影响力报告》中的指标体系来看，实施主体把智库影响力本身和智库影响力的基础混为一谈，这点与《中国智库报告》形成了对比，上海社科院智库研究中心专职智库研究多年，在智库影响力的界定方面比《中华智库影响力报告》严谨。评价方案的实施同时要求较高的技术水平，比如数据收集阶段需要运用到爬虫技术，赋值阶段需要专业的数据分析知识。评价方案的实施主体之一——中国科学院成都文献情报中心是专门的文献情报机构，具备相应的技术手段。总结来看，《中华智库影响力报告》的可操作性居中。

从有效性来看，《中华智库影响力报告》的评价目标就包含有效性的因素，但是受限于较低的科学性，该报告的评价结果并不能发挥有效配置智库建设资源、引导智库发展方向的作用，因此其有效性很低。

6. 《CTTI 来源智库 MRPA[①] 测评报告》

2015 年底，南京大学智库研究与评价中心发布了其与《光明日报》智库研究与发布中心潜心打造的 CTTI 数据库，该数据库包含 871 个字段，涵盖了智库的基本信息、专家信息、成果信息和活动信息。CTTI 团队在全国范围内甄选来源智库，并邀请入选的来源智库以自己填报的方式把智库相关数据录入数据库，CTTI 团队对智库录入的数据进行人工审核，尽可能保证数据的质量。目前数据库共收录了 489 家智库，收集了大量的智库一手数据。在 CTTI 智库数据的基础上，南京大学智库研究与评价中心和《光明日报》智库研究与发布中心在 2016 年底共同发布了《CTTI 来源智库 MRPA 测评报告》，在很多方面突破了已有的智库评价，成为了中国智库评价的又一重要实践。

该报告的智库测评基于 CTTI 数据库的智库数据。CTTI 数据库对来源智库进行了仔细的遴选，遴选过程实际上是对智库资质进行评价的过程。因此，该报告的智库评价实际上包含了两部分的评价：智库资质评价和智库 MRPA 测评。

《CTTI 来源智库 MRPA 测评报告》的评价目标十分明确，智库资质评价部分的评价目标在于甄选真实智库。近年来的"智库热"存在智库建设一哄而上的现象，各种各样的机构冠以智库的头衔，催生各种"有库无智""有智无库"的现象，CTTI 数据库建设的第一步是筛选真实智库，为党政机构、学术界、媒体界和公众提供真实和优质的智库机构信息[②]。而 MRPA 智库测评的目的在于"为智库提升管理质量提供专业服务"[③]。

《CTTI 来源智库 MRPA 测评报告》是完全基于 CTTI 智库数据库进行的智库评价，数据全部来源于智库自行录入的数据。评价方案的具体设计和实施由南京

---

① M 是指治理结构（management），R 是指智库资源（resource），P 是指智库成果（product），A 是指智库活动（activity）。
② 李刚、王斯敏：《CTTI 来源智库 MPRA 测评报告 2015－2016》，2016 年，第 18 页。
③ 李刚、王斯敏：《CTTI 来源智库 MPRA 测评报告 2015－2016》，2016 年，第 23 页。

大学智库研究与评价中心与《光明日报》智库研究与发布中心进行。因此，报告的智库评价主体即为方案的实施主体，属于第三方评价的一种形式。

报告评价内容也十分明确，在资质评价部分首先界定了来源智库是指中国境内专注于战略、公共政策研究与咨询的非营利性机构。来源智库的甄选过程比较严格，考虑到中国特定的历史原因，把一些以企业注册的，但是以战略和公共政策研究为主营业务并表现出强烈的社会责任感的机构也纳入进来。报告设计了"来源智库遴选参考指标"，该指标体系提供了具体的量化标准，但并非强制使用，仅供推荐单位参考。指标体系包括政治要求、学术基础、领域要求、组织形式、资源保障、运行与成果、国际合作与交流等 7 部分，基本符合两办文件中"中国特色新型智库"的八条标准。而在 MRPA 评价部分则对智库机构利用资源的能力和效益进行过程—结果导向型评价。报告设计了包含 4 个一级指标、19个二级指标的 MRPA 智库效能测评体系，包括治理结构、智库资源、智库成果和智库活动，从资源占有量和资源的运用效果两个维度对智库进行测评。

报告采用客观评价法，根据中国智库的发展现状给指标体系中的每个指标赋值。在资质评价部分，项目组首先进行文献研究，掌握中国智库的发展现状。然后借助宣传部智库主管部门和高校社科管理部门的渠道，动员各单位推荐智库，共得候选智库 780 家。最后邀请 200 位智库负责人、智库研究学者和智库媒体进行评审，最终筛选出 500 家来源智库，邀请其在线填写数据。根据被邀请智库的意愿和实际反应，最后确定首批来源智库 489 家。CTTI 项目的数据收集方式依赖于来源智库的填写，为了提高数据收集的效率，许多字段都没有设置成必填项，因此每家智库的数据完整度均不一样。在 CTTI 数据库所有字段的基础上，项目组依据数据的可获得性、代表性、客观性、系统性，以及考虑到以评促建的目的设计选取指标构成 MRPA 智库测评指标体系，再根据项目组对中国智库发展现状的了解和思考确定指标权重，最后算出被评智库的最终得分。

资质评价部分的评价结果即为来源智库名单，作为整个 CTTI 数据库以及后续评价的基础。MPRA 评价的结果以排序的方式呈现，报告按多个分类、从多个维度展示排序结果，以符合智库的多元特征。排序分为智库排序、智库专家排序、大学智库指数（对大学智库的能力和影响力的评价）排序三大类。其中每一类排序又进行了细分，比如智库排序又分为数量指标排序和效能指标排序两大类共 11 小类，大学智库指数排序又按"985"高校、"211"高校、普通高校三小类进行排序。上述三大类智库评价构成了 MRPA 测评系统，该系统同时具有查询和统计分析功能，可返回每个智库及每个智库专家在 MRPA 体系中的得分情况，供智库共同体内的相关人员参考，也为每个智库提供了一整套质量监测与管理的工具。另外，MRPA 测评系统的指标权重做成了可调整的参数形式，不同的使用者可根据自身的需求调整指标权重以满足特定的评价目标。

从上述评价方案来看，《CTTI 来源智库 MPRA 测评报告》具有较高的科学性、较高的可操作性和居中的有效性。

从科学性来看，报告的资质评价部分具有较高的科学性。虽然报告设计了具体的智库遴选指标体系，但该指标体系仅供参考，推荐单位是否真的依据该指标遴选来源智库无从考究。这部分的评价方案具有较高的科学性来源于其评价方案的具体实施，前期工作中通过大范围的网络搜索几乎可以找出中国境内具有一定影响的社会智库，通过宣传部的渠道可以网罗大部分的官方智库，而通过高校社科管理部门的渠道则可得到具有影响力的高校智库。因此，该方案的基础工作可以涵盖中国各类型的主要智库。通过业内专家的评审并考虑了智库自身的意愿，最终得出的来源智库确实覆盖了中国境内的主要智库，入选的智库也基本符合两办文件中的较高要求，因此具有较高的科学性。MPRA 评价部分则具有很高的科学性，这部分评价的目标在于为提升智库质量提供一种管理工具。这部分的评价内容与其他的智库评价方案差别不大，也是涵盖智库的投入—管理—产出—影响的运营全过程，但是其指标基于 CTTI 数据库的已有字段，数据可获得性相对于其他智库评价方案来说较高。更重要的是，依靠 CTTI 数据库，智库评价结果的运用远远超过智库榜单或者报告，每一个被评的对象均可以通过 CTTI 系统获得自身的详细得分情况，除了得知自身在业界的地位以外，被评智库还有可能追溯自身表现的具体原因，真正达到"提供质量管理服务"的评价目标，也实现了评价主体与评价客体的沟通。

从可操作性来看，CTTI 数据库由南京大学智库研究和评价中心与《光明日报》智库研究与发布中心联合开发。南京大学中国智库研究与评价中心隶属于南京大学信息管理学院，汇聚了南京大学社会科学评价、数据分析和知识工程方面的专家力量，研究团队共有 30 余人，且充分吸收了南京大学开发 CSSCI 数据库的经验和教训。《光明日报》隶属于中共中央宣传部，而中宣部是至今唯——一个国家级智库建设项目——国家高端智库的主管单位，因此中宣部系统在智库界内的动员能力十分强大。据项目负责人介绍，项目同时得到教育部社科司的支持，对于项目动员高校系统、收集高校智库信息起了很大的作用。从上述资金、人员、技术、渠道等资源来看，评价方案的可操作性十分高。

从有效性来看，CTTI 数据库一经公布已经引起了智库界内的广泛关注，被邀请的首批来源智库也大多愿意提供数据。截至 2016 年底，已有 321 家智库提供了较为完善的数据，占了系统收录智库的 65% 左右。CTTI 数据库的技术手段远超目前已有的智库评价。再者，CTTI 的智库评价具有很高的开放性，可调整的指标权重参数使智库评价不仅仅局限于 CTTI 团队，而是包括所有关心智库整体发展状况或个别智库发展状况的相关人员，如智库的管理者、研究者、资助者等等，很有潜力发挥有效配置智库建设资源、指引智库发展方向的作用。当然，由于报告只公布了数据最全的社会智库作为示例，评价方案中提及的查询和数据分析功能目前也只在后台可操作，因此评价结果尚未发挥实质性的作用。综合来看，《CTTI 来源智库 MPRA 测评报告》的有效性居中。

虽然《CTTI 来源智库 MPRA 测评报告》的诸多方面都领先已有的智库评价实践，但是该评价方案接下来的全面实施有赖于智库行业的认可和自觉。各个来源智库的上报数据是该评价方案得以顺利实施的基础，而让来源智库提供有效高质的数据需要强大的动员能力或必要的强制性。CTTI 项目组目前已经采取数据共享的方式鼓励来源智库填写数据，但数据共享的激励作用有限，未来 CTTI 数据库提高数据填报率的可能途径有二：一是被智库业界广泛认可和使用（比如作为智库的内部质量管理工具），如 CSSCI 数据库一样在业内产生实质性的话语权，从而提高数据填报率；二是被整合进官方的智库评价方案，通过智库主管部分的渠道提高数据填报率。

（二）小结

从目前主流的智库评价方案来看，主持智库评价的既有个人也有机构，机构中有专职智库研究或者专职社科评价的专业机构、半官方性质的研究机构和来自社会力量的调查机构；从评价主体来看，涉及同行评价、专家评价和第三方评价，但尚未出现用户（政府）评价；从评价目标来看，主流智库评价的目标在于甄别（一流）智库、以评促建；从评价内容来看，主要集中在智库的影响力和智库的运营全过程，评价的难度比较大；从评价方法来看，经历了从主观评价法到主客观评价相结合再到纯客观评价的过程。

各个评价方案的评价目标都比较统一，但具体评价方案与既定评价目标的匹配程度参差不齐，评价方案的有效性均不高，这一方面是因为智库评价本身就是一个极具挑战性的任务，政策过程的复杂性、智库的多样形态、有限的信息公开都构成了智库评价的实质困难。另一方面是因为中国特色新型智库的建设和研究都处于非常初步的阶段，对什么是智库、智库应该发挥什么作用、如何发挥作用等基本问题都没有达成共识，也就是说还没有找到智库发展的客观规律，在这种情况下，智库评价的结果并不能很准确地反映智库的现实、断定智库的表现，也就不能发挥有效配置智库建设资源、指引智库发展方向的作用。

三、中国特色新型智库评价的指标体系设计

从评价指标层面的分析可以看到，智库可进行评价的方面数不胜数，主流的智库评价研究与实践主要集中在对智库建设和智库影响力的评价。而从整体智库评价方案的层面来看，目前在智库评价领域出现了多元的评价方案，在过去几年的对比竞争中，智库评价的实践不断发展，但有效性整体偏低，亟须一个适应中国特色新型智库发展需求、反映中国内部多元主义政治体制的智库评价指标体系。

本节将基于课题组对中国主要智库的深入调研和对中国智库整体发展的把握，借鉴评价领域的逻辑模型，提出"中国特色新型智库指标体系"，为已有的或即将施行的智库评价方案提供参考。

（一）评价目标

在智库建设热潮中普遍存在智库定位不清晰、发展目标模糊的问题，导致了智库统计困难以及智库实体化建设滞后、低水平重复建设、智库被"内脑化"等乱象。关于目前中国智库的实际数量众说纷纭，根据麦甘的统计，中国目前共有435 个智库[1]；徐晓虎和陈圻则认为截至 2012 年中国智库约有 2 400 个[2]；最新出版的《中国智库名录》则收录了 1 137 个智库[3]；南京大学 CTTI 智库数据库首批收录了 492 个智库。智库的模糊定义直接影响了智库评价的具体实施，如早期《中国智库报告》采用了主观评价的方法，但却没有给出智库的明确定义，导致了北京大学等高校作为智库上榜的评价结果，商业咨询公司也作为智库列入备选池，而《中华智库影响力报告》至今依然把高校整体作为高校智库进行评价。智库定义的一个重要因素是以影响公共政策为主要目标，高校和商业咨询公司显然不属于智库范畴。

智库定位不清晰的另一个后果是智库建设的盲目性。自中国特色新型智库建设提出以来，许多相关机构纷纷启动智库建设，但是由于缺乏对智库的准确定位，出现了许多挂牌的虚体智库，不能真正发挥智库的作用，这个问题在高校智库建设中尤其严重。由于官方政策研究机构的制度灵活性有限，而社会政策研究

---

① James McGann. 2016 Global Go to Think Tank Index Reports［R］. 2016，P. 27.
② 徐晓虎、陈圻：《中国智库的基本问题研究》，载于《学术论坛》2012 年第11 期，第178~184 页。
③ 皮书研究院：《中国智库名录（2015）》，社会科学文献出版社 2015 年版，第 1~451 页。

机构的资源有限，高校科研机构被认为是最有潜力进行中国特色新型智库建设的机构，事实上，高校对中国特色新型智库建设的反应也最热烈，但是对于什么是中国特色新型高校智库没有准确的认识。大量高校智库由原有科研机构的人马组成，属于"一套人马，两个牌子"的挂牌智库，没有稳定的智库专职人员。这类机构主要进行基础研究，偶尔进行政策研究，不以影响公共政策为主要目标。因此，虽然智库热催生了很多智库，但大多属于低水平重复建设，实体化建设严重滞后，真正发挥作用的高水平智库很少。

智库理应发挥政府"外脑"的作用，与政府保持密切联系、熟知政府需求的同时保持研究过程的独立性，以客观的研究成果影响政府决策。但是由于缺乏对智库的准确定位，政府在使用智库的过程中出现了把智库"内脑化"的现象。如上海的高校智库由上海教委主导批量成立，许多智库反映接受教委的资金之后需要承担很多政府的文书工作，包括发言稿起草和政策文件撰写等，智库在一定程度上被内化成了政府的写作团队。

因此，智库评价首先要对中国特色新型智库进行明确的定义，并选取适当的指标识别出专业化智库，建立中国特色新型智库名录，摸清现阶段中国特色新型智库建设情况。然后确定中国特色新型智库建设的未来方向，选取恰当的评价指标，设计科学的评价模型，采取可操作的评价方法，指导中国特色新型智库建设的有序有效开展。对中国特色新型智库进行评价的目标包括以下三个方面：

第一，识别中国特色新型智库。智库是具有独立性和非营利性、以政策研究为主业并致力于影响公共政策的机构。一般而言，智库由多学科专家构成（不排除存在单一学科的智库），而且组织和人员具有一定的稳定性。中国特色新型智库评价指标体系首先必须能够排除非智库的机构，识别出专业的智库。比如各级政府的政策研究室不具有机构运作与研究过程的独立性，商业咨询公司以营利为主要目标，单个知识分子或临时的团队不具有机构和人员的稳定性，因此均不属于智库。在此基础上进一步识别出中国特色新型智库。

第二，提供认识、评价智库的工具。智库本身具有复杂性，需要对智库构成要素的全面把握才能准确认识智库。同时智库的运作具有独特性，其资源投入包括来自政府、企业和社会的资金、政策需求信息、一线的资料和数据；其外部合作网络包括学者和媒体；其政策研究成果具有理论创新、咨政建言、舆论引导、社会服务等多重功能。因此，中国特色新型智库评价指标体系应能系统地反映智库的情况，为各相关主体提供认识、评价智库的工具，进而指导决策行为。

第三，为智库提供质量控制的工具。中国特色新型智库评价指标体系除了能够指导其他主体对智库的决策行为，还应能指导智库自身的决策行为。智库作为一个机构，需要不断进行内部质量监控才能向前发展，评价就是质量监控的一种有用工具。然而，国内外现有的智库评价多侧重于智库的影响力，而没有涉及影响力产生的过程。结果只能对被评对象进行总体的定性评价，不能有效指导被评对象总结经验、发现问题并加以改善。因此，中国特色新型智库评价指标体系应能覆盖智库生产的全过程，提供智库质量监控的工具，促进智库自身不断发展。

（二）评价指标体系

要实现上述评价目标，中国特色新型智库评价指标体系可分为两大部分。第一部分是"中国特色新型智库名录指标体系"，关于中国特色新型智库的定位，主要目标是识别专业智库，排除非智库机构，建立中国特色新型智库名录，为中国特色新型智库评价划定范围。第二部分是"中国特色新型智库建设目标指标体系"，针对中国特色新型智库建设情况进行评价，主要目标是对智库进行认识、评价，为各相关主体及智库自身提供决策依据。

指标体系设计可分两步走：第一步从定义或者标准出发进行初选，将定义或者标准的要素分解并指标化。指标的选取必须详细、全面，以得出一个可能指标的全集；第二步对初选的指标进行优化，包括对单项指标进行准确性和可行性的检验，以及对筛选的指标按一定的逻辑进行结构化。

1. 中国特色新型智库名录指标体系

从组织性质来看，智库具有独立性和非营利性；从组织目标来看，智库以影响决策为目标，对公众、媒体、学术界的影响均服务于对决策的影响；从组织结构来看，智库是多学科专家共同构成的稳定机构；从组织产品来看，智库以政策研究为主业，从事战略研究和理论研究主要是为了促进政策研究；从服务对象来看，智库主要服务于各级政府。

中国特色新型智库则是在符合智库定义的基础上进一步满足中共中央办公厅、国务院办公厅提出的八项基本标准的智库。中共中央办公厅、国务院办公厅印发的《关于加强中国特色新型智库建设的意见》提出中国特色新型智库应当具备以下基本标准：（1）遵守国家法律法规、相对稳定、运作规范的实体性研究机构；（2）具有特色鲜明、长期关注的决策咨询研究领域及其研究成果；（3）具有一定影响的专业代表性人物和专职研究人员；（4）有保障、可持续的资金来源；（5）多层次的学术交流平台和成果转化渠道；（6）功能完备的信息采集分析系统；（7）健全的治理结构及组织章程；（8）开展国际合作交流的良好条件；等等。

在智库的圈层结构中，不同主体主办的智库在资源和渠道上存在着巨大的差异，用同一套指标体系评价这些不同的智库显然不能准确反映中国特色新型智库建设的情况。因此，有必要对智库按举办者进行区分并设计相应的指标体系。目前主要存在三类智库：官方智库、高校智库和社会智库。官方智库主要是指事业单位性质的智库，其在科研人才、机构经费、信息获取、项目来源、成果呈报、观点采纳等方面都有无可比拟的优势，但相对地缺乏独立性和灵活性[1]，主要包括政府发展研究中心体系、社科院体系、党校体系和行政学院体系等。高校智库主要是指由高校独办或者与其他机构合办的智库，其特点是拥有巨大的智力资源优势以及长期的学术研究积累，同样有经费上的优势，但在信息获取、影响渠道、实践性等方面不及官方智库，相对地高校智库比官方智库拥有更大的独立性和灵活性。社会智库是指由私人举办的智库，其资源、渠道、信息等均比不上官方智库和高校智库，但拥有最大的独立性和灵活性。

按上述智库定义的要素、中国特色新型智库的基本标准和智库分类进行指标初选，可得出系统反映中国特色新型智库定位的指标全集（详见表 14-7）。其中需要指出的是：

表 14-7　　　　中国特色新型智库名录指标体系（初选）

智库定位		指标	衡量/计算方法	准确性	可行性
1. 智库定义	1.1　独立性	1.1.1　研究过程独立自主	研究选题、方法、过程、结果均由智库自主决定	高	中[1]
	1.2　非营利性	1.2.1　智库收入用于自身发展，不进行利润分配	智库用于分红的支出	高	高
	1.3　稳定的机构	1.3.1　有固定的办公场所	智库专用办公场地面积（与另一个牌子机构重合部分不计入）	高	高
		1.3.2　有稳定的人员团队	智库专职员工总数（智库在编人员或与智库签订合同的员工）	高	高
	1.4　以政策研究为主业	1.4.1　智库产出的成果主要是政策报告	政策咨询报告占智库产出成果总和之比	中[2]	高
	1.5　以影响决策为主要目标	1.5.1　智库宗旨为影响决策	智库宗旨中明确提出以影响决策为主要目标	中[3]	高
	1.6　以政府为主要服务对象	1.6.1　政策咨询报告主要提交给政府	提交给政府的咨询报告占智库咨询报告总数之比	中[4]	高

① 韩未名：《全球背景的官方智库特点、效用与发展前瞻》，载于《重庆社会科学》2013 年第 9 期，第 109～115 页。

续表

智库定位	指标	衡量/计算方法	准确性	可行性
	2.1 遵守国家法律法规、相对稳定、运作规范的实体性研究机构	2.1.1 实体性研究机构	同时满足"有智库专用办公场地""有智库专职员工"以及"有投入研究资金"	高	高
	2.2 特色鲜明、长期关注的决策咨询研究领域及其研究成果	2.2.1 明确的研究领域	有明确的研究领域	中	高
		2.2.2 产出政策咨询研究成果	政策咨询报告数量	中[5]	高
	2.3 具有一定影响的专业代表性人物和专职研究人员	2.3.1 有专业性代表人物	学术带头人的社会兼职数	中[6]	中[6]
		2.3.2 有专职研究人员	有智库专职研究人员	高	高
2. 中国特色新型智库	2.4 有保障、可持续的资金来源	2.4.1 可持续的资金来源	过去三年智库收入总额	中[7]	高
	2.5 多层次的学术交流平台和成果转化渠道	2.5.1 学术交流平台	满足其中一项:举办学术会议,发行学术期刊,定期举办学术沙龙/研讨会	中	高
		2.5.2 成果转化渠道	满足其中一项:有固定的政策报告递送渠道,定期更新网站,定期更新社交媒体,定期在媒体发表	高	中[8]
	2.6 功能完备的信息采集分析系统	2.6.1 信息采集分析系统	满足其中一项:建有数据库/资料库,定期进行调研,有智库专职数据收集分析人员	中	高
	2.7 健全的治理结构及组织章程	2.7.1 治理结构	已确定智库的治理结构	中	中[9]
		2.7.2 组织章程	有智库专门的组织章程	高	高
	2.8 开展国际合作交流的良好条件	2.8.1 国际合作交流	满足其中一项:举办或参加国际会议;有国际合作项目;出版外文成果	中	高

决策咨询制度与中国特色新型智库建设研究

	智库定位	指标	衡量/计算方法	准确性	可行性
3. 智库分类	3.1 官方智库	3.1.1 事业单位	属于其中一类：政府发展研究中心体系，社科院体系，中科院体系，党校体系，行政学院体系	高	高
	3.2 高校智库	3.2.1 高校独办或合办	举办者中包含高校	高	高
	3.3 社会智库	3.3.1 社会组织主办	举办者均为社会组织	高	高

注：

1. "研究过程独立自主"能准确衡量智库的独立性，但确定研究过程是否真正独立自主必须对被评对象进行深度的观察，因此可行性中等；

2&5. 政策研究不一定以政策咨询报告的方式呈现；

3. 机构的宗旨不一定能准确反映机构的目标；

4. 智库服务于政府的形式不局限于提交政策报告，还包括专家座谈会、政府官员培训等方式；

6. 社会兼职数只在一定程度上反映了学术带头人的影响力，因此准确性中等；学术带头人的社会兼职数不一定全数公开，因此可行性中等；

7. 以往资金的稳定不能衡量未来资金的稳定性和可持续性；

8. 政策报告递送渠道有些制度化（如内参），有些非制度化（如私人关系），因此可行性中等；

9. 真正掌握了解智库的治理结构需要深度访谈、观察，因此可行性中等。

第一，智库的独立性是指研究过程独立自主，接受政府资金并不意味着智库独立性的丧失。目前存在一种普遍的误解认为中国的智库多为政府出资，因而不具有独立性。事实上，接受政府资金并不必然意味着独立性的丧失。比如广东国际战略研究院，其资金主要来自广东省政府"高水平大学建设"项目，但是由于广东省政府对其智库地位的准确认识及保持克制，广东国际战略研究院得以保持研究的独立自主。因此，智库的独立性不应以资金来源作为指标，而应衡量其独立自主开展研究的能力。对智库独立开展研究还存在另一种误解，认为智库以政府需求确定选题、报告风格、结果呈现等违背了研究的独立性。相反，意识到需求导向的重要性并自主调整恰恰是智库独立性的表现。智库所代表的新的知识生产模式的特点之一是知识在应用情景中产生①，因此智库以政府需求为研究导向，自主确定研究题目、方法，并以政府政策语言呈现研究成果反映了智库研究过程的自主性。

第二，智库的非营利性是指收入全部用于智库自身发展，不进行分红，保持智库的非营利性并不意味着智库不进行营利活动。课题组调研过程中发现有偿培训、数据库有偿使用、出版售卖刊物等盈利活动在智库中比较少见，不少智库从业人员认为这些活动有悖智库非营利性的性质。对于有长期、稳定的资金来源的智库来说，可根据自身条件放弃营利活动，但是对于资金保障不稳定或过分依赖单一资金来源的智库来说，应注重自身的造血功能，进行盈利活动则是保证智库运行经费、拓展资金来源渠道的选择之一。上海的高校智库建设以五年为期限，许多智库担心项目结束之后资金链断裂致使智库无法正常运行，如果以"不进行营利活动"作为衡量智库非营利性的指标，明显不利于这类智库的长期发展。因此，应以营利收入的使用来衡量智库的非营利性。

第三，以政策研究为主业、主要服务于政府并不意味着智库不能从事其他研究或者服务于其他机构。基础研究和政策研究是互为支撑、互相促进的关系，高校具有建设智库的优势就在于高校拥有巨大的基础研究资源，能很好地服务于政策研究。因此，智库定位中的"以政策研究为主业"并不排斥智库进行基础研究，但是从事基础研究应以促进政策研究为目标。同样，智库的服务对象不仅仅局限于政府，还包括企事业单位、学术界、媒体、公众等，但是应以政府为主，若主要服务于企事业单位或媒体，则其性质更贴近于咨询公司或公关公司，而非智库。

第四，两办文件中基本标准的规范性表述更适合纳入评价中国特色新型智库建设目标指标体系中，而在中国特色新型智库名录指标体系中应进行简化。中国特色新型智库建设处于起步阶段，真正符合智库定义的机构不多，符合中国特色新型智库基本标准的机构更少。基本标准中"有一定影响的""多层次的""功能完备的""健全的"等表述应纳入到高水平中国特色新型智库指标之中，引导智库建设的方向，而在定位中国特色新型智库的指标体系中应予以简化。

对初选指标进行指标单项的准确性（准确衡量指标内容的程度）和可行性（数据获得的容易程度）分析，并对指标进行结构化可得出智库名录指标体系（见图14－4）。

---

① Gibbons M., Limoges, G. and Nowotny H., et al. *The New Production of Knowledge: The Dynamics of Science and Research in Contemporary Societies* [M]. London: Sage, 1994: 11–16.

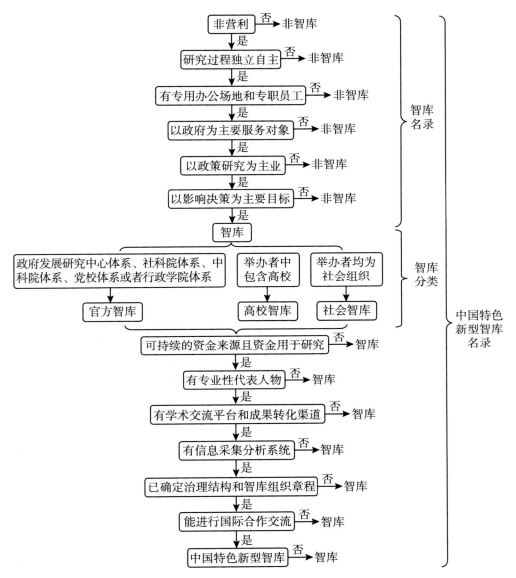

图 14 - 4　中国特色新型智库名录指标体系

2. 中国特色新型智库建设目标指标体系

如前所述，智库评价的目标包括为各相关主体提供认识、评价智库的工具，以及为智库自身提供质量控制的工具，逻辑模型可以同时实现这两个目标。

逻辑模型（logic model）最先由美国国际开发署于 1970 年提出，目前已被广泛用于国际组织的项目计划、管理和评价。逻辑模型是一种概念化论证项目的方法，通过一张简单的框图来分析一个复杂项目的内涵和关系①，其核心在于层次之间的逻辑关系，即"如果……那么……"。而层次间逻辑关系的成立既取决于内在因素，也取决于项目运行的外在环境（见图 14 – 5）。

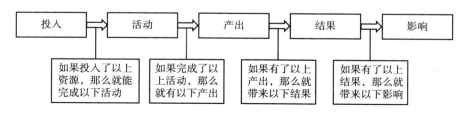

图 14 – 5　逻辑模型

逻辑模型也叫变化理论（theory of change），主要由五大层次组成，分别是投入、活动、产出、结果、影响。投入是指人力、物力、财力、时间、设备、技术等资源；活动是指投入资源所带来的行动；产出是指活动所带来的产品或者服务；结果是指产出造成的变化，是项目的预期效果和作用；影响一般是指结果所带来的更长远或者深远的影响。层次之间通过"如果……那么……"的逻辑关联。可见，假设和情景对逻辑模型至关重要，层次之间错误的假设会导致整个逻辑模型不成立，造成资源浪费，还有可能出现预料外的结果。而项目所在的情景则决定了所能成立的假设、投入的资源以及可以进行的活动。

逻辑模型一方面展示了组织行为的发展过程，有利于对被评价对象进行认识。另一方面，逻辑模型展现了变化发生的机制，通过各环节之间的因果关系梳理清楚是什么导致什么，有利于对过程进行评价，并找出关键问题所在，通过评价反馈完善组织行为。因此，如果把中国特色新型智库建设看作智库组织的一个项目，用逻辑模型指导设计中国特色新型智库评价指标体系有利于实现上一部分提出的智库评价目标。

用逻辑模型设计中国特色新型智库评价指标体系有自上而下和自下而上两种方式。自上而下的方式从中国特色新型智库建设的目标出发，一步一步往回设计实现目标所需要的产出、实现产出所需要进行的活动、进行活动所需要的投入，并将各层次进行指标化。自下而上的方式从目前智库建设拥有的资源出发，一步一步往前设计拥有这些资源可进行的活动、活动所能带来的产出、产出所能带来的结果和影响，并将各层次进行指标化。考虑到目前智库建设的导向是建设一批具有影响力的中国特色新型智库，中国特色新型智库评价指标体系的设计将采取

---

① 吴建南、刘佳：《构建基于逻辑模型的财政支出绩效评价体系——以农业财政支出为例》，载于《中南财经政法大学学报》2007 年第 2 期，第 69～74 页。

自上而下的方法。结合国内外智库评价的已有研究与实践，以及目前国内智库的实际情况，逻辑模型简化为"投入—活动—产出—影响"四大层次，并以此结构设计指标体系。

任何逻辑模型都在特定的情景中发生。对于中国特色新型智库建设来说，其所处的情景包括当前的智库热、智库的圈层结构、知识生产的新模式和决策的科学化、民主化。当前的智库热潮无疑为智库建设带来了大量的资源。自习近平总书记提出建设中国特色新型智库以来，各地各级政府和社会各界纷纷投入智库建设当中，如上海教委牵头的上海高校新型智库建设项目和中宣部牵头的国家高端智库项目均为智库建设带来了大量的资金。智库的圈层结构则决定了智库所能进行的活动，比如官方智库和高校智库主要以政府资金为主，当前的财政管理制度限定了智库所能进行的活动。而处于圈层边缘的社会智库由于缺乏影响政府决策的渠道，多数会选择影响公众再影响政府的迂回路线。另外，不同于传统的基于学科的学院式知识生产模式，智库代表着一种新的知识生产模式——模式2，其特征包括在应用情境中产生知识、跨学科性、知识生产场所的多样化、知识对社会需求的反思等①，这种新的知识生产模式对智库的产出提出了新的标准。决策的科学化、民主化则为智库产出输入到决策系统并发挥影响力提供了制度化和非制度化的渠道。清楚掌握上述中国特色新型智库建设的情景因素将有利于科学合理地建立逻辑模型。

用逻辑模型设计评价指标体系首先需要确定项目目标。结合中国特色新型智库建设的情景以及两办文件中的指导思想，中国特色新型智库建设的目标包括以下几个方面：第一，服务于决策科学化、民主化的整体目标，智库应提高政策影响力，发挥咨政建言的功能；第二，适应知识生产的新模式，智库应提高学术影响力，发挥理论创新的功能；第三，智库应提高社会影响力，发挥舆论引导的功能，将其作为影响决策的间接途径；第四，人文社科研究领域长期以来呈现"西方中心"的格局，智库应抓住中国特色新型智库建设的契机，扎根于中国经济社会的实际情况，提出中国的命题。因此智库应提高国际影响力，发挥公共外交的功能，提升中国的软实力和话语权；第五，智库作为连接政界、学界、商界、媒体、公众等诸多领域的桥梁，有着促进各界资源流动的优势，智库应发挥人才培养的功能，注重通过多种方式培养政策研究人才，为中国决策咨询制度的长远发展提供多样化、可持续的智力资源。

此外，中国特色新型智库评价指标体系的具体设计中还应注意以下几点：

---

① Gibbons M., Limoges G. and Nowotny H., et al. *The New Production of Knowledge: The Dynamics of Science and Research in Contemporary Societies* [M]. London: Sage, 11 –16.

第一，承认智库的政策影响力难以精准衡量这一事实。中国特色新型智库建设的目标是建立一批有影响的智库。智库发挥着多重功能，应从政策影响力、学术影响力、社会影响力等多维度衡量智库的影响力。但是正如智库定义中所描述的，智库的主要目标是影响决策，学术影响力和社会影响力应服务于智库的政策影响力。然而，政府的决策是个反复叠加的复杂过程，其信息输入十分庞杂，很难单线追踪某个智库对政策出台的影响。因此，客观上来说，智库的影响力难以精确衡量，只能通过替代性指标最大限度地反映。影响是指思维或者行动上的变化。从这个意义上说，政府批示和采纳可作为智库政策影响力的替代性指标；学术论文发表期刊、被引用率、学术专著和论文的获奖是智库学术影响力的衡量指标；网站的访问量、社交媒体的关注度、在媒体的曝光度、在同行中的声誉则是智库社会影响力的衡量指标。

第二，区分智库的产出和影响。由于智库影响力难以进行精确衡量，许多人在寻找替代性指标的时候混淆了智库的产出和影响，把智库提交的政策报告、发表的学术文章和媒体文章等作为衡量智库影响力的指标。然而从逻辑模型中可以看出，这些指标属于智库的产出，这些产出只有通过传播并对目标对象的思维或者行动产生变化才发挥了影响。用产出指标衡量智库影响力会误导智库停滞在产出智库成果，不利于智库进一步努力把成果转化为影响。从上面的智库影响力替代/衡量指标来看，智库要获得政策影响力需要的产出是政策咨询报告；获得学术影响力所需的产出是论文和专著；获得社会影响力所需的产出包括网站内容、社交媒体内容、媒体发文/采访等。

第三，当前的智库热潮保障了智库建设的资源投入，但资源分布极不平均。要完成上述活动，中国特色新型智库建设所需的资源投入包括资金和智库人才等。资金大部分来自各级政府，社会资金投入智库建设尚属少数。智库人才是当前智库建设中最缺乏的资源。智库需要同时具备基础研究能力和政策研究能力的研究人员，以及能有效处理与政府、学界、媒体、企业、公众的关系的行政人员。但是由于基础研究和政策研究的长期分离，目前国内具备两种研究能力的人才凤毛麟角，而能有效管理智库这类新型组织的行政人才也十分缺乏。

第四，僵化的财政制度和人才评价制度制约了智库活动的开展。对于社会智库来说，资金的缺乏是其开展活动的最大制约因素，对于官方智库和高校智库来说，僵化的财政制度和人才评价制度则是最大的制约因素。课题组走访的官方智库和高校智库均表示，智库建设的资金充足，但是由于财政制度的制约，这些资金不能用于智库所需要进行的活动。同时，繁琐的审批手续也不能适应智库的快速运转，比如上海一家高校智库表示需要启动一项新的研究，但学校资金的拨付跟不上项目需要。此外，目前对研究人员的评价制度主要侧重学术研究，进行政策研究对研究人员的回报并不大，因此智库很难激励研究人员进行政策研究。

第五，处于圈层结构中不同位置的智库享有不同的资源和使用资源的制度空间，在这种情况下，明确定位，凝聚有限资源发展拳头产品，抢占政策思想市场的部分份额成为了中国特色新型智库的有效发展策略。一家智库想要同时发挥两办文件中中国特色新型智库的所有功能需要十分庞大的体量，这对于大部分刚起步的中国特色新型智库来说是不现实的。从全国范围内的实地调研来看，已取得一定成效的智库都有十分明确的自我定位，并根据自我定位凝聚智库的所有资源，发展拳头产品，深耕特定的研究领域，其结果往往是在新生的政策思想市场占据一席之地；而反观自我定位摇摆不定，体量又不足以支撑其同时追求咨政建言、理论创新、舆论引导、人才培养和公共外交的智库，往往淹没在智库建设的热潮之中。

基于上述中国特色新型智库的发展现状，我们认为中国特色新型智库评价指标体系的设计应从智库建设的目标出发，即发展一批高端智库，发挥咨政建言、理论创新、舆论引导、人才培养和公共外交的作用，这 5 大功能构成一级指标，每个一级指标均以智库发展的逻辑模型设计二级指标（见表 14 - 8）。这样的指标体系一方面契合了中国智库发展的圈层结构，可分别用于对圈层结构中不同位置的智库进行评价。另一方面契合智库发展的逻辑模型，评价结果有利于智库检视运营的各个环节，以监测和提升运营质量。

表 14 - 8　　　　中国特色新型智库建设目标指标体系（初选）

一级指标	二级指标	三级指标	准确性	可行性
咨政建言（政策影响力）	影响指标	批示数量及层次	中	高
		采纳数量及层次	高	高
		党报引用量	中	中
		政府部门的用户评价	高	低
	产出指标	政策报告数量及层次	高	高
		党报发文篇数	高	中
	活动指标	政府课题及层次	高	高
		给政府官员授课次数	高	中
		参与政府决策咨询的次数及层次	高	中
	投入指标	用于政策研究的经费	高	低[1]
		员工政策研究工作量	高	中
		有政府工作背景的员工	高	中
		实地调研的天数	高	中

259

一级指标	二级指标	三级指标	准确性	可行性
理论创新 （学术影响力）	影响指标	论文被引用量	高	高
		专著被引用量	高	高
		论文/专著获奖数	中	中
		数据库被引用量	中	中
	产出指标	中文论文篇数	高	高
		CSSCI 篇数	高	高
		中文专著数	高	高
		数据库个数	高	中
	活动指标	举办学术会议次数	高	中
		发行期刊期数	高	中
		学术会议发言人次	高	中
	投入指标	用于基础研究的经费	高	低[1]
		员工基础研究工作量	高	中
舆论引导 （社会影响力）	影响指标	网站访问量	中	中
		微博粉丝数	中	高
		微信订阅量	中	高
		媒体采访次数	高	中
		同行评价	高	低[2]
		公众评价	高	低[2]
	产出指标	媒体文章	高	中
	活动指标	网站	高	高
		微博账号	高	高
		微信公众号	高	高
	投入指标	用于传播的经费	高	高
		专职外联传播员工	高	高
公共外交 （国际影响力）	影响指标	外文引用量	高	中
		国际获奖数	高	中
		外媒引用量	高	低
		外媒采访次数	高	中
	产出指标	外文论文篇数	高	中
		SSCI 论文篇数	高	中
		外媒文章	高	中

续表

一级指标	二级指标	三级指标	准确性	可行性
公共外交 （国际影响力）	活动指标	外文网站	高	高
		国际合作项目数	高	高
		国外社交媒体	高	中
	投入指标	用于国际项目的经费	高	高
		拥有海外背景的员工	高	高
人才培养	产出指标	硕士/博士毕业人数	高	中
		培训的官员人数	高	中
		博士后人数	高	中
		实习生人数	高	中
	投入指标	硕导/博导总数	高	高
		员工教学任务	高	高

注释：（1）智库一般用同样的投入兼做基础研究和政策研究，因此两种研究的经费很难区分开。可用"研究经费"作为替代性指标。

（2）中国的智库同行评价刚起步（比如上海社科院出版的《中国智库报告》），存在智库定位不清晰、参与评价的同行代表性不足等问题；而公众评价目前属于空白。

除了指标体系的设计，还有必要对各个指标进行准确性和可行性的分析，以便评价主体根据特定的评价目标和可操作空间进行指标的选取。

准确性是指三级指标能准确反映以逻辑模型为基础的二级指标的程度，比如说批示衡量政策影响指标的准确性为中，因为批示情况并不能说明智库对决策者的思维或者行动产生了变化。同理，社交媒体的粉丝数衡量社会影响的准确性为中，因为粉丝数没法衡量智库对社会各界的思维或者行动产生了变化。反之，论文引用量衡量学术影响力的准确性较高，因为引用表示了引用者对论文观点的认同，反映了智库对引用者思维产生的变化。

可行性主要指数据获取的难易程度，如果智库已经进行统计，则该指标的可行性高，比如课题组走访的智库大部分都有进行批示数量及层次的统计；如果智库没有进行统计，但翻阅资料能够得到数据，则该指标的可行性为中。中国特色新型智库建设处于起步阶段，智库相关的统计工作还没有展开，因此绝大部分指标的可行性为中；如果数据收集存在客观的困难或者需要大量的人力物力，则指标的可行性较低，比如说许多智库用同样的资源同时进行基础研究和政策研究，用于这两种研究的经费很难区分开来，因此"用于政策研究的经费"和"用于基础研究的经费"两项指标虽然对于资源投入的衡量准确性高，但可行性低，具

261

体操作过程中可用"研究经费"进行替代。再如"同行评价"和"公众评价"的数据收集需要耗费大量的人力物力，因此可行性较低。

最后，表14-8的指标体系属于初选指标，在实际运用的过程中必须考虑到不同智库的不同诉求和影响方式，并据此选取适当的评价指标和权重。中国的政治体系呈现出内部多元主义的特征，不同类型的智库以政府权力为中心呈圈层结构分布，与政府有着不同权力距离的官方智库、高校智库和社会智库享有不同的资源、渠道和制度空间，这些不同类型的智库追求的目标不同，采取的影响策略也不尽相同，接近权力中心的官方智库信息可及性高、知识信任度高，但生产独立性较低，因此主要追求政策影响力，通过直接递交内部政策报告产生影响，而不太需要借助社会影响力间接影响政府决策，因此可主要选取"咨政建言"部分指标进行评价。

高校智库处于圈层结构的中间，其信息可及性、知识信任度和生产独立性均居中，借助高校雄厚的学术积淀，高校智库在5大功能上均可有所建树。事实上，高校智库的数量最多，多样性最明显，从传统高校科研机构改制而来的高校智库一般注重学术影响力，有招生计划并负担教学任务的高校智库同时也追求人才培养，以国际关系研究见长的高校智库同时发挥公共外交的功能，与媒体资源合办的高校智库注重媒体传播，追求社会影响力，并以社会影响力打造自身的政策影响力，种种形态不一而足。应以高校智库的定位为依据对高校智库进行细分，并据此选择不同的建设目标指标对高校智库进行评价。

社会智库处于圈层结构的最外层，其信息可及性低、知识信任度低，但生产独立性较高，往往诉诸公开出版物，借助新媒体技术着重打造自身的社会影响力，而追求社会影响力的最终目标则在于间接地影响政府决策，发挥政策影响力。因此，可主要选取"咨政建言"和"舆论引导"部分指标对社会智库进行评价，当然以国际事务为主要方向，同时追求公共外交功能的社会智库也应同时选取"公共外交"部分指标。

中国智库形态各异、结构复杂，远远不止上述三种类型的智库，尤其自中国特色新型智库建设的目标提出以来，各种复合型智库、合办智库涌现，这些智库发挥5大功能中的1个或多个功能，体量足够庞大的智库同时追求发挥5大功能。因此在实际运用"中国特色新型智库评价指标体系"时应考虑到中国政治体系的内部多元主义特征，契合中国智库的圈层结构，以不同智库的功能定位和发展目标为出发点，从初选指标集中选取适当的指标，并设计适当的权重。

同理，对于全球范围内的智库评价来说，需要仔细考量不同国家和地区的政治体系，以及政治体系对智库功能定位、建设目标和发展策略的影响，以建设目标为一级指标，以智库发展的逻辑模型为二级指标设计和选取评价指标体系。

四、小　　结

中国特色新型智库建设目标的提出动员了社会各界的参与，这种积极反响除了带来智库建设的充沛资源之外，也催生了一系列乱象。智库建设的热潮同时也带动了智库研究的热潮，智库评价就是其中的一个研究热点。在智库建设的诸多乱象之下，智库评价的研究和实践就显得更为重要，智库评价的相关研究助力、智库评价的实践，而有效的智库评价实践能发挥配置智库建设资源、引导智库发展方向的重要作用。

国内外有关智库评价的研究与实践十分丰富，提取现有研究和实践中的完整指标进行词频统计和共现分析可以发现，已有的智库评价主要集中在智库建设和智库影响力两个方面，对智库建设的评价侧重于资源的投入，而对智库影响力的评价则围绕着政策影响力、学术影响力、社会影响力和国际影响力展开。对指标进行聚类分析发现，常用指标的中心度值差异较大，中心点较分散。对指标的聚类进行不断拟合，最优的聚类将已有指标分为 5 类，即决策影响力、社会影响力、智库建设、智库产出与活动、网站建设。可见已有的智库评价内容十分庞杂，智库评价是一项艰巨的任务，这也符合智库作为一个具有多重功能、多种形态的复杂事物的特征。

在整体智库评价方案层面，自从上海社科院智库研究中心对《全球智库指数报告》（见附表 14－1）进行汉化尝试、开国内智库评价的先河以来，智库评价方案层出不穷，目前来看比较成熟的智库综合评价方案共有 6 份。这些评价方案在彼此的竞争中不断推动智库评价的进步，评价方法从简略的整体主观印象评价发展到主客观评价相结合再到技术要求较高的纯客观评价，评价主体也从广泛的智库共同体发展到包括具有代表性的业内专家和专业的第三方评价机构。但是也必须看到，目前主流的智库评价方案的有效性都偏低，不能很好地发挥智库评价在中国特色新型智库建设中的应有作用。

基于指标层面和评价方案层面的对比分析，本章根据全国范围内的智库实地调研提出了"中国特色新型智库评价指标体系"，以期达到识别中国特色新型智库、为智库发展提供质量控制工具的目标。该指标体系包括"中国特色新型智库名录指标体系"和"中国特色新型智库建设目标指标体系"两大部分，以期为已有的或即将施行的智库评价提供参考（见附表 14－2）。

附表 14 - 1 　 2008～2016 年《全球智库报告》评价标准列表

一级指标	二级指标
资源指标	招聘、留住顶尖学者和分析师的能力
	财政支持的水平、质量和稳定性
	接近政策制定者和其他政策经营
	有能力进行扎实研究并产出及时、深刻分析的团队
	网络的质量和可靠性
	机构流动性
	在决策领域和媒体中的联系人情况
利用指标	在该国媒体和政策精英中的声誉
	媒体曝光、引用的数量和质量
	网络点击量，在立法和行政部门作证
	简报、政府任命、给政府官员做咨询
	书籍出售情况
	发布的报告
	研究成果的学术引用量，会议的参会人数，举办的研讨会
产出指标	提出的政策建议的数量和质量
	出版物（书籍、期刊文章、政策简报等）
	新闻采访
	举办的简报会、会议、研讨会
	被提名任职咨询或政府岗位的员工
影响力指标	被政策制定者和公民社会机构考虑或采纳的建议
	议题网络的向心性
	给政党、候选人、临时政府班子等咨询
	获得的奖项
	在学术期刊上的发表或被引用
	公开作证以及在对政策辩论和政策制定有影响的媒体亮相
	邮件联系人列表和网站的主导内容
	成功挑战传统智慧和政府官员常规运作程序

附表 14－2 2013～2016 年《中国智库报告》指标体系及其变化

年度 评价指标	2013 年		2014 年	
	一级指标	二级指标	一级指标	二级指标
	决策（核心）影响力	智库研究成果荣获领导批示次数及层次； 智库参与政府决策咨询的次数及层次； 智库专家应邀给决策者授课的次数及层次； 智库专家到政府部门中的任职比例以及智库人员曾在政府部门任职的人员比例（"旋转门"机制）	决策影响力	智库研究成果荣获各级领导批示； 智库参与决策咨询或决策给决策者授课的次数及层次； 智库专家到政府部门中的任职比例以及智库人员曾在政府部门任职的人员比例（"旋转门"机制）
	学术（中心）影响力	智库人员在国内外核心期刊发表、转载的论文数量； 智库人员应邀参加国内外学术会议的数量及层次； 公开出版学术专著、会议论文集等出版物； 公开出版连续型研究报告	学术影响力	智库人员在国内外核心期刊发表、转载的论文数量； 智库人员应邀参加国内外学术会议及层次； 公开出版学术专著、会议论文集和连续研究报告等
	公众（边缘）影响力	智库研究对社会弱势群体政策需求的人文关怀； 智库专家在媒体上发表成果或被媒体报道的频率； 库学者接受媒体采访的频率； 智库网站建设，包括智库专家拥有博客、微博等自媒体的数量	公众影响力	智库对公众意识的引导能力； 智库研究对社会弱势群体需求的关注关怀与行动效果
			媒体影响力	智库对媒体舆论的引导能力； 智库学者接受媒体采访、报道或在媒体上发表成果的频率； 智库网站建设，包括智库专家拥有博客、微博等自媒体的数量

续表

年度	2013年	
评价指标	一级指标	二级指标
	智库成长与营销能力	与国内外同类机构合作交流的渠道；智库成立时间与存续时期长短；智库的研究经费投入；留住顶级专家和研究者的能力

年度	2014年		
评价指标	一级指标	二级指标	三级指标
	国际影响力	国际知名度、国际声誉；与国外同类机构交流合作的频率；对国际重大事件的持续关注与分析能力	
	智库成长与营销能力	智库成立时间与存续有较长的历史时期；智库的研究经费投入；留住顶级专家和顶级学者的能力	

年度	2015年		
评价指标	一级指标	二级指标	三级指标
	智库能力	属性	智库成立时间（年）；智库级别（部/厅局/县处/县级以下）
		效能	百万智库经费投入的专报批示数量（件/百万元）；人均专报批示数量（件/人）；研究经费来源中财政资助占比（%）
		吸引力	首席专家和领军人物年均薪酬（万元）；新进研究人员年均薪酬（万元）

年度	2016年		
评价指标	一级指标	二级指标	三级指标
	智库能力	智库属性	智库成立时间（年）；行政级别（部/厅局/县处/县级以下）；研究领域
		—	一
		资源禀赋	研究人员规模（领军人物、团队结构合理性等）；研究经费规模（万元/年）；研究经费来源中财政资助占比（%）

续表

年度		2015年			2016年	
评价指标	一级指标	二级指标	三级指标	一级指标	二级指标	三级指标
	决策影响力	领导批示	国家级领导批示（件/年） 省部级领导批示（件/年）	决策影响力	领导批示	国家级领导批示（件/年）、人均批示量 省部级领导批示（件/年）、人均批示量
		—	—		建言采纳	全国政协、人大及国家部委议案采纳（件/年）、人均采纳量 地方政协、人大及委办局案采纳（件/年）、人均采纳量
		—	—		规划起草	组织或参与国家级发展规划研究、起草与评估（件/年） 组织或参与省部级发展规划研究、起草与评估（件/年）
		咨询活动	国家级政策咨询会、听证会（人次/年） 省部级政策咨询会、听证会（人次/年）		咨询活动	国家级政策咨询会、听证会（人次/年） 省部级政策咨询会、听证会（人次/年）
	学术影响力	论文	《中国社会科学》及各一级学科顶级期刊发表论文数量（篇/年） 《新华文摘》全文转载论文数量（篇/年）	学术影响力	论文著作	人均智库与学术论文发表数（篇/年） 人均智库与学术论文转载数（篇/年） 公开出版的论文集或智库报告（册/年）
		著作	入选国家社科基金成果文库（册/年） 公开出版的智库研究报告（册/年）			
		项目	国家社科基金重大/重点项目（项/年） 中央和国家交办的重大项目（项/年）		研究项目	国家社科基金重大/重点项目（项/年） 中央和国家交办的重大项目（项/年） 地方政府交办的研究项目（项/年）

267

续表

年度	2015年			2016年		
	一级指标	二级指标	三级指标	一级指标	二级指标	三级指标
评价指标	社会影响力	媒体影响	在主流媒体发表评论性文章或研究成果被主流媒体引用（篇/年） 参与主流媒体的访谈类节目（次/年）具有重大影响的媒体报道（次/年）	社会影响力	媒体报道	在国家主流媒体发表评论文章（篇/年） 在地方主流媒体发表评论文章（篇/年） 参与主流媒体的访谈类节目（次/年）具有重大影响的媒体报道（次/年）
		关注度	智库网站点击率（累计，次） 移动公众平台（微信）关注度/粉丝（累计，人次）		网络传播	智库主页点击率（累计，次） 移动公众平台（微信）关注度（累计，人次）
	国际影响力	美誉度	被国际著名智库链接（是/否） 智库英文名在主要搜索引擎上的搜索量	国际影响力	国际传播	在国际主流媒体发表评价文章（篇/年） 被国际著名智库链接（是/否） 智库英文名在主要搜索引擎上的搜索量
		国际化	在世界主要国家设立分支机构（是/否） 与国际智库合作项目数（项） 聘请的外籍专家人数占比（%）		国际合作	在世界主要国家设立分支机构（项） 与国际智库合作项目数（项） 理事会/学术委员会中外籍专家人数占比（%）

决策咨询制度与中国特色新型智库建设研究

第十五章

推动新型智库的大数据运用

21 世纪以来，随着互联网、物联网和传感技术的飞速发展，人类生产并储存了海量数据，也因此迅速进入了数据驱动的社会。2008 年，英国《自然》杂志（Nature）刊登了名为"Big Data"的专刊①，从多学科的视角系统分析了大数据所蕴含的潜在价值和挑战。2011 年，麦肯锡（McKinsey）公司发布了一份关于大数据的报告②，第一次提出"大数据时代"已经到来。随着《大数据时代》的风靡全球，"大数据"作为一个时代标志的概念登上科学研究的舞台，并迅速成为政府和社会关注的焦点。这些庞大的数据集，已经并将持续对人类社会经济发展和社会科学研究产生深远的影响。2009 年，时任美国总统奥巴马将"大数据"概念全面引入政府治理并实施数据开放战略。2015 年 9 月，中国国务院印发了《促进大数据发展行动纲要》，对中国大数据的发展进行了顶层设计和统筹部署。

中共中央办公厅、国务院办公厅印发的《关于加强中国特色新型智库建设的意见》提出中国特色新型智库应当具备的基本标准中，有一项即为"具有功能完备的信息采集分析系统"。推动大数据技术的运用，是新型智库建设功能完备的信息采集分析系统在新时代背景下的新要求。目前，部分智库已经开始进行大数据建设和运用大数据开展政策研究，取得良好的效果。可以说，大数

---

① Big Data〔EB/OL〕. Nature，http：//www.nature.com/news/specials/bigdata/index.html，2012 – 10 – 02.

② Manyika J.，Chui M.，Brown B.，et al. Big Data：The Next Frontier for Innovation，Competition，and Productivity〔J〕. *Analytics*，2011.

据作为一种新兴的研究方法运用到智库的建设中，为提升政策研究的精准性、精确性和精密性提供了重要工具。近年来，我国一些新型智库对大数据的重视程度日渐提高，启动了智库大数据共享平台建设，推进了大数据基础理论研究及其在管理决策中的运用，发布了一批以大数据为基础的研究报告。但从总体上看，我国智库对大数据的运用还存在意识滞后、人才薄弱、数据孤岛等问题，需要进一步加强数据平台、人才队伍、共享机制的建设，开展数据驱动的跨学科研究。

一、大数据时代对智库研究的新要求

大数据时代的到来，使得人类社会中几乎所有个人和组织的行为都可以被记录和沉淀为数据，这为提升智库政策研究的精准性和前瞻性提供了机遇。但是，这也对智库的政策研究方法和水平提出了更高的要求。目前，我国智库由于普遍缺乏政策分析的"大数据"意识，降低了智库政策观点的质量和影响力，智库政策研究方法急需创新。[①] 大数据的出现及其技术的运用，要求智库首先要有敏锐的数据创新意识，把握政策领域的大数据结构及其发展趋势，革新传统的数据资料收集与分析方法，提高大数据集成与挖掘以及分析的能力，实现政策研究成果的精准性与前瞻性。

（一）大数据时代要求智库研究具有敏锐的数据创新意识

大数据的出现，使当今社会已成为以数据为载体而由数据驱动的社会。这就要求智库研究应该具有敏锐的数据叙事意识和以数据驱动研究创新的意识。伴随着维克托·迈尔·舍恩伯格开大数据研究先河之作《大数据时代》的风靡全球，"大数据"作为一个时代标志进入了社会舞台的中心，并迅速形成一股浪潮，广泛而深刻地影响着当今社会各界的生活、工作和思维方式。"纵观世界文明发展史，人类先后经历了农业革命、工业革命、信息革命。每一次产业技术革命，都给人类生产生活带来巨大而深刻的影响。"[②] 大数据是信息技术、互联网技术、

---

① 朱旭峰：《构建中国特色新型智库研究的理论框架》，载于《中国行政管理》2014 年第 5 期，第 29～33 页。

② 习近平在第二届世界互联网大会上的讲话 ［EB/OL］. 2015 - 12 - 16，http：//news. xinhuanet. com/ politics/2015 - 12/16/c_1117481089. htm，2016 - 01 - 10.

云计算、物流网、射频与视频监控技术及其分析工具与方法发展到一定阶段的产物。互联网和移动平台的普及，微博、微信运用的生活化，智能手机、平板电脑、智能手环、智能手表、智能汽车、智能电视以及摄像头、工业设备等终端的"物联网"数据无处不在，加上商业交易、医疗记录、在线社交等数据通过人、机和物的不断融合，源源不断产生并汇聚为互联网数据、智能手机数据和视频监控以及传感器数据的大数据洪流。据美国互联网数据中心（IDC）的统计，2011年全球被创建和复制的数据总量为 1.8ZB（1ZB 为 10 的 21 次方），远远超过人类有史以来所有印刷材料的数据总量（200PB）[1]，产生了"无法在可容忍的时间内用传统 IT 技术和软硬件工具对其进行感知、获取、管理、处理和服务的数据集合。"[2] 大数据的发展为创新社会问题的治理方式提供了新的理念和技术支持，使得"许多奇思妙想可以在公共治理中得以实现，包括不断提升服务效率、管理效能与公众满意度，并使许多棘手的公共问题得以解决。"[3]

随着大数据技术的飞速发展，其范畴已经远远超过了技术领域，辐射到社会的诸多方面，改变着人们认识和改造社会的模式与方法。如舍恩伯格指出，"大数据具有一种新型能力，即对海量数据以一种前所未有的方式进行分析，从而获得巨大价值的产品和服务或深刻的洞见。"[4] "是人们获得新的认知、创造新的价值的源泉；是改变市场、组织机构，以及政府与公民关系的方法。"涂子沛也认为"大数据"之"大"，并不仅仅在于"容量大"，更大的意义在于通过对海量数据的交换、整合和分析，发现新的知识，创造新的价值，带来"大知识""大科技""大利润"和"大发展"。[5] 因此，大数据不仅意味着海量的数据，更重要的是人们通过新的思维理念和分析方法从纷繁庞杂的数据中发现社会的新知识，创造新价值，总结社会现象的新规律。故此，智库的研究人员必须深刻意识到大数据对政策研究的挑战与机遇，具有捕捉和把握政策研究领域大数据的敏锐意识，以政策大数据为基础开展研究。

---

[1]　The 2011 Digital Universe Study：Extracting Value from Chaos ［R］. International Data Corporation and EMC，2011.

[2]　李国杰、程学旗：《大数据研究：未来科技及经济社会发展的重大战略领域——大数据的研究现状与科学思考》，载于《中国科学院院刊》2012 年第 6 期，第 647～657 页。

[3]　马亮：《大数据技术何以创新公共治理？——新加坡智慧国案例研究》，载于《电子政务》2015 年第 5 期，第 2～9 页。

[4]　维克托 – 迈尔 – 舍恩伯格、肯尼思·库克耶：《大数据时代：生活、工作与思维的大变革》，盛杨燕、周涛译，浙江人民出版社 2012 年版，第 149 页。

[5]　涂子沛：《大数据》，广西师范大学出版社 2013 年版，第 54～58 页。

（二）大数据时代要求智库掌握新的数据能力

大数据时代，意味着智库的政策研究将面对纷繁复杂的海量数据，要求智库的研究者提升自身的数据抓取、集成和挖掘以及分析的能力，创新政策研究的方法，提高政策研究成果的精准性与预见性。

1. 大数据的抓取、集成与挖掘能力

一是数据抓取能力。互联网沉淀了海量数据，是智库分析公共政策的重要数据来源。但是，网站数据都是非结构化的网页，不能直接用于分析，因此需要将其抓取并转化为结构性数据。为此，需要掌握网页数据抓取能力，通过网页爬虫等技术抓取网页数据并将其转化为结构化数据，以实现自动文本分析。

二是数据集成能力。大数据来源广泛、种类多样，包括网页数据、视频数据、文本数据等结构化或非结构数据，数据结构繁杂。因此，要探索这些大数据的规律性，必须先将不同来源的多样化数据进行标准化汇总和清洗，汇聚整合成大数据集成系统。数据集成并不是一项全新的技术，传统数据库领域已有了比较成熟的研究①，主要分为数据汇集、数据关联和数据更新。数据汇集，是指集中各渠道的数据后进行数据清洗降噪，删除重复的数据，然后再用统一的标准进行结构化存储。数据关联，是指从数据中提取出实体和关系，然后探索海量数据中的关联性，从而描述其规律。数据更新，是指在数据集成中建立长效的更新机制。目前，商业领域已实现了海量多源异构数据的集成，并且通过智能化和可视化的技术平台实现了高效、便捷的数据处理，这为智库的大数据集成提供了经验借鉴。

三是数据挖掘能力。数据挖掘，是指从大量的、模糊的、不完全的、随机的数据集合中提取有规律性的信息。为识别海量数据中隐藏的某种规律，就需要通过数据挖掘和数据建模，利用模型发现数据的关联性、规律性，实现数据分类、聚类、关联和预测。"一年的数据、一个地区的数据看不出太多的章法，随着跨年度、跨地区的数据越来越多，群体的行为特点会呈现出一种'秩序、关联和稳定'，更多的规律将浮出水面"。② 例如，通过对贫困人口的收入、教育、住房、医疗、消费等基础信息数据库，贫困地区经济发展数据库和贫困地区地理、气

---

① 孟小峰、慈祥：《大数据管理：概念、技术与挑战》，载于《计算机研究与发展》2013 年第 1 期，第 146～169 页。

② 涂子沛：《大数据》，广西师范大学出版社 2013 年版，第 54 页。

象、资源、农业数据库进行数据挖掘，发现隐含潜在价值的信息，实现对贫困人口的精准识别和扶贫模式的预测。

2. 大数据的分析能力

一是自动文本分析能力。文本分析的对象包括以文字为载体的电子文档、网页和各种格式的电子文字文档。具体到公共政策领域，统计分析涉及政策内容变迁的文本和政策利益相关者表达利益、情感或价值而产生的各种文字信息，是探析政策过程现象的重要途径，是获取政策对象态度、立场以及观测其随时间变化的重要方法。大数据技术出现以前，人工收集并编码数量浩瀚的文本非常困难，而自动文本分析技术的出现可以将这项繁琐的工作交由计算机处理，使得大规模的文本分析成为可能。这就要求智库研究人员熟悉 R 软件、Python 或其他文本分析软件的功能，实现对海量文本内容的自动分析。

二是大数据可视化能力。数据可视化是借助图形、图像处理、计算机视觉以及用户界面等多种手段，通过表达、建模以及利用立体和动画显示等多种形式，从多角度把海量信息、概念视觉化，直接展示信息背后规律的方式。[1] 它能帮助受众迅速了解研究者的观点和思路从而快速得到某一问题的答案。可视化是大数据改变社会科学研究结果呈现方式与提升展示效果的重要体现。可视化的数据处理技术使传统的文字或表格的描述方式转变为直观、美观甚至动态的图像，不仅易于读者对数据信息的分辨、分析和理解，还能够显著提高表达内容的视觉冲击力与说服力。大数据可视化分析与传统统计分析的区别在于它对海量数据的处理并转化为图形的能力，并能动态展示数据的演变轨迹，使数据所代表的发展规律可以直观呈现在读者面前，免去了繁琐的文字描述。数据可视化其实是知识的一种再生产方式，研究者以图形、时间序列、地图、流、矩阵、网络、层次和信息图形为基本元素[2]，通过元素间的多种组合来表达自己对海量信息和数据的理解，进而解释较为宏大和抽象的理论问题。可视化并不局限于数字，概念也同样适用在对政治倾向图谱的研究中，麦克坎德斯（MacCandless）试图将各种政治倾向融入图表中，并展示其如何从政府渗透到社会、文化中，对家庭和个人产生影响，继而又反过来影响政治形成一个循环。[3] 海杜普（Hadoop）是常用的可视化

---

① 陈云松、吴青熹、黄超：《大数据何以重构社会科学》，载于《新疆师范大学学报（哲学社会科学版）》2015 年第 3 期，第 54～61 页。

② 郭晓龙：《数据挖掘：用可视化效果展现你的数据》，http://www.leiphone.com/news 201406/war-lial-visualization.html，2012－12－11.

③ 大卫·麦克德里斯：《数据可视化之美》，http://www.tedtochina.com/2010/09/14/david_mccandless，2010－09－14.

273

软件，能够对大量数据进行即时处理，淘宝、百度等大型商业网站就利用海杜普来完成每天数以亿计的访问量，进行数据存储、查询统计以及用户行为分析等。

三是空间分析能力。大数据卓越的数据获取能力及网络化获取方法使得数据获取在很大程度上突破了地理范围的限制，能够同时获取区域乃至全球层面的数据。互联网、物联网、移动媒体所产生的数据包含了大量的空间信息，除了政府、机构提供的数据以外，国外 Facebook、Twitter 以及国内的微博、微信等直接来自用户个体的社会媒体数据和移动地图用户与空间位置相关的信息也得到快速发展。空间分析主要研究空间格局、空间位置、空间行为、空间关系、空间过程，广义的空间分析包括空间分析、空间建模、空间优化三部分。① 例如，百度迁徙可实时记录并分析中国人口流动的方向、数量等信息，构建清晰美观的全国人口流动图；滴滴出行分析报告可以记录并分析中国城市人口日常出行的时间和空间以及路线。

（三）大数据时代要求智库研究方法的创新

"我们身处数据驱动的全球社会中"。② 物联网、传感器、社交网络、移动应用和智能终端的发展为人类社会提供了全面、完整和客观的海量数据，这为数据密集型科学研究的出现提供了载体，其影响将扩展到所有的学科，尤其是行为科学和社会科学等容易被大数据捕获的相关领域。其结果是，对人类认识世界的途径、方法产生了革命性的影响。"就像望远镜让我们感受宇宙、显微镜让我们能够观测微生物一样，大数据正在改变我们的生活以及理解世界的方式，成为新发明和新服务的源泉。"③ 大数据的出现，对社会科学研究的资料和数据收集方式、研究问题范围的扩大、研究过程中的知识生产、研究的"科学"性和客观性的提升甚至研究思路的优化设计都产生了深刻影响。哈佛大学的加里·金甚至预言，随着大数据的出现和使用，整个社会科学研究的实证基础将会出现重大变化，甚至会加速定性与定量研究的大融合。④

智库是以现实公共问题为研究对象、以生产政策知识和影响公共政策为目的的研究机构。因此，就研究问题和研究结果来说，智库不应成为纸上谈兵的"纸

---

① 王劲峰：《空间分析》，科学出版社 2006 年版。

② Daniel J. Power. Using "Big Data" for Analytics and Decision Support [J]. *Journal of Decision System*, 2014, 23 (2): 222–228.

③ 维克托·迈尔－舍恩伯格、肯尼思·库克耶：《大数据时代》，盛杨燕、周涛译，浙江人民出版社 2012 年版，第 9 页。

④ King G. Restructuring the Social Sciences: Reflections from Harvard's Institute for Quantitative Social Science [J]. *Political Science & Politics*, 2014, 47 (1): 165–172.

库"，其对问题的发现和对策建议也不能成为姗姗来迟的"迟库"，而需要在适当的时间节点提出议题、发布有参考价值的思想观点或建议报告，及时影响公共政策议程，最大限度发挥研究成果的实际效用。现实的公共政策问题基本上都是经年累月沉积而成，智库需要对异常复杂的社会问题进行抽丝剥茧般的剖析，才能为问题的界定、原因的分析与对策建议贡献真知灼见。而对问题的精准把握，离不开与问题相关的翔实的数据资料及其处理工具。大数据的产生和运用，使研究者能够对置身其中的社会进行更加广泛和深入的认知、更加客观和准确的把握，从而以更精确的语言、更精密的思维对问题及其原因加以描述、解释和界定，从而提出具有针对性和前瞻性的对策建议。对此，美国学者杰弗里·汉考克认为，大数据对社会科学研究的意义，堪与显微镜的诞生对化学发展所起到的促进作用媲美。[①] 故此，大数据技术的出现，为智库研究的精准化提供了可能性。

首先，大数据时代要求智库开展"精准"的政策研究。总的来说，社会科学的主要研究对象之一是人的行为与心理。基于传统的数据与资料形式和收集方式，社会科学领域对这两方面的研究均只能进行概率检验式的研究，无法进行精准的断定。这往往导致社会科学的研究结果具有不确定性，无法实现对个人行为的准确预测。其结果是，社会科学的"科学"身份与地位一直备受质疑。但网页搜索与浏览、移动位置等大数据的出现，改变了这一切。网民每天网上活动的信息，以及与这一过程相关联的信息，都会变成可揭示人的行为以及人与人之间关系的数据并被存储。例如，美国的新罕布什尔州的 RapLeaf 民意调查公司（智库）根据对林达·托姆布雷（Linda Twombly）的上网行为习惯的追踪识别和分析，得知：她是共和党的支持者，对圣经、政治捐款、环境保护等话题感兴趣。基于这些信息，RaoLeaf 帮助州议员吉姆·本德尔（Jim Bender）在竞选过程中争取到林达女士的一票。当然，RapLeaf 不只拥有林达一个人的信息，它已经积累了数百万美国人的真实姓名、邮件地址以及他们在方方面面的爱好。虽然 RapLeaf 从不向客户提供它所掌握的用户姓名信息，但是它已经用它所掌握的信息在一年内为超过 10 次竞选提供了帮助。[②] 又如，一个地区或国家的夜间照明情况是反映居民社会经济活动的准确数据，通过分析这些数据可以精准评估当地的社会经济发展水平和探索社会经济发展规律。目前，DMSP/OLS 夜间灯光数据一般用于以下领域的研究[③]：（1）城市发展及其影响，包括城市化指标建构、城市空

---

① 李文、邓淑娜：《大数据带来社科研究新变化》，载于《人民日报》2015 年。

② 郑毅：《证析——大数据与基于证据的决策》，华夏出版社 2012 年版，第 130 页。

③ Pestalozzi N. , Niederhuber M. Nighttime Lights as Proxy for the Spatial Growth of Dense Urbanized Areas［J］. *Master Thesis*, 2012；王鹤饶、郑新奇、袁涛：《DMSP/OLS 数据应用研究综述》，载于《地理科学进展》 2012 年第 1 期，第 11 ~ 18 页；Huang Q. , Yang X. , Gao B. , et al. Application of DMSP/OLS Nighttime Light Images：A Meta - Analysis and a Systematic Literature Review［J］. *Remote Sensing*, 2014, 6（8）：6844 - 6866.

间扩展、城市空间重建、基础设施建设、城市扩展对土壤的影响、城市热岛效应等；（2）人口与社会经济参数估计，包括人口估计、人口密度、GDP 测算、货运量、贫困指数、人均收入以及化学能源与电力消费等；（3）偶然或短期光源监测，如森林火灾、天然气火焰、火灾面积估算以及渔业灯火监测等；（4）环境及其他问题，如二氧化碳和氮氧化物排放、光污染以及战争与冲突、地震破坏、生态服务与气候站分布等研究。再如，对于社会舆情的精准判断需要对海量数据进行分析，大数据技术可以满足这一需求。喻国明[①]根据 2009～2012 年百度每年搜索量最高和关注热度上升最快的前 1 000 个搜索热词总搜索量的相关数据，采用了社会语义分析的方法，通过"人大—方正舆情监测分析系统"采集对应于某核心词的海量网络相关文本，再依据社会语义分析软件去分析当下中国人心目中实际理解和感受下的相关概念的核心内涵究竟是什么，并根据社会语义分析的结果（根据分解出来的各个语义词与核心概念之间相伴出现的频次概率、与核心词的字符间隔数以及正负情感评价等）将 TOP 1 000 热搜词中的所有相关词进行加权处理，计算出每一核心概念所负载的舆情指数，提升了把握社会舆情的准确性。可见，大数据有效提升了社会科学研究的精准性。因此，智库通过对政策问题利益相关者行为与关系以及政策问题发生、发展的大数据挖掘与分析，可以精准把握政策问题的发生原因和演变逻辑。

其次，是大数据时代要求智库开展密集数据驱动的研究。智库的核心作用是生产政策知识进而影响政府决策。从逻辑上说，集成高密度的数据就意味着直接还原事实和进行知识生产，信息技术与各行业的深度融合，科技、商业、教育、医疗、智能交通、智慧环保、智能家居、智慧城市建设等社会生活的各个领域，也无时无刻不在产生大量而密集的数据。这些海量的数据，可以成为人们观察社会行为的"显微镜"，帮助政策研究者捕捉盘根错节的关系并挖掘其内部规律，这就有助于提升智库生产政策知识的能力。亦即，智库研究者可以通过挖掘政策问题的大数据来发现或生产政策知识。如，智能手机都装载地理信息定位系统，只要稍微结合基站的地理信息就能描述出一个手机用户的事实性知识：住在什么区域？在什么区域工作？每天工作多久？是不是经常加班？每天上下班路上花费多少时间？每天休息多长时间？周末是待在家里还是去哪个商业区购物或者去野外郊游？经常出差去什么地方？多久出差一次？这些高密度的数据便完整反映了一个人的行为倾向。2013 年，美国国家卫生研究院提出了将大数据转化为知识的概念和倡议（*the Big Data to Knowledge Initiative*）。从逻辑上说，事实就是以数

---

① 喻国明：《大数据分析下的中国社会舆情：总体态势与结构性特征——基于百度热搜词（2009 - 2012）的舆情模型构建》，载于《中国人民大学学报》2013 年第 5 期，第 2～9 页。

据为载体的逻辑链条，是高密度数据的集合。因此，集成到了高密度的数据就意味着还原了事实。小样本的数据只能推论事实，而大数据则可以直接描述事实。对此，美国国家科学基金会（NSF）主任阿登·比门特（Arden Bement）认为，数据密集的研究环境会改变科学的各个方面，从高能物理的理论建设到分子医学的新规划，乃至社会、行为、经济科学的新的跨学科领域。① 为此，《科学》杂志也曾指出，研究者可能"从手机、Fastlane 或者 EZPass 应答器、IP 地址、视频监控等途径获得持续的位置信息。从选民注册、选民参与、个人选举捐款、签名活动以及投票图像等途径获得个人政治偏好信息。从信用卡交易、不动产交易、财务指标、产品 RFID 标签、在线产品搜索与购买记录、设备标志等途径获得经济信息。从电子病历、住院信息等途径获得人们的健康信息，新的医疗监控设备能够持续监控人们的心跳、移动、皮肤电导性以及体温等信息"②，而把这些密集数据整合起来进行交互分析，则可以挖掘出反映数据之间关系的事实性知识。因此，对于智库研究者来说，可以通过政策问题发展演变与利益相关者的高密度数据的相关性测量，来揭示政策问题的本原事实，发现政策问题发生发展的规律。事实上，大数据一个更好的说法是深数据。大数据的优势不仅在于其数据量庞大，更重要的是其数据的关联优势，以此挖掘数据所隐藏的客观规律与演变趋势。谷歌的 Ngram Viewer 就是一个很好的例子。2004 年，谷歌开始扫描全球的书籍和杂志作为谷歌打印图书馆项目的一部分，至今已有超过 2 亿本扫描书籍。Ngram Viewer 允许用户在 7 500 万本图书中搜索，涵盖英语、中文、俄语、法语、德语、意大利语、希伯来语和西班牙语。这就使得数据资料挖掘和分析可以基于人类大部分的文明成果，因而使思考和分析达到一个前所未有的深度和广度，真正实现了牛顿所说的"站在巨人的肩膀上思考问题"。③

再次，大数据时代要求智库开展更具预见性的政策研究。智库政策观点的预见性是衡量其研究质量的重要标志之一，而对于反映政策问题发生和发展的实时动态数据的收集并集成演变逻辑链条是提升政策观点预测力的前提。在大数据时代，政策研究者可以通过传感器、移动终端、感应装置等设备，采用分布式计算架构，依托云计算的分布式数据库、分布式处理、云存储和虚拟化技术，实时不间断地采集并集成海量数据，采取网络地图（the Internet Map）、标签云（Tag Cloud）、历史流图（History Flow）等最新的大数据可视化技术把握过去、现在与

---

① Hesse B. W. , Moser R. P. , Riley W. T. From Big Data to Knowledge in the Social Sciences ［J］. *The An-nals of the American Academy of Political and Social Science*，2015，659（1）：16.

② 郑毅：《证析——大数据与基于证据的决策》，华夏出版社 2012 年版，第 122 页。

③ U. S. Congressman Marsha Blackburn and Local Business Leader Panel. The Future of Data – Driven Innovation ［R］. 2015.

未来的发展规律和历史逻辑①，使政策问题态势预测的准确率大大增加。而且，随着大数据挖掘与分析技术的发展，政策研究者通过片段数据和非结构化数据的采集、挖掘与分析能够进行碎片重组，可以有效地把握政策问题发展的规律及其相互关系。如沃尔玛超市利用海量的购物篮交易数据，发现每到周末男人去买婴儿尿布一般都会买啤酒的现象。如联合国发布的《用大数据推动发展：挑战与机遇》白皮书指出："大数据为联合国及世界各国政府发展提供了一个历史性的机遇，通过利用海量数据资源，实时分析经济社会发展现状及趋势，能够协助政府更好地推动经济社会的发展与运行。②在医学领域，市场上实时的可穿戴装备（例如苹果手表和 Fitbit 日常活动跟踪手环）被数以亿计的人使用，而电子健康记录（ehrs）的采用也越来越普及。这些健康、医疗数据流汇总将完整地描绘出一幅疾病与健康的逻辑关系与发展态势的完整图景，赋予数据的准确预测能力。再如，单单通过用户的手机通话记录，能够有 93% 的准确性预测用户会出现在哪个基站，即使对那些经常在很大范围内移动的手机用户也不例外。③大数据时代的社会意涵就是，大数据已不仅意味着海量的数据，更重要的是人们通过新的思维理念和分析方法从纷繁庞杂的海量数据中发现社会的新知识，创造新价值，总结社会现象的新规律。对此，吉姆·格雷（Jim Gray）指出，在人类的科学研究上，先后经历了实验（Empirical）、理论（Theoretical）和计算（Computational）这 3 种范式；而在数据量不断增加和数据结构愈加复杂的今天，这 3 种范式在一些新的研究领域已经不能很好地发挥作用，需要采用"第 4 种范式"，即从以模拟计算转向以数据处理和关联分析为中心。④这种新的范式主要呈现三个重大的思维转变⑤：首先，采集和分析与某事物相关的所有数据成为可能，"全数据模式"的到来将不再依赖于随机抽样的少量数据。其次，人们认识到纷繁复杂的数据越多越好，允许不精确的容错标准使得人们可以掌握越来越多的数据，创造更好的结果。最后，前两个思想转变导致了第三个变革，即用大数据驱动的相关关系取代了基于假设推导的因果关系。基于大数据相关关系分析基础上的预测将更快、更准确，而且不易受偏见的影响，这就像"亚马逊可以帮我们推荐想要

① 胡税根、单立栋、徐靖苗：《基于大数据的智慧公共决策特征研究》，载于《浙江大学学报（人文社会科学版）》2015 年第 3 期，第 5 ～ 15 页。

② UN Global Pulse. White Paper：Big Data for Development；Opportunities & Challenges ［EB/OL］. http：//www. unglobalpulse. org/sites/default/files/BigDataforDevelopment – UNGlobalPulseJune2012，pdf，2015 – 02 –01.

③ 郑毅：《证析——大数据与基于证据的决策》，华夏出版社 2012 年版，第 112 页。

④ Tolle K. M.，Tansley D. S. W.，Hey A. J. G. The Fourth Paradigm：Data – Intensive Scientific Discovery ［Point of View］［J］. *Proceedings of the IEEE*，2011，99（8）：1334 – 1337.

⑤ 维克托·迈尔 – 舍恩伯格、肯尼思·库克耶：《大数据时代：生活、工作与思维的大变革》，盛杨燕、周涛译，浙江人民出版社 2012 年版，第 29 页。

的书，谷歌可以为关联网站排序，Facebook 知道我们的喜好，而 LinkedIn 可以猜出我们认识谁。"[①] 因此，大数据挖掘改变知识生产模式，其巨大魅力在于通过统计算法揭示事物之间的相关性。例如谷歌利用 4.5 亿个数学模型筛选出 45 条检索关键词，利用这些关键词就能通过人们的搜索行为找出流感传播规律，而且判断的相关性、准确率达到 97%。[②] 与传统疫情监测方法相比，谷歌创造了一种新的知识生产模式，并更具预见性。因此，如果掌握了政策问题大数据，统计分析算法就可以从中发现政策现象的新规律和新知识。

最后，大数据时代要求智库收集更真实客观的研究数据。在政策研究的资料数据收集中，传统的方式主要通过问卷、访谈、观察以及文献研究等方法获得数据。这些传统的方式收集到的数据资料，具有一定的主观性，不可避免地带来研究误差，削弱研究结果的信度与效度。而且，这种数据收集方式，不适合做大样本的研究。例如，如果使用这些方式进行研究，对 1 000 个样本的社会网络进行研究，这个网络中存在的关系可能达到数万个，将会耗费巨大的人力物力。所以，传统研究者只能研究有数十个、数百个节点的社会网络。并且，虽然研究者也关注社会网络随时间而演化的问题，但是因为数据收集手段的限制，研究者只能得到每次收集数据时社会网络结构的时间节点数据，很难研究社会网络的时间变化。然而，随着电子邮件、移动电话和聊天工具的普及，衍生了大量的痕迹性大数据。大数据的海量信息在时空上具有传统抽样数据无法比拟的广度和深度，其全样本的性质能够在最大程度上避免个人经验有限性对研究过程客观性的负面影响。大数据的优势是"全数据"，同时可以进行"大背景"式的可视化展现。大数据的出现，似乎颠覆性地解决了传统数据不具代表性的问题，因为大数据是总体而非样本，无需抽样，也就不存在抽样误差的问题。这样，研究者所能收集到的资料信息的数量和客观性是传统方式所不能比拟的。运营商所掌握的移动电话、电子邮件和聊天用户之间通话交往模式数据，往往是以数百万甚至数千万计算的。这些社会网络大数据革新了许多社会科学研究，使得以往囿于数据资料而难以研究的问题获得了客观的素材。例如，有研究者为研究居民社会关系网络与其生活质量的关系，使用当地居民电子邮件、通话、聊天工具记录、网页浏览与搜索记录、网购记录等信息便可迅捷进行研究，无须进行繁琐的抽样、访谈或问卷调查。况且，这与通过传统的访谈、问卷等方法收集数据资料相比，具有更高便捷性和研究的信度与效度。如对城市知名度的研究，传统的研究方法是通过问

---

① 维克托·迈尔－舍恩伯格、肯尼思·库克耶：《大数据时代：生活、工作与思维的大变革》，盛杨燕、周涛译，浙江人民出版社 2012 年版，第 17 页。

② 维克托·迈尔－舍恩伯格、肯尼思·库克耶：《大数据时代：生活、工作与思维的大变革》，盛杨燕、周涛译，浙江人民出版社 2012 年版，第 65 页。

卷、访谈等方法收集资料。但是，大数据技术的出现改变了这一方式。陈云松等①以1700年以来谷歌图书的百万册英语书籍作为语料库，以中国所有的直辖市、副省级以上城市、省会城市、各地级市以及港澳台主要城市名称作为关键词，以这些关键词在语料库中每年出现的频率高低为指标，在300年（公元1700～2000年）的时间跨度上展示和分析了城市国际知名度的百年变迁。笔者从《纽约时报》全文数据库中提取了中国城市提及率指标，并将其与基于书籍大数据的国际知名度指标进行了跨度长达150年的时间序列分析，以观察两者的联系在大陆城市和港澳台三地之间有无差异。此外，大数据的另一个优点是可以避免社会调查中的敏感问题。例如，社会调查中经常会遇到诸如访问色情网站、堕胎、使用翻墙软件、购买盗版光盘、逃税漏税等，受访人常常不会如实回答；但在大数据中，人们"难以启齿"的这些信息可以通过特有的技术手段，诸如用浏览器的cookie统计出来。②

　　大数据涉及物理、生物、脑科学、医疗、环保、经济、文化、安全等众多领域，当前已经运用在与国计民生密切相关的科学决策、环境与社会管理、金融工程、应急管理（如疾病防治、灾害预测与控制、食品安全与群体事件）以及知识经济等主要领域。③ 同时，大数据在提高政策描述和强化政策预测能力方面具有强大潜力：借助大数据技术，个体、城市、国家层面以及群体数据，尤其是大规模时间序列数据的实时获取成为可能，会使研究者对公共政策的描述和评估在时间和空间上变得更为丰富。对于从事政策研究的智库来说，大数据时代要求智库的研究要关注大数据对公共政策过程的影响，收集、建立大数据集库，掌握大数据研究方法、运用大数据开展研究。首先，智库要关注大数据对公共政策过程的影响。大数据时代的公共问题产生、议程设置、方案设计与传播、公共决策、执行、评估在整个公共政策过程中，扮演何种角色，发挥哪些作用，需要智库进行深入的研究。其次，智库应该针对自身研究的需要，与大数据的生产、留存的机构建立合作研究联盟伙伴，建设大数据库，奠定运用大数据开展研究的基础。最后，运用大数据开展政策研究。学习、掌握运用大数据开展研究的方法与技术工具，针对研究的需要，收集研究所需的大数据，使用大数据的分析方法与工具，开展政策研究。学术界已积极将搜索引擎技术、自动文本分析、网络分析、空间分析等应用于政治传播、社会运动与战争、政治文本、投票与选举等政治现象的

---

①　陈云松、吴青熹、黄超：《大数据何以重构社会科学》，载于《新疆师范大学学报（哲学社会科学版）》2015年第3期，第54～61页。

②　唐文方：《大数据与小数据：社会科学研究方法的探讨》，载于《中山大学学报（社会科学版）》2015年第6期，第141～146页。

③　李国杰、程学旗：《大数据研究：未来科技及经济社会发展的重大战略领域——大数据的研究现状与科学思考》，载于《中国科学院院刊》2012年第6期，第5～15页。

研究中。

二、我国智库对大数据的应用：现状与问题

近年来，我国智库采用大数据开展研究取得了一些进展，大数据意识、大数据建设以及大数据分析技术都有一定的提高。但是，多数智库依然缺乏专门的数据收集和分析部门，缺乏专门的数据分析方法，更缺乏熟悉数据挖掘和分析技术的专业人才。

（一）我国智库运用大数据开展研究的进展

近年来，我国的智库逐渐关注大数据和开始运用大数据开展研究，以及结合大数据提出政策建言。2016年，在笔者抓取105个智库网站的2015年网页数据中，有56个智库网站显示了大数据相关信息（共抓取了800条网页数据，合计29 200字）。对智库网页文字的词云分析发现，"大数据"运用较为广泛的是"服务""管理""信息""平台""政府""治理"等领域，而对大数据运用的效果则体现为"精准""智能""预测""个性化"等。详见图15－1。

图15－1 智库网页文本词云分析图

　　智库运用大数据开展研究的具体问题领域包括：利用大数据技术进行数据的采集、统计和分析；提倡利用大数据进行环境治理和保护，利用大数据提高监管效率，包括对企业管理、交易活动、飞行动态、财政数据、投资项目的监管；利用大数据进行反腐和防腐败机制的研究；利用大数据进行人才管理或人力资源管理；提倡在医疗卫生、政府管理与服务、社会治理、教育教学领域运用大数据，运用大数据进行城市治理、服务和智慧城市建设，利用大数据推动产业发展和转型升级，建设大数据平台等。其中，智库运用大数据开展研究的内容最多的前三位依次是公共服务、社会治理与政府管理，详见图 15－2。而在智库类型中，高校智库的数量最多，占比超过 40%。可见，与官方智库和民间智库相比，高校智库对大数据的关注度和使用比例最高。总体来说，我国智库大数据建设研究在以下方面取得较大进展。

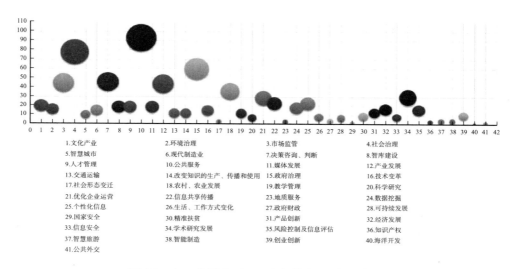

1.文化产业　　　　　2.环境治理　　　　　3.市场监管　　　　　4.社会治理
5.智慧城市　　　　　6.现代制造业　　　　7.决策咨询、判断　　8.智库建设
9.人才管理　　　　　10.公共服务　　　　　11.媒体发展　　　　　12.产业发展
13.交通运输　　　　　14.改变知识的生产、传播和使用　　15.政府治理　　　　　16.技术变革
17.社会形态变迁　　　18.农村、农业发展　　19.教学管理　　　　　20.科学研究
21.优化企业运营　　　22.信息共享传播　　　23.地质服务　　　　　24.数据挖掘
25.个性化信息　　　　26.生活、工作方式变化　27.政府财政　　　　　28.可持续发展
29.国家安全　　　　　30.精准扶贫　　　　　31.产品控制　　　　　32.经济发展
33.信息安全　　　　　34.学术研究发展　　　35.风险控制及信息评估　36.知识产权
37.智慧旅游　　　　　38.智能制造　　　　　39.创业创新　　　　　40.海洋开发
41.公共外交

图 15－2　我国智库运用大数据研究的领域

　　一是启动了智库大数据共享平台建设。2015 年 6 月 15 日至 6 月 18 日，广东省社会科学院主办了"全国社科院大数据智库联盟平台建设研讨班"。来自全国各地方社科院的 32 名图书馆长、信息中心主任和技术骨干参加了本次研讨班。广东省社会科学院王珺院长发表"大智库、大数据、大家庭"主题演讲，指出大数据时代的新型智库平台创新建设应当以科研人员的实际需求为导向，以地方特色化、规格国际化、反应快速化、服务主动化为原则，实现资源的互动与共享，全面提升地方智库的综合竞争力。研讨班主要围绕地方社科院图书馆、信息中心在新型智库建设背景下的定位调整与转型升级使命展开，旨在研讨组建大数据时代地方社科院图书馆联盟平台，探索 Web 3.0 时代泛公众云资源的开发获取与采

集挖掘方式，共同建立大型综合数据库、自有馆藏资源库、成果库、专家库的分享机制，共同研究地方智库科研协同平台与知识定制平台的跨地域联结方案，增进社科院知识资源与相关业务模块的紧密联系，营造良好的协同运作环境，为社会科学研究提供包括度量、分析、预测等在内的新方法、新工具，实现人工与智能的有机结合，以大数据支撑新常态下的量化决策研究，实现地方智库的"强连接"。

二是推进了大数据基础理论研究及其在管理决策中的运用。具体包括云计算环境下大数据的获取、存储、处理和计算等技术问题，使用最优化的技术把非结构化和半结构化数据转化成结构化数据；利用"智能知识"探讨大数据挖掘对"数据异构性"与"决策异构性"的影响，并揭示大数据挖掘和智能知识导致的决策结构变异对管理决策的影响；大数据管理实践中的决策质量与满意度问题；建立交通大数据、天气环境数据和遥感数据等结构化和非结构化大数据集，探索其内在关系；利用互联网、大数据等手段提高重大疾病和突发性公共卫生事件的防控能力；利用云计算、大数据等技术搭建公共信息平台，提供长期跟踪、预测预警的个性化健康管理服务；以"大数据"打造智慧政务管理，实现城管、信访、综治、舆情、安监、商事监管等数据集成，通过大数据平台进行统一分拨办理。

三是发布了一批以大数据为基础的研究报告。2017 年 10 月，零点有数集团发布《城市人本马斯洛研究报告》。该集团的城市大数据研究院通过整合多源城市大数据，包括城市基础建设、舆情、服务能力等数据，将之与市民需求获得感调研数据融合，实验性量化测度了城市人本马斯洛指数。2017 年 3 月，人民网舆情监测中心（人民网舆情监测室）、人民在线联合腾讯指数、蚂蚁金服和滴滴出行三家互联网平台公司发布了《2016 政务微信发展报告》《2017 京津冀"互联网＋政务"发展研究报告》《中国城市交通智能出行 2016 发展报告》三份互联网智库大数据研究报告，全面展现国内互联网发展新趋势和新成果。2016 年 3月，滴滴出行和第一财经商业数据中心、无界智库联合发布了《中国智能出行 2015 大数据报告》（以下简称《报告》）。《报告》基于滴滴出行平台的数据解读中国城市出行状况并以此反映城市的民生现状，包括畅通车速与早晚高峰平均车速，白领加班情况，雾霾天气对人们的身体健康、出行量乃至生活质量的影响。

四是运用大数据技术开展政策研究。通过对有门户网站的 105 家智库的网页信息抓取分析发现，利用大数据或在大数据背景下开展政策研究的有 20 个，占35.7%。包括四川省社会科学院、国家卫生健康委员会卫生发展研究中心、人大重阳金融研究院、中国经济体制改革研究会、北京市社会科学院、察哈尔学院、复旦大学人口与发展政策研究中心、清华大学国家文化产业研究中心、中国与全球化智库、山东社会科学院、零点研究咨询集团、厦门大学王亚南经济研究院、中共中央党校、中国工程研究院、中国社会科学院、人大国家发展与战略研究院、上海社会科学院、中国石油经济技术研究院。主要研究议题包括养老服务、科研评价、重大舆情、人才选拔、增值税改革、供应链、扶贫、政策评估、电子商务、信用体系等。此外，还有智库利用大数据组建研发机构、记录人类行为、研究人的感情和情绪、分析公众的文化需求、刺激类脑计算机等。

（二）存在的问题

虽然我国部分智库高度重视大数据的作用，并积极运用大数据技术开展政策研究，取得了一些进展。但总体来说，我国智库研究的大数据运用仍存在意识薄弱的问题，大数据库和数据分析人才队伍的建设亟待加强，数据孤岛和割据格局还没有完全打破。

1. 大数据运用的意识薄弱

目前，大多数智库研究的大数据收集和运用意识薄弱，数据收集方法主要还是依靠传统抽样调查或官方统计数据，分析方法主要为统计分析法。通过对有门户网站的105家智库的网页信息抓取分析，笔者发现只有约50%的智库关注或运用大数据开展政策研究。传统的统计学观点认为，数据处理特点是通过局部样本进行统计推断，从而了解总体的规律性。[①] 囿于数据收集和处理能力，传统的统计研究工作总是希望通过抽样调查的方式，以尽可能少的样本数据来了解或推断总体。但是，"生活中真正有趣的事情经常藏匿在细节之中，而采样分析却无法捕捉到这些细节。"[②] 况且，不管多完美的抽样技术，样本都只是对总体片面的、部分的反映，而且很难排除抽样调查过程中的主客观因素导致的偏差。而大数据是自动生成和留存的全样本数据，具有客观真实性，传统的智库研究的数据资料来源不外是官方公布的数据、智库通过问卷和访谈甚至实验的方式获得的资料数据，但这些数据都存在失真的问题。官方数据渗水、报喜不报忧已经备受诟病，而问卷调查和访谈的数据资料，真实性受制于研究设计的精巧性和数据获取过程的质量控制，实验数据又和现实存在距离。因此，传统的政策研究一直有资料数据的可得性与可信性之双重困扰，"缺失有质量的数据就必定缺乏有解释力的研

① 韦博成：《漫谈统计学的应用与发展（I）》，载于《数理统计与管理》2011年第1期，第85~97页。
② 维克托·迈尔－舍恩伯格、肯尼思·库克耶：《大数据时代：生活、工作与思维的大变革》，盛杨燕、周涛译，浙江人民出版社2013年版，第38页。

究"俨然成了共识。①

2. 大数据库、数据分析人才建设亟待加强

大数据及数据挖掘与分析技术是近几年逐渐兴起的新技术，我国的智库在大数据库和数据分析人才建设方面较为滞后。首先，智库研究的数据库建设任重道远。我国的数据资源虽然丰富，但由于长期以来不注重精确数据的思维观念的影响，收集数据、分析数据和使用数据的意识淡薄。目前，我国拥有全球最大规模的互联网、移动终端平台、物联网和视频与图片数据，以及海量的卫生、银行等大机构数据，这些都能汇集成为公共政策领域的大数据。近十年来，我国的政策研究逐渐注重数据收集与分析、强化定量研究，但发展时间毕竟比较短，导致大多数政策领域的数据库建设仍旧落后，很多数据没有长期积累，妨碍了研究者对某个问题进行时间序列分析，这就难以发现政策问题的演变规律。因此，在大数据时代，智库针对自身研究领域的大数据库建设乃当务之急。其次，应用大数据方法不仅需要强大的数据采集和存储技术，而且需要开发数据分析学、预测分析学等数据分析和计算技术，熟练掌握和应用这些技术对于研究者而言是不容小觑的挑战。② 大数据是新鲜事物，我国智库中的大数据专业技术人才处于紧缺阶段，能够熟练运用大数据技术开展研究的智库研究人员凤毛麟角。在多数智库的研究中，由于研究者数据获取、数据挖掘、数据整合、数据使用技术的缺乏，大数据的价值未能得到充分体现。以经济智库为例，大多数经济分析员是财经专业出身，具备经济数据的分析撰写能力，但要从海量数据中迅速提炼信息的能力仍十分欠缺，用大数据方法建立分析模型的理论研究和实际操作也是经验不足。③

3. 数据孤岛、信息割据的现象仍然存在

智库的建设过程面临数据孤岛、信息割据的困境。21 世纪以来，我国的智库研究开始推崇定量的研究方法，逐步建立起自身的资料数据和案例库，形成了大小不一的基础信息数据库。但是，受我国现有的条块分割科研体制的制约和"关门做研究"习惯的约束，我国智库的数据库建设仍处于"各自为政"的状态，数据共享平台仍未建立，未能形成大数据、大研究的格局，很难充分发挥大数据的作用。以中国社会科学院为例，院里各单位的数据都是孤立的，相互间的

---

① 郑良中：《中国经济学家离诺贝尔奖有多远》，载于《长江商报》2013 年 10 月 15 日。
② 唐皇凤、谢德胜：《大数据时代中国政治学的机遇与挑战》，载于《社会科学文摘》2016 年第 2 期，第 95～104 页。
③ 张文娟等：《应用大数据技术加强智库建设》，载于《中国科学报》2014 年 7 月 29 日第 5 版。

数据对接不易操作，数据孤岛效应制约了智库的发展。[①] 因此，智库间的数据库不能共享、整合和互通，导致各智库只能使用各自的"小"数据库开展小而散的研究，制约了智库开展大规模联合研究的能力。同时，由于数据之间缺乏相互甄别，导致在研究论证过程中使用不同结构和来源的数据会得到截然不同的结论。

三、通过大数据运用推动我国新型智库的发展

要提升我国智库研究运用大数据的能力，强化研究的广度、深度和精度，进而推动新型智库的发展，需要进一步增强智库的大数据意识，推进大数据联盟平台建设和数据共享，引进和培养大数据分析人才。

（一）强化运用大数据开展研究的意识

智库研究者要有以大数据描述与解释公共政策问题复杂性的意识，改变传统研究方法中"以小见大""见微知著"等试图化繁为简的假设、抽样、推断的思维习惯，尽可能使用大数据开展研究。智库研究的对象主要指向复杂的社会问题，而当这些问题嵌于社会系统时，就会遭遇源于问题的日积月累、利益相关者盘根错节、牵涉四面八方、时刻处于动态演变的复杂性，小数据无法充分反映和把握这种系统特性。为真实、系统地反映社会问题的特性和规律，不能完全依赖实验或抽样调查所得的信息。大数据其实是无干预的现场实践数据，而非实验数据，更不是调查而来的主观数据。因此，在大数据时代，传统的数据分析思想应该进行三大转变：一是转变抽样思想。在大数据时代，样本就是总体，要分析与某事物相关的所有数据，而不是依靠少量的数据。二是转变数据测量的思想，要乐于接受数据的纷繁芜杂。三是不仅仅探求难以捉摸的因果关系，更要关注事物的相关关系。[②]

大数据的研究意识要求研究者追求更多、更全面、更深入、更细致的数据，尽可能掌握全部数据，最后臻至对政策问题的全面认识与系统分析。一条消息孤立使用只能解读出它在特定时空条件（或语境）下产生的实时信息、实地信息，

---

① 宋心蕊、燕帅：《专家研讨大数据时代智库建设》，人民网，http://media.people.com.cn/n1/2016/0517/c14677-28356910.html，2016-09-20.

② 维克托·迈尔-舍恩伯格：《大数据时代：生活、工作与思维的大变革》，盛杨燕、周涛译，浙江人民出版社2013年版，第29页。

可能仅仅是一种表层信息；如果它们进入大数据，与同一复杂巨系统在其他时空条件（或语境）下发生的消息相联系、对比、互衬，形成消息（数据）整体，就会从中解读出新的信息（语义的和语用的），即整体的、深层的信息。① 就认识论来说，囿于数据量小和数据挖掘与分析技术的局限，传统研究方式不得不通过局部和抽样分析来推断整体，属于抽样—推断—还原的路径。而大数据时代的到来，基于海量数据和数据挖掘分析技术以及深度学习算法的进步，可以实现对社会行为或问题的总体把握，实现对客观世界的直接理解和深度挖掘内部规律。因此，在方法论上，科研方法正在从传统的假说驱动型方法转向基于数据的探索型方法。科研人员不再问"我如何设计实验来验证这一假说"，而是问"我可以从数据中发现什么"。② 即，研究者不仅仅借助实验或模型来验证研究假设，而是收集海量数据并直接在数据中发现规律和生产知识，海量的数据便是知识。③对于智库的政策研究来说，对政策问题进行大数据挖掘与分析，可以揭示政策现象背后的逻辑规律。

（二）加强大数据平台、人才队伍和技术设备建设，提升数据分析能力

智库要向政府和社会提供具有前瞻性和针对性的对策建议，展现其综合研判和战略谋划的研究能力，必须要建立功能完备的大数据采集分析系统，构筑符合决策研究需要和彰显决策分析水平的大数据平台。西方智库极其重视大数据平台和资料库的建设。如斯坦福大学的胡佛研究所拥有庞大的信息与数据资料库，包括160万册藏书、6 000万份文件和10万份全球范围的政治海报以及中、美、俄等国的政治细节和经济史，乃至1 200万份苏联档案和450份中国近代档案，成为全球首屈一指的亚洲问题研究智库。近年来，我国的部分智库也开始重视数据库和信息平台的建设，如中国社会科学院的调查与数据信息中心、中国人民大学的中国调查与数据中心、社会发展与管理大数据中心和应用统计科学研究中心，但总体来看为数尚少。大数据时代对政策研究者提出了新的要求，研究者需要掌握从海量数据中挖掘有价值的信息并进行管理、存储和分析的能力，为政策研究

① 苗东升：《从科学转型演化看大数据》，载于《首都师范大学学报（社会科学版）》2014 年第 5 期，第 48～55 页。

② D. Gannon, D. Reed. Parallelism and the Cloud［C］//T. Hey, S. Tansley, K. Tolle. *The Fourth Paradigm: Data-intensive Scientific Discovery*［R］. Redmond: Microsoft Research, 2009: 131－136.

③ 张晓强、蔡端懿：《大数据对于科学研究影响的哲学分析》，载于《自然辩证法研究》2014 年第 11 期，第 123～126 页。

提供坚实的数据支撑。实际上，兰德公司在 1976 年便已经建立专门的数据分析机构——"兰德数据统计小组"，20 世纪 80 年代初便建立了由约 1 700 台电脑、150 台 UNIX 工作站及文件服务器组成的"兰德计算中心"[①]。据统计，我国的 39 所"985"工程院校中，已建立大数据研究或教学机构的有 19 所，涉及的研究机构有 20 个[②]。典型如中国人民大学的国发院，建设了系统、全面、规范的社会管理数据库和模拟仿真系统，以数据基础与技术手段改进研究方法，建立了跨学科、规范化的调查与数据中心、公共政策实验室、社会发展与管理大数据中心、应用统计科学研究中心等四大信息支持采集与分析机构。[③]

在新型智库中，政策数据分析师将扮演重要角色，具有丰富经验的大数据分析师是高质量智库研究的重要前提。因此，智库需要加强大数据技术人才和技术设备的建设，提高政策研究的大数据分析能力。首先，是大数据人才的储备、使用与培养。大数据技术的运用，需要配备高水平的大数据工程师、大数据研究员、大数据架构师、大数据分析师、首席数据官等大数据人才。较大型的智库应该储备和培养自身的大数据人才，或者与高校计算机（软件）研究机构、大数据研究机构或专门的数据处理公司进行合作，借助专门机构的数据分析人才，以处理政策大数据。智库应该在与外部的大数据专业机构合作的过程中，借力培养自身的数据分析人才，提升数据的处理和分析能力。其次，加强大数据技术设备建设。为了提升数据分析的效率与精度，智库需要逐步加强大数据分析所需要的软件与硬件建设，为数据分析提供坚实保障。就政策研究中数据资料分析的要求来说，涉及的软硬件至少包括 Hadoop、R 软件和 Python 等。当大数据技术与现代识别系统、媒体扫描分析、社交媒体、复杂数据和政府决策相结合时，新型智库能够更好地开展政策研究工作。[④]

（三）构建智库大数据联盟平台，开展以大数据协同为基础的跨学科研究

自从党中央提出建设新型智库以来，各地智库如雨后春笋般冒出来，形成

---

① 侯经川：《国外思想库的知识管理》，载于《科研管理》2004 年第 6 期。

② 吴田：《大数据助推新型智库建设》，http：//news. xinhuanet. com/city/2017 - 06/02/c_129624020. htm，2017 - 06 - 02.

③ 关晓斌、伍聪：《大数据背景下的高校新型智库信息支持平台构建研究》，载于《高教探索》2017 年第 2 期。

④ Research：Think Tank – Data – How Big Data Can Find FDI Opportunities Foreign Direct Investment. London（Jun/Jul 2015）.

"分布散、规模小、数量多、合作少"的格局。为了提升智库研究的规模化和集成化水平，中国智库建设应形成政府统筹、思想市场、专业集成、多层合作、分工协作的系统性构架，智库建设应逐渐从"分散式的随机性组织"向"以智库基地或产业区为平台的，以目标为导向的有组织模式"转变①，构建智库研究联盟，开展跨学科和跨地区的研究。要充分发挥大数据、"互联网+"、智能化系统的强大功能，建设多层次、跨学科的多元化智库交流平台，促进政府、智库、社会三方面的信息交互、数据共享、协同作业，构建一个共同参与、优势互补、协同高效的中国特色新型智库服务平台。② 跨学科、不同领域的海量数据的可分析性使复杂的经验世界得以呈现在世人面前。寻找希格斯粒子的大型强子对撞机（LHC）实验就是一个典型的基于大数据共建共享的科学实验。在1万亿个事例中才可能找出1个希格斯粒子。③ 借助大数据的全球联盟，LHC连接了全球100万台CPU对每年产生的20PB数据进行存储和加工。④ 2012年7月4日希格斯粒子被宣布发现，奠定了2013年诺贝尔物理学奖获奖理论的实证基础。在LHC实验中，全球海量实验数据的分析，是希格斯粒子被发现的前提。因此，对于智库的政策研究来说，不仅需要在智库之间构建数据共享机制，还要与掌握社会大数据的政府机关、公共领域数据集成者以及商业数据运营商结成数据运用与分析的研究联盟，实现"大数据+"的智库研究格局。大数据的获取和分析往往需要借助计算机、互联网、人工智能甚至物理学、数学等领域专家学者的技术力量开展跨学科研究。近年来，基于谷歌图书、维基百科、谷歌搜索、脸谱和推特等大数据的政治学、经济学和社会学研究论文大多是社会科学家和计算机科学领域的研究者集体智慧的结晶。故此，基于大数据的智库政策研究应该顺应学科融合的趋势，积极推进跨学科研究。

一是智库需要联姻大数据供应者。目前，大数据主要掌握在政府、互联网、零售、电信、金融、地理信息、教育、医疗、交通等诸多行业的巨头手中。为激活并将数据转化为了解世界、市场、人自身的知识与智慧，提升政府决策的精准性，智库应该呼吁政府开放数据，同时与数据运营商合作，获得大数据资源。首先，建立以大数据为核心的数据驱动和智库引擎机制，构建智库数据大连接，打破由于部门孤立与行业分割等因素导致的"数据孤岛"现象，提升智库研究所需要的宏观经济运行、社会舆情动态、公众舆情以及政策执行情况等相关数据的收

① 于今：《大数据为建设高端智库提供技术支持》，载于《中国网》2015年7月17日。
② 陈潭：《从大数据到大智库：大数据时代的智库建设》，载于《中国行政管理》2017年第12期，第42～45页。
③ 李国杰、程学旗：《大数据研究：未来科技及经济社会发展的重大战略领域——大数据的研究现状与科学思考》，载于《中国科学院院刊》2012年第6期，第5～15页。
④ Microsoft Research. Towards 2020 Science ［R］. 2006.

289

集、监测、分析、预测等数据挖掘和处理服务能力。① 其次，建立与数据运营商的数据合作与共享机制，推进数据合作，实现优势互补，提升数据产出能力。由于大数据可以充分反映一个真实的世界，在社科研究诸多领域特别是政策研究领域，研究者与专业数据公司的合作乃是大势所趋。比如，仅就互联网数据方面，就可细分为 3 类②：自媒体数据，包括在社交网络、博客、微博等应用中的用户生成数据；日志数据，包括搜索引擎、运营商、网购服务、金融服务等网络服务所产生的用户行为、交易等日志数据；富媒体数据，包括文本、音视频、图片、文字等。针对研究所需，智库应该通过共享、交换或购买的方式与大数据资源机构建立合作关系，以取得与政策研究相关的大数据。

二是建设智库间数据共享集成联盟平台。政策研究的数据共享与集成有助于最大化利用现存的政策问题数据，产生更大的研究成果。未来的政策研究更多是数据驱动和整合集成的数据，实现共享与相互操作性，构造基于数据、开放协同的政策研究新范式，这是大数据时代智库研究的必由之路。欧美国家很早就意识到数据管理、共享与服务对于社会科学研究的重要性。如美国国家科学基金规定其资助的项目必须将所有数据进行共享。始于 2002 年的 GEON 项目，是美国国家科学基金会信息技术研究计划（ITR）所资助的一个项目，致力于开发一个支持地球科学研究界之间的数据共享和集成的网络基础设施平台，使得科学家通过一个终端就能获得存储在不同地方的大量科学数据，并且无障碍地进行可视化、分析和模拟这些数据。近年来，我国的智库也开始重视数据共享和集成平台建设。例如复旦社会科学数据平台和哈佛大学、密歇根大学等社会科学数据中心建立了数据交换、收割机制。该平台建立了基于 DDI 的元数据著录规范，解决了以往无法有效管理研究数据、研究数据描述不清、元数据不规范等问题，通过此平台实现了规范元数据描述和受限数据安全访问共享的功能，进一步促进了学校科学数据的共享与服务。③ 又比如，复旦能源研究中心和中国人口地理信息系统研究课题组通过共享平台实现了在人口信息 GIS 系统上整合中国人口、消费与碳排放量数据库，形象地展示了各地区能源分布、流向和碳排放量的情况。可见，建立智库的大数据共享平台，可以充分发挥各自数据优势，并实现 "1 + 1 > 2" 的研究效果。

---

① 罗繁明：《利用大数据推进新型智库建设》，载于《人民日报》2017 年 7 月 15 日。

② 邬贺铨：《大数据思维》，载于《科学与社会》2014 年第 1 期，第 1 ~ 13 页。

③ 张计龙等：《社会科学数据的共享与服务——以复旦大学社会科学数据共享平台为例》，载于《大学图书馆学报》2015 年第 1 期，第 74 ~ 79 页。

四、小　结

总之，对于从事政策研究的智库来说，大数据时代要求智库关注大数据对公共政策过程的影响，通过收集、建立大数据库和掌握大数据研究方法，建立大数据分析队伍，运用大数据开展研究，并与大数据生产、留存的机构建立合作研究联盟伙伴关系，共建大数据共享平台，开展跨学科和跨地域研究。

但是，智库也要清醒认识到大数据的"先天不足"。目前的大数据鱼龙混杂，"偏见和盲区也存在于大数据之中"[1]。同时，大数据强调相关性而非因果性的研究取向也限制了探究事物因果关系的能力[2]。因此，智库在开展基于大数据的跨学科政策研究时，应该在充分利用大数据优势的同时清醒意识到大数据的弱点，避免大数据的误区。

---

[1]　凯特·克劳福德：《关于"大数据"的五大误解》，http://column.cankaoxiaoxi.com/2013/0517/210377.shtml，2013－05－17.

[2]　孟天广、郭凤林：《大数据政治学：新信息时代的政治现象及其探析路径》，载于《国外理论动态》2015年第1期。

第十六章

完善新型智库的国际化战略

斯通（Stone）把智库跨国化的发展划分为三个阶段[①]："二战"之前、1945 年到苏联解体，以及 20 世纪 90 年代至今。"二战"前的智库出现在欧洲和美国，这些智库只关注国内问题。1945 年之后，由于冷战的需要，欧美的智库大大增加，这些智库开始关注世界性议题，但仍很少开展跨国活动。90 年代以来，在经历世界性的经济衰退、国际政治格局巨变、欧盟成立等历史性事件之后，研究世界性议题的智库剧增，并且开展了跨国研究活动。可见，智库国际化是为了适应研究问题的需要而产生的现象。

麦甘指出，智库国际化最大的动力来自经济、政治、文化的全球化。[②] 人员、资金、商品、资源、思想跨越国界的自由流动，使国家间的关系变得越来越复杂，新的国际问题层出不穷，例如全球变暖、环境污染、国家间贸易波动、国际恐怖主义问题等等，这些问题对中国会产生什么影响？中国应如何应对？这是维护国家安全和寻求发展之道所不能不考虑的。

另一方面，随着中国经济的崛起，中国不再是其他大国对外政策的被动接受者，近年来，中国已经成为国际社会事务的积极参与者，如"一带一路"倡议，主导成立亚洲基础设施投资银行，鼓励中国企业向海外输出资本。无论是应对挑战还是谋求发展，中国政府都非常需要具有国际视野、全球思维的智库为其出谋

[①] Stone, D. Think Tank Transnationalisation and Non-profit Analysis, Advice and Advocacy [J]. *Global Society*, 2000, 14 (2): 153 – 172.

[②] McGann, James G. 2014 *Global Go to Think Tank Index Report*, http：//repository. upenn. edu/think_tanks/8, 2015.

划策。

中共中央办公厅、国务院办公厅印发的《关于加强中国特色新型智库建设的意见》提出中国特色新型智库应当具备的基本标准中，有一项即为具备"开展国际合作交流的良好条件"。从这个意义上讲，完善智库的国际化战略，积极扩大中国智库的国际影响，是新时代对中国特色新型智库建设的重大要求。

一、智库国际化的界定

研究中国智库的国际化，首先要弄清楚智库国际化的内涵。一个组织的国际化会表现出许多特征，例如企业会雇用外籍员工、在他国开设分支机构、销售网络遍布全球各地、使用国际语言等。至于智库的国际化是否有其自身的特殊性，学界已经存在如下几个代表性观点：

（一）智库国际化的表现与特征

胡春艳从智库服务范围扩大的角度来界定智库的国际化。由于各国要通过合作解决全球性的问题，或者需要借鉴他国经验，一些智库逐渐向全球的政府、企业、社会团体提供政策解决方案。这种跨国的活动形成了智库的国际化趋势，即业务范围扩展到世界各国，为了提供服务在其他国家设立分支机构，研究课题不仅局限于国内问题，国际学术交流和外籍研究人员引进也越来越普遍。[1] 朱旭峰和礼若竹提出，从世界范围来看，现阶段智库的国际化趋势主要表现在四个方面：研究领域的国际化、交流活动的国际化、组织结构的国际化和影响力的国际化。[2] 这些列举的特征与胡春艳基本相同，只不过这里考虑了影响力的国际化，即智库的活动直接对国际组织、他国政府和民众的决策行为产生作用。王辉耀也把影响力的国际化作为衡量指标，他认为目前中国绝大多数智库不具有国际化影响力，尚无真正的国际化智库。此外，能够表现智库国际化的方面还有研究领域和研究视角的国际化、人才队伍的国际化，以及传播方式的开放性。王辉耀强调，媒体传播对智库的国际化有很直观的作用，运用媒体工具频繁地公开智库的

---

① 胡春艳：《全球化时代思想库的国际化趋势——兼论我国思想库发展的对策》，载于《探求》2006年第1期，第48～51页。
② 朱旭峰、礼若竹：《中国思想库的国际化建设》，载于《重庆社会科学》2012年第11期，第101～108页。

研究活动和成果，让国外受众能够了解到智库的观点和立场，智库的国际形象就能够在短时间内得到快速提升。[1] 陈开敏认为，中国出于应对世界性问题及向海外拓展国家利益的目的，需要本土智库提供具有国际视野的解决方案，因此，中国智库开始积极关注国际性研究议题，运用世界最新的 IT 技术进行研究，不断增强跨国合作，积极为中资企业向海外投资出谋划策，这些都是中国智库谋求国际化转型的表现。[2]

上述文献所列举的智库国际化的表现和特征已经很全面，而且也比较一致，但这些描述显得零散且停留在直观感受上，它们对智库国际化的界定还不是十分清晰。如果要以一种结构化的方式界定智库的国际化行为，那么就必须考虑如下问题：是从智库自身还是外部去界定它的国际化；哪些特征是主要的，哪些是次要的；这些特征之间是什么关系；是不是所有特征都具备才是国际化？本章接下来就尝试着在现有文献基础上给出对智库国际化这一概念的界定。

（二）智库国际化的定义

界定智库的国际化应该从智库自身的特征出发，而不是其自身以外的东西。因为这样进行界定会比较确定，并且可测量、可操作。根据前述文献，智库国际化的构成要素可以归纳为四个：人员、机构、活动和产品（见表 16 - 1）。给出智库国际化的定义，仅仅列出涉及的元素是不够的，还必须弄清楚元素之间的关系。元素之间并不是平行的关系，而是有核心与外围之分，这种"核心—外围"结构如图 16 - 1 所示。

表 16 - 1   **界定智库国际化的元素**

元素	相关文献表述
人员	研究人员、人才队伍
机构	组织机构、组织结构、资金经费
活动	学术交流、业务范围、交流活动、传播方式
产品	研究课题、研究领域、研究视角

资料来源：IPP 整理。

---

[1] 王辉耀：《中国智库国际化的实践与思考》，载于《中国行政管理》2014 年第 5 期，第 20～24 页。

[2] 陈开敏：《中国智库国际化转型的困境与出路》，载于《现代国际关系》2014 年第 3 期，第 30～38 页。

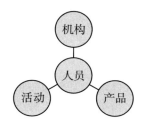

图 16 - 1　智库国际化元素的核心—外围结构

资料来源：IPP 整理。

　　智库的核心是人，智库国际化的本质特征也必然是人员的国际化，其他三者的国际化都离不开人员国际化，另外，机构、活动、产品的国际化又是人员国际化的具体表现。国际化不是 0 和 1 的区别，而是一个程度性的问题，智库可能在每个元素上都会表现出一点国际化的特征，例如举办国际会议、对外互访交流、发表英文论文和专著，这些行为可以称作表层国际化，而如果一个智库聚集了具备国际视野和活动能力的国内外人才，那这种国际化就是深度的国际化，这种智库通常具有更加频繁的跨国互动和在国际上广泛传播的研究产品，也很可能设立海外分支机构。需要强调的是，并不是每个智库都要深度国际化，国际化无关乎高端与否，只关乎是否有助于形成有质量和有影响力的研究成果。

　　总结上面的讨论，智库国际化可以定义为：智库为了产生国际影响力，而对人员、机构、活动和产品四大要素实施国际化战略的行为。

二、智库国际化的目的

　　关于智库表现出国际化行为的初衷，帕特斯（Pautz）在研究英国智库的合作与交流网络时，归纳了智库建立对外联系的六种动机：交流思想、相互学习、推广主张、获取资助、影响他人和交换人员。[①] 他的调查问卷显示，绝大部分受访智库认为前三者非常重要。这个研究对了解智库国际化的目的有所启发，在此基础上，本书认为，智库国际化的目的可以概括为三个方面：即（1）获取信息；（2）提高研究质量；（3）为国家利益代言。

---

　　① Pautz H. British Think - Tanks and Their Collaborative and Communicative Networks [J]. *Politics*，2014，34（4）：345 - 361.

（一）获取信息

信息是智库研究工作的原材料，这里所说的信息是一个广义的词汇，涵盖了任何有形和无形的研究材料，如档案、文件、数据、书刊、影像资料，还有口述知识、风俗习惯、文化氛围等。智库的工作不是纯学术研究，它需要为解决现实问题提供可行的政策建议，如此一来，准确了解现实情况、获取时事动态对智库工作就显得尤为重要。举办或参与国际会议，与外国学者、专家和政要进行面对面的交流是最常见的信息获取方式。会议活动虽然具有低成本的优势，但获取的信息量有限。现代的出版业和通信技术已经非常发达，许多公开资料唾手可得，然而真正有价值的信息往往是隐秘的，除了原始的信息材料，研究对象的自我认知（或者说思想文化）也是异国"特产"，需要亲临其境去挖掘。于是跨境访问和调研成为进一步深化对研究对象认识的途径。

有实力的智库甚至直接在海外设立分支机构作为长期的前沿观察站。美国的布鲁金斯学会（Brookings Institute）、卡内基国际和平研究院（Carnegie Endowment for International Peace）和兰德（RAND）在美国本土以外都设立了多家海外研究中心。其中，卡内基拥有的海外中心最多，遍布东亚、南亚、中东和欧洲，这些中心由当地学者和外籍学者构成，主要的任务是对当地以及周边区域的政治、经济、商业、军事安全、国际关系问题进行近距离的观察和研究，提供以事实和数据为基础的高质量分析，研究成果用当地语言或英语在官方网站及主流媒体上发布。虽然每个中心都是独立的研究机构，但它们都与其他全球中心保持紧密的合作及互动，尤其是一些共同关心的重大国际问题，如核裁军、打击恐怖主义、全球气候变化、世界经济周期等，各中心会组织主题学术研讨会并邀请其他中心成员参加。

（二）提高研究质量

近现代社会科学体系是由欧美学者主导建立的，其学科分类、研究范式、技术方法都已经发展得相当成熟，并在绝大多数领域占据着世界的学术前沿。大量吸纳国际人才是智库提高研究质量的捷径，其形式既可以是聘请临时或兼职的外国专家充当顾问，也可以大规模地招录不同国家、不同种族、不同文化背景的专职研究者。美国布鲁金斯学会设立访问专家项目，例如，东北亚研究中心的访问研究员项目，常年聘任外国著名专家在美国开展半年期访问研究，并为学会提交研究报告。又如，布鲁金斯学会约翰 - 桑顿中国中心（John L. Thornton China

Center）在 2014 年 2 月聘任华裔研究员李成为中心主任。他带领的团队成员包括曾任美国国家安全委员会亚洲事务主任的杰弗里·贝德、克林顿时期任国家安全事务总统特别助理的李侃如、布鲁金斯学会东北亚政策研究中心主任卜睿哲等，其中很多人也曾是奥巴马政府获取信息的源泉。[①] 又如，兰德公司（RAND）目前拥有 1 850 名员工，他们来自全球 50 多个国家和地区，其中大多数员工是双语者或多语者，掌握着世界上中、英、法、俄、日等 75 种语言，正是这些来自世界各地的优秀人才保证了兰德公司的高质量研究成果。[②]

（三）为国家利益代言

智库常常以价值中立为荣，而实际上，智库都有自己的价值和立场，并且总是在为特定的利益群体代言。就美国的智库而言，它们大多都崇尚自由、民主、平等这些美国传统价值，竭力为美国体制辩护。此外，美国还有许多智库具有强烈的思想倾向，吸引着大批持有相近思想的支持者给予无偿捐赠。当涉及国家的对外军事、政治和经济问题时，美国智库无一不充当本国利益的代言人，为国家利益出谋划策。各国在国际问题上的较量很大程度上也是各国智库间的较量，美国的主流智库往往可以左右美国政府的对外战略，布鲁金斯学会、卡内基国际和平研究院、兰德公司、对外关系委员会等智库都涉足国际关系、军事、贸易等领域，也有很多政界成员负责制定对外政策。智库的出版物、举办的会议都能够反映美国政府可能的对外战略方向，并通过媒介向世界表达美国的利益主张。一国的智库如果不积极主动地利用媒介平台和交流活动在全球性议题上发出声音，就会导致国际话语权的缺失，造成许多误会和误判。因此，提高智库发起和参与国际活动的能力，服务于国家的对外政治、经济和军事布局，也是智库国际化的重要目的之一。

三、中国智库国际化的现状与困境

基于以上对智库国际化的定义及目的分析，反观中国智库的国际化行为，很容易发现尽管近年来中国智库有了不同程度的国际化特征，如频繁的对外交流、

---

① 王辉耀：《中国智库国际化的实践与思考》，载于《中国行政管理》2014 年第 5 期，第 20～24 页。

② 兰德公司网站，https://www.rand.org/about/glance.html.

积极参与国际合作、扩大宣传创造国际知名度等，但总体上还属于浅层次的国际化，自身能力和体制大环境的制约是当前推进国际化面临的两大阻碍。

（一）智库人才的吸纳

前面提到，智库人员的国际化就是要引入具有国际视野和交流能力的研究人员和管理人员。近几年，由于中国经济的相对景气，吸引了一大批海外留学人员回国就业和创业，形成有利于智库吸纳海外人才的局面。据教育部统计，从 2012 年起，中国留学人员回国数量出现井喷式增长，截至 2016 年留学回国人员总数为 43.25 万人，较 2012 年增长 15.96 万人。[1]《2017 中国海归就业调查报告》统计显示，海归就业的单位类型主要集中在企业，占调查样本的九成以上，而进入机关事业单位的人数仅占 5.2%。[2] 可以推测，在诸多类型的智库中，高校智库吸纳了较多的海归人才。因为对于官方智库，诸如国务院发展研究中心、中央党校、中央编译局等事业单位，有许多限制性的条件将国际人才拒之门外。首先是这些机构的人员编制是严格限制的，需要通过统一的公务员考试才能获取职位，应聘者可能并不适应这种招聘方式。其次是官方智库的行政等级严格，体制僵化，官僚气息浓重，缺乏研究氛围，这些特点很难留住国际化的智库人才。最后是这些机构和政府关系密切，研究过程中所获取的信息可能涉及保密内容，因而在对外交流方面可能存在不便。而对于社会智库来说，引进国际人才的最大困境在于薪资待遇缺乏吸引力，而且社会智库在中国的法律地位较低，活动受限，即使有充足的资金引进国际人才，也难以施展他们的才华。相对于这两类智库，高校智库引进国际人才具有得天独厚的优势，第一，引进国际人才有财政作为强大的后盾，国家对高校的投入逐年提高，例如 2015 年广东省提出建设高水平大学计划，选定的高校 3 年内能拿到 10 亿元。面对财政的巨大投入，高校在引进人才方面毫不吝啬。第二，高校有做研究的氛围，言论自由，与国外研究机构和高校交往频繁，有稳定的渠道与合作机构互访。第三，高校引进人才相对灵活，应聘人才不需要通过统一考试。

引入海归只是智库人员国际化的一个方面，更深层次的国际化应该是外籍研究人员的引进，但在这方面，无论是哪类智库都难以做到真正的引进，更多的情况是外籍访问学者在中国的智库短期工作，或者项目参与中有外籍专家，或者仅

① 《聚焦国家战略提供人才支撑留学工作取得显著成绩——十八大以来留学工作情况介绍》，ht-tp：//www.moe.gov.cn/jyb_xwfb/xw_fbh/moe_2069/xwfbh_2017n/xwfb_170301/170301_sfcl/201703/t20170301_297675.html.

② 搜狐网，http://www.sohu.com/a/191521011_802071.

与外籍专家保持一种松散的联系，常驻的外籍研究人员很少。目前的现状与我国的外国人才引进制度环境有很大的关系。无论是外国专家来华工作、外国人在中国就业、海外高层次人才来华，还是外国人申请在中国永久居留，都必须先取得工作邀请——通过或者借助雇主提出申请，因此，中国的工作签证和技术移民，是实质上的雇主担保（提名）型工作签证和技术移民。尽管中国出台了一系列引进外国人才的法规政策，但是由于雇主担保（提名）型工作签证和技术移民再加上对外国人在华永久居留实行严格控制，中国事与愿违地实施着限制型临时居留类技术移民法——技术移民法中最保守的一类[①]。就像新加坡前总理李光耀所说，中国与美国的差距是，美国在 70 亿人里选人才，中国在 13 亿人里选人才[②]。对于中国而言，如果要通过技术移民法增加对外国人才吸引力，就有必要在雇主担保类工作签证和技术移民外，增加独立类工作签证和技术移民。同时，建立和完善匹配的劳动力市场测试、积分评估和移民职业清单制度，以确保引进外国人才的质量和效率。

（二）智库海外机构的设置

布鲁金斯和卡内基分别于 2007 年和 2010 年通过与清华大学合作的方式成立了清华－布鲁金斯公共政策研究中心和清华－卡内基全球政策中心。清华－布鲁金斯中心的专家团队共 8 名成员，其中 7 名为非常驻研究员，他们来自清华大学、中国人民大学以及美国加州大学，他们同时在多个科研机构担任教学和研究工作。清华－卡内基中心的专家团队规模要大一些，共 29 人，外籍专家 14 名，中方专家 15 名，常驻的研究人员基本上是中方专家。

这种中美合作创办的智库也是中国智库国际化的一种方式，然而并非由中国智库主导。目前中国智库中在海外设立分支机构者很少，尽管中国与全球化智库在华盛顿、纽约、伦敦、巴黎、法兰克福和悉尼等地设有海外代表。但这些海外分支机构只是负责沟通国内外的组织和活动，扮演的是行政协调的角色，与布鲁金斯学会、卡内基、兰德的海外研究中心所起到的作用相去甚远。

在当前的发展阶段，中国智库要在海外设点还面临着很多困难。首先，智库能否像跨国企业一样走出去跟整个国家的对外战略布局有关，并且智库在中国还是新兴产物，在国际运作方面缺乏经验。以什么形式设立海外分支；海外分支的

[①] 刘国福：《中国怎样引进更多外国人才：技术移民法律制度的国际比较与借鉴》，载于《人民论坛·学术前沿》2014 年第 8 期，第 30～43 页。

[②] 李艺雯：《北京实施 20 项外籍人才入出境新政》，载于《国际人才交流》2016 年第 3 期，第 41～43 页。

功能定位是什么；如何管理来自各国的学者；如何搭建国际智库网络平台？诸如此类的问题还尚需探讨。

（三）智库的跨国活动

人员和机构的国际化是深层次的国际化，并不是每个智库都能够做到的，但大多数智库都会表现出一些浅层次的国际化行为，主要包括：主办或参与国际会议和论坛，短期交流访问和培训，双方合作共同完成研究项目，以及独立承接国际课题。智库办会、参会是最容易做到的国际化行为：选定一个国内或国外的地点，邀请各国专家、学者和官员相聚，用双语交流，便构成了一个国际会议。由于容易做到，很多智库用办会、参会次数标榜自己的国际化水平。随着中国智库热的兴起，办大会、办盛会的风气日渐在国内的智库中流行，主办方邀请的嘉宾越来越贵，参会的人越来越多，媒体宣传报道铺天盖地，表面看上去很有轰动效应，但至于会议是否提供了前沿信息和新的思维，则难以评价。尽管智库盛会数量众多，应接不暇，但是高水平、有质量的会议却很少，国际会场似乎正在沦为秀场，仅作装点门面之用。

出境访问交流具有多重功能，第一是学习国外先进经验，例如，人大重阳金融研究院为考察国外智库的运营情况和模式，组成代表团走访了美国40多家智库，形成智库考察报告，并按照国外的模式（主要是基金会制度）设计了自身的组织框架和活动方式，获得国外同行的认可。第二是获取对国外的政治、经济、文化和社会动态的了解，增强研究报告的现实感。第三是对外宣传，增进双方的理解。2017年4月，中国人民大学代表团赴美与布鲁金斯学会、伍德罗·威尔逊国际学者中心、彼得森国际经济研究所等多家智库的几十位学者密集开展中美智库系列对话会。中方就"习特会""一带一路"与中美潜在合作，以及更长远的中美关系等议题与美方同行进行了深入的交流。这种智库跨国交流活动实际上发挥了民间外交的功能，有助于摸清美国知识界对华政策的思路，同时也有助于对外传播中国政策的价值理念。[①] 然而目前，政府机关、事业单位以及高校人员因公出国有严格的时间限制，2013年《外交部、中央外办、中央组织部、财政部关于进一步规范省部级以下国家工作人员因公临时出国的意见》对出国时间的规定为1国5天，2国8天，3国10天。笔者从实地调研中了解到，由于研究人员出访天数受到限制，不能长期在国外调研考察，频繁往返很麻烦，导致很多智库学者就放弃了外访活动。

---

① 陈晨晨：《善用智库平台推进智库外交》，载于《对外传播》2017年第5期，第13~15页。

中国智库的研究水平和对外影响力还比较弱，无法像兰德公司那样在全球范围内独立承接国外政府、企业、社会团体委托的研究课题，但与国际组织合作完成研究项目的活动还是比较多的。例如，2016 年 3 月 19 日，国务院发展研究中心和 OECD 签署联合声明，正式启动"中国转型升级背景下的绿色增长"联合项目。该项目将就如何实现促进工业转型和绿色增长协调发展方面提出政策建议，包括四个方面的研究：监测中国绿色增长进展；重化工行业转型升级；新技术对绿色增长的推动作用；促进绿色增长的政策措施和体制机制改革。该项目的主要发现和政策建议由合作双方在 2017 年中国发展高层论坛上联合发布。

（四）智库产品的国际化

尽管我国的教育系统从小学阶段起就普及英语教育，但大部分研究人员只掌握了阅读的能力，而听、说、写的能力则极为欠缺。语言能力的缺失使中国智库处于有口难辩或者自说自话的尴尬境地，这严重制约了中国智库对国际话语权的塑造。在我国智库人员外语能力不足的情况下，与国际同行沟通的需要催生了知识生产过程中的新环节，即翻译工作。翻译服务并非万能，考虑到高昂的费用、时效性和准确表达的要求，如果不是非常重要的成果，国内智库是不会花费大量金钱和时间在翻译环节上的。因而，产品的国际化最终还要依靠智库人员自身能力的提升。

智库产品形成以后，要有国际化的平台和媒介为其推广和扩散，让尽可能多的受众接触到这些成果，通过提高智库成果的曝光率，逐渐积累起智库的国际声誉和影响力。在互联网普及的今天，智库产品推广的第一个平台就是自己的官方网站。现在国内智库都开始重视官网这个重要的宣传阵地，一些重要的智库，如中国社科院、深圳综合开发研究院、国际贸易经济合作研究院、上海社会科学院等都有英文版主页。但与国外成熟的智库相比，还是有不小差距，比如存在主页信息更新迟滞、内容不完整、信息量小等问题，这些都影响了访问者的体验和智库的对外形象。

国际性的新闻媒体是智库更大的传播平台，国内能够熟练运用国际媒体资源包装和推广自己的智库还不多，因而国内的智库很少能在国际上发出引起同行关注的思想和理念。一些体制性的因素阻碍了智库主动利用媒体资源进行自我营销。中国有实力的智库集中于官方智库和高校智库，这两类智库基本上都是为政府出谋划策的，它们有内部渠道与政府沟通，并不需要通过媒体的途径，所以弱化了它们与媒体的联系，它们也没有动力去动用媒体打造自己的知名度和影响力，更不用说与国际性的媒体打交道。另一个原因在于，对于高校智库研究人员来说，发表在新闻媒体上的评论文章不算科研成果，无益于职称评定，他们在这方面的积极性并不大。

智库产品推广的第三个平台是期刊杂志。政策研究和学术研究是相互依存的关系，智库要想在学界赢得尊重，则必须在国内外顶级的学术杂志发表文章，高校智库越来越重视研究人员在国际期刊上发表文章的能力，并以相应的指标进行考核。虽然近年中国智库在外文期刊上的发表数量不断增加，但据《2017 年 CTTI 来源智库发展报告》统计，从 2016～2017 年 CTTI 来源智库的论文成果中，超过一半以上的论文都发表在 CSSCI 来源刊物上，而仅有 3% 的论文发表在 SSCI 来源期刊。近年来，我国科研机构和高校也扩大了与国际知名出版商的合作，推出一系列英文杂志，如经济类的有约翰·威利（John Weily）与中国社会科学院创办的 *China & World Economy*，泰勒和弗朗西斯（Taylor & Francis）帮助北京大学国家发展研究院发行的 *China Economy Journal*，上海财经大学和施普林格（Springer）推出的 *Frontiers of Economics in China* 等。但总体而言，这些英文学术杂志仍处于起步阶段，影响力还不大。

四、小结：未来的路径

（一）智库人员的国际化是核心

中国智库要实现真正的国际化，必然要大力引进国际人才，其中包括海归和外籍专家。国际人才的引进既是核心，也是难点。据统计，在中国的外国人约为 80 万，约占中国总人口的 0.06%。而全世界国际人口的平均比例是 2.3%。中国与全球化智库曾对比了美国硅谷和北京中关村的国际人才占比，从总量上看，两者的人才都在 100 万人左右，然而硅谷 40% 的人才来自全球各地，而中关村只有 1% 左右来自海外，而且其中七成以上都是海归，真正意义上的国际人才很少[①]。上述状况源于深层次的制度性因素，短期内不可能发生根本性的转变，只能寄希望于未来决策层采取更为开放的姿态接纳各类国际人才。如果外籍专家的引入比较困难的话，可以暂时将智库国际人才的引进重点放在海归人才身上。海归人才在国外学习多年，熟悉西方社会科学的理论体系和技术方法，了解国外社会的情

---

① 王辉耀：《如何推动中国智库国际化》，载于《社会观察》2015 年第 2 期，第 12～14 页。

况，掌握多国语言，这些得天独厚的条件将使之成为推进中国智库国际化的中坚力量。在大力引进海归的同时，一些传统的做法也要加强，例如，吸纳外籍人才以访问学者的身份在智库短期工作，外派智库人员出境学习和培训，让本土研究人员在干中学成长。

（二）分研究领域的国际化

智库是深度的国际化还是浅层的国际化，应该根据自己的研究需要而定，不能为了虚荣而盲目追求和攀比国际化指标。一些特定的研究领域天然地需要国际化，甚至可以说没有国际化这些领域的智库就无法在业界建立起声誉。这些专业领域大多涉及中国与他国的关系，以及区域性的或全球性的议题，例如，国际政治、地区和平与安全、核武器裁减、全球气候、国际贸易、对外投资、人口跨国流动、遏制恐怖主义活动、外交政策，等等。要对这些议题做出高质量的研究报告，仅仅依靠收集二手信息是不够的，还要掌握一手信息，而这需要深度的国际化。现代通信技术和新闻出版业可以让研究者足不出户就获得大量专业信息，大大降低了智库的研究成本，但这并不意味着跨国的实地观察和面对面交流变得不再重要，相反这两种获取信息的途径才能为研究者提供写作的真实感，否则，布鲁金斯、卡内基、兰德这样的顶尖智库在研究国际问题时，也不会花费大量的资源在海外布点，每年举办各种国际研讨会，以及组团出访调研。反观国内的智库，许多人研究"一带一路"倡议，却连一个沿线国家都没有去过，仅满足于二手资料的整理，其研究报告的质量可想而知。基于这样的认识，在资源有限的情况下，应该重点支持前述研究领域智库的国际化，以此来提高它们的研究效率和质量。

（三）不同类型智库的国际化

目前中国智库大致可以分为三类，即官方智库、高校智库和社会智库。对于官方智库而言，一方面，官僚化的人事、财务、考评制度难以满足智库国际化活动的需求；另一方面，这些机构有官方背景，不便在国外设立分支机构。社会智库又称为体制外智库，其资金来源主要是社会捐助。这类智库在中国还比较弱小，在艰难求生的情况下，国际化并非当务之急。在三类智库中，高校智库最有可能进行深度国际化，其原因在于，第一，高校人才集中，研究氛围相对自由，这种文化小生态适合国际人才在里边工作和生活。第二，国家财政非常支持高校引进国际人才。第三，高校长久以来已经与国外大学及研究机构形成稳定的对外交流与合作的渠道和网络。另外，大学由于是教育机构，政治背景淡化，因此在海外独立设立分支机构（分校、学院）或者与国外大学合办研究机构阻力都不会很大。在高校智库已有的基础上进行必要的改革，例如，把智库研究和教学科研区分开来，给予高校智库更大的研究和活动自主权，放松财务管理制度的约束性条件，提高对人力资本投入的补偿等，可以释放高校智库的活力，发挥其建言献策的作用。因此未来可以把高校智库作为一个突破口，培育数个国际级别的高端智库。

第十七章

结论：内部多元主义
与新型智库发展战略

习近平总书记在党的十九大报告中指出，中国特色社会主义发展进入新时代，社会主要矛盾已经转化为人民日益增长的美好生活需要和不平衡不充分的发展之间的矛盾，新时代中国共产党的历史使命是实现中华民族伟大复兴的中国梦。在新时代、新任务的要求下，政府对决策咨询产品的需求与以往相比发生了变化，对智库的建设与发展提出了新要求。近年来，智库热的兴起推动了政策思想市场的形成与发展，而智库通过对知识再生产的组织和管理，确立了其作为政策思想市场供给主体的地位。根据内部多元主义的理论，各类新型智库建设需要结合自身的优势重新做出定位并据此制定差异化的发展战略。

一、内部多元主义与新型智库的定位

在新的社会治理背景下，传统的智库越来越不具有适应性。正因如此，近年来国家不断推动新型智库的建设，健全政府决策咨询体系，希望以此增进政府决策的民主化和科学化。根据内部多元主义的理论框架，官方智库的优势在于充分的信息和资源，高校智库的优势在于专业化的学科体系，而社会智库的优势在于充分的研究自由度和独立性。不同类型的智库应当根据自身的优势来定位自己的发展战略。

（一）新形势下政府决策咨询对智库建设的要求

20世纪80年代以来的市场化改革打破了原先的"一言堂"决策方式，随着政策门类的增多，对政策制定的专业化要求日渐提高，政策制定过程也随之愈加开放与多元化。[①] 进入21世纪以来，开放与多元的政策制定过程日渐制度化和规范化，政府逐步建立健全包含征求意见制度、决策协商和协调制度、专家论证制度、技术咨询制度、决策评估制度、公示和听证制度、决策失误追责制度等在内的政策制定程序。[②] 在这种情况下，决策咨询对象也具有鲜明的多元化特征，包含人大代表、政协委员、企业与行业协会、专家学者、社会组织、利益相关群体，甚至公民参与也被纳入了政策咨询体系。

2004年9月中共十六届四中全会通过的《中共中央关于加强党的执政能力建设的决定》提出，要"改革和完善决策机制，推进决策的科学化、民主化。完善重大决策的规则和程序，通过多种渠道和形式广泛集中民智，使决策真正建立在科学、民主的基础之上。对涉及经济社会发展全局的重大事项，要广泛征询意见，充分进行协商和协调；对专业性、技术性较强的重大事项，要认真进行专家论证、技术咨询、决策评估；对同群众利益密切相关的重大事项，要实行公示、听证等制度，扩大人民群众的参与度。建立决策失误责任追究制度，健全纠错改正机制。有组织地广泛联系专家学者，建立多种形式的决策咨询机制和信息支持系统"。这一要求在当前的政治经济新形势下尤显迫切。改革开放的成果伴随着经济的发展与社会结构的变动，尤其是进入21世纪以来，我国的社会经济发展呈现了新的历史特征：社会阶层的重新划分与利益诉求多样化引发新的社会矛盾；对外开放的深入使得国内经济与全球市场连为一个整体，全球经济的风吹草动很容易引发国内经济的连锁反应。面对新形势的挑战，政策制定的过程亟需更加专业化的决策咨询参与，在保证决策者最终决定权的同时，积极推进国家与社会的互动，吸纳国家与政党之外的社会力量参与政策制定过程，协调一元决策与多元参与之间的关系。

社会经济的深刻转型与国际形势的纷繁变化推动了我国决策咨询体制的专业化与多元化进程，政策制定过程愈发需要对相关政策议题有深入研究的专业智库的参与。新形势下政府决策咨询对建设具有中国特色新型智库的要求主要包括以

[①] Hamrin, Carol Lee, Zhao Suisheng (eds). *Decision-making in Deng's China：Perspectives from Insiders* [M]. NewYork：M. E. Sharpe, 1995.

[②] 周光辉：《当代中国决策体制的形成与变革》，俞可平、李侃如：《中国的政治发展：中美学者的视角》，社会科学文献出版社2013年版。

下两个方面：

第一，政策研究过程的独立性。为确保政策研究成果的质量与专业化，要求智库的研究工作必须基于客观的事实与逻辑，而非特定利益群体的诉求。无论智库的资金来源于何方，其政策研究的开展应当独立进行，不受外界力量的左右。

第二，在相关政策咨询领域有较高的专业化程度。我国政策制定日趋专业化的发展趋势决定了决策咨询对象要在相关政策咨询领域具有较高的专业化程度。单个智库应当专注于某一个或几个领域进行深入研究，对所专注领域有深厚的积累。

智库专业化主要体现在三个方面：首先，对政府决策咨询请求有较快的反应速度。政策研究工作的时效性较强，政府的决策咨询需求要求智库能够迅速做出回应。对于政府决策咨询的请求，智库应当以最快的速度调配有关研究人员与相应资源进行研究，尽快提交高质量的政策研究报告。这个要求一方面需要依靠智库对所属领域长久深入的研究积累，另一方面需要智库在研究工作之外关注国内国际局势与当前社会热点问题，保持政策敏感度。其次，能快速有效地召集并协调各方合作。政策的制定与执行往往牵扯不同的政府部门与社会利益群体，一项政策研究通常无法依靠单独一个智库的力量完成，这就要求智库能够在短时间内快速有效地发动相关人员并调动相关资源，召集协调各方合作为政策制定建言献策。这种快速调配资源的能力需要智库在日常工作中加强与政府相关部门以及其他智库和学者的交流合作。再次，对政策实践机制有深刻的了解。决策咨询并非单纯的研究，其目的要为政策的制定与执行服务。智库必须对政策实践机制有深入的了解，才能在政策研究中考虑政策执行的可行性，使得决策咨询报告更具可操作性。

自 20 世纪 80 年代起，政府日渐增长的决策咨询需求催生了一批政府机构内的决策咨询部门与体制内的智库机构，但是现存的这一套政府决策咨询机制已不适应新形势下的政府决策咨询需求，亟需改变。

（二）内部多元主义与智库发展定位

课题组认为，中国的政治发展道路是渐进民主化的模式[1]，中国共产党确立与巩固领导权的过程是通过"内部多元主义"来实现的[2]。在内部多元主义的模

---

① 郑永年：《民主化的中国模式》，引自《中国模式：经验与挑战》，中信出版集团 2015 年版，第 111～121 页。

② 郑永年、陈超：《新时期的中国共产党：挑战与机遇》，载于《武汉大学学报（哲学社会科学版）》2013 年第 3 期，第 10～18 页。

式下，中国共产党不断将社会新生的利益群体吸纳入体系，不同利益群体之间的竞争与合作均在体系内部进行。在整合不同利益群体的诉求时，根据利益主体与政府权力的距离差异，整合方式将有所不同，而利益主体的应对策略也将各不相同。在这种权力差序格局下，智库的产生与发展必然不会是单一的模式与路径。根据内部多元主义的理论框架，课题组认为不同类型智库的特征可以用以下两个维度进行衡量：

第一，资源多寡。不同类型的智库享有的资源规模不一，官方智库和高校智库可以从政府获得直接的财政拨款支持。对于一些涉密的信息与研究需求，政府一般交由官方智库负责。而社会智库能够从政府获得的支持与资源非常少。目前，社会资金注入智库的数量和规模以及社会机构掌握的研究资源都无法和政府的资金与资源规模等量齐观。

第二，独立性程度。获得政府资源多的智库更容易受到政府的干预与限制，这种干预在某些情况下会影响智库研究的独立性，使得智库的研究偏离客观的事实与逻辑。除此之外，独立性的差异也造成了不同类型智库的言论空间差异化，与权力中心较近的官方智库出于保密或意识形态等考量不方便发声的情况下，与权力中心较远、拥有更多言论空间的社会智库则可以自由发声，通过智库与社会的互动影响社会。

官方智库、高校智库、社会智库享有的资源规模及其独立性主要由该类智库与政府权力中心之间的距离决定，而智库的资源规模和独立性形塑了三类智库各自的优势与劣势。三类智库的发展战略应当根据各自的优势与劣势进行规划。

官方智库距离政府权力中心最近，享有的资源最多，而较缺乏独立性。因为距离权力中心最近，获得的信任感最强，官方智库可以将发展重点放在战略性、涉密性、与意识形态相关的研究，尤其是涉及国家安全的政策研究。

高校智库与政府权力中心的距离居中，享有的资源较多，独立性较强。高校智库有别于其他类型智库的最大优势是其长期的学术积累与大量的学术人才资源。因此，高校智库可以重点发展学科专业性强的政策研究领域。

社会智库与政府权力中心的距离最远，享有最少的资源，相对而言独立性最强，可以被看作是决策过程中的"独立第三方"，因此社会智库可以重点发挥其在政策评估方面的作用。除此之外，相对于其他两种类型的智库，社会智库更容易清晰定位社会舆论的走向，因此社会智库也可以发挥"传递民意"的作用，汇集社会舆论，研究社会的政策需求，进行政策倡导（见图17-1）。

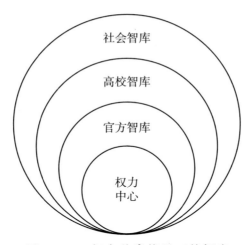

图 17 - 1　权力差序格局下的智库

这里所讨论的智库发展战略由两大部分构成，一是政府面对所有智库制定的无差别的发展战略，二是不同类型的智库及其建立者根据自身优缺点制定的差异化的发展战略。课题组认为，政府作为政策思想市场的游戏规则制定者，在智库发展战略上非基于特殊必要原因（如涉密等）应当一视同仁，而不是差异化对待；相反，不同类型的智库则要从实际情况出发，寻找一条最适合自己的发展道路。

二、权力差序格局下政府的智库发展战略

在天然存在的权力差序格局背景下，不同类型的智库所能获得的发展资源是不同的；之所以强调政府要确立统一的智库发展战略，对不同类型的智库一视同仁，正是为了尽可能弥合权力差序格局造成的资源配置不均衡的问题。需要指出的是，政府的智库发展战略不可能彻底改变智库的权力差序格局。因此，强调政府统一的智库发展战略，更主要的目标在于形成公平合理的政策思想市场游戏规则，使得每一类智库能够更多地依赖研究的专业性和独立性——而不仅仅是距离政府权力的远近——来参与决策咨询；同时，为所有智库的政策研究和决策咨询活动提供更好的环境与渠道。课题组认为，政府统一的智库发展战略应当包括以下几个方面。

309

（一）建立科学的决策咨询体系

从根本上讲，一个国家的智库发展取决于其决策体制，决策体制的特点决定了智库发展的空间。美国在选举政治的影响下，总统与选举获胜政党对总统核心决策团队的任命权使得美国智库可以通过政策游说和"旋转门"等机制从内外两个方向影响政府的决策。中国是以共产党领导的、吸纳社会不同利益群体的政治体制，其决策体制具有内部多元主义的特征，因此决策咨询体系也将遵循其特征而建立。

根据内部多元主义的理论，党和政府需要将社会上不同的利益诉求进行整合，进而转化为相应的公共政策。只有这样，这些公共政策才能获得社会各界的认同并得以有效施行。为更好地回应和整合社会不同的利益诉求，各级政府应当完善科学民主的决策咨询体系，特别是针对那些涉及民众根本利益的决策，引入专业智库进行决策前的科学研究。

（二）扩大政策报告递送渠道，建设开放的政策思想市场

为形成智库之间的良性竞争，政府需要构建一个规范的政策思想市场，改变智库成果递交主要依赖私人关系的现状。建立开放的政策思想市场与制度化的智库成果递交渠道可以从以下三个方面着力：

第一，成果呈递制度。根据课题组走访的智库来看，目前大多智库的政策报告向政府部门递交的渠道主要是依赖非制度化的"关系"渠道。2015年12月中宣部公布了首批国家高端智库之后，进入国家高端智库的智库机构可以将政策报告直接递交中宣部。但是这种制度相当于间接形成了一个智库成果的垄断市场，没有进入国家高端智库名单的智库机构还是无法获得"关系"之外的政策研究成果递交渠道。智库需要一个制度化的成果递交渠道，以保证研究成果有被政府采纳的可能性。

第二，政策思想市场。智库成果的递交渠道是供给方的制度保证，政府作为智库成果的需求方，可以采用政策市场的方式构建供需双方的制度保证。当前我国虽然有专家咨询制、听证会制、咨询课题招标制等政策咨询制度的模式，但这些现存模式存在一些无法自愈的缺陷：在专家咨询制下，专家大多来自高校或科研院所并且在社会上和学术界具有一定的知名度，一般是兼职或临时为政府提供咨询服务，其研究重点往往侧重于基础理论，使得他们的咨询意见存在实际操作性弱、现实环境考察不足的弱点；在听证会制下，由于听证会的时间有限，政府

往往得不到深入的信息，而且听证会的模式可能走入一个争论不休的状态从而无法形成有效的政策建议；在咨询课题招标制下，政府无法在课题中标之后对课题的质量与走向进行有效的把控，导致很多咨询课题的成果质量不尽如人意。建立政策思想市场可以用市场经济的逻辑搭建一个方便供求双方的平台。南京大学正在建设的中国智库索引系统（CTTI）在某种意义上可被视为政策思想市场的一种探索，智库将自己的研究专长和其他相关信息登录到系统中，政府可以通过搜索该系统的信息寻找合适的智库来承担决策咨询任务，或者在该系统发布决策咨询任务，吸引相关智库来竞标。

第三，智库成果知识产权认定。当前智库研究成果主要以政策报告的形式展现，与学术论文不同，政策报告的采纳使用大多缺乏明确规范，为激励更多的研究人才进入智库工作，也为了激励智库工作人员研究的热情，政府应当尊重和保护智库研究成果的知识产权，通过相关的法律法规，建立智库成果的采纳使用规范。

（三）完善政府信息公开制度

智库的研究工作围绕政府的决策进行，研究需要的数据资料等很多都属于政府信息资源。《关于加强中国特色新型智库建设的意见》针对这一问题明确指出要将落实政府的信息公开制度作为推进新型智库建设的重要制度保障建设的任务之一。重点放在三个方面：健全政府信息公开申请的受理和处置机制、拓展政府信息公开渠道和查阅场所、健全政府信息公开保密审查制度。

（四）建立中国特色的旋转门机制

从其他国家的经验来看，旋转门是智库发挥决策咨询影响的重要机制。以美国为例，作为第一智库大国，美国的智库数量与规模远超世界其他国家和地区，智库在政府决策中扮演了举足轻重的角色，除了智库产品大量用于政府决策之外，智库与政府、智库与高校之间的人员流动也是其重要表征。然而，由于美国智库与政府之间的旋转门机制是基于其特有的政治制度而存在的，中国智库的发展不能照搬美国的旋转门机制。[①] 中国的专业政策研究和新型智库建设尚处起步阶段，大部分高校并没有建立公共政策分析的专业，政策研究大多依托相关学科

---

① 张骏：《美国决策机制与智库的关系暨对借鉴"旋转门"制度的思考》，载于《智库理论与实践》2016 年第 5 期，第 56~63 页。

的学术研究，专业化的专职政策研究人员储备不足。因此，中国智库的旋转门机制首先应当强调高校和智库之间的"旋转"，鼓励更多学术研究人员投身专业化的政策研究。

（五）设立捐赠智库的免税条款

从其他国家的经验看，完善的捐赠税收优惠政策是增加社会捐赠、促进智库发展的重要条件。以美国为例，社会捐赠是美国智库的重要收入来源之一，根据美国税收相关法律规定，智库属于非营利组织，享受免税的优待政策。同时，由于美国税收相关法律规定个人或企业对非营利组织的捐赠可以获得税收减免的优惠政策，极大激发了社会的捐赠热情。比如，美国布鲁金斯学会的资金来源中，企业和私人资助占45%，基金会捐赠占29%，出版物收入占7%，政府资助只占4%。[①] 我国目前虽有公益捐赠税收减免的相关政策，但一方面公益捐赠的界定范围有待延伸，应当适当放宽捐赠法规对于捐赠的限制条件，另一方面应当改革公益捐赠税收减免的具体政策，比如扩大扣税额度、允许向以后年度结转等。[②]

（六）建立灵活的财政科研经费管理制度

官方智库与高校智库的资金来源都包含了部分财政拨款，三类智库的资金收入都有来自政府的项目资金，因此三类智库的运行都受到现行的财政科研经费管理制度的影响。首先，较低的劳务费比例不适应智库的运行需要。智库运行主要的投入是人力资本，即研究人员的智力，较低的劳务费比例导致智库无法聘请足够的专业研究人员。智库对于高比例人力资本投入与低比例设备投入的需求同现行的财政科研经费管理制度的低比例劳务费与高比例设备费之间的矛盾导致智库苦于"有钱花不出"，经费使用效率低下。其次，当前智库的经费主要采用项目制的管理方式，机构内部项目管理与经费管理分离，部门协作的问题导致智库效率低下。最后，现行的财政科研经费管理制度采用过程管理而非结果管理，这种精细化的管理导致科研人员将大量时间浪费在应对财务规

[①] 杨尊伟、刘宝存：《美国智库的类型、运行机制和基本特征》，载于《中国高校科技》2014年第7期，第56~59页。

[②] 张文春：《国外公益捐赠的税收政策：效应及启示》，载于《中国税务》2011年第6期，第18~20页。

范上，对科研质量造成一定的消极影响。此外，细致的过程管理导致经费报销工作对票据的要求十分精细与复杂，报销流程也十分烦琐，浪费了科研人员大量的工作时间。

为提高智库的工作效率、打造符合新形势需要的中国特色新型智库，结合当前智库工作中政府项目资金运行存在的问题，课题组提出以下建议：

第一，提高劳务费比例，优化科研经费结构，提高经费使用效率，同时给予智库工作劳务费缴税优惠。将劳务费比例提高或者不设置劳务费比例限制，同时规定智库劳务费可以发给与高校智库或者所属高校有稳定雇佣关系的人员。为智库工作劳务费开设缴税优惠，降低智库工作劳务费的个人所得税缴纳税率，从而调动智库科研人员参与智库科研项目的积极性。此外，在制定项目经费预算的时候留有一定的可以灵活操作的弹性空间，以适应项目工作需求的变化和不同项目的特征，改变现行的"一刀切"经费预算制度。

第二，加强项目管理部门与财务管理部门之间的合作，或者设置智库财务特区。项目管理部门与财务管理部门加强合作，保证项目内容的进程与相关财务工作同步进行，统一项目内容与项目经费的时间跨度，不以财务工作的年度划分来限制项目经费的报销进程。高校还可以更进一步考虑设置智库财务特区，将智库相关的经费管理下放给智库部门，高校只需要通过项目管理部门对智库工作进行评估验收。

第三，改精细的项目过程管理方式为以项目验收为主的结果管理方式。智库的研究工作除了理论研究之外更需要与实践相结合，因此需要大量的调研工作为智库研究提供支撑。在实际调研工作中一些花费无法通过票据展现，在智库项目的报销过程中应当改变单纯依靠复杂票据进行报销的财务管理方式，进而取消对项目进程的精细过程管理，将项目管理方式改为更加依靠项目质量评估与验收的结果管理方式，经费的发放也依据项目成果的质量而非烦琐的票据。

（七）强化智库成果的评估与管理

目前我国的智库产品大多没有经过严格的成果评价，一方面，项目发包方仅仅通过没有制度化的专家评审制度对项目进行一个"形式化"的评估，另一方面，智库内部也缺乏对智库产品的质量把控。智库发展需要一个制度化的检测与评估过程来保障其研究成果的客观性、科学性、创新性。"社会科学领域的成果评价活动与其他领域相比具有自己的特点：容易受到研究内容、主观判断、政治因素和文化因素等方面的影响，且社会科学的成果多表现为观点理念和价值判断，其学术价值与社会效益很难用定量化工具来描述。"① 政府应当设立一套科学的评估体系或者委托专业化的评估机构对智库所承担的政府项目研究进行严格的评估。

第一，建立一套完善的智库成果评价指标体系。智库的成果评估标准需要首先依据研究工作的一般规律与标准制定，比如研究的规范性、理论的创新性、论据或数据的充分性、严谨性与科学性、研究的全面性与彻底性、分析与结果的严谨性、研究的独立性、是否考虑政策过程及决策的实际情况等方面。但是智库的政策研究与传统的学术研究尚有区别，除了一般研究工作评审的指标之外，一方面要体现政策研究的特点，另一方面要体现智库自身的研究议题的特点。政策研究与学术研究不同，前者更注重研究的实际作用与可操作性，因此智库成果的评价需要将行政性评价与学术性评价结合起来。② 此外，不同的政策研究议题对研究成果的要求也有所不同，智库机构的成果评价指标也需要反映研究议题的要求。

第二，建立一套科学的评审组成员的遴选机制，保证评审组成员的客观性与科学性。评审组成员的遴选一般可以采用聘请智库外部的专家学者的方式或者直接委托专业的评估机构，以保证评审的客观性和科学性。

三、基于自身定位的智库差异化发展战略

智库的发展除了需要政府统一的支持战略之外，更离不开不同类型智库基于自身定位而制定的差异化发展战略。根据内部多元主义的理论，不同类型的智库因为距离政府权力中心的远近不同而具有各自的优缺点。虽然政府统一的智库发展战略可以在一定程度上弥合这种权力差序格局所造成的影响，但是并无法彻底根除之。因此，各类智库应当找准自身定位，通过差异化的发展战略展现各自的比较优势。

（一）发挥人才集聚与学科专业优势，推动高校智库建设大提速

按照内部多元主义的理论框架，作为决策咨询机构的智库在权力谱系中形成

① 徐少同：《中国智库发展转型背景下的成果评价体系研究——以广东省社科院为例》，载于《社会科学管理与评论》2010 年第 1 期，第 83～87 页。
② 李洁琼：《智库研究成果评价要做好"三个结合"》，载于《中国社会科学报》2014 年 12 月 17 日。

了独特的圈层结构，距离政治权力中心越近的智库所提供的知识具有更大的合法性，其政策影响力也更大。然而，距离权力中心越近，智库也更容易被权力俘获，从而减损其独立性。在这个圈层结构的权力谱系中，官方智库距离权力中心最近，社会智库则距离最远，而高校智库则介于两者之间。从这个意义上讲，高校智库被认为可以在保持较大独立性的同时对决策进程产生较大的影响，从而在中国特色新型智库体系中具有相对特殊的作用和地位。

在中国，高校汇聚了 80% 的社科力量，人员规模近 50 万人，拥有 60% 的"国家千人计划"入选者、50% 的两院院士，以及规模庞大的研究生队伍，这对于智库建设来说具有无可比拟的智力优势。高校作为新知识、新观念的发源地，能够给高校智库带来更多思想创新的可能性。此外，高校与政府之间具有天然的联系（而又不像官方智库那样完全笼罩于权力之中），有利于高校紧密围绕国家的发展需求，在参与智库建设过程中，充分发挥雄厚的科研实力、丰富的数据信息和广泛的合作交流的优势，为政府和社会提供既具战略性、前瞻性，又具操作性、针对性的研究成果。利用人才集聚和学科专业化的优势，课题组建议高校智库应从以下几个方面加强建设。

1. 鼓励社会资本加盟

第一，高校智库应积极争取国家的优惠政策吸引社会与企业捐赠，设立基金会制度管理社会资金。税收减免政策下的社会捐赠是西方成熟智库的重要收入来源之一，数量庞大的社会捐赠资金促进了智库的迅猛发展。除了接受基金会的捐赠之外，拥有自己运营的基金会是更为稳定的资金来源。以中国人民大学重阳金融学院（简称人大重阳）为例，该智库的启动是源于上海重阳投资管理股份有限公司董事长裘国根先生向母校捐款 2 亿元而资助的项目。人大重阳将受赠的 1 亿元资金作为种子基金，通过设立基金会的方式进行资金运作，人大重阳的机构运作资金则由基金会所获得的收益支持，使得人大重阳在资金方面毫无后顾之忧。

第二，通过资源共享与横向课题的方式吸引企业资金。一方面，智库虽然是向政府部门提供决策咨询与政策研究成果的机构，但由于在很多政策中，企业是作为利益相关者而牵涉其中的，因此企业对智库的决策咨询工作也非常关心，往往通过横向课题的方式资助智库的政策研究。另一方面，政策研究比传统学术研究更讲究时效性，单纯依靠年鉴数据等官方统计数据已经无法保证政策研究的"新鲜度"，尤其是在大数据时代的背景下，越来越多的智库研究人员开始使用商业数据，企业可以通过数据共享的方式与智库合作发展。

第三，高校智库应公开财务状况，并引入第三方评估机制监管高校智库的工作。智库的运行需要长期稳定的资金支持，为了吸引更多、更稳定的社会资金支持，高校智库应当公开财务状况，引入监管机制，使得资金运行更加透明。只有保障智库资金合理有效地运行，才能确保智库与社会资金之间的良性互动。

2. 增强高校智库人才招聘的自主性

智库工作的最大投入是人力资本的投入，科研人员是智库的立身之本。智库的人才建设与培养直接关乎智库工作的成败。根据课题组走访北京、上海、广州的 17 家高校智库所获得的信息，高校现存的人事体制已成为高校智库建设的一道障碍。

现有高校智库大多依附高校院系建立，研究人员大多来自高校原有的科研团队。以上海为例，在上海市教育委员会启动的智库建设计划之下成立的 13 家高校智库和 5 家培育智库，大多由高校的院系申请建立，依托院系的学科体制与人才团队。智库内部的研究人员鲜有全职，大多为院系研究人员兼职。

智库需要的研究人才与高校需要的研究人才不同。智库的产品作为学术研究与实际应用相结合的产物，要求智库研究人员在学科研究能力的基础之上同时拥有将学术研究应用于实际问题的视野与能力。高校研究人员大多擅长学术理论研究而非政策分析。多数高校智库管理者反映，由于之前从未接受过政策分析训练，由兼职的高校研究人员产出的智库成果仍落于学术论文的窠臼。

多数高校智库的人事系统缺乏相对的自主性。依附于高校院系而建立的智库机构现阶段多由高校院系内部吸收智库研究人员，人员大多使用学院编制。智库新进人才大多也由智库自身的编制系统进入高校的人事体制。这样就导致智库的人事系统完全隶属于高校的人事系统，智库的人事决策也要受到高校人事政策的限制。

智库需要的研究人才往往因无法满足高校的人事要求而无法进入智库工作。高校智库的人事系统作为高校人事系统的一部分，所招聘的人员必须全部满足高校人事系统的要求。例如，上海复旦大学大部分院系要求新进博士生必须有海外留学经历，但致力于中国政党研究的智库很难在海外留学博士毕业生中招聘到符合智库研究需要的人才，由复旦大学自己培育的博士生却无法进入智库工作。

基于以上问题，课题组建议改革现有的高校人事制度，允许"智库人才特区"的存在，给予高校智库充分的人才招聘自主权。通过独立的人才招聘口径，智库可以自主招募所需的研究人员，同时也可以与所属高校之外的研究人才更加灵活地展开研究合作。以胡佛研究所为例，其工作人员虽全部隶属斯坦福大学，但在人才聘用方面却拥有极高的自主权。胡佛研究所常驻研究人员的聘任与管理执行斯坦福大学的统一规定。根据规定，胡佛研究所可自行任命高级学者、高级研究员和研究员，这三类研究人员构成了胡佛研究所的主体研究力量。这种人才聘用的自主权使得胡佛研究所可以更好地以项目为导向招揽人才，并且使得所需人才可以在短时间内到位并投入工作，极大地提高了智库管理与运行的效率。

鉴于智库人才招聘面临的问题，课题组建议在政府给予高校智库人事招聘自主权的前提下，采用高校与智库联合招聘的双聘制，综合高校与智库的人才优势。高校院系与高校智库联合招聘人才，规定所招聘人才同时参加高校院系的教学、理论研究工作与高校智库的政策研究工作。高校院系与智库需要的研究人才侧重点不同，院系研究侧重学术理论而智库研究侧重实际应用，但学术理论可以指导实际应用，而理论的实际应用也会反过来促进学术理论的创新，在人才招聘中，学术理论研究和政策研究可以在个体层面达到统一。美国斯坦福大学胡佛研究所在创立之初就采用了人才的双聘制：所有人员（包括研究人员与专业辅助人员）均隶属于斯坦福大学，通过斯坦福大学进行聘任，大多数胡佛研究所的研究人员由研究所和其他院系联合聘任，其工资由胡佛研究所和相应学院分别支付。这种联合聘任制一方面兼顾到了智库有别于高校的人才需求，另一方面也加强了智库与高校院系的联系与合作。智库通过与不同院系联合招聘研究人员，在智库工作的框架下达成以研究课题为导向的跨学科合作研究。此外，院系与智库均支付研究人员相应的劳动报酬也提高了参与智库工作的研究人员的收入，有利于高校智库更好地吸引人才。高校智库与高校院系联合招聘研究人才，签订的劳动合同规定了其参加的院系研究教学工作与智库研究工作的比例，报酬也相应从院系与智库支出。

3. 成果认定与职称评定

现阶段高校人员职称评定多依靠学术论文成果，研究人员对于智库工作的积极性不大。目前大多高校智库并没有独立的职称认定体系，仍是按照传统高校研究人员职称评定系统的要求。高校研究人员的职称评定主要依靠学术论文的质量与数量，而智库的主要成果是政策咨询报告，无法作为研究人员的职称认定依据，导致研究人员对智库工作缺乏积极性。上海一些高校智库的管理者提到，在招聘的过程中很多研究人才表示过对智库工作是否可持续的忧虑，出于稳定的考虑他们大多选择了高校院系的工作。智库工作作为新兴的职业尚未在我国形成完善的职业路径，成果认定与职称评定的匮乏也使得智库职业更加缺乏吸引力。因此，课题组建议：

第一，将智库研究成果纳入高校研究人员的成果认定与职称评价体系。为加强高校智库与高校院系的联系与合作、突出高校智库依附高校原有研究基础的优势，高校内部应建立院系职称认定与智库职称认定的转化机制，调动院系研究人员参与智库工作的积极性。以华南理工大学为例，2015 年新施行的《专业技术

317

职务申报条件》中新增了决策咨询报告等智库研究成果与学术论文成果的对等关系，正式将智库研究成果纳入高校的职称评定体系，帮助智库吸引院系教师参与决策咨询研究。

第二，建立健全全国通用的智库职称认定体系。智库研究成果的认定如若只存在于高校个体层面，研究人员在工作流动时原先的智库研究成果无法获得其他研究机构的认可，也无法充分调动研究人员对智库研究工作的积极性。同时，智库职业有别于传统高校院系的研究职业，高校院系的职称认定体系无法直接复制于高校智库，高校智库应建立独立的智库职称认定体系。智库应通过全国范围的合作，根据自身的工作内容，制定以政策分析报告、决策咨询项目等为核心成果的全国通用的智库职称认定体系。如此，一方面可以吸引研究人才加入智库工作，建立相对稳定的核心人才团队，另一方面也可以促进全国范围内的智库人才交流。

4. 研究团队建设

根据课题组在北京、上海、广州等地调研的十几家高校智库来看，有不少高校智库都是以虚体的形式存在，即没有专职的智库科研人员，而是借助高校院系的科研人员完成智库工作。这种虚体化的智库组织方式会带来一些阻碍智库发展的问题。首先，兼职的智库工作人员忙于学术科研与教学工作，能投入智库工作的时间非常有限。其次，兼职智库科研人员平时不做政策研究，对政策制定与执行的过程不够了解，所做政策研究往往容易偏学术化。再次，没有专职的智库科研人员会导致智库科研团队的不稳定，面对政府的决策咨询请求无法短时间内快速开展政策研究工作。最后，不稳定的兼职科研团队使得智库无法在专业领域形成自己的积累，决策咨询工作只能依靠外部力量。

针对现存智库研究团队的问题，课题组提出以下建议：

第一，虚体化的智库要逐渐发展为实体化智库，招聘专职智库科研人员。虚体化的智库依托高校院系所建立，有的是从高校现有的研究中心发展而来，管理人员和研究人员多由各学院的老师兼任。虽然现在大多数智库有了专门的行政管理人员，却只有极少数专门从事智库研究的人员。根据课题组走访上海的高校智库所了解到的情况，部分高校智库的专职行政管理人员虽然工作内容都是围绕智库进行，但其工作关系，如编制等，仍保留在其原先的院系，智库本身并没有建立相对独立的人事关系，所谓的管理架构也名存实亡。智库需要从虚体化向实体化转变，不仅需要建立相对独立的行政管理团队，也需要拥有专职的智库科研人员，完成从受托于学院管理到自我管理的转变。

第二，智库内部以研究方向划分研究小组。世界知名智库斯坦福大学胡佛研究所的人员组织方式之一就是以项目和研究问题为导向的工作小组制。工作小组一般由一名胡佛研究所的高级学者领导，针对特定的研究目标，由研究人员自愿组成。胡佛研究所通过工作小组将研究所内常驻研究人员和外部专家结合起来，形成针对某一问题或项目的学术研究团队。[①] 我国的智库研究团队建设与管理也可采用这种方式，将智库专职研究人员以研究方向为基础组织成较为松散的研究小组，不仅有利于智库内部相同研究方向的研究人员之间的交流与合作，也有利于智库内部研究人员与智库外部相同研究方向的学者加强交流与合作，而且也有利于智库在接到政策研究任务与项目的时候可以迅速集合相关的研究人员开展工作。

第三，各研究小组加强日常交流与合作。政策研究是一门综合性较高的研究活动，一项政策的出台涉及许多方面的研究成果，政策研究的这种特点有别于学术研究较为专深的趋向，仅仅依靠单独一个研究方向的研究人员无法全面完成一项政策研究。相应地，智库内部各研究小组的研究活动也无法完全互相独立。因此，在日常研究工作中，智库需要有意识地加强各研究小组之间的交流与合作，避免各研究方向之间的孤立，从而促进政策研究的良性发展。

5. 人才培养

高校智库除了向政府输送政策报告之外还有一项重要任务就是培养人才。智库培养人才的目的在于支持政策研究工作，并通过政策研究工作促进传统学科体制下研究工作的创新发展。高校智库培养人才的方式主要有两种：

第一，在政策研究的实践中培养人才。政策研究有别于传统的学术研究，是一项实践性较强的研究工作，而目前从事政策研究工作的研究人员在开始政策研究工作之前大多接受的是传统学院式研究训练，并不熟悉政策研究。政策研究需要考虑政策相关者的利益及其互动模式，因此需要大量的实地调研以及对法规政策等文献分析，这些都是只有在政策研究的实践中才能够习得的研究能力。智库可以在政策研究实践中帮助研究人员成长，培养一批专业的政策研究人才。

第二，充分利用结合中国实际情况的"旋转门"机制，使得拥有学术研究能力的人才充分了解政府决策过程与政策实践机制。为促进人才的良性流动、帮助高校智库提高学术理论水平与实际政策研究敏感度，政府、高校、智库三方应共同建设"旋转门"机制。首先，建设高校智库与高校院系之间的"内部旋转门"。高校智库与高校院系之间应当以成果认定和职称评价体系标准为桥梁，推

---

① 陈英霞、刘昊：《美国一流高校智库人员配置与管理模式研究——以斯坦福大学胡佛研究所为例》，载于《比较教育研究》2014年第2期，第66~71页。

动双方双向的人才流动，高校教师可以去高校智库任职，同时高校智库研究人员也可以进入高校院系担任教师职位。以胡佛研究所为例，这种内部旋转门帮助研究所在确保自身研究质量的同时，形成与斯坦福大学优势学科相互支撑的格局，从而达到智库与高校的双赢。其次，建设高校智库与政府部门之间的"外部旋转门"。智库研究成果的主要使用者是各级政府部门，智库工作者如果不了解政府的决策流程与现实的政策执行，决策咨询研究只能成为纸上谈兵、闭门造车。高校智库与各级政府部门之间应以人才招聘为渠道，为高校智库研究人员去政府部门任职、政府部门工作人员加入高校智库研究团队创造条件。

6. 通过实体化进行学科整合，采用"矩阵式"的组织管理方式

政策研究的内容一般都需要跨学科的融合，具有很强的综合性。然而，目前我国的大部分高校智库起源于高校院系，成立之后不仅沿袭了高校院系的组织管理方式，而且研究人员也大多来自相应的院系，研究人员的学科背景也有强烈的同质化色彩。此外，一些基于研究问题建立的智库也没有摆脱学科的束缚。有的智库在建立之初就有浓厚的单学科研究色彩，比如国务院发展研究中心的宏观经济研究部、农村经济研究部、产业经济研究部等，均是基于经济学学科，这些智库在招聘研究人员的时候也会对研究人员的学科背景进行限定，机构内往往都是单一学科背景的研究人员。学科背景束缚下的智库往往由于缺乏跨学科的视角而损害政策研究的质量。针对政策研究的跨学科特征与综合性，智库的研究项目应采用"矩阵式"的管理方式：

第一，建立以学科或者研究主题为基础、由学科负责人牵头的纵向管理机制。政策研究需要学科研究的背景与基础，政策研究所采用的方法论融合了多学科的研究方法。智库研究人员在日常研究工作中可以以学科或者研究主题（一般是基于单学科或者融合少数学科）为基础，划分成不同的研究部门，开展日常的学术研究与积累。在这种以学科和研究主题为基础的部门划分方法下，研究人员之间的学术交流障碍较少，可以很好地与传统院系的学科方式进行衔接，为从高校院系转来的智库研究人员的研究工作提供一个缓冲地带。尤其是对于高校智库来说，在进行政策研究的同时也可以为研究人员的学术研究积累提供保障，为智库与高校之间的内部"旋转门"机制扫清障碍，从而有利于智库机构吸引高校研究人才。

第二，同时建立以课题和项目为中心、由智库机构管理层统一调配的横向管理机制。日常的研究工作，所有的研究人员按照学科或者研究主题进行组织化管理，在承担相应课题和项目时，将那些与课题和项目有相关学科背景的，并且对课题和项目有兴趣的研究人员组成课题组，以智库内部的课题组为中心，结合智

库内外的专家学者资源，对课题和项目进行攻克研究。这种横向的管理方式需要智库机构的管理层对智库研究人员与研究资源进行统一调配，对智库的管理人员提出了更高的要求。上海财经大学公共政策与治理研究院（IPPG）采取了这种横向的研究管理方式。该院的自贸区研究涉及税收、法制、行政审批、金融等议题，在研究中把学校内部相关学院的专家学者请来与该院内部的研究人员合作。上海财经大学的领导层非常重视这种校内跨院系的合作，从学校管理层的层面进行统筹动员，使得上海财经大学的校内跨院系合作比较畅通。以研究问题为导向，上海财经大学可以迅速联合法学、社会学、政治学、公共管理、财政、应用经济学等学科建立研究小组。在出版 12 本各国社保丛书时，学校迅速动员了不同语种的专业人才与上海财经大学公共政策与治理研究院进行合作。这种由高级管理层统一调配的模式具有很强的动员能力，可以迅速集结资源进行有效配置，打破了传统高校院系缺乏合作的障碍。

第三，建立完善的智库成果评价机制，调动研究人员对政策研究合作的积极性，打破以往"单兵作战"的研究习惯。在以项目为中心的横向管理模式中，为增加可调配人员的积极性，需要将项目的成果纳入研究人员的评价机制，使得研究人员对政策研究工作保有热情，有利于横向的人员调配。

第四，建立完善的研究进程控制与管理机制，从研究过程层面保证研究质量。项目的人员与资源调配工作结束之后，对于项目的日常管理就变得非常重要。胡佛研究所的项目管理方式值得借鉴。在确定项目参与成员之后，胡佛研究所会先根据项目的具体情况制定一定时期内的研究计划，未来的研究过程控制和管理都依据这个计划进行，以重大事件日历为研究计划的呈现形式。研究计划在通过捐赠人审核之后获得资金支持，然后项目组成员要在一定期限内对将要研究的项目进行检测和内部评估，对项目进行持续的跟踪和监控，并且项目的负责人需要对项目的内容战略进行评估，这两项工作一般是同时进行的。[1] 然而我国目前的智库研究并没有进行有效的质量监控，一方面是项目外包方对项目质量没有足够重视，另一方面是虽然部分智库有类似的内部进程控制流程，但项目评估在我国尚处起步阶段，因此并没有一套针对项目质量的评价体系。

（二）以法定机构为目标，逐步推进官方智库改革

现阶段中国的官方智库大多以事业单位的形式而存在，无论是财务还是人事

---

① 方婷婷：《美国大学智库影响力和运行机制研究——以斯坦福大学胡佛研究所为例》，载于《高校教育管理》2014 年第 4 期，第 37~40 页。

制度等管理模式都类同于政府部门。严格的参公管理制度一方面在资金与人事上限制了智库的发展，另一方面导致官方智库承受了过多的行政干预而缺乏独立性。为获得更多的自主权并增强自身的独立性，官方智库需要参照法定机构的模式对管理制度进行改革。

法定机构是立法机关通过专门立法设立的与政府决策部门相区别的，相对自主、独立运作，承担法律赋予的执行公共政策、提供公共服务和发展经济职能的公共管理机构。[①] 虽然法定机构行使了部分政府相关的职权，在社会上呈现半官方的形象，但其运行模式可以保证法定机构相对于政府的独立性与运营的灵活性。例如，法定机构虽然使用大量的财政资金，需要接受财政部门一定的监督与规范，但其人事制度不依照《公务员法》进行，工作人员不占用财政编制，保证了较高的独立人事和经费分配权，[②] 使得官方智库可以在一定程度上避免来自政府过多的行政干预，提高独立性。官方智库的法定机构改革主要从以下几个方面着手。

1. 经费：立法保障、使用相对自主

当前官方智库的主要资金来源是财政资金，每年从政府接受相对固定的财政拨款或财政补贴，因此也负有为各级政府决策出谋划策的责任。官方智库与政府部门一样，经费的使用受到财政部门的监督。在法定机构治理模式下，官方智库的资金来源构成将发生变化。通过立法方式的保障，政府对官方智库的财政支持方式将从财政拨款转变为财政拨款设立基金、固定的财政预算、稳定的政府购买合同等形式。[③] 这种财政资金使用方式的转变使得官方智库的财政资金来源更稳定、更广泛。除此之外，官方智库负责自身的机构运营，可以吸纳部分市场资金，在扩大资金来源的同时也获得经费使用的更大的自主权。官方智库在享受财政自由度的同时也要对其资金运营承担自负盈亏的责任，但对于因为政府提供决策咨询等服务而产生的正常亏损，可以申请政府的财政补贴。[④]

2. 人员：去编制化

现阶段官方智库的人事制度大多采用事业编制的方式，这种方式一方面由于其稳定性吸引了大批优秀的研究人员进入官方智库工作，但另一方面也因机构内

---

① 陈水生：《国外法定机构管理模式比较研究》，载于《学术界》2014 年第 10 期，第 111～122 页。

②④ 傅小随：《法定机构及其在公共服务体系中的特殊作用》，载于《行政论坛》2009 年第 2 期，第 8～11 页。

③ 郭万达、杨秋荣、付实等：《论我国体制内半官方智库的转型》，载于《开放导报》2014 年第 4 期，第 13～16 页。

部缺乏竞争与淘汰机制而导致研究人员安于现状、不思进取，缺乏进行社会调查与研究的动力。[1] 为调动研究人员的积极性与竞争意识，也为适应法定机构改革的需要，官方智库的人事制度应当去编制化，采用合同制的人员招聘与管理方式，在合同制下引入绩效评估和竞争机制，提升研究人员的主动性与积极性。在人事制度去编制化的过程中，官方智库应当注意适当地提高研究人员的待遇问题，不至于在与高校智库和社会智库的人才竞争中陷入不利地位。

3. 学科重新整合

社科院系统与其他官方智库不同，在承担政府的决策咨询等智库职责的同时，也进行学术研究和人才培养等工作。对官方智库进行法定机构改革，官方智库在财政上自负盈亏，在人事上去编制化，要求官方智库对决策咨询市场的反应灵敏度更高，很多日常的工作不得不在财务盈亏的压力下有所调整，这种改革并不适应学术研究与人才培养的需求。社科院系统的机构在推进法定机构改革的进程中应当逐步实现"去教育化"，将原本的学科研究与教育制度与高校系统进行重新整合，将学术研究和人才培养等活动并入相应高校，建设专注决策咨询服务的智库机构。

（三）充分利用社会网络，推动社会智库繁荣发展

社会智库由于距离政府权力中心较远，独立性较强。但是由于缺乏资源，当前的社会智库并未得到充分的发展，其独立的决策咨询作用尚未得到有效发挥。课题组认为，社会智库应当从以下几个方面确立自己的发展战略。

1. 发挥政策评估和政策倡导的作用

独立性强、与社会实践接触较多，这是社会智库的主要优势。利用这些优势，社会智库在发展目标的定位上应当强调政策评估和政策倡导。随着智库越来越多地参与决策咨询工作中，政府对决策咨询成果进行评估的需求将越来越大。社会智库完全可以作为独立第三方积极开展政策评估/决策咨询成果评估的工作，从而确立自己的竞争优势。此外，由于社会智库受政府权力的干扰较少，对社会实践的情况比较了解，可以更多地开展政策倡导的工作，为优化政府政策建言献策。

---

[1] 韩未名：《全球背景的官方智库特点、效用与发展前瞻》，载于《重庆社会科学》2013 年第 9 期，第 109～115 页。

2. 重视专家网络建设

由于我国政策制定日趋专业化和多元化，决策咨询内容跨专业、跨领域的特征也日趋明显。单个智库无法在多个领域甚至多个专业完成深入的学术积累，面对政府决策咨询请求时往往需要与智库之外的专家学者进行合作，高校智库由于拥有高校的平台，可以分享不同学科院系的研究资源，在跨专业、跨领域研究方面有天然的优势，而官方智库由于掌握大量资源，也可以充分动员不同专业、领域的研究人员。然而，社会智库掌握的研究资源不多，也缺乏研究平台做支撑，为求面对决策咨询请求反应的快速，应当在日常工作中注重外部专家学者网络的构建，将其作为自己的一个外部研究团队来对待。社会智库可以从两个方面联合专家学者群体，构建自己的专家网络：

第一，高校的专家学者网络。政策研究是一项跨学科的研究项目，囊括多种学科研究背景的高校可以从学科体制的层面为社会智库的政策研究提供支持。为调动高校科研人员参与社会智库的政策研究、成为智库的外部专家学者网络的组成部分的积极性，社会智库需要从两方面开展工作：一方面为高校所属研究人员发放有吸引力的劳动报酬，另一方面与高校合作、推动高校出台配套措施，例如允许智库研究成果纳入高校科研人员职称晋升标准。

第二，政策相关从业人员网络。智库的政策研究是一项基于政策实践的研究，不仅所研究的问题是现实的政策问题，政策研究最后还需要对现实问题的解决提供建议。这种建议不一定需要具体到政策工具的选择，但宏观的、战略性的政策建议也不能脱离政策实践而存在。社会智库需要建立一个由政策相关从业人员组成的专家网络，这个网络可以包含现任政府工作人员，也可以吸纳部分原政府工作人员（如退休政府工作人员等）。政策相关从业人员网络一方面可以帮助智库找寻更多亟待解决的、可研究的政策问题，另一方面也可以帮助智库对政策研究的成果进行把关，防止政策研究脱离实际，落入传统学术研究的窠臼。

3. 重视发挥媒体作用

智库不仅承担决策咨询的职能，也有开启民智、引导舆论的功能。社会智库应当重视与媒体的合作，通过媒体的作用发挥其社会影响力。

第一，搭建新媒体平台，加强与社会舆论的互动。目前我国社会智库的独立发声方式大多拘泥于官网平台或者资讯类网站的建设。但是在当前新媒体的浪潮下，传统网络的影响力在逐渐下降。即使有部分智库搭建了新媒体平台，大多仍是将新媒体平台与网站平台建设一样当作咨询发布的工具，忽略了新媒体的特色与独特的作用。社会智库应当搭建自己的新媒体平台来扩大智库的社会影响力，并通过新媒体平台的互动模式及时了解社会舆论的诉求与导向，从而加速社会影响力的扩大。

第二，积极与媒体合作，将智库成果转化成社会舆论。由于智库成果与媒体需求之间存在差距，智库与媒体很难形成常规紧密的互动。智库成果的分析往往趋向于专业与深入，导致表达方式略显晦涩，这与媒体受众习惯通俗易懂的表达方式存在差别。虽然有的记者可以对智库成果进行加工，但这个加工过程一方面受制于媒体机构严格的时间把控，另一方面由于不具有专业背景知识，记者转化的智库成果容易被曲解。社会智库在与媒体建立合作关系的时候，需要配备有可以将智库成果转化为大众可接受的文本的专业人员。

4. 政府的支持：放松社会智库注册管制，支持社会智库发展

2015 年出台的《关于加强中国特色新型智库建设的意见》明确提出推动社会智库与其他各类智库协调发展以建立中国特色新型智库体系。建设社会智库的意义不仅是完善中国特色新型智库体系，更是从社会组织发展的角度推动公共服务供给体系的优化和整个社会的全面发展。政府应当在承认市场的决定性作用的同时，一方面参考社会组织孵化器的方式，鼓励并引导社会智库的发展，[①] 另一方面创造良好的智库竞争发展环境，放松对社会智库的管制，鼓励社会智库与其他类型的智库在竞争中发展。

四、小　结

本章基于对新形势下政府决策咨询需求的分析，结合前几章对当前中国智库的现状与存在问题的分析，通过内部多元主义的理论解释，分析了官方智库、高校智库、社会智库各自的优势与劣势，并以此为出发点，从政府和三类智库的角度提出了中国特色新型智库的发展战略。

为全面推动三类智库的发展，政府应当建立科学的决策体系，扩大政策报告递送渠道，建设开放的政策市场，接受各类智库的决策咨询，完善政府信息公开制度，鼓励学术研究人才投身政策研究，通过税收优惠鼓励社会对智库的捐

---

① 刘西忠：《从民间智库到社会智库：理念创新与路径重塑》，载于《苏州大学学报（哲学社会科学版）》2015 年第 6 期，第 21~26 页。

款，建立灵活的财政科研经费管理制度，并且从国家层面加强智库成果的评估与管理。

官方智库应当发挥资源和信息优势，重点参与战略性、涉密性的政府重大决策咨询。在应对独立性不强的问题上，可以实行法定机构改革，从经费自由度和人员去编制两个方面增强自身的发展活力。社科院系统在法定机构改革的进程中应当与高校系统进行学科的重新整合，将学术研究和人才培养等事务并入相应高校。

高校智库应当发挥学科专业化和智力集聚的优势，重点参与专业性强、需跨学科合作的政府决策咨询。高校智库应吸纳更多社会资本，在人事招聘上获得更大的自主权，加强研究团队建设，建立智库的成果认定与职称评定体系，发挥高校的人才培养优势培养政策研究人才。同时，通过实体化进行学科整合，采用"矩阵式"的组织管理方式。

社会智库应当发挥独立性强和熟知社会需求的优势，重点发展针对政府决策和智库研究成果的第三方评估业务，积极开展政策倡导活动。根据自身特点，社会智库应注重专家学者网络的建设，通过媒体发挥影响力，并争取政府各方面的支持。

决策咨询制度与中国特色新型智库建设研究

参 考 文 献

[1] 安淑新：《加强我国智库内部管理的对策建议研究》，载于《经济研究参考》2012 年第 58 期，第 32～44 页。

[2] 曹明、刘兰兰：《社科型智库信息化建设评价指标体系研究》，载于《中州大学学报》2014 年第 5 期，第 85～90 页。

[3] 曹明：《以信息化促进智库现代化转型发展》，载于《中国社会科学报》2015 年 7 月 2 日（006）。

[4] 车雷：《英国政府决策与执行体制研究——行政组织法的视角》，中国政法大学博士学位论文，2011 年，第 28～29 页。

[5] 陈晨晨：《善用智库平台推进智库外交》，载于《对外传播》2017 年第 5 期，第 13～15 页。

[6] 陈国营、鲍建强、钟伟军、陈明：《中国大学智库评价研究：维度与指标》，载于《高教发展与评估》2016 年第 5 期，第 18～29、119～120 页。

[7] 陈杰、高亮、徐胡昇：《中国特色新型智库建设有效性评价指标体系构建研究》，载于《中国高校科技》2016 年第 11 期，第 8～11 页。

[8] 陈开敏：《中国智库国际化转型的困境与出路》，载于《现代国际关系》2014 年第 3 期，第 30～38 页。

[9] 陈水生：《国外法定机构管理模式比较研究》，载于《学术界》2014 年第 10 期，第 111～122 页。

[10] 陈潭：《从大数据到大智库：大数据时代的智库建设》，载于《中国行政管理》2017 年第 12 期，第 42～45 页。

[11] 陈英霞、刘昊：《美国一流高校智库人员配置与管理模式研究——以斯坦福大学胡佛研究所为例》，载于《比较教育研究》2014 年第 2 期，第 66～71 页。

[12] 陈媛媛、李刚：《智库网站影响力评价指标体系研究》，载于《图书馆论坛》2016 年第 5 期，第 25～33，62 页。

［13］陈媛媛：《智库网络影响力评价体系建构与实证》，载于《光明日报》2016年7月13日，第16版。

［14］陈云松、吴青熹、黄超：《大数据何以重构社会科学》，载于《新疆师范大学学报（哲学社会科学版）》2015年第3期，第54～61页。

［15］陈征：《国家安全顾问在美国外交决策机制中的角色与作用》，北京外国语大学博士学位论文，2015年。

［16］褚鸣：《美欧智库比较研究》，中国社会科学出版社2013年版。

［17］［美］大卫·麦克德里斯：《数据可视化之美》，http：//www. tedtochina. com/2010/09/14/david_mccandless，2010－09－14.

［18］丁炫凯、王传奇、李刚：《新型智库受关注度模式及其实证研究》，载于《经济社会体制比较》2016年第6期，第84～92页。

［19］方婷婷：《美国大学智库影响力和运行机制研究——以斯坦福大学胡佛研究所为例》，载于《高校教育管理》2014年第4期，第37～40页。

［20］费莹莹：《欧洲智库参与欧盟政策制定的路径分析》，上海外国语大学硕士学位论文，2014年，第27～35页。

［21］傅小随：《法定机构及其在公共服务体系中的特殊作用》，载于《行政论坛》2009年第2期，第8～11页。

［22］谷贤林：《智库如何影响教育政策的制定——以美国"教育政策中心"为例》，载于《比较教育研究》2013年第4期。

［23］顾海良：转引自共识网《人民论坛》专栏.［EB/OL］. http：//www. 21ccom. net/plus/view. php？ aid＝102571&ALL＝1.

［24］关琳、李刚、陈媛媛：《美国智库"独立性"拷问》，载于《光明日报》2015年6月17日，第16版。

［25］关晓斌、伍聪：《大数据背景下的高校新型智库信息支持平台构建研究》，载于《高教探索》2017年第2期。

［26］光娅、洪爱华、倪良新：《地方行政学院智库发展阶段分析》，载于《安徽行政学院学报》2014年第6期，第25～29页。

［27］郭华榕：《法国政治制度史》，人民出版社2015年版。

［28］郭万达、杨秋荣、付实等：《论我国体制内半官方智库的转型》，载于《开放导报》2014年第4期，第13～16页。

［29］郭晓龙：《数据挖掘：用可视化效果展现你的数据》，http：//www. leiphone. com/news 201406/warlial-visualization. html，2012－12－11.

［30］韩锋：《新加坡智库的现状、特点与经验》，载于《东南亚研究》2015年第6期，第4～9页。

［31］ 韩未名：《全球背景的官方智库特点、效用与发展前瞻》，载于《重庆社会科学》2013 年第 9 期，第 109～115 页。

［32］ 侯经川：《国外思想库的知识管理》，载于《科研管理》2004 年第 6 期。

［33］ 胡鞍钢：《建设中国特色新型智库参与全球智库竞争》，载于《中国社会科学报》2014 年 4 月 11 日。

［34］ 胡春艳：《全球化时代思想库的国际化趋势——兼论我国思想库发展的对策》，载于《探求》2006 年第 1 期，第 48～51 页。

［35］ 胡锦涛：《树立和落实科学发展观》（2003 年 10 月 14 日），引自《十六大以来重要文献选编》（上），中央文献出版社 2005 年版，第 483 页。

［36］ 胡锦涛：《在中国科学院第十二次院士大会、中国工程院第七次院士大会上的讲话》（2004 年 6 月 2 日），引自《十六大以来重要文献选编》（中），中央文献出版社 2006 年版，第 113～114 页。

［37］ 胡税根、单立栋、徐靖苗：《基于大数据的智慧公共决策特征研究》，载于《浙江大学学报（人文社会科学版）》2015 年第 3 期，第 5～15 页。

［38］ 黄楚琪：《香港智库热，能发挥效用吗?》，载于《BBC：香港观察》2015 年 6 月 5 日。

［39］ 黄靖洋：《思想市场、信息流与智库影响力》，载于《公共政策研究季刊》2015 年第 2 期，第 17～20 页。

［40］ 黄开木、樊振佳、卢胜军、栗琳：《基于链接分析法的中美智库网站比较研究》，载于《情报理论与实践》2014 年第 11 期，第 129～133 页。

［41］ 蒋亚琼：《从"议会主权"到"行政主权"试析英国议会制度的演变》，南京师范大学硕士学位论文，2009 年。

［42］ 金家厚：《民间智库发展：现状、逻辑与机制》，载于《行政论坛》2014 年第 1 期，第 56～61 页。

［43］ 荆林波：《智库评价方法综论》，载于《晋阳学刊》2016 年第 4 期，第 134～142 页。

［44］ 荆林波等：《全球智库评价报告》，载于《中国社会科学评价》2016 年第 1 期，第 90～124 页。

［45］ ［德］卡尔·马克思：《关于费尔巴哈的提纲》，载于中共中央马克思恩格斯列宁斯大林著作编译局编：《马克思恩格斯选集》（第一卷），人民出版社 1995 年版。

［46］ ［美］凯特·克劳福德：《关于"大数据"的五大误解》，http：//column. cankaoxiaoxi. com/2013/0517/210377. shtml，2013 -05 -17.

［47］［美］科斯：《中国改革：商品市场与思想市场的发展》，载于《学术界》2012 年第 2 期，第 242～244 页。

［48］乐烁：《兰德公司发展经验与对我国智库建设的启示》，湖北大学硕士学位论文，2013 年。

［49］李春萍：《分工视角中的学术职业》，载于《高等教育研究》2002 年第 6 期，第 21～25 页。

［50］李刚、王斯敏：《CTTI 来源智库 MRPA 测评报告 2015 - 2016》，载于《南京大学中国智库研究与评价中心、光明日报智库研究与发布中心》2016 年第 12 期，第 1～69 页。

［51］李国杰、程学旗：《大数据研究：未来科技及经济社会发展的重大战略领域——大数据的研究现状与科学思考》，载于《中国科学院院刊》2012 年第 6 期，第 647～657 页。

［52］李国强等（国务院发展研究中心赴韩国智库专题调研考察团）：《韩国智库考察报告》，载于《中国发展观察》2013 年第 12 期，第 35～39 页。

［53］李洁琼：《智库研究成果评价要做好"三个结合"》，载于《中国社会科学报》2014 年。

［54］李文、邓淑娜：《大数据带来社科研究新变化》，载于《人民日报》2015 年。

［55］李艺雯：《北京实施 20 项外籍人才入出境新政》，载于《国际人才交流》2016 年第 3 期，第 41～43 页。

［56］零点国际发展研究院、智库中国网：《2014 中国智库影响力报告》，http：//www. china. com. cn/opinion/think/2015 - 01/15/content _ 34570669. htm，2015 - 10 - 30.

［57］刘昌乾：《世界一流智库如何保证研究的独立性——基于美国布鲁金斯学会的研究》，载于《中国高教研究》2014 年第 9 期，第 66～70 页。

［58］刘登、赵超阳、魏俊峰、卢胜军、齐卓砾：《新型智库评估理论及评估框架体系研究》，载于《智库理论与实践》2016 年第 5 期，第 10～17 页。

［59］刘国福：《中国怎样引进更多外国人才：技术移民法律制度的国际比较与借鉴》，载于《人民论坛·学术前沿》2014 年第 8 期，第 30～43 页。

［60］刘骥：《浅谈新型智库的人才困境》，载于《公共政策研究季刊》2015 年第 2 期，第 37～42 页。

［61］刘宁：《智库的历史演进、基本特征及走向》，载于《重庆社会科学》2002 年第 3 期，第 104～105 页。

［62］刘少东：《智库建设的日本经验》，载于《人民论坛》2013 年第 35

期，第 18～23 页。

[63] 刘西忠：《从民间智库到社会智库：理念创新与路径重塑》，载于《苏州大学学报（哲学社会科学版）》2015 年第 6 期，第 21～26 页。

[64] 陆国平、江莹、李松：《研究型大学与思想库》，载于《高等教育研究》2001 年第 6 期。

[65] 陆红如、陈雅、梁颖：《国内外智库研究热点定量分析语境下的我国智库评价体系构建研究》，载于《图书馆》2017 年第 1 期，第 9～16 页。

[66] 罗繁明：《利用大数据推进新型智库建设》，载于《人民日报》2017 年 7 月 15 日。

[67] ［法］洛朗·热弗鲁瓦、奥迪勒·皮里乌、贝内迪克特·齐默尔曼：《政策制定中的科学专家知识：以法国工作政策为例》，载于［德］尤斯图斯·伦次、彼得·魏因加特编：《政策制定中的科学咨询：国际比较》，王海芸、叶连云、武霏霏、缪航、张黎译，上海交通大学出版社 2009 年版，第 96～98 页。

[68] 马亮：《大数据技术何以创新公共治理？——新加坡智慧国案例研究》，载于《电子政务》2015 年第 5 期，第 2～9 页。

[69] 麦甘：《如何建设中国智库？》，http：//gb. cri. cn/42071/2015/06/25/8211s5009355. htm.

[70] ［美］米尔顿·弗里德曼：《弗里德曼文萃》（上册），胡雪峰、武玉宁译，首都经济贸易大学出版社 2001 年版。

[71] ［美］斯图尔特：《思想库的社会角色》，载于《行政学系列参考》1987 年 1 月，第 2～3 页。

[72] 孟天广、郭凤林：《大数据政治学：新信息时代的政治现象及其探析路径》，载于《国外理论动态》2015 年第 1 期。

[73] 孟小峰、慈祥：《大数据管理：概念、技术与挑战》，载于《计算机研究与发展》2013 年第 1 期，第 146～169 页。

[74] 苗东升：《从科学转型演化看大数据》，载于《首都师范大学学报（社会科学版）》2014 年第 5 期，第 48～55 页。

[75] 穆晓莉：《美国思想库教育决策咨询模式及对我国的启示》，华东师范大学硕士学位论文，2009 年，第 13 页。

[76] ［法］皮埃尔－伯努瓦·若利：《超越法国式"专家治国机制"？公共决策中利用科学专家知识方式的转型》，载于［德］尤斯图斯·伦次、彼得·魏因加特编：《政策制定中的科学咨询：国际比较》，王海芸、叶连云、武霏霏、缪航、张黎译，上海交通大学出版社 2009 年版，第 140 页。

[77] 邱均平、刘宁：《智库网站影响力评价分析》，载于《重庆大学学报

（社会科学版）》2016 年第 3 期，第 109～114 页。

[78] 权衡：《建设新型智库推动决策咨询科学化、民主化》，载于《中国党政干部论坛》2015 年第 1 期，第 16～20 页。

[79] 人民网：《习近平为何特别强调"新型智库建设"?》，http：//theory.people. com. cn/n/2014/1029/c148980－25928251. html，2014－10－29.

[80] ［法］若利：《超越法国式"专家治国机制"》，转引自伦次等：《政策制定中的科学咨询：国际比较》，上海交通大学出版社 2015 年版。

[81] ［瑞士］萨拜因·马森、彼德·魏因加：《专业知识的民主化：探求科学咨询的新模式》，姜江、马晓琨、秦兰珺译，上海交通大学出版社 2010 年版。

[82] ［美］萨拉蒙：《公共服务中的伙伴》，商务印书馆 2008 年版，第 210 页。

[83] 上海社会科学院智库研究中心：《2013 年中国智库报告——影响力排名与政策建议》，2014 年，第 1～43 页。

[84] 上海社会科学院智库研究中心：《2014 年中国智库报告——影响力排名与政策建议》，2015 年，第 1～53 页。

[85] 上海社会科学院智库研究中心：《2015 年中国智库报告——影响力排名与政策建议》，2016 年，第 1～84 页。

[86] 上海社会科学院智库研究中心：《2016 年中国智库报告——影响力排名与政策建议》，2017 年，第 1～120 页。

[87] 双传学：《以智库全程化参与助推科学化决策》，载于《光明日报》，http：//theory. people. com. cn/n1/2016/0527/c376186－28383878. html，2016－05－27.

[88] 四川省社会科学院中华智库研究中心：《中华智库影响力报告（2016）》，载于《企业家日报》2016 年 11 月 21 日。

[89] 四川省社科院、中国科学院成都文献情报中心：《中华智库影响力报告（2015）》，2015 年，第 2 页。

[90] 四川省社科院、中国科学院成都文献情报中心：《中华智库影响力报告（2016）》，2016 年，第 2 页。

[91] 宋心蕊、燕帅：《专家研讨大数据时代智库建设》，载于《人民网》，http：//media. people. com. cn/n1/2016/0517/c14677－28356910. html，2016－09－20.

[92] 孙晓仁、赵建虹：《兰德公司人才管理的特点》，载于《经营与管理》2010 年第 8 期，第 68～70 页。

[93] 孙志茹、张志强：《基于信息流的思想库政策影响力分析框架研究》，载于《图书情报工作》2011 年第 20 期。

［94］谭融：《西方国家官僚制的比较研究》，载于《经济社会体制比较》2014 年第 5 期，第 98 页。

［95］谭锐：《美国智库经费收支浅析》，载于《公共政策研究季刊》2015 年第 2 期，第 43～54 页。

［96］汤中彬、张少杰、孙康慧：《管理咨询服务知识转移过程研究》，载于《情报杂志》2008 年第 11 期，第 127～129 页。

［97］唐皇凤、谢德胜：《大数据时代中国政治学的机遇与挑战》，载于《社会科学文摘》2016 年第 2 期，第 95～104 页。

［98］唐磊：《中国民间智库 30 年的初步考察》，载于《中国社会科学评价》2016 年第 4 期，第 99～112，129 页。

［99］唐文方：《大数据与小数据：社会科学研究方法的探讨》，载于《中山大学学报（社会科学版）》2015 年第 6 期，第 141～146 页。

［100］田凌晖、陈粤秀：《NCLB 与美国教育政策研究机构发展——以范德堡大学国家择校研究中心为例》，载于《复旦教育论坛》2009 年第 2 期，第 85 页。

［101］涂子沛：《大数据》，广西师范大学出版社 2013 年版，第 54～58 页。

［102］万里：《决策科学化和民主化是政治体制改革的一个重要课题——在全国软科学研究工作座谈会上的讲话》，载于《人民日报》1986 年 8 月 15 日。

［103］王斌：《"科学"在毛泽东政治话语中的修饰意义》，载于《党史研究与教学》2014 年第 4 期，第 93～99 页。

［104］王昶：《美国外交的危机管理决策机制——兼论其对中国的参鉴意义》，外交学院硕士学位论文，2000 年，第 28 页。

［105］王春法：《美国思想库的运行机制研究》，载于《社会科学管理与评论》2004 年第 2 期，第 29～41 页。

［106］王德禄、刘志光、邵翔、邓兴华：《民间智库在创新驱动战略中的重要作用》，载于《中国科学院院刊》2016 年第 8 期，第 896～900 页。

［107］王厚全：《智库演化论》，中共中央党校博士学位论文，2016 年。

［108］王辉耀：《如何推动中国智库国际化》，载于《社会观察》2015 年第 2 期，第 12～14 页。

［109］王辉耀：《中国智库国际化的实践与思考》，载于《中国行政管理》2014 年第 5 期，第 20～24 页。

［110］王劲峰：《空间分析》，科学出版社 2006 年版。

［111］王莉丽：《大学智库建设：提升国家软实力的基础》，载于《中国教育报》2012 年 5 月 25 日，第 5 版。

[112] 王莉丽：《旋转门：美国思想库研究》，国家行政学院出版社 2010 年版。

[113] 王莉丽：《中国智库思想市场的培育与规制》，载于《中国人民大学学报》2014 年第 2 期，第 83 ~ 88 页。

[114] 王绍光：《中国公共政策议程设置的模式》，载于《中国社会科学》2006 年第 5 期。

[115] 王文涛、刘燕华：《智库运行和智库产品的评价要点》，载于《智库理论与实践》2016 年第 2 期，第 14 ~ 19 页。

[116] 王友云、朱宇华：《基于知识与权力关系视角的中国特色新型智库建设》，载于《探索》2016 年第 2 期，第 178 ~ 184 页。

[117] 王桢桢：《科层制治理与合同制治理：模式比较与策略选择》，载于《学术研究》2010 年第 7 期，第 41 ~ 48 页。

[118] 韦博成：《漫谈统计学的应用与发展（I）》，载于《数理统计与管理》2011 年第 1 期，第 85 ~ 97 页。

[119] ［美］维克托·迈尔－舍恩伯格、肯尼思·库克耶：《大数据时代：生活、工作与思维的大变革》，盛杨燕、周涛译，浙江人民出版社 2012 年版，第 17 页。

[120] 邬贺铨：《大数据思维》，载于《科学与社会》2014 年第 1 期，第 1 ~ 13 页。

[121] 吴寄南：《浅析智库在日本外交决策中的作用》，载于《日本学刊》2008 年第 3 期，第 18 页。

[122] 吴建南、刘佳：《构建基于逻辑模型的财政支出绩效评价体系——以农业财政支出为例》，载于《中南财经政法大学学报》2007 年第 2 期，第 69 ~ 74 页。

[123] 吴田：《大数据助推新型智库建设》，http：//news. xinhuanet. com/city/2017 – 06/02/c_129624020. htm，2017 – 06 – 02.

[124] 武云斐：《NCLB 政策研究年度报告分析——以美国教育政策研究中心年度报告为例》，载于《全球教育展望》2009 年第 12 期，第 55 ~ 56 页。

[125] ［美］希拉·贾萨诺夫：《自然的设计：欧美的民主与科学》，上海交通大学出版社 2011 年版。

[126] 席来旺：《美国"政府"与"行政当局"辨析》，载于《世界经济与政治》2002 年第 9 期，第 72 ~ 76 页。

[127] 习近平：《全面推进依法治国也需要深化改革》，新华网，http：//www. xinhuanet. com/politics/2014 – 10/27/c_1112998021. htm，2014 – 10 – 27.

［128］邢欢：《美国教育智库研究》，北京师范大学硕士学位论文，2012 年，第 49 页。

［129］熊勇先：《论公务行为不营利原则的确立——从美国政党分赃制谈起》，载于《大连海事大学学报（社会科学版）》2011 年第 10 期，第 48 ~ 49 页。

［130］徐华亮：《实践导向下智库影响力实现逻辑及评价分析》，载于《情报资料工作》2016 年第 4 期，第 51 ~ 55 页。

［131］徐少同：《中国智库发展转型背景下的成果评价体系研究——以广东省社科院为例》，载于《社会科学管理与评论》2010 年第 1 期，第 83 ~ 87 页。

［132］徐晓虎、陈圻：《地方智库运行机制研究——基于地市级智库的实证研究》，载于《南京大学学报（哲学·人文科学·社会科学版）》2012 年第 5 期，第 21 ~ 28 页。

［133］徐晓虎、陈圻：《基于神经网络模型的地方智库竞争力评估——以江苏淮安地方智库为例》，载于《研究与发展管理》2014 年第 3 期，第 32 ~ 40 页。

［134］徐晓虎、陈圻：《中国智库的基本问题研究》，载于《学术论坛》2012 年第 11 期，第 178 ~ 184 页。

［135］许共城：《欧美智库比较及对中国智库发展的启示》，载于《经济社会体制比较》2010 年第 2 期。

［136］许明龙：《试析法国 1958 年宪法与第五共和国政体》，载于《世界历史》1987 年第 6 期，第 13 ~ 14 页。

［137］闫志开、王延飞：《智库运转机制比较分析》，载于《情报理论与实践》2015 年第 5 期，第 5 ~ 11 页。

［138］杨沐、邓淑宜：《"智库热"与政策思想市场》，载于《智库理论与实践》2016 年第 5 期，第 1 ~ 9 页。

［139］杨沐、金澄：《智库、思想市场与独立性》，载于《公共政策季刊》2015 年第 2 期，第 9 ~ 16 页。

［140］杨尊伟、刘宝存：《美国智库的类型、运行机制和基本特征》，载于《中国高校科技》2014 年第 7 期，第 56 ~ 59 页。

［141］［英］罗纳德·哈里·科斯、王宁：《变革中国：市场经济的中国之路》，徐尧、李哲民译，中信出版社 2013 年版。

［142］［英］萧伯纳著，袁绩藩等译：《费边论丛》，生活·读书·新知三联书店 1958 年版。

［143］于今：《大数据为建设高端智库提供技术支持》，载于《中国网》2015 年 7 月 17 日。

［144］喻国明：《大数据分析下的中国社会舆情：总体态势与结构性特征——基于百度热搜词（2009—2012）的舆情模型构建》，载于《中国人民大学学报》2013年第5期，第2~9页。

［145］俞可平、李侃如：《中国的政治发展：中美学者的视角》，社会科学文献出版社2013年版。

［146］袁瑞军：《美国总统幕僚与阁员的权力消长》，载于《美国研究》1992年第3期，第98页。

［147］袁瑞军：《美国总统幕僚与阁员的权力消长》，载于《美国研究》1992年第3期，第97~117页。

［148］张计龙等：《社会科学数据的共享与服务——以复旦大学社会科学数据共享平台为例》，载于《大学图书馆学报》2015年第1期，第74~79页。

［149］张骏：《美国决策机制与智库的关系暨对借鉴"旋转门"制度的思考》，载于《智库理论与实践》2016年第5期，第56~63页。

［150］张立荣：《中外行政制度比较》，商务印书馆2013年版。

［151］张璐：《当前我国行政决策中的民间智库参与研究》，云南大学硕士学位论文，2011年。

［152］张文春：《国外公益捐赠的税收政策：效应及启示》，载于《中国税务》2011年第6期，第18~20页。

［153］张文娟等：《应用大数据技术加强智库建设》，载于《中国科学报》2014年7月29日，第5版。

［154］张晓强、蔡端懿：《大数据对于科学研究影响的哲学分析》，载于《自然辩证法研究》2014年第11期，第123~126页。

［155］张新培、赵文华：《谁在为著名高校智库工作——基于人员任职经历的结构化网络分析》，载于《清华大学教育研究》2014年第6期，第59~65页。

［156］张旭昆：《思想市场：用经济学方法研究经济学的演化》，载于《社会科学》1993年第7期，第72~75页。

［157］赵可金：《美国智库运作机制及其对中国智库的借鉴》，载于《当代世界》2014年第5期。

［158］赵可金：《中外智库外交的五维比较》，载于《公共外交季刊》2014年第1期。

［159］赵天一：《布鲁金斯学会研究》，中国社会科学院研究生院硕士学位论文，2013年。

［160］赵志耘、杨朝峰：《中美思想库比较研究》，载于《中国软科学》

2011 年第 7 期。

[161] 浙江工业大学全球智库研究中心课题组：《智库网络活跃度评价研究》，载于《浙江工业大学学报（社会科学版）》2016 年第 2 期，第 121～127 页。

[162] 甄鹏：《美国总统顾问变迁》，载于《英语世界》2017 年第 8 期，第 104～105、107 页。

[163] 郑方辉、谢良洲：《独立第三方评政府整体绩效与新型智库发展——"广东试验"十年审视》，载于《中国行政管理》2017 年第 7 期，第 153～155 页。

[164] 郑良中：《中国经济学家离诺贝尔奖有多远》，载于《长江商报》2013 年 10 月 15 日。

[165] 郑毅：《证析——大数据与基于证据的决策》，华夏出版社 2012 年版。

[166] 郑永年、陈超：《新时期的中国共产党：挑战与机遇》，载于《武汉大学学报（哲学社会科学版）》2013 年第 3 期，第 10～18，127 页。

[167] 郑永年、莫道明、黄靖洋：《内部多元主义与中国新型智库建设》，载于郑永年等：《内部多元主义与中国新型智库建设》，东方出版社 2016 年版，第 41～55 页。

[168] 郑永年：《在"知"和"行"之间：智库的角色》，载于《联合早报》2011 年 8 月 23 日。

[169] 郑永年：《中国知识体系的缺失与建设问题》，载于《学术界》2012 年第 1 期。

[170] 郑永年：《中国知识体系建设的未来》，载于《联合早报》2011 年 9 月 27 日。

[171] 郑永年：《重建中国社会》，东方出版社 2015 年版。

[172] 郑永年：《中国模式：经验与挑战》，中信出版集团 2015 年版。

[173] 郑永年等：《内部多元主义与中国新型智库建设》，东方出版社 2016 年版。

[174] 中共中央：《关于全面深化改革若干重大问题的决定》，人民出版社 2013 年版。

[175] 中共中央办公厅、国务院办公厅：《关于加强中国特色新型智库建设的意见》，http：//www. gov. cn/xinwen/2015 - 01/20/content_2807126. htm，2015.

[176] 钟欣：《行为主义革命——从传统政治理论到现代政治科学》，载于《北京师范学院学报（社会科学版）》1989 年第 3 期，第 69～71 页。

[177] 周光辉：《当代中国决策体制的形成与变革》，载于《中国社会科学》2011 年第 3 期，第 101～120，222 页。

[178] 周民锋：《西方国家政治制度比较》，华东理工大学出版社 2001 年版。

［179］周淑真：《宪政体制与政党政治的关系分析》，载于《中国人民大学学报》2010 年第 5 期，第 116～117 页。

［180］周湘智：《迎接智库研究的 2.0 时代》，载于《光明日报》2015 年 8 月 5 日，第 16 版。

［181］周仲高：《智库的科学分类与准确定位》，载于《重庆社会科学》2013 年第 3 期，第 116～120 页。

［182］朱猛：《日本智库的运作机制——以日本国际问题研究所为例》，外交学院硕士学位论文，2015 年。

［183］朱旭峰、韩万渠：《智库透明度评价与中国智库建设》，载于《经济社会体制比较》2016 年第 6 期，第 72～83 页。

［184］朱旭峰、韩万渠：《中国特色新型高校智库的兴起、困境与探索——以中国人民大学智库建设为例》，载于《高等教育评论》2015 年第 1 期第 3 卷，第 32～44 页。

［185］朱旭峰、礼若竹：《中国思想库的国际化建设》，载于《重庆社会科学》2012 年第 11 期，第 101～108 页。

［186］朱旭峰：《网络与知识运用：政策过程中的中国思想库影响力研究》，清华大学博士学位论文，2005 年，第 6 页。

［187］朱旭峰：《中国社会政策变迁中的专家参与模式研究》，载于《社会学研究》2011 年第 2 期，第 1～27，243 页。

［188］朱旭峰：《构建中国特色新型智库研究的理论框架》，载于《中国行政管理》2014 年第 5 期，第 29～33 页。

［189］朱旭峰：《中国社会政策变迁中的专家参与模式研究》，载于《社会学研究》2011 年第 2 期，第 10 页。

［190］Abelson D. E. A Capitol Idea：Think Tanks and U. S. Foreign Policy. Kingston and Montreal：McGill – Queen's University Press，2006.

［191］Abelson D. E. Do think tanks matter?：Assessing the impact of public policy institutes ［J］. *Canadian Public Policy-analyse De Politiques*，2002，30（1）.

［192］Abelson D. E. The Clinton Presidency：First Appraisals Colin Campbell and Bert A. Rockman，eds. Chatham，N. J.：Chatham House，1996，pp. viii，408 ［J］. *Canadian Journal of Political Science*，1996，29（2）.

［193］Abelson D. E. Do think tanks matter?：Assessing the impact of public policy institutes ［M］. 2 Rev Exp edition. Montreal：McGill – Queen's University Press，2009：92 – 126.

［194］Antonio Missiroli & Isabelle Ioannides. European Think Tanks and the EU

［R］. Bureau of European Policy Advisers（BEPA），2012.

［195］ ASEAN Institute of Strategic and International Studies（ASEAN ISIS）：http：//www. siiaonline. org/page/isis/.

［196］ Barry Naughton. China's Economic Think Tanks：Their Changing Role in the 1990s［J］. *The China Quarterly*，2002，vol. 171.

［197］ Baumgartner F. R. ，Breunig C. ，Greenpedersen C. ，et al. Punctuated Equilibrium in Comparative Perspective［J］. *American Journal of Political Science*，2009，53（3）：603 – 620.

［198］ Big Data［EB/OL］. Nature，http：//www. nature. com/news/specials/bigdata/index. html，2012 – 10 – 02.

［199］ Cambridge Centre for Health Services Research（CCHSR）（United Kingdom）.

［200］ Coase，R. H. （1974）. The Economics of the First Amendment：The Market for Goods and the Market for Ideas. The American Economic Review，Vol. 64，No. 2，Papers and Proceedings of the Eighty Sixth Annual Meeting of the American Economic Association（May，1974），pp. 384 – 391.

［201］ D. Gannon，D. Reed. Parallelism and the Cloud［C］//T. Hey，S. Tansley，K. Tolle. The Fourth Paradigm：Data-intensive Scientific Discovery［R］. Redmond：Microsoft Research，2009：131 – 136.

［202］ Daniel J. Power. Using "Big Data" for Analytics and Decision Support［J］. *Journal of Decision System*，2014，23（2）：222 – 228.

［203］ Diane Stone & Helen E. S. *Nesadurai. Networks*，*Second Track Diplomacy and Regional Cooperation*：*The Experience of Southeast Asian Think Tanks*［M］. Inaugural Conference on Bridging Knowledge and Policy. Global Development Network，Bonn，Germany，5 – 8 December 1999.

［204］ Diane Stone，Cite. Yamamoto，Tadashi. & Hubbard，Susan，1995，in：*Think Tanks and Policy Advice in Countries in Transition*［M］. Asian Development Bank Institute Symposium："How to Strengthen Policy – Oriented Research and Training in Vietnam". Central European University，2005.

［205］ Domhoff. *The Powers that be*：*Processes of Ruling Class Domination in America*［M］. New York：Random House，1978.

［206］ Fred Kuntz. Communications and Impact Metrics for Think Tanks［EB/OL］. https：//www. cigionline. org/blogs/tank-treads/communications-and-impact-metrics-think-tanks，2015 – 10 – 30.

［207］ Futrell R. Framing Processes， Cognitive Liberation， and NIMBY Protest in the U. S. Chemical—Weapons Disposal Conflict ［J］. *Sociological Inquiry*， 2003， 73 （3）： 359 – 386.

［208］ Gibbons， M.， et al. *The New Production of Knowledge： The Dynamics of Science and Research in Contemporary Societies* ［M］. London： Sage， 1994.

［209］ Gibbons， M.， Limoges， G. and Nowotny H. et al.. *The New Production of Knowledge： The Dynamics of Science and Research in Contemporary Societies* ［M］. London： Sage， 1994： 11 – 16.

［210］ Hamrin， Carol Lee.， and Zhao Suisheng （eds）. *Decision-making in Deng's China： Perspectives from Insiders* ［M］. New York： M. E. Sharpe， 1995.

［211］ Hartwig Pautz. New Labour in Government： Think – Tanks and Social Policy Reform， 1997 – 2001 ［J］. *British Politics*， 2011， 6 （2）， P. 197.

［212］ Hesse B. W.， Moser R. P.， Riley W. T. From Big Data to Knowledge in the Social Sciences ［J］. *The Annals of the American Academy of Political and Social Science*， 2015， 659 （1）： 16.

［213］ Huang Q.， Yang X.， Gao B.， et al. Application of DMSP/OLS Nighttime Light Images： A Meta – Analysis and a Systematic Literature Review ［J］. *Remote Sensing*， 2014， 6 （8）： 6844 – 6866.

［214］ Huber J. D.， Mccarty N. Bureaucratic Capacity， Delegation， and Political Reform ［J］. *American Political Science Review*， 2004， 98 （3）： 481 – 494.

［215］ "I know it when I see it". In： Antonio Missiroli， Isabelle Ioannides. European Think Tanks and the EU ［R］. Bureau of European Policy Advisers （BEPA）， 2012， P. 7.

［216］ Isabella Alloisio， Silvia Bertolin， Luca Farnia， Silvio Giove， Jan Trevisan： The 2012 ICCG Climate Think Tank Ranking： A Methodological Report ［EB/OL］. http： //www. thinktankmap. org/FilePagineStatiche/Report% 202012% 20ICCG% 20Climate% 20Think% 20Tank% 20Ranking. pdf， 2015 – 12 – 10.

［217］ James G. McGann. 2016 Global Go to Think Tank Index Report ［R］. University of Pennsylvania， 2016.

［218］ James G. McGann. Best Practice for Funding and Evaluating Think Tanks ［EB/OL］. http： //www. hewlett. org/uploads/files/BestPracticesforFundingandEvaluatingThinkTanks. pdf. 2015 – 10 – 30.

［219］ James G. McGann. 2014 Global Go to Think Tanks Index Report ［R］. Think Tanks and Civil Societies Program， University of Pennsylvania.

［220］ James G. McGann. 2008 Global Go to Think Tank Report ［R］. 2008：P. 5.

［221］ James G. McGann. 2013 Global Go to Think Tank Report ［R］. 2013：P. 5.

［222］ James G. McGann. 2016 Global Go to Think Tank Index Reports ［R］. 2016：P. 27.

［223］ James S. Diane Stone. Capturing the Political Imagination：Think Tanks and the Political Process ［J］. *Public Administration*, 1998, 76 （2）： 408 − 410. 10.

［224］ John L. Campbell and Ove K. Pederson, "Knowledge Regimes and Comparative Political Economy," Working Paper no. 48, 2008, International Center for Business and Politics, Copenhagen Business School, pp. 5 − 7.

［225］ Julia Clark, David Roodman. Measuring Think Tank Performance：An Index of Public Profile ［EB/OL］. http：//www. cgdev. org/sites/default/files/think-tank-index_0_0. pdf. 2015 − 10 − 30.

［226］ Kenneth J. Arrow. The Economic Implications of Learning by Doing ［J］. *The Review of Economic Studies*, 1962, Vol. 29, No. 3.

［227］ Kevin M. Esterling. The Political Economy of Expertise：Information and Efficiency in American National Politics ［J］. 2004.

［228］ King G. Restructuring the Social Sciences：Reflections from Harvard's Institute for Quantitative Social Science ［J］. *Political Science & Politics*, 2014, 47 （1）： 165 − 172.

［229］ Lorena Alcázar, María Balarín, Dushni Weerakoon, Eric Eboh：Learning to monitor think tanks impact：Three experiences from Africa, Asia and Latin America ［EB/OL］. http：//www. thinktankinitiative. org/sites/default/files/Learning-to-monitor-think-tanks-impact-complete-report1. pdf. 2012 − 6, 2015 − 12 − 10.

［230］ Lucian W. Pye. Aspects of Political Development ［M］. Boston：Little, Brown and Company, 1966, P. 47.

［231］ M. H. Agar. Political Talk：Thematic Analysis of a Policy Argument. In L. Kedared ［M］. Power through discourse, NJ：Ablex Publishing, 1987.

［232］ Maynes, Charles William. "Principled" Hegemony ［J］. *World Policy Journal*, Vol. XIV, No. 3, Fall 1997.

［233］ Mayntz, Renate. Politikberatung und politische Entscheidungsstrukturen：Zu den Voraussetzungen des Politikberatungsmodells, 1994.

［234］ James G. McGann. Think Tanks and the Transnationalization of Foreign Policy，13 – 14.

［235］ McGann，James G. 2014 Global Go To Think Tank Index Report. http：// repository. upenn. edu/think_tanks/8，2015.

［236］ Merle Goldman. The Emergence of Politically Independent Intellectuals，in M. Goldmanand R. MacFarquhar （eds） The Paradox of China's Post-Mao Reforms ［M］. Cambridge，MA：Harvard University Press，1999.

［237］ Michael J. Malbin. Unelected Representatives：Congressional Staff and the Future of Representative Government. 1980.

［238］ Microsoft Research. Towards 2020 Science ［R］. 2006.

［239］ Oligarchical Model，Domhoff. *The Powers that be*：*Processes of Ruling Class Domination in America* ［M］. New York：Random House，1978；David R. Morgan. American Federalism：Competition among Governments. Thomas R. Dye ［J］. *The Journal of Politics* 52，No. 4 （Nov. 1990）：1274 – 1276.

［240］ Pautz，H. British Think – Tanks and Their Collaborative and Communicative Networks ［J］. *Politics*，2014，34 （4）：345 – 361.

［241］ Pestalozzi N，Niederhuber M. Nighttime Lights as Proxy for the Spatial Growth of Dense Urbanized Areas ［J］. *Master Thesis*，2012；Research：Think Tank – Data – How Big Data Can Find FDI Opportunities Foreign Direct Investment.

［242］ Reuven Shlozberg. How Do You Measure a Think Tank's Impact？［EB/ OL］. https：//mowatcentre. ca/how-do-you-measure-a-think-tanks-impact/，2015 – 12 – 10.

［243］ Robert K. Merton. "*On Sociological Theories of the Middle Range*，" in *On Theoretical Sociology*：*Five Essays* ［M］. Old and New，edited by Robert K. Merton，New York：The Free Press，39.

［244］ Ron Eyerman. Between Culture and Politics：Intellectuals in Modern Society ［J］. 1994.

［245］ Simon James. The Idea Brokers：The Impact of Think Tanks on British Government ［J］. *Public Administration*，1993 （71）：491 – 506.

［246］ Snyder B. Policy Passages：Career Options for Policy Wonks （review） ［J］. *Journal of College Student Development*，2004，45 （2）：257 – 259.

［247］ Stone D. Think Tanks，Global Lesson – Drawing and Networking Social Policy Ideas ［J］. *Global Social Policy*，2001，1 （3）：338 – 360；Stone D. RAPID Knowledge："Bridging Research and Policy" at the Overseas Development Institute ［J］. *Public Administration and Development*，2009，29 （4）：303 – 315.

［248］ Stone，D. Think Tank Transnationalisation and Non-profit Analysis，Advice and Advocacy ［J］. *Global Society*，2000，14（2）：153－172.

［249］ Stone，D.，Denham，A. and Garnett，M.（eds）Think Tanks Across Nations：A Comparative Approach Manchester，Manchester University Press，1998.

［250］ The 2011 Digital Universe Study：Extracting Value from Chaos ［R］. International Data Corporation and EMC，2011.

［251］ The World Trade Organization. International Trade Statistics 2015，https：//www. wto. org/english/res_e/statis_e/its2015_e/its2015_e. pdf，2015.

［252］ Tolle K. M.，Tansley D. S. W.，Hey A. J. G. The Fourth Paradigm：Data－Intensive Scientific Discovery ［Point of View］［J］. *Proceedings of the IEEE*，2011，99（8）：1334－1337.

［253］ Top Think Tanks in China，India，Japan，and the Republic of Korea，2016 Global Go To Think Tank Index Report.

［254］ U. S. Congressman Marsha Blackburn and Local Business Leader Panel. The Future of Data－Driven Innovation ［R］. 2015.

［255］ UN Global Pulse. White Paper：Big Data for Development；Opportunities & Challenges ［EB/OL］. http：//www. unglobalpulse. org/sites/default/files/BigDataforDevclopment－UNGlobalPulseJune2012. pdf，2015－02－01.

［256］ Vidal J. B.，Draca M.，Fonsrosen C.，et al. Revolving Door Lobbyists ［J］. *The American Economic Review*，2010，102（7）：3731－3748.

［257］ Weaver R. K. The Changing World of Think Tanks ［J］. *PS Political Science & Politics*，1989，22（3）：563－578.

［258］ Zheng Y. N. The Chinese Communist Party as Organizational Emperor：Culture，Reproduction and Transformation，NY & London：Routledge，2010：pp. 36－42.

［259］ Zheng，Y. N. The institutionalization of the Communist Party and the party system in China，in Allen Hicken & Martinez Kuhonta，eds，Party System Institutionalization in Asia：Democracies，Autocracies，and the Shadows of the Past，Cambridge：Cambridge University Press，2014.

［260］ Zhu Xufeng. The Rise of Think Tanks in China. Oxfordshire and New York：Routledge，2013：7－8.

教育部哲学社會科學研究重大課題攻關項目
成果出版列表

序号	书　名	首席专家
1	《马克思主义基础理论若干重大问题研究》	陈先达
2	《马克思主义理论学科体系建构与建设研究》	张雷声
3	《马克思主义整体性研究》	逄锦聚
4	《改革开放以来马克思主义在中国的发展》	顾钰民
5	《新时期　新探索　新征程 ——当代资本主义国家共产党的理论与实践研究》	聂运麟
6	《坚持马克思主义在意识形态领域指导地位研究》	陈先达
7	《当代资本主义新变化的批判性解读》	唐正东
8	《当代中国人精神生活研究》	童世骏
9	《弘扬与培育民族精神研究》	杨叔子
10	《当代科学哲学的发展趋势》	郭贵春
11	《服务型政府建设规律研究》	朱光磊
12	《地方政府改革与深化行政管理体制改革研究》	沈荣华
13	《面向知识表示与推理的自然语言逻辑》	鞠实儿
14	《当代宗教冲突与对话研究》	张志刚
15	《马克思主义文艺理论中国化研究》	朱立元
16	《历史题材文学创作重大问题研究》	童庆炳
17	《现代中西高校公共艺术教育比较研究》	曾繁仁
18	《西方文论中国化与中国文论建设》	王一川
19	《中华民族音乐文化的国际传播与推广》	王耀华
20	《楚地出土戰國簡册 [十四種]》	陈　伟
21	《近代中国的知识与制度转型》	桑　兵
22	《中国抗战在世界反法西斯战争中的历史地位》	胡德坤
23	《近代以来日本对华认识及其行动选择研究》	杨栋梁
24	《京津冀都市圈的崛起与中国经济发展》	周立群
25	《金融市场全球化下的中国监管体系研究》	曹凤岐
26	《中国市场经济发展研究》	刘　伟
27	《全球经济调整中的中国经济增长与宏观调控体系研究》	黄　达
28	《中国特大都市圈与世界制造业中心研究》	李廉水

序号	书　名	首席专家
29	《中国产业竞争力研究》	赵彦云
30	《东北老工业基地资源型城市发展可持续产业问题研究》	宋冬林
31	《转型时期消费需求升级与产业发展研究》	臧旭恒
32	《中国金融国际化中的风险防范与金融安全研究》	刘锡良
33	《全球新型金融危机与中国的外汇储备战略》	陈雨露
34	《全球金融危机与新常态下的中国产业发展》	段文斌
35	《中国民营经济制度创新与发展》	李维安
36	《中国现代服务经济理论与发展战略研究》	陈　宪
37	《中国转型期的社会风险及公共危机管理研究》	丁烈云
38	《人文社会科学研究成果评价体系研究》	刘大椿
39	《中国工业化、城镇化进程中的农村土地问题研究》	曲福田
40	《中国农村社区建设研究》	项继权
41	《东北老工业基地改造与振兴研究》	程　伟
42	《全面建设小康社会进程中的我国就业发展战略研究》	曾湘泉
43	《自主创新战略与国际竞争力研究》	吴贵生
44	《转轨经济中的反行政性垄断与促进竞争政策研究》	于良春
45	《面向公共服务的电子政务管理体系研究》	孙宝文
46	《产权理论比较与中国产权制度变革》	黄少安
47	《中国企业集团成长与重组研究》	蓝海林
48	《我国资源、环境、人口与经济承载能力研究》	邱　东
49	《"病有所医"——目标、路径与战略选择》	高建民
50	《税收对国民收入分配调控作用研究》	郭庆旺
51	《多党合作与中国共产党执政能力建设研究》	周淑真
52	《规范收入分配秩序研究》	杨灿明
53	《中国社会转型中的政府治理模式研究》	娄成武
54	《中国加入区域经济一体化研究》	黄卫平
55	《金融体制改革和货币问题研究》	王广谦
56	《人民币均衡汇率问题研究》	姜波克
57	《我国土地制度与社会经济协调发展研究》	黄祖辉
58	《南水北调工程与中部地区经济社会可持续发展研究》	杨云彦
59	《产业集聚与区域经济协调发展研究》	王　珺

序号	书名	首席专家
60	《我国货币政策体系与传导机制研究》	刘　伟
61	《我国民法典体系问题研究》	王利明
62	《中国司法制度的基础理论问题研究》	陈光中
63	《多元化纠纷解决机制与和谐社会的构建》	范　愉
64	《中国和平发展的重大前沿国际法律问题研究》	曾令良
65	《中国法制现代化的理论与实践》	徐显明
66	《农村土地问题立法研究》	陈小君
67	《知识产权制度变革与发展研究》	吴汉东
68	《中国能源安全若干法律与政策问题研究》	黄　进
69	《城乡统筹视角下我国城乡双向商贸流通体系研究》	任保平
70	《产权强度、土地流转与农民权益保护》	罗必良
71	《我国建设用地总量控制与差别化管理政策研究》	欧名豪
72	《矿产资源有偿使用制度与生态补偿机制》	李国平
73	《巨灾风险管理制度创新研究》	卓　志
74	《国有资产法律保护机制研究》	李曙光
75	《中国与全球油气资源重点区域合作研究》	王　震
76	《可持续发展的中国新型农村社会养老保险制度研究》	邓大松
77	《农民工权益保护理论与实践研究》	刘林平
78	《大学生就业创业教育研究》	杨晓慧
79	《新能源与可再生能源法律与政策研究》	李艳芳
80	《中国海外投资的风险防范与管控体系研究》	陈菲琼
81	《生活质量的指标构建与现状评价》	周长城
82	《中国公民人文素质研究》	石亚军
83	《城市化进程中的重大社会问题及其对策研究》	李　强
84	《中国农村与农民问题前沿研究》	徐　勇
85	《西部开发中的人口流动与族际交往研究》	马　戎
86	《现代农业发展战略研究》	周应恒
87	《综合交通运输体系研究——认知与建构》	荣朝和
88	《中国独生子女问题研究》	风笑天
89	《我国粮食安全保障体系研究》	胡小平
90	《我国食品安全风险防控研究》	王　硕

序号	书 名	首席专家
91	《城市新移民问题及其对策研究》	周大鸣
92	《新农村建设与城镇化推进中农村教育布局调整研究》	史宁中
93	《农村公共产品供给与农村和谐社会建设》	王国华
94	《中国大城市户籍制度改革研究》	彭希哲
95	《国家惠农政策的成效评价与完善研究》	邓大才
96	《以民主促进和谐——和谐社会构建中的基层民主政治建设研究》	徐 勇
97	《城市文化与国家治理——当代中国城市建设理论内涵与发展模式建构》	皇甫晓涛
98	《中国边疆治理研究》	周 平
99	《边疆多民族地区构建社会主义和谐社会研究》	张先亮
100	《新疆民族文化、民族心理与社会长治久安》	高静文
101	《中国大众媒介的传播效果与公信力研究》	喻国明
102	《媒介素养：理念、认知、参与》	陆 晔
103	《创新型国家的知识信息服务体系研究》	胡昌平
104	《数字信息资源规划、管理与利用研究》	马费成
105	《新闻传媒发展与建构和谐社会关系研究》	罗以澄
106	《数字传播技术与媒体产业发展研究》	黄升民
107	《互联网等新媒体对社会舆论影响与利用研究》	谢新洲
108	《网络舆论监测与安全研究》	黄永林
109	《中国文化产业发展战略论》	胡惠林
110	《20 世纪中国古代文化经典在域外的传播与影响研究》	张西平
111	《国际传播的理论、现状和发展趋势研究》	吴 飞
112	《教育投入、资源配置与人力资本收益》	闵维方
113	《创新人才与教育创新研究》	林崇德
114	《中国农村教育发展指标体系研究》	袁桂林
115	《高校思想政治理论课程建设研究》	顾海良
116	《网络思想政治教育研究》	张再兴
117	《高校招生考试制度改革研究》	刘海峰
118	《基础教育改革与中国教育学理论重建研究》	叶 澜
119	《我国研究生教育结构调整问题研究》	袁本涛 王传毅
120	《公共财政框架下公共教育财政制度研究》	王善迈

序号	书 名	首席专家
121	《农民工子女问题研究》	袁振国
122	《当代大学生诚信制度建设及加强大学生思想政治工作研究》	黄蓉生
123	《从失衡走向平衡：素质教育课程评价体系研究》	钟启泉 崔允漷
124	《构建城乡一体化的教育体制机制研究》	李 玲
125	《高校思想政治理论课教育教学质量监测体系研究》	张耀灿
126	《处境不利儿童的心理发展现状与教育对策研究》	申继亮
127	《学习过程与机制研究》	莫 雷
128	《青少年心理健康素质调查研究》	沈德立
129	《灾后中小学生心理疏导研究》	林崇德
130	《民族地区教育优先发展研究》	张诗亚
131	《WTO 主要成员贸易政策体系与对策研究》	张汉林
132	《中国和平发展的国际环境分析》	叶自成
133	《冷战时期美国重大外交政策案例研究》	沈志华
134	《新时期中非合作关系研究》	刘鸿武
135	《我国的地缘政治及其战略研究》	倪世雄
136	《中国海洋发展战略研究》	徐祥民
137	《深化医药卫生体制改革研究》	孟庆跃
138	《华侨华人在中国软实力建设中的作用研究》	黄 平
139	《我国地方法制建设理论与实践研究》	葛洪义
140	《城市化理论重构与城市化战略研究》	张鸿雁
141	《境外宗教渗透论》	段德智
142	《中部崛起过程中的新型工业化研究》	陈晓红
143	《农村社会保障制度研究》	赵 曼
144	《中国艺术学学科体系建设研究》	黄会林
145	《人工耳蜗术后儿童康复教育的原理与方法》	黄昭鸣
146	《我国少数民族音乐资源的保护与开发研究》	樊祖荫
147	《中国道德文化的传统理念与现代践行研究》	李建华
148	《低碳经济转型下的中国碳排放权交易体系》	齐绍洲
149	《中国东北亚战略与政策研究》	刘清才
150	《促进经济发展方式转变的地方财税体制改革研究》	钟晓敏
151	《中国—东盟区域经济一体化》	范祚军

序号	书　名	首席专家
152	《非传统安全合作与中俄关系》	冯绍雷
153	《外资并购与我国产业安全研究》	李善民
154	《近代汉字术语的生成演变与中西日文化互动研究》	冯天瑜
155	《新时期加强社会组织建设研究》	李友梅
156	《民办学校分类管理政策研究》	周海涛
157	《我国城市住房制度改革研究》	高　波
158	《新媒体环境下的危机传播及舆论引导研究》	喻国明
159	《法治国家建设中的司法判例制度研究》	何家弘
160	《中国女性高层次人才发展规律及发展对策研究》	佟　新
161	《国际金融中心法制环境研究》	周仲飞
162	《居民收入占国民收入比重统计指标体系研究》	刘　扬
163	《中国历代边疆治理研究》	程妮娜
164	《性别视角下的中国文学与文化》	乔以钢
165	《我国公共财政风险评估及其防范对策研究》	吴俊培
166	《中国历代民歌史论》	陈书录
167	《大学生村官成长成才机制研究》	马抗美
168	《完善学校突发事件应急管理机制研究》	马怀德
169	《秦简牍整理与研究》	陈　伟
170	《出土简帛与古史再建》	李学勤
171	《民间借贷与非法集资风险防范的法律机制研究》	岳彩申
172	《新时期社会治安防控体系建设研究》	宫志刚
173	《加快发展我国生产服务业研究》	李江帆
174	《基本公共服务均等化研究》	张贤明
175	《职业教育质量评价体系研究》	周志刚
176	《中国大学校长管理专业化研究》	宣　勇
177	《"两型社会"建设标准及指标体系研究》	陈晓红
178	《中国与中亚地区国家关系研究》	潘志平
179	《保障我国海上通道安全研究》	吕　靖
180	《世界主要国家安全体制机制研究》	刘胜湘
181	《中国流动人口的城市逐梦》	杨菊华
182	《建设人口均衡型社会研究》	刘渝琳
183	《农产品流通体系建设的机制创新与政策体系研究》	夏春玉

序号	书 名	首席专家
243	《中华文化的跨文化阐释与对外传播研究》	李庆本
244	《世界一流大学和一流学科评价体系与推进战略》	王战军
245	《新常态下中国经济运行机制的变革与中国宏观调控模式重构研究》	袁晓玲
246	《推进21世纪海上丝绸之路建设研究》	梁 颖
247	《现代大学治理结构中的纪律建设、德治礼序和权力配置协调机制研究》	周作宇
248	《渐进式延迟退休政策的社会经济效应研究》	席 恒
249	《经济发展新常态下我国货币政策体系建设研究》	潘 敏
250	《推动智库建设健康发展研究》	李 刚
251	《农业转移人口市民化转型：理论与中国经验》	潘泽泉
252	《电子商务发展趋势及对国内外贸易发展的影响机制研究》	孙宝文
253	《创新专业学位研究生培养模式研究》	贺克斌
254	《医患信任关系建设的社会心理机制研究》	汪新建
255	《司法管理体制改革基础理论研究》	徐汉明
256	《建构立体形式反腐败体系研究》	徐玉生
257	《重大突发事件社会舆情演化规律及应对策略研究》	傅昌波
258	《中国社会需求变化与学位授予体系发展前瞻研究》	姚 云
259	《非营利性民办学校办学模式创新研究》	周海涛
260	《基于"零废弃"的城市生活垃圾管理政策研究》	褚祝杰
261	《城镇化背景下我国义务教育改革和发展机制研究》	邬志辉
262	《中国满族语言文字保护抢救口述史》	刘厚生
263	《构建公平合理的国际气候治理体系研究》	薄 燕
264	《新时代治国理政方略研究》	刘焕明
265	《新时代高校党的领导体制机制研究》	黄建军
266	《东亚国家语言中汉字词汇使用现状研究》	施建军
267	《中国传统道德文化的现代阐释和实践路径研究》	吴根友
268	《创新社会治理体制与社会和谐稳定长效机制研究》	金太军
269	《文艺评论价值体系的理论建设与实践研究》	刘俐俐
270	《新形势下弘扬爱国主义重大理论和现实问题研究》	王泽应

序号	书　名	首席专家
271	《我国高校"双一流"建设推进机制与成效评估研究》	刘念才
272	《中国特色社会主义监督体系的理论与实践》	过　勇
273	《中国软实力建设与发展战略》	骆郁廷
274	《坚持和加强党的全面领导研究》	张世飞
275	《面向2035我国高校哲学社会科学整体发展战略研究》	任少波
276	《中国古代曲乐乐谱今译》	刘崇德
277	《民营企业参与"一带一路"国际产能合作战略研究》	陈衍泰
278	《网络空间全球治理体系的建构》	崔保国
279	《汉语国际教育视野下的中国文化教材与数据库建设研究》	于小植
280	《新型政商关系研究》	陈寿灿
281	《完善社会救助制度研究》	慈勤英
282	《太行山和吕梁山抗战文献整理与研究》	岳谦厚
283	《清代稀见科举文献研究》	陈维昭
284	《协同创新的理论、机制与政策研究》	朱桂龙
285	《数据驱动的公共安全风险治理》	沙勇忠
286	《黔西北濒危彝族钞本文献整理和研究》	张学立
287	《我国高素质幼儿园园长队伍建设研究》	缴润凯
288	《我国债券市场建立市场化法制化风险防范体系研究》	冯　果
289	《流动人口管理和服务对策研究》	关信平
290	《企业环境责任与政府环境责任协同机制研究》	胡宗义
291	《多重外部约束下我国融入国际价值链分工战略研究》	张为付
292	《政府债务预算管理与绩效评价》	金荣学
293	《推进以保障和改善民生为重点的社会体制改革研究》	范明林
294	《中国传统村落价值体系与异地扶贫搬迁中的传统村落保护研究》	郝　平
295	《大病保险创新发展的模式与路径》	田文华
296	《教育与经济发展：理论探索与实证分析》	杜育红
297	《宏观经济整体和微观产品服务质量"双提高"机制研究》	程　虹
298	《构建清洁低碳、安全高效的能源体系政策与机制研究》	牛东晓
299	《水生态补偿机制研究》	王清军
300	《系统观视阈的新时代中国式现代化》	汪青松
301	《资本市场的系统性风险测度与防范体系构建研究》	陈守东